Delio Miorandi

Claus Langkammer

ANTONIO

Vom Eselspfad ins Wirtschaftswunder

W0233936

1. Auflage 2013
© 2013 Delio Miorandi
Vertrieb über den Verlag im Bücherhaus Jansen GmbH
Mainstraße 2, 65462 Ginsheim-Gustavsburg
Lektorat: Bernhard Dorn und Willi Wirth
Satz, Einbandgestaltung, Druck und Bindung:
Dorndruck, Raunheim
Titelabbildungen:
Foto Eselreiter in Malumore 1966 © Delio Miorandi
Foto Automobilproduktion © Opel Classic Archiv der Adam Opel AG
Das Buch wurde auf säurefreiem Naturoffset
ohne optische Aufheller gedruckt und ist alterungsbeständig.
Printed in Germany
ISBN 978-3-923921-01-0

Inhalt

Warum dieses Buch? 5
Über den Autor 7

Fraccari 9
Malumore 16
Marani 18
Der Vater 26
Die Mutter 27
Aufbruch 28
Kontinent 35
Angstschweiß 44
Südstadt 53
Zweidelfingen 60
Wahre Freundschaft 64
Deutsch und Tod 68
Klavierspiel und Klamotten 75
Ruinen in der Tiefe 78
Splitternde Ferse 81
Abschuss 98
Gestillte Sehnsucht 106
Heimliche Liebe 114
Osterfeier 122
Party bei Tancredi 132
Erinnerung und Gefühle 137
Erregung und Streit 151
Nur mit Dir 161
Der Padrone 162
Augen der Liebe 171

Endlich Antonio 178
Schatten des Krieges 186
Lebende Tote 197
Mordversuch 204
Nicht ohne Antonio 210
Erfolg 224
Dicke Luft 229
Räder im Schnee 239
Über den Schatten 246
Verbindung 251
Heirat 258
Meiers Suche 266

Warum dieses Buch?

Eigentlich kam ich nur des Studiums wegen nach Deutschland. Doch dann begegnete ich den frühen Gastarbeitern aus Italien. Ich traf sie bei meinen Studenten-Jobs in verschiedenen Firmen der Region. Es waren damals schon viele. Und so kam es rasch zu Kontakten. Ihre oft tragischen Geschichten, warum sie von zu Hause fortgingen, ihre Arbeitsbedingungen hier und wie sie wohnten, das erweckte mein Interesse.

Ich besuchte sie nach Feierabend in ihrer Unterkunft. Für den jungen Studenten aus wohl behütetem Hause war das wie ein Schock. Denn die meisten dieser Landsleute hausten in primitivsten Baracken. An manchen Wänden stand noch Handschriftliches von Kriegsgefangenen und Zwangsarbeitern der NS-Diktatur. Unter anderem polnische und jüdische Namen, dazu Sätze in ihrer Sprache, die ich nicht verstand. Aber dieses eingepfercht sein an solchen Orten mit grausiger Vergangenheit, und dass man sie zu den niedrigsten Arbeiten heranzog, das sagte mir genug. Es war empörend und für Menschen nicht würdig. Ich erkannte, dass es nötig ist, meine Eindrücke aufzuschreiben.

Und so begann ich Tagebuch zu führen. Das füllte sich dann rasch mit tragischen Geschehnissen, mit handfesten Konflikten, mit bitteren Enttäuschungen, und nur manchmal gab es Erfreuliches. Ich schrieb Erzähltes auf, wie sich ausgemergelte Landsleute aus der Fron sizilianischer Großgrundbesitzer befreiten, die sie wie Leibeigene hielten. Und wie sich diese Armen dann als Illegale auf den ungewissen Weg in die Fremde machten.

Ich erfuhr auch von den sauberen Hintermännern in Italien und in Deutschland, die an dieser modernen Völkerwanderung, an der Not der Emigranten Geld verdienten. Zwei Jahre nach den ersten Notizen, bei einem Besuch zu Hause in Rovereto, reifte in mir der Entschluss, irgend wann über dies alles ein Buch zu schreiben. Ein Buch gegen das Vergessen.

Ich erkannte damals auch, dass meine Aufgabe in Deutschland liegt. So kehrte ich in die Bundesrepublik zurück, und hier reifte meine europäische Identität. Ich gründete eine Familie, stellte mich als Sozialarbeiter in den Dienst meiner Landsleute – und füllte weiter mein Tagebuch. Über 40 Jahre lang. Aus dieser Flut der Aufzeichnungen wurden nun sogar zwei stattliche Bände. Der erste liegt vor: „Antonio – vom Eselspfad ins Wirtschaftswunder". Der zweite, als zeitliche Fortsetzung, folgt in wenigen Monaten.

Antonio ist der Protagonist, der Hauptdarsteller. Seine Geschichte zieht sich wie ein roter Faden durch die vielen Kapitel. Aber es gibt viele Antonios in der Emigration. Sie alle leben in diesem Druckwerk, haben unbewusst mitgeschrieben. So ist das Buch auch ihre Geschichte.

Das Buch will ein Roman sein, beruht aber auf harten Tatsachen. Allerdings sind viele Namen verändert. Dem Zeitzeugen und dem mit der Nachkriegsgeschichte vertrauten Leser wird es aber nicht schwer fallen, hinter den Pseudonymen deutsche Städte, Firmen, Politiker und andere handelnde Personen zu entdecken.

Ich muss vielen danken, die mir geholfen haben, dass aus dem Tagebuch letztendlich ein Buch werden konnte. Da ist der unvergessene Monsignore Karl-Heinz Beichert, der immer für die Sache der Gastarbeiter kämpfte und mir persönlich freundschaftlich verbunden war. Auch zwei weitere vortreffliche Wegbegleiter, Prälat Dr. Georg Hüssler und Hermann Kardinal Volk, haben mich oft gedrängt, mein Vorhaben zu verwirklichen.

Mein ganz besonderer Dank aber gilt meinem Freund, dem Redakteur Claus Langkammer, der mit der italienischen Sprache und Kultur vertraut ist. In bewundernswerter Weise ist es ihm gelungen, meine Vorstellungen und Gefühle literarisch umzusetzen.

Ich widme dieses Buch meiner lieben Ehefrau Elfriede, die mich 50 Jahre lang tatkräftig begleitete und unterstützte. Sie hat großen Anteil an der Verwirklichung des Werks. Meine Widmung gilt ebenso meinen Kindern Andreas, Silvia, Markus, Verena und meinen vier Enkelkindern.

Ich wünsche mir, dass das Buch nicht nur als schönes Lesebuch empfunden wird. Es soll auch aufrütteln und zum Nachdenken anregen, vielleicht sogar als Geschichtsbuch dienen. Und es soll eine Verbeugung sein vor den Menschen, die aus Not ihre Heimat verließen und hier zum Wirtschaftswunder beitrugen.

Raunheim, im Oktober 2013

Delio Miorandi

Über den Autor:

Delio Miorandi wurde 1938 in Rovereto, Region Trentino Alto Adige, Italien, geboren. Er ist bekennender Katholik, verheiratet, hat zwei Söhne, zwei Töchter und vier Enkelkinder. Wahl-Heimat ist Raunheim im Kreis Groß-Gerau.

1959 übersiedelte er eigentlich nur zum Zwecke des Studiums nach Deutschland. Studium der Soziologie an der Uni Frankfurt, Studien-Abschluss als Diplom-Sozialarbeiter in Freiburg.

1962 auf Betreiben des Vatikan-Gesandten für Sozialdienst in Deutschland, Don Angelo Cazzetta, vom Deutschen Caritasverband Freiburg angestellt. In der Folge und bis zur Pensionierung 2003 beim Caritasverband Offenbach tätig.

Initiator mehrerer Gastarbeiter-Vereine und -Gruppierungen.

1963 vom Gründervater der Europa-Union im Kreis Groß-Gerau, dem Rüsselsheimer Oberstudienrat Dr. Albert Debus, für die Europa-Union geworben.

1970 Gründung des bundesweiten Vereins zur Förderung der ausländischen Arbeitnehmer in Deutschland, Übernahme des Vorsitzes.

Von 1971 bis 1974 Ideengeber und Verantwortlicher für die „Gazetta Europea", eine wöchentliche Beilage in der Rüsselsheimer Tageszeitung „Main-Spitze" in italienischer, spanischer und portugiesischer Sprache.

1983 für fünf Jahre zum Vorsitzenden des „Verein der italienischen Diplom-Sozialarbeiter/Sozialberater in der Emigration" mit weltweitem Auftrag gewählt. Dieses Mandat wurde zweimal erneuert.

1987 Ehrenbrief seiner deutschen Heimatstadt Raunheim in Würdigung der besonderen Verdienste um die Stadt. Überreicht durch Bürgermeister Günther Diehl.

1987 Ehrenurkunde von Karl Kardinal Lehmann, Bischof von Mainz, für 25 Jahre Sozialarbeit im Sinne der Kirche.

1988 Ehrenbrief des Landes Hessen durch Ministerpräsident Walter Wallmann.

1991 Auszeichnung mit dem Stern der Arbeit „Pro Merito" durch den italienischen Staatspräsidenten Francesco Cossiga.

1992 bis 2013 Vorsitzender des Kreisverbandes Groß-Gerau der Europa-Union.

1997 von den Italienern im Wahlkreis Hessen/Rheinland-Pfalz als deren politischer Vertreter in das Gremium COM.IT.ES Frankfurt/Main gewählt. Dieses Mandat besteht fort.

2003 Dankes-Urkunde für langjährige erfolgreiche Arbeit durch den Präsidenten des Deutschen Caritasverbandes, Hellmut Buschmann.

2003 Bundesverdienstkreuz am Bande für sein Lebenswerk. Verliehen von Bundespräsident Johannes Rau.

2012 Verdienstmedaille „Pro Merito" der Europa-Union Deutschland durch deren Landesvorsitzenden und Europaabgeordneten Thomas Mann.

Fraccari

Der Doktor saß in der Bar des Inghilterra, eines römischen Hotels von gediegener Ältlichkeit in der Nähe des Spanischen Platzes, in dessen Restaurant der erkaltete Geruch köstlicher Speisen lag und dessen Halle mühelos dem Vergleich mit einem englischen Club standhielt. Behaglich lehnte er sich in dem schweren Sessel zurück, dessen flaschengrünes Leder ein wenig knarzte und vereinzelt brüchige Stellen aufwies. Nicht ohne die hellgraue Flanell-Hose vorher etwas nach oben gezogen zu haben, schlug der um diese Zeit noch alleine sitzende Gast seine schlaksigen Beine übereinander. Gleich würde der Campari vor ihm stehen. Er freute sich auf das Geräusch der Eiswürfel im Glas.

Die Bar lag im matten Schimmer der Mahagoni-Täfelung. Der Pianist spielte leise und, wie es schien, ein wenig selbstvergessen „Night and Day". Auf dem schwarzen Flügel brannten in silbernen Haltern weiße Kerzen. Der Musiker hielt den Kopf ein wenig schräg geneigt und hatte den Doktor mit einem Lächeln jenseits dieser routinierten Höflichkeit begrüßt, die jedem Gast zuteil wurde. Fraccari war häufiger Gast, um, wie er es auszudrücken beliebte, den Kopf zu entleeren.

Dr. Renato Fraccari, Unterstaatssekretär im Wirtschaftsministerium der Regierung Angelo De Benedetti, war entspannt. Sein schmales gebräuntes Gesicht mit der beginnenden Stirnglatze, die ihn freilich keineswegs unattraktiv erscheinen ließ, sondern eher noch im Gegenteil, sein schön geschwungener Mund mit einer Andeutung von Schwermut in den Winkeln, die Art sich zu kleiden, seine dunkelbraunen schräg liegenden Augen, in denen noch nicht der Zynismus irrlichterte, seine schlanke und hochgewachsene Gestalt und die entzückenden kleinen Ohren mit den angewachsenen Läppchen machten ihn zu einer Erscheinung, nach der man sich umdrehte. Insbesondere taten dies die Frauen. Er war ein Freund der Opern Puccinis und Verdis und Vater eines sechsjährigen Sohnes, der bei seiner Mutter lebte. Diese Frau war dem Doktor noch immer zugetan und erzog den Sohn daher in Liebe zu Papa.

Fraccari seufzte. Lästig war diese nachmittägliche Konferenz wieder gewesen, ausgesprochen lästig. Man hatte auf ermüdende Weise über Exportbestimmungen für Obst gesprochen. In weiser Voraussicht hatte der junge Volkswirt die Verabredung in die späten Nachmittagsstunden gelegt und daher zu vorgerückter Stunde immer häufiger auf seine Armbanduhr gesehen.

Der Ventilator kreiste. Fraccari genoss die Kühle der Bar an diesem heißen Juli-Tag und griff nach dem „Corriere". Eher beiläufig überflog er die Seiten, die er nach kurzem Verweilen der Augen mit einem harten Rascheln umschlug, als sein Blick an einer Notiz hängenblieb. Sie vermeldete den Tod eines Mannes, den er gekannt hatte. Es war Ascanio Ridolfi. Ridolfi, der Kettenraucher mit den Tränensäcken, der so unnachahmlich gestenreich aufzubrausen verstand. Ridolfi, Sohn eines Advokaten und einer Sängerin, war seinerzeit, als das unsägliche Geschachere um die italienischen Arbeitskräfte begann, einer der Verhandlungsführer bei den Anwerbeverträgen mit den Vertretern der deutschen Wirtschaft gewesen. Den Herren hatten ungeheure Gewinne vor Augen gestanden. Diese drohten davonzuschwimmen, trieb man nicht schleunigst Ersatz für die Toten der Schlachtfelder auf. Man richtete Büros in Verona und Neapel mit Kommissaren an der Spitze ein. Dort wurden die Listen mit den Namen von Menschen des Südens, die in diesen Büros einen Ausweg aus ihrem Elend suchten, täglich länger. Auf den Fluren herrschte ein ungeheures Gedränge. Es waren die Ärmsten der Armen, angereist mit Zug und Bus oder in Autos hilfreicher Bekannter. Sie warteten in demütiger Geduld, bis sie gerufen wurden, den Dolmetschern und Sekretären ihre Papiere vorzulegen. Hin und wieder nahmen die Angereisten, zu Anfang ausnahmslos Männer, aus der Flasche einen Schluck Rotwein – der sizilianische schmeckte schon in Neapel nicht mehr – oder bissen in eine Salami oder in Weißbrot, eingewickelt in Tücher oder Zeitungspapier. Rauchen war auf den Fluren erlaubt. Manche schliefen. Wieder andere spielten Karten. Doch in den Gesichtern stand zu lesen, dass erste brutale Schrecken des Bewusstwerdens bereits in ihnen festsaßen – gehen müssen, Auswandern in eisiges Unbekanntes. Abgründe taten sich im Inneren dieser Menschen auf, in denen Schreie widerhallten.

Ridolfi. Der Unterstaatssekretär sah den agilen kugeligen Diplomaten vor seinem inneren Auge aufscheinen, beredt und mit gelockerter Krawatte. Immerhin, er war es gewesen, ein Konservativer, der während der Vorbereitungen für die Verhandlungen mit den Vertretern des Wirtschaftswunderlandes dennoch hartnäckig die eiskalten Großgrundbesitzer des Mezzogiorno angeprangert hatte. Er hatte dabei wie gegen eine Wand gesprochen. Der Handel mit den Menschen war im inneren Zirkel der Macht beschlossene Sache. Die Arroganz der Padrones, sich ihres uralten Treibens sicher, mit der Mafia verschwägert, war

Ridolfi unerträglich gewesen. Es war aber stillschweigende Übereinkunft der Politik, die Großgrundbesitzer in ihrer ganzen abscheulichen Skrupellosigkeit ungeschoren zu lassen. Dabei waren sie es doch gerade, die die Armen in die Fremde trieben. Und dies würde sich als eine Tragödie sondergleichen erweisen.

Namentlich im Süden hatte man nach dem Krieg sehr weit das Maul aufgesperrt und mit Versprechungen die Hoffnungen auf eine Landreform genährt. Dies hatte man in der Hauptsache deshalb getan, um den Kommunisten als der einzigen unversöhnlichen Kraft den Wind aus den Segeln zu nehmen. Doch noch während man großmäulig versprochen und mit pathetischer Falschheit die Verantwortung gegenüber den Menschen hervorgehoben hatte, waren bereits Verhandlungen mit den Deutschen aufgenommen worden. In Rom war man entschlossen, die Armen und Arbeitslosen des Südens zu Geld zu machen. Der Stiefel erblickte darin eine Gelegenheit, sich seiner Armen und Arbeitslosen zu entledigen, die Statistiken zu schönen und den ganzen Rattenschwanz von Soziallasten gleich noch mit loszuwerden.

Der Doktor nippte an seinem Campari, den der Barkeeper beim Abstellen mit einer leichten Drehung des Glases serviert und sich nach einer angedeuteten Verbeugung wieder entfernt hatte. Die Zeit in der Verhandlungskommission waren unbezahlbare Lehrjahre gewesen, und Bilder stiegen in ihm auch von der deutschen Hauptstadt auf. Man war mit dem Ausflugsdampfer der Regierung auf dem breiten Strom an Burgen und Schlössern vorübergefahren, dem die Deutschen gerne den Beinamen Vater gaben. Man hatte ihren Wein getrunken, der die Zunge zusammenzog. Man hatte ein erstes Abkommen ausgehandelt, dessen Gegenstand es war, aus dem verbrannten Süden zunächst jährlich etwa ein halbes Tausend kommen zu lassen. Es war für die Deutschen mühsam gewesen, ihren Arbeitsminister Sturm im Kabinett Lauerstedts, dieses alten Fuchses aus der Domstadt am Rhein, zu beschwichtigen. Später übertölpelte man den Arbeitsminister einfach. Fraccari hatte ihn beim Tee näher kennengelernt. Er litt unter einem übersäuerten Magen, worüber er Klage führte. In der Tat auch musste er hinter vorgehaltener Hand immer wieder aufstoßen.

Und es war der Wirtschaftsminister des Wunderlandes, dieser dickhalsige Franke Fürthinger mit seinen scheußlichen Zigarren, der seinen Kabinettskollegen mit dem übersäuerten Magen am Ende an der Nase herumführte. Denn dessen Hartnäckigkeit war am Ende lästig gewesen,

11

mit welcher er als Folge dieses Schachers Lohndrückerei und anderes Fatale hatte kommen sehen. Der Franke machte Sturm mit Billigung des alten Fuchses Lauerstedt weis, man sorge sich um eine bessere Ausbildung der deutschen Arbeitskräfte. Aufgabe der Gastarbeiter sei es lediglich, die primitiveren Arbeiten von deutschen Kollegen zu übernehmen, damit diese sich in Ruhe ausbilden lassen könnten. Es waren Kapriolen des Zynismus.

Dieser Minister Sturm ahnte nicht, dass der dicke Franke mit den Italienern bereits über die Anwerbung Hunderttausender Facharbeiter verhandelte. Fataler Coup. Aber ausgebufft, dachte Fraccari bei sich und zündete sich eine Memphis an und verspürte erstmals eine leichte Erregung. Ob seine Schöne kommen würde? Sie hatte es noch nicht endgültig zusagen können. Seine Arme ruhten auf den Sessellehnen. Die Finger seiner feingliedrigen Hände mit den polierten Nägeln trommelten nervig zum Swing des Pianisten.

Fraccari saß sinnend. Diese Deutschen, das musste ihnen der Neid lassen, waren mit allen Wassern gewaschen. Nicht von ungefähr hatte De Benedetti immer wieder davor gewarnt, sich von ihnen über den Tisch ziehen zu lassen. De Benedetti wusste, wovon er sprach. Er kannte den alten Fuchs Lauerstedt. A propos Lauerstedt, die deutschen Industriellen konnten sich in diesen Zeiten keinen besseren und unbeugsameren Sachwalter wünschen, als diesen Kölner Katholiken, der zeitweise selber mit den Nazis in Konflikt geraten war. Dieser hagere, sperrige und immer ein wenig hölzern auftretende Mann wusste, dass man noch nicht allzu sehr nach vorne preschen durfte. Noch nicht. Es war klug, Zurückhaltung zu üben. Der Ruf der deutschen Industrie und ihrer Banken war schwer beschädigt als kriegstreiberisch und kriegsgewinnlerisch, als Geldgeber der Nazis im großen Maßstab. Im Gegenzug sollte das mörderische Lumpenpack der Industrie die Arbeiterbewegung vom Leibe halten. Und noch immer hielt sich der allerdings zunehmend schwächer und schwächer vernehmbare Vorwurf, die Industrie sei ohnehin einziger Nutznießer der Hitlerei gewesen.

Am Ende unzähliger Konferenzen und verfeinernder Besprechungen im kleinen Kreise hatten die Italiener also zugestanden, die Arbeitsverträge mit ihren verratenen und verkauften Landsleuten auf zunächst ein Jahr zu befristen. Man kam den Herren am Rhein entgegen. Sie hatten einen Zustrom junger Arbeitskräfte im Auge, die zwar viel leisteten, Steuern und Sozialbeiträge zahlten, nach einer gewissen Zeit aber wieder dorthin gingen, von wo sie gekommen waren. Auf diese Weise würden auch Kranken- und Rentenkassen nicht über Gebühr strapaziert. Man dachte an alles.

,Das kleine Einmaleins der Volkswirtschaft', ging es hinter Fraccaris Stirn. Die haben ihre Hausaufgaben gemacht. Aber wir waren auch nicht von gestern. Er führte das Glas an den Mund, wartete mit dem Trinken aber noch einen Augenblick; denn jetzt erinnerte er sich einer anderen Erscheinung jener Tage. In einer Front mit den Konservativen hatten ausgerechnet die Führer einiger Gewerkschaften vor einer Unterwanderung durch italienische Kommunisten gewarnt. Hatte nicht Thomas Mann, der große Dichter der Deutschen, vom Antikommunismus als der Grund-Torheit des Jahrhunderts gesprochen? Die Deutschen schienen diese Grund-Torheit aber geradezu hysterisch verinnerlicht zu haben. Fraccaris gebildeter Kopf wusste natürlich, dass eine solche Hysterie durch das Schüren diffuser Ängste leicht am Leben zu halten und nach Bedarf immer wieder aufs Neue zu entfachen war. Im Falle der Gewerkschaftsführer waren die italienischen Einwanderer der Auslöser dafür. Gewiss sahen sie in ihren Zentralen die Tarife gefährdet, womöglich auch ihre Politik. Sie war auf die Beibehaltung der wirtschaftlichen Machtverhältnisse ausgerichtet, längst nicht mehr auf deren Überwindung. Die Befürchtung einer Unterwanderung, dies nebenbei, war ebenso engstirnig wie gegenstandslos. Dies bestätigte sich durch äußerst dürftig ausgefallene Sicherheitsüberprüfungen des Verfassungsschutzes.

Jetzt nippte Fraccari erst an seinem Glas, ehe er es mit einem harten Ruck auf die Glasplatte des kleinen Tisches zurückstellte. Es wühlte in ihm, dass man die Landsleute ohne Rücksicht auf Verluste verkaufte. Denn dort, nach wohin sie verkauft worden waren, waren sie ungeliebt von Anfang an. Einerlei. De Benedetti hatte in den Anwerbeverträgen doch tatsächlich eine unwiederbringliche Chance gesehen, die Menschen des Südens in Arbeit und Brot zu bringen, ohne dabei die unsägliche „mezzadria" antasten zu müssen. So hieß jene Form der Leibeigenschaft, die den Großgrundbesitzern nach wie vor die Hälfte der Erträge ihrer Kleinpächter zuschrieb. Eher entwurzelte man die Menschen, als Hand an dieses Vorrecht aus grauer Vorzeit zu legen.

Kurzum, Italien stahl sich aus der Verantwortung für seine Kinder, verführt durch eine wirtschaftliche Blütezeit der Deutschen. Das sah auch Fraccari vollkommen ungeschönt. Dabei liebten diese Kinder ihr

Land über alles. Sie trugen es in sich wie kaum ein anderes Volk. Aber ihrer Regierung war jeder recht, der ging. Hinter jedem von ihnen schlug man drei Kreuze, weil man für ihn nicht mehr würde aufkommen müssen. Im Gegenteil, er würde mit Geldsendungen aus Deutschland sogar noch die Kaufkraft der verbrannten Erde beleben. Es sollte sich zeigen, dass diese Rechnung aufging. Und in dem Unterstaatssekretär keimte eine Wut darüber auf, dass man es in Kauf nahm, Familien und das Selbstgefühl von Menschen zu zerstören, damit sie dem Staat nicht auf der Tasche lägen. Fraccari hatte sich nicht dagegen unempfindlich machen können, dass Menschen wie Rohstoff behandelt wurden. In den römischen Ministerien starben landsmannschaftliche Gefühle den raschen Tod des wirtschaftlichen Vorteils.

Der Pianist kam an die Bar geschlendert, lehnte sich an sie, kreuzte die Füße mit den schwarzen Lackschuhen und zündete sich eine Zigarette an. Wortlos stellte der Barkeeper ein Glas Wodka auf die breite Marmorplatte. Der Musiker war ein ungarischer Jude namens Mejer. Der Doktor mochte ihn. Einmal, als alle schon gegangen waren, hatte der Ungar für ihn noch aus seinen Teddy-Wilson-Schätzen gespielt. Es war spät geworden. Immer wieder hatte der Barkeeper dezent die Hand vor den gähnenden Mund gehalten. Mejer war in den Sechsundfünfziger-Wirren des Ungarn-Aufstandes erst nach Jugoslawien und von dort nach Italien verschlagen worden – ein bizarres Schicksal. Sein Vater hatte Ende der Zwanziger als politischer Kommissar bei der Roten Armee gekämpft und war von Weißgardisten in der Nähe von Minsk viehisch hingerichtet worden. Seine Mutter war Schriftstellerin. Sie hatte – ein sicherlich einzigartiger Vorgang – eine halbe Nacht lang mit Stalin in dessen Büro im Kreml darüber sprechen können, weshalb er eines ihrer Bücher nicht hatte veröffentlichen lassen. Über den Verlauf dieses Gespräches bei schwerem Wein und starken Zigaretten hatte sie niemals etwas gesagt.

Fraccari blickte auf die Uhr. Wann würde sie kommen? Würde sie kommen, Carla, die Schöne, seine Geliebte? Doch er hielt sich nur flüchtig damit auf. Verhielt es sich im Grunde nicht einfach, einfach wie alles, das hinter großer Gebärde steckte? Die einen, so kehrten Fraccaris Gedanken zum Schacher zwischen seiner Heimat und Deutschland zurück, brauchten, was die anderen hatten. Basta. Jeder suchte seinen Vorteil, vernebelt allenfalls mit scheinheiliger Entrüstung oder Betroffenheit. Manchmal führte man Krieg, um etwas zu bekommen, und manchmal verhandelte man eben, insbesondere dann, wenn gerade ein Krieg – verheerender als alle anderen der Menschengeschichte – beendet worden war.

Es war apart. Jene, die in den Kommissionen saßen, kannten einander oftmals noch aus früheren Zeiten und vom Krieg her. Fraccari wusste, dass einander in den Verhandlungen sowohl einstige Verbündete als auch Gegner wiedergesehen hatten. Aber was bedeutete das schon, jetzt, da Fragen nationalen Interesses zu klären waren? Das einigende Band der Aussicht auf riesige Gewinne umschlang sie allesamt. Man vergaß leicht, beziehungsweise man vergaß natürlich nicht, sondern man gestattete sich auch bei den Gegnern von einst die Vernachlässigung von Skrupeln. Wie gesagt, die einen hatten, was die anderen brauchten. Und schließlich, nicht wahr, konnte man aus allem Geld machen, aus Zerstörung ebenso wie aus der Beseitigung der Spuren ihres mörderischen Werkes.

Als die Minister und Staatssekretäre beider Seiten mit ihren Rattenschwänzen von Protokollanten und Textverfassern und Dolmetschern, von Händlern und Unterhändlern und Verlautbarern über feine Teppiche zur Unterzeichnung geschritten, die Regierungs- und Wirtschaftsvertreter in Rom vor die Presse getreten waren und höchste Genugtuung und Zuversicht geäußert hatten, nahm jene Zeit ihren Anfang. Die Menschen hatten ihr eine Bezeichnung gegeben. Sie nannten sie die Zeit unzähliger Tränen, die der Himmel sammeln würde. Es waren die Tränen jener Menschen, die das Heimweh krank machen und zerstören würde.

„Guten Abend, Doktor." Fraccari blickte hoch und sah in das lächelnde Gesicht des Pianisten.

„Was möchten Sie hören? Haben Sie einen Wunsch?"

Fraccari erwiderte das Lächeln und überlegte kurz.

„Ach bitte, spielen Sie … nein, ich überlasse es Ihnen, mein Lieber."

Er berührte leicht einen Arm des Pianisten. Der Pianist schlenderte zum Flügel zurück, nahm Platz und spielte „Bel Ami".

Fraccari hatte noch nicht bemerkt, dass Carla in der Tür stand, die betörend schöne Geliebte. Sie schien von dem Spiel des Pianisten berührt zu sein, lehnte, eine schmale krokodillederne Handtasche in der Armbeuge, am Türrahmen und hatte den Kopf an ihn gelegt. Sie trug ein enges schwarzes Kostüm und anthrazitfarbene Nahtstrümpfe. Ihr roter Mund glänzte matt von Lippenstift. Da sah Fraccari sie. Er fühlte etwas wie einen Stromstoß durch sich hindurchfahren. Er erhob sich, kam ihr entgegen, sah ihr in die Augen, in denen mühsam zurückgehaltene Begehrlichkeit leuchtete, und küsste ihre Hand, während der Pianist kunstvoll zu Teddy Wilsons „When love is young" wechselte.

Malumore

Die sieben Häuser von Malumore glichen einander wie Geschwister, wie es die Häuser der anderen Weiler taten, welche zu der Kommune von Marani gehörten. Doch auch von einem Stadtteil Maranis, Scafarello, wird im Späteren noch die Rede sein. Die anderen Weiler hießen Mantenimento, Canaletto, Cisterna, Cavone und Rissa. Aus Rissa, dies nebenbei, stammte Aurelio Scaletta, den der abscheuliche Großgrundbesitzer Delcrocce wegen der Geschichte von dem Huhn und der Mafia hatte halbtot prügeln lassen. Die Menschen in den Weilern hatten ihre Häuser zumeist aus dem erkalteten Lavagestein des Ätna gebaut, das sozusagen als Geschenk des Himmels in der Gegend vorzufinden war. Einige der Behausungen lehnten aneinander, als müssten sie sich gegenseitig stützen. Ihre Bewohner verschmierten die Steine mit Lehm und gaben dem Gemäuer mit verflochtenem Wurzelwerk noch einen zusätzlichen Halt. Das Aussehen dieser besseren Höhlen war abenteuerlich, wie sich denken lässt. Es verschwendete sich nicht an das Erscheinungsbild. Ihre Bewohner gingen mit anderen Sorgen um.

In Malumore lebte der Tagelöhner Francesco Gioia, dies allerdings zur Miete. Ohne Zögern hatte er Antonio als Kind zu sich genommen. Näherstehende Verwandte, die sich eigentlich eher als er um den Jungen Gedanken hätten machen müssen, hatten unter windigen Erklärungen die Hände gehoben, als er im Alter von vier Jahren nach dem Vater auch noch die Mutter verlor. Es waren in beiden Fällen tragische Tode gewesen. Ohne große Reden hatte Francesco das Kind auf den Arm gehoben und es an sich gedrückt und hatte fortan einen Ziehsohn. Das Kind trottete mit seinen großen dunklen Augen an der Hand des Tagelöhners auf die Felder, wo es mit Murmeln spielte, während Francesco ausgepresst wurde wie all die anderen auch. Die Murmeln hatte der Ziehvater aus Lehm geformt und in der Sonne getrocknet.

Als der Junge fünf Jahre alt war, konnte er die beiden Ziegen melken. Bisweilen auch redete er mit den Tieren während des Fütterns in kind-

lichen, weichen Lauten. „Schmeckt es Dir?", fragte er die Eselin. In Grigiolinas Augen lag ein matter Glanz. Ihre Ohren spielten, als der Junge sie streichelte. „Ich will auch auf Dir reiten." Es schien, als verstehe das Tier jedes Wort. Und die Ziegen schnupperten zutraulich an ihm herum und schleckten ihm die Hände, als er leise zu ihnen sagte: „Ich bin Antonio ... ihr seid meine Freunde ..."
Francesco Gioia zog den Jungen mit Hingabe auf. Er war ihm niemals Last. Es war ihm geschenkt worden, ihn lieben zu können. Auch empfand er die Fürsorge um das Leben des Jungen als nicht ohne tieferen Sinn von den Geschicken zugeteilt. Er lehrte Antonio die Nützlichkeit von Pflanzen, warnte vor den giftigen Vipern, köpfte mit der Machete eine von ihnen im Beisein des Jungen, brachte ihm allmählich bei, wie man an Wolken und Wind das Wetter voraussehen konnte, hob ihn auf den Baum mit den prallen leuchtenden Zitronen, lenkte Antonios Blicke auf die Schönheit der Disteln am steinigen Eselspfad und erfreute sich daran, wie ihm die süßen Kaktusfeigen schmeckten. Hinter dem Haus gediehen Tomaten, Bohnen, Erbsen und Kartoffeln, ein Zitronenbaum und kleine Sträucher mit Pepperoncini. Die Eselin, die mit ihren demütigen Augen in dem Verschlag aus Holzresten und Wurzelwerk stand, trug den Tagelöhner zur Arbeit. Ein Esel galt unter seinesgleichen als großer Reichtum, die beiden Ziegen in ihrem Verhau zumal.

Peitschten die Winterstürme das schwärzliche Meer der sizilianischen Ostküste, so hörte man dieses Toben und Schreien der Elemente bis nach Malumore, das wenige Kilometer landeinwärts lag. In den meisten der Behausungen nistete eine Feuchtigkeit, gegen welche die kleinen Eisenöfen mit ihren Heizlöchern nicht ankamen, und namentlich Francesco und der Kleine froren in einem alten Ehebett selbst noch unter Schaffellen und Wolldecken. Auf der Kommode stand das Hochzeitsbild der Eltern Antonios, Mario und Concetta. Noch wühlte keine unerfüllbare Sehnsucht nach den Eltern sein Inneres auf. Noch schlief dieser Schmerz tief in seiner Seele. Neben dem Schlafraum lag die Küche mit dem gestampften Lehmboden, dem Tisch und drei Stühlen. An der Wand hingen die Fotografie der Eltern Francescos und ein Bild, das ihn als Soldat zeigte. Aus dem Abtritt neben der Küche kam der Geruch des Urins gezogen.

Das war Malumore, der Ort von Antonios Kindheit.

Und es kam eine schwere Zeit für den Ziehvater. Nächtelang haderte er im Gebet und im Selbstgespräch mit tonlosen Lippen; denn er hatte keinen anderen Ausweg mehr gesehen, als Delcrocce auch den Jungen noch zum Fraß vorzuwerfen. Die wenigen willkürlich ausgezahlten Lire reichten nicht für beide, mochte Francesco sich noch so sehr beschränken. Es war zu viel zum Sterben und zu wenig zum Leben. Als er dem Jungen diese rücksichtslose Wahrheit mit dumpfer und kraftloser Stimme eröffnet und ihm dabei die Wangen gestreichelt hatte, schmiegte Antonio sich wortlos an den Ziehvater, der diesen Augenblick nur schwer ertragen konnte. Von nun an gingen sie gemeinsam zur Arbeit auf die Felder, und Antonio ließ die Murmeln im Haus zurück. Francesco aber wurde es sein ganzes Leben lang nicht wieder leicht ums Herz. Er, ausgerechnet er, der ihn aufgenommen hatte und sich um ihn kümmerte, gab sich die Schuld an Antonios früh verlorener Kindheit. Wie ein Messer stak diese vermeintliche Schuld in seinem Herzen.

Marani

Auf der Piazza von Marani, wo reglose Palmen sich mit wunderbarer Schönheit in den Abendhimmel erhoben, gestikulierten und redeten die Lustwandler in den hohen und gedehnten Lauten des Südens. Immer wieder hielten sie an, ehe sie weiterschlenderten, um erneut auf einem Fleck stehen zu bleiben. Man erörterte ebenso unbeschwert wie mit großem Ernst. Man berührte einander, hängte sich ein, um neue und immer neue Runden zu drehen. Und dabei schien es, als versinke alles außerhalb dieser Flanierzirkel in vollkommener Bedeutungslosigkeit. Ansteckend lag das Belebende und Freudige des Stimmengewirrs über dem Gewimmel. Und mit unbeschreiblicher Milde durchdrang der Abend all dies.

Ohne Ziel ließ Assunta Lamesa noch einmal ihre Blicke zurückkehren, während sie mit ihren Freundinnen zwischen den vielen Menschen ging. Bei jenem Zurückkehren des Blickes sah sie ihn. Das hübsche Mädchen durcheilte ein Schauer, wie es ihn noch nie verspürt hatte. Keine zehn Schritte trennten sie voneinander. Und in diesem Moment glitten seine Augen in diejenigen Assuntas. Es war wie der Bann eines Zaubers. Sie blickte beim Weitergehen noch über die Schultern zu ihm zurück. Unverwandt lagen Antonios Augen auf Assunta.

In dem hellbraunen schmalen Gesicht des jungen Mannes brannten unter einem schwarzen Schopf hellgraue, ein wenig ins Grünliche schimmernde Augen. Doch trotz ihres Feuers, das eigentlich mehr ein beständiges Glimmen war, blickten die Augen Antonio Gioias besonnen. Man hätte sich fragen können, woher diese Besonnenheit in seinen jungen Jahren käme. Um die Mundwinkel spielten Grübchen. Lachte er, so verliehen diese Grübchen dem Gesicht etwas Spöttisches, das man aber nicht als geringschätzig oder gar herablassend hätte empfinden können.

Er stand mit drei Freunden an dem gusseisernen Jugendstil-Pavillon am Rande des Platzes, an dem man zu Lesen, zu Trinken und zu Rauchen kaufte oder einander verabredete. Alle drei hatten sie auf jene ganz bestimmte Art ihre Zigaretten zwischen den Lippen und dabei die Hände in den Hosentaschen stecken, wie junge Männer sie von jeher bei den Erwachsenen abschauen.

„Kennst Du den?", fragte Rita, ohne ihre Freundin Assunta dabei anzusehen. Sie gingen nach dieser Begegnung in der Lebhaftigkeit der Piazza. Keineswegs waren ihr die Blicke verborgen geblieben und ebenso hatte Silvia, die andere Freundin, sie bemerkt. Die Mädchen spazierten untergehakt und waren alle drei siebzehn Jahre alt. Für Rita und Silvia waren diese Blicke alles andere als belanglos gewesen.

„Nein", erwiderte Assunta abwesend.

Antonio lehnte an dem Kiosk, die Hände wiederum in den Hosentaschen, und hielt den Blick gesenkt. So war es zu allen Zeiten gewesen, und so würde es für alle Zeiten sein: Waren zwei Menschen füreinander bestimmt, so zeigte sich dies in einem einzigen Augenblick.

„Was ist?", fragte einer der Freunde.

„Kennst Du die?", erwiderte Antonio anstelle einer Antwort und sah den Freund an.

„Wen?"

„Die, die zurückgeschaut hat. Bei diesen drei Mädchen."

„Hab ich nicht drauf geachtet."

„Sieh doch, jetzt sind sie da vorne." Die Mädchen waren noch zu erkennen. Aber sie waren im Begriff, in dem Gewoge zu verschwinden. Der andere reckte ein wenig den Kopf.

„Die in der Mitte", setzte Antonio hinzu.

Assuntas Erscheinung war von einer energischen Zierlichkeit. Ihr ebenmäßiges Gesicht hatte jenes helle Bräunliche, das ins Elfenbeinfarbene hinüberspielte und war von einem Mund mit schön geschwungenen Lippen und dunklen und leicht schrägstehenden Augen bestimmt. Häufig waren ihre Lippen ein klein wenig geöffnet, so, als wäre das Mädchen beständig von irgendetwas fasziniert. Dahinter schimmerten die Reihen der blendend weißen kleinen Zähne. Assunta war eine Schönheit. Reich hatte die Natur sie beschenkt. Es gab nicht wenige junge Männer, auch ältere, die diesen Mund nur allzu gerne einmal geküsst hätten. „Sie nur einmal zu spüren", dachten sie angesichts der vollen Lippen. Assunta trug das dichte schwarze Haar hochgesteckt, so dass ihr zierlicher Hals sichtbar wurde. Sie wäre, hätte man sie neben Antonio gestellt, einen halben Kopf kleiner gewesen. Bisweilen war in ihren dunklen Augen ein Leuchten erkennbar. Ein solches Leuchten zeigt sich, wenn sich in dem betreffenden Menschen eine Fülle von Gefühlen findet. Matt blinkte an Assuntas linker ihrer schmalen Hände ein einfacher goldener Ring, ein Erbstück der Großmutter, den sie oft betrachtete und gedankenverloren hin und her drehte.

„Nein", erwiderte der Freund Antonios, als er das Mädchen ausgemacht hatte. „Kenne ich nicht." Er sah Antonio mit einem spöttischen Anflug von der Seite an, und auch er bemerkte, dass etwas vor sich gegangen war.

Nicht lange danach, an einem Nachmittag, saß Assunta mit den Eltern vor einer Bar in Scafarello. Mit zierlichen Bewegungen löffelte sie Zitroneneis, während die Eltern sich mit Granita di Caffè erfrischten. Der langstielige Eislöffel fiel ihr beinahe aus der Hand, als sie Antonio mit dem Rad auf dem Platz vor dem Kino umherkurven sah. Assuntas Gesicht wurde weiß wie die Wand. Wiederum Tage später bereitete die Mädchengruppe der Katholischen Aktion im Jugendheim das Johannes-Patrozinium vor, unter ihnen Assunta. Nebenan debattierte die Schar der Jungen mit ihrem Geistlichen, Don Carmine, über ein in Aussicht stehendes Tischtennis-Turnier, unter ihnen Antonio.

Es hatte den Anschein, als wolle das Schicksal sie wieder und wieder zusammenbringen, damit sie einander nicht mehr verlören. In einer Pause, in der alle Kuchen aßen, den irgendwer mitgebracht hatte, spürte Antonio Blicke in seinem Rücken. Er wandte sich um und blickte direkt in Assuntas Augen. Und da trat er aus sich heraus. Er kam näher und fragte leise und mit pochendem Herzen in das Pausengewirr hinein: „Kann ich Dich wo treffen?" Unmerklich nickte Assunta, als habe sie darauf gewartet. Wieder war sie kreidebleich geworden. Der Tagelöhner Antonio Gioia ahnte nicht, wie glücklich sie in diesem Augenblick war.

Die Mädchen waren mit der Besprechung des Patroziniums fertig. Sie strömten auf dem Gang hin und her und redeten laut durcheinander. Antonio hatte einen Zettel geschrieben. Er verließ die Gruppe um den Pater und trat auf den Gang hinaus. Er wollte ihn Assunta zustecken, so er sie sähe. Als er die Tür öffnete, stand sie direkt vor ihm und plauderte mit einer Freundin. Beinahe wäre er zurückgeprallt. Alles geschah wie in Trance. Er reichte ihr den Zettel, nahm den leicht geöffneten Mund in dem überraschten Gesicht wahr und kehrte in den Raum zu Don Carmine zurück, wo man soeben die Mannschaften zusammenstellte. Antonio war von seiner Kühnheit überrascht, die ihn hatte schwindelig werden lassen. Sein Herz klopfte stark und seine Handflächen waren feucht geworden. „Wo kann ich Dich treffen? Gehst Du mal mit mir ins Kino?", stand auf dem Zettel. Es war das erste Mal, dass er sich einem Mädchen zu nähern versuchte, zählte man jene unverbindlichen Flirts nicht mit, die unter Jungen als Mutproben angesehen werden.

Antonio sah sich vergeblich um, als kurze Zeit später auch die Tischtennissspieler das Heim verließen. Lachte sie nicht bereits über ihn und erzählte ihren Freundinnen von dem ungelenken Annäherungsversuch? Ein eisiger Schreck griff nach ihm, ein Gefühl unsäglicher Nichtigkeit und Niedergeschlagenheit, als unvermittelt eines der beiden Mädchen, die in der Nähe des Einganges gestanden hatten, ihm rasch und errötend einen Zettel zusteckte. Dann wandte es sich ab und verschwand mit der wartenden Freundin in der Dämmerung. Antonios Herz schlug bis zum Hals. Er faltete den Zettel auseinander. Sie hatte die Rückseite beschrieben. „Donnerstag, halb acht, im Kino von Scafarrello." Und er las es immer und immer wieder.

Einigen von ihnen, die auf den knarrenden hölzernen Klappstühlen des Kinos „Aurora" saßen, liefen die Tränen über die Wangen. Man hörte Rufe. „Schweine" oder „Armer Kerl", oder man rief mitfühlend „Der Kleine!" und „So ist es, ja, genauso ist es." Über die gebannten Gesichter, die offen stehenden Münder und die aufgerissenen Augen zuckten die Lichtreflexe des Films. Als sie einander in der Dunkelheit erkannten, Assunta in Begleitung der Freundinnen als „Anstandsdamen", setzten sie sich nebeneinander. Verschwörerisch waren die Freundinnen einige Stühle weitergerückt. Das Kino war etwa zur Hälfte besetzt. Die Zuschauer waren weitläufig über die Reihen verstreut. Junge Paare saßen engumschlungen, ersichtlich und ungeniert mehr mit sich beschäftigt als

mit dem Film. Ein älterer Mann war auf seinem Klappstuhl eingeschlafen. Sein Kopf war ihm nach hinten gesunken. Er schnarchte leise,
während die Frau neben ihm wie hypnotisiert die Handlung verfolgte.
Auf der Leinwand lief der kleine Sohn neben dem Vater her, herz-
erweichend tapfer und unwissend. Man spürte die Liebe zu seinem Vater
und die Ratlosigkeit des kleinen Herzens, das tieftraurig war angesichts
der Niedergeschlagenheit des Vaters. Der Vater hatte die Hände in den
Hosentaschen stecken und resigniert den Hut aus der Stirn geschoben.
Immer wieder hörte man in den Stuhlreihen Schluchzen. Andere
fluchten, weil das Fahrradstehlen schiefgegangen war. Jawohl, es war
schiefgegangen. Keiner von ihnen, die in den Stuhlreihen saßen, dachte
anders darüber, als dass es schiefgegangen sei. Denn mit dem Gesetz
hatte man nichts zu schaffen. Es war bekanntermaßen nur dazu da, die
einfachen Leute auch noch um die allerletzte Chance zu bringen. Der
Mann in dem Film war beim Fahrradstehlen erwischt und von Bewohnern der Häuser, zu denen auch der Besitzer des Fahrrades gehörte,
festgehalten worden. Ein Fahrrad wäre aber die Voraussetzung für eine
Arbeitsstelle gewesen, auf die der Mann so dringend angewiesen war.
Nur ein kleines Quäntchen Glück, und alles wäre gut. Das kannten die
Leute auf den Klappstühlen. Das war ihnen geläufig. Man war anständig,
aber man war arm und arbeitslos und die übermächtige Versuchung
erdrückte einen. Da half alles Beten nichts. Und da stahl einer eben in der
Hoffnung auf Arbeit. In seiner Ausweglosigkeit bestahl er sogar noch
seinesgleichen. Die Verzweiflung demütigte die Besitzlosen auf doppelte Weise.

Ist einer ein schlechter Mensch, wenn er aus Not zum Dieb wird?
„Fahrraddiebe" war voller Liebe für die Ärmsten und das gemeine Volk.
Die Zuschauer erkannten sich darin wieder. Man begriff sehr leicht. Man
begriff unter Tränen oder Flüchen.

Sie blickten unverwandt nach vorne.

„Wie heißt Du?"

„Assunta ... und Du?"

„Antonio."

Noch immer sahen sie einander nicht an. Es sah aus, als säßen sie zufällig nebeneinander.

„Bist Du aus Scafarello?"

„Nein, Malumore. Und Du?"

„Ich bin aus Marani, Via Teatro Greco. Und was machst Du?"

„Ich bin Tagelöhner, zusammen mit meinem Ziehvater.“

„Hast Du keine Eltern mehr?“

„Nein, seit ich klein war.“

„Was ist mit ihnen passiert?“

„Irgendein Unglück. Der Ziehvater spricht nicht darüber.“ Auf der Leinwand liefen dem kleinen Bruno wegen des Missgeschickes des Vaters die Tränen über das Gesicht. Er begriff dessen verzweifelte Situation, obwohl er erst sieben Jahre alt war. Es war ein ungeheuer starkes Bild dieses Schwarz-Weiß-Filmes.

„Und Du, was machst Du?“

„Ich bin im Lehrer-Seminar in Siracusa. Studiere dort.“ Zwei Tage später waren sie spätnachmittags an der zierlichen Statue der Madonna am Stadtrand von Marani verabredet. Stets lagen zu ihren Füßen frische Blumen. Von dort fuhren sie mit dem Bus ans Meer, liefen am Strand entlang, wichen den flachen Wellen aus, welche die kleinen Muschelschalen in dem hellen Sand durcheinanderwirbelten. An einem Kiosk mit Papierfähnchen, Postkarten und Reklame-Luftballons für Sonnencreme kauften sie Erdbeereis. Weit draußen hob sich eine schneeweiße Yacht gegen das silbrige Blau des Horizontes ab. Sie liefen weiter, immer weiter und weiter, weil sie nicht wussten was tun, ehe sie stehenblieben und einander unvermittelt und mit unerfahrenen Lippen küssten und wie Ertrinkende umfasst hielten. Als Antonio seine geschlossenen Lippen ungeschickt auf ihren Mund presste, fuhr sie erst ein wenig zurück, ehe sie den zaghaften Druck erwiderte.

Der ein wenig dickliche Ovidio spielte absichtlich schlecht, damit Don Carmine gewinne, aber es misslang trotzdem. Und dies war dem Ministranten ganz besonders unangenehm. Denn die Jugend liebte den Geistlichen und wollte alles ihm zu Gefallen tun.

Kürzlich hatte Don Fabrizio seinetwegen geschäumt, der Padrone, bei dem viele Arme der Gegend als Tagelöhner arbeiteten. Eine willfährige Kreatur hatte dem Don hinterbracht, der Priester habe kommunistischen Jugendlichen ausgerechnet antiquarische Schriften Gramscis und Togliattis geschenkt. Sie hatten welchen von der Katholischen Aktion beigestanden, die von Neofaschisten bedroht worden waren. Es war ungewöhnlich gewesen mit diesen kommunistischen Werken als Geschenk, dies gewiss. Aber charakterisierte es nicht den Querkopf des Paters?

„Ist der denn toll geworden?", hatte Don Fabrizio getobt, und seine Männer waren erbleichend vor ihm zurückgewichen. So hatten sie ihn noch nie gesehen.

„Der soll sich ja in Acht nehmen. Irgendwann ist es genug."

In den Augen Don Fabrizios hatte eine eisige Gefährlichkeit geflackert. Er wischte sich den Mund, in dessen Winkeln Schaum stand, mit dem Taschentuch ab. Erst ganz allmählich war die Farbe wieder in sein blutleeres Gesicht zurückgekehrt.

Beim Seitenwechsel sah der Priester das Mädchen am Eingang des Jugendheimes stehen. Er erkannte gleich, dass etwas schwer auf Assunta Lamesa lastete. Carmine legte den Schläger auf die Tischtennis-Platte und kam ihr entgegen.

„Assunta, Du willst zu mir?"

Sie senkte den Blick. Wortlos lenkte der Pater die Schritte zur Kirche hinüber. Im Jugendheim hätten sie möglicherweise nicht ungestört miteinander sprechen können. Sie setzten sich in eine der vorderen Bänke, nachdem sie vor dem Altar die Knie gebeugt und sich bekreuzigt hatten. In Assuntas Augenwinkeln glitzerten Tränen, kaum dass sie Platz genommen hatte. Ruhig wartete der Pater ab, dass sie von sich aus zu sprechen begänne. Die Sonne schien durch die hohen Fenster herein. Vor einem der Fenster flatterte eine Taube auf und ab, die sich in das Gotteshaus verflogen hatte und nun den Weg ins Freie suchte, den das Licht ihr markierte. Assunta knetete ihr Taschentuch und senkte erneut den Blick. Der Priester empfand ein starkes Mitgefühl, weil er spürte, wie sehr sie unter etwas litt.

„Antonio und ich lieben uns. Mein Vater verbietet mir aber den Umgang mit ihm." Sie schluckte, ehe sie fortfuhr. „Er sagt, er ist nur ein Tagelöhner. Ich habe ihm alles ahnungslos und voller Freude erzählt." Noch immer schwieg der Pater. Insgeheim ärgerte er sich über das beschränkte Gehabe ihres Vaters. Blieb man aber in der Logik dieses Mannes, so war doch auch er selber nur ein kleiner Bahnarbeiter, der die Gleise richtete. Und wie rührend sie war, in ihrer jungen Liebe, einer ersten schweren Erfahrung mit dem Leben.

„Willst Du, dass ich mit ihm spreche?", fragte der Pfarrer nach einer Weile.

„Hochwürden, ich bitte Sie darum, dass Antonio seine Briefe an mich zu Ihnen ins Pfarrhaus schicken darf. Und dass ich sie bei Ihnen abholen darf." Carmine erfuhr, dass der Vater, Ignazio Lamesa, die Briefe abfing und nur mit Mühe davon abzuhalten war, sie zu öffnen. Er enthielt sie seiner Tochter vor und verfügte gegenüber seiner Frau, sie hätten verschlossen zu bleiben. Immer wieder kontrollierte er die Umschläge, ob auch nicht versucht worden sei, sie zu öffnen. Assunta erzählte dem Priester, sie sei dem Vater gegenüber verstummt. Für die Tochter Ignazio Lamesas und seiner Frau Graziella war die Liebe zu Antonio klar und rein und ohne den geringsten Anflug eines Zweifels. Die Bitte mit den Briefen war ein Vertrauensbeweis, den man nicht hoch genug schätzen konnte. Der Priester zögerte nicht einen Augenblick. Im ersten Überschwang der Erleichterung wollte das Mädchen ihm die Hand küssen. Er entzog sie ihr aber weich und strich ihr damit über das Haar.

„Darf ich es Antonio so sagen?"

Der Pater, von nun an auch noch Kurier für Liebesbriefe, nickte.

Erneut beteten sie stumm und verließen die Kirche. Assunta eilte über den sonnenüberfluteten Platz davon. Der Pater sah ihr nach und beobachtete, wie sie mit einem Mal stehenblieb und etwas nachzulauschen schien. Ja, jetzt hatte sie es ganz deutlich vernommen. Es stimmte also, was die alten Menschen sagten. Sie sagten, man könne das Meer von jeder Stelle aus hören, so man nur für einige Augenblicke stehen bleibe und die Augen schließe und sich ganz und gar darauf einlasse.

Bei dem Wahrnehmen des entfernten Rauschens schob sich aber das Bild des Vaters vor ihr inneres Auge. Er war ein Verräter. Denn er hatte sich allein schon der Möglichkeit eines abfälligen Geredes über die Verbindung gebeugt und damit die Liebe seiner Tochter verraten. Es war ein Geheimnis seiner Seele, eine Verstrickung mit Unbewusstem. Ignazio Lamesas geradezu beängstigende Wut war in ihrem tiefsten Inneren dagegen gerichtet, dass die Tochter und dieser Habenichts, dieser Tagelöhner, ein bildschönes Paar abgaben. Dieser Neid auf das ebenmäßige Bildnis eines Liebespaares nistete in ihm wie ein Ungeheuer.

Assunta war vor der Wut tief erschrocken, die dem Vater einmal ins Gesicht geschrieben stand. Und niemals würde sie vergessen, dass die Mutter sich abgewandt und die Tochter nicht ein einziges Mal vor diesen Wutausbrüchen in Schutz genommen hatte. Es war der Moment, da Assunta das Vertrauen in ihre Mutter verlor.

Der Vater

Der Kommandeur der Partisanen herrschte den Jungen an. „Verschwinde", sagte er. „Das ist nichts für Dich." Mit seinem wirren Haarschopf war er eines Abends an der Höhle hinter Felsen und dichtem Gebüsch in der Umgebung von Agrigento aufgetaucht. Schon im Gehen begriffen, wandte der Kommandeur mit der roten Armbinde sich noch einmal um: „Woher kennst Du das Versteck?" Mario zeigte ihm den Zettel mit der Wegskizze, den er unter seiner Haustür gefunden hatte. Der Kommandeur besah den Zettel. Dann zerriss er ihn und warf ihn ins Feuer. Er schaute dem Jungen eine Weile in die Augen. Doch er erkannte nichts darin, was seinen Argwohn hätte wach werden lassen müssen.

Mario hatte aus seinem Willen, zu den Kämpfern zu stoßen, keinen Hehl gemacht. Die Alten hatten ihm sogar vor der Bar einmal den Mund zugehalten. Denn Mario Gioia wusste nicht, dass er sich alleine schon mit Äußerungen in Lebensgefahr würde bringen können. Es brauchte nur ein Spitzel etwas davon zu hören. Irgendwer aber hatte schließlich den Zettel unter der Tür in Malumore durchgeschoben.

Scheuchte man ihn fort, so stand er am nächsten Tag wortlos und barfuß mit durchlöchertem Hemd und durchgewetzter Hose wieder vor ihnen. Doch es waren, wie man angesichts seines Alters vielleicht hätte annehmen können, keineswegs romantische Vorstellungen, die ihn stets aufs Neue zu ihnen führten. Die Angst seiner Frau Concetta, ein Jahr jünger als er, schlug er in den Wind und schließlich nahmen die Partisanen ihn zu sich. Er übernahm zu Fuß nicht ungefährliche Kurierdienste. Ein anderer Kurier, kaum älter als er, Armando Licitra mit Namen, war verraten, von der SS aufgegriffen und ohne Umschweife an die Wand gestellt worden. Die Salve aus der Maschinenpistole hatte den jungen Menschen, der von seinem Leben noch so gar nichts gehabt hatte, erst ein wenig in die Höhe geschleudert, ehe die Wucht der Geschosse ihn an die Mauer einer Feldscheune warf, ausgerechnet dort, wo er als Kind Verstecken und Räuber und Gendarm gespielt hatte.

An einem Spätsommer-Tag rollten im nördlichen Teil der Stadt wieder die Panzer der Deutschen. Sie schoben sich mit dem bedrohlichen und dumpfen Klirren immer dieselbe Straße entlang, weshalb die Partisanen in einem dort gelegenen leerstehenden Fabrikgebäude Stellung bezogen und einen Angriff vorbereitet hatten. Ihr Plan war es, zu warten, bis sie sich im Rücken der Panzer befänden, um dann zu feuern.

Ihre Stellung war aber verraten worden. Einer der vermeintlich Ihren war in Wirklichkeit ein Agent der Feinde. Mit klirrenden Ketten schoben sich die Panzer heran, und völlig unerwartet drehte sich ein Geschützturm zu dem Fabrikgebäude her und dann noch eines dieser graugrünen geduckten Ungeheuer. Die Partisanen kamen nicht mehr dazu, ihre Panzerfäuste zu ergreifen, so rasch war alles vor sich gegangen. Die Granaten schlugen in das Gebäude ein. Teile einer herabfallenden Decke begruben Mario unter sich. Und dabei hatten die Partisanen anfangs noch gezögert, ihn mit in das Fabrikgebäude kommen zu lassen. Mario Gioia, siebzehn Jahre alt, war auf der Stelle tot.

Es war Antonios Vater.

Die Mutter

Als der Schmerz häufiger auftauchte, begann Concetta, die wahrhaftig nicht wehleidig war, zu wimmern. Anfangs war der Schmerz immer wieder abgeebbt, ehe er sich erneut meldete. Er kam in Wellen. Concettas Mutter saß am Bett und tröstete die Tochter. Sie kochte in ihrer Ratlosigkeit Tee, weil sie dachte, dass Tee nicht schaden könnte. Sie hielt die unerklärlich Leidende warm und streichelte ihre Hand. Das Bauchweh würde vergehen, dachte sie. Immer würde ja alles vergehen, dachte sie bei sich. Wer wollte gleich zum Arzt laufen? Sie scheute auch vor den Kosten für den Arzt zurück.

Am Morgen des dritten oder vierten Tages blähte sich der Bauch. Die Schmerzen verebbten nun nicht mehr. Sie waren grauenvoll, keinem Menschen zu wünschen. Jetzt war die Mutter von panischer Angst um ihre Tochter erfüllt und fuhr mit dem Rad zum Arzt, der gerade zu Hausbesuchen aufbrechen wollte. Concetta hatte sich erbrochen, war blass und blasser geworden und hatte vor Schmerzen geschrien. Nebenan schlief Antonio, vier Jahre alt, tief und selig, während die Tragödie sich anbahnte. Der Arzt war ohne Umschweife mit der Frau gekommen, trat an das Bett der Leichenblassen, öffnete die Instrumententasche und nahm das Stethoskop heraus. Als er den brettharten Leib befühlt und abgehört hatte, sagte er nur ein einziges Wort.

„Rasch."

Der Arzt war erfahren genug, um zu wissen, dass der Zeitpunkt für eine Rettung eigentlich verstrichen war. Aber er wollte auch nicht die Möglichkeit der allergeringsten Chance versäumen, die sich nach allen Erfahrungen jederzeit würde ergeben können. Dies wäre unverzeihlich. Bei der Einlieferung ins Krankenhaus Santa Maria schrie Concetta Gioia wie ein Tier. Die Operateure gingen unverzüglich ans Werk. Sie öffneten den Leib und sahen, was der Hausarzt bereits angenommen hatte. Der Blinddarm war durchgebrochen. Die Bauchhöhle war voller Eiter. Die Ärzte säuberten den Bauch mit Antiseptika. Sie wischten und tupften, auch sie von dem Willen durchdrungen, nicht die allergeringste Chance auf eine Rettung ungenutzt zu lassen. Aber Concetta erwachte nicht wieder. Sie starb kurz nachdem man ihre Bauchdecke wieder zugenäht hatte. Sie war 19 Jahre alt und seit drei Jahren Witwe.

Es war Antonios Mutter.

Aufbruch

Wie in einem Traum, in dem sich alles in gläserner Erstorbenheit zeigt, ging er durch das Haus, ehe sie sich auf den Weg machten. Das einfallende Licht des Nachmittages, das mit dem dämmerigen Innern spielte, ließ die Eindrücke in schweren Farben erscheinen. Der Junge trat im Stall, der mehr ein Bretterverschlag als ein Stall war, zu dem Esel und streichelte ihm die Ohren und den Rücken. Und er ging hinter das Haus zum Garten mit dem Gemüse und den Bohnenstangen. In der offenen Tür stand, nach draußen gewandt und den Blick zu Boden gerichtet, Francesco Gioia. Der Zwist riss ihn hin und her. Hätte er, der Ziehvater, versuchen sollen, den todesmutigen Jungen von seinem Vorhaben abzubringen? Denn todesmutig würde es sein. Wäre es also besser gewesen, ihn, seinen Antonio, nicht gehen zu lassen? Doch wie, mit welchen Worten hätte er ihn dazu bewegen können? Sie waren nicht in ihm gewesen. Der Herrgott hatte sie ihm nicht eingegeben. Wollte am Ende auch er noch, dass alles so komme? Wie sie es auch gedreht und gewendet, von welcher Seite, in welchem Licht und unter welchem Blickwinkel sie es betrachtet hatten, am Ende war doch nichts anderes übrig geblieben. Es marterte den Alten. In all der langen Zeit war er mit diesen Gedanken allein gewesen. Und wie gerne hätte er sich in seiner großen Not mit jemandem beredet. Den Gang zu einem Priester hatte er nicht gewagt aus Scham davor, nicht ausdrücken zu können, was ihn quälte.

Dieser Lump von Gemeindesekretär im Rathaus von Scafarello hatte Antonio noch den letzten Stoß versetzt. Ein halbes Dutzendmal war der junge Gioia, brav und anständig und unterwürfig und unwissend, bei ihm gewesen, um nach den beantragten Papieren für die Anwerbekommission der deutschen Wirtschaft zu fragen. Und von Mal zu Mal hatte dieser Lump ihn abgespeist, ihn an der Nase herumgeführt und geheißen, ein paar Tage später wieder zu kommen. Er habe viel zu tun und könne sich nicht von einem Moment auf den anderen um jeden Kram kümmern. Kram, so nannte er dieses Anliegen. Alleine dafür hätte man ihm schon an die Gurgel fahren sollen. An einem frühen Vormittag, für den Antonio noch einmal einbestellt war, hatte ein anderer Sekretär Dienst, ein gewisser Rumoroso. Und dieser Sekretär der Kommune schaffte alle Gutgläubigkeit und Illusion aus der Welt. Er hatte den Bittsteller aus dem Weiler Malumore auf eine sonderbar kalte Art gemustert.

„Was willst Du denn in Deutschland, Du Naseweis, hm? Sag' was willst Du bei denen? Du kannst doch nicht mal lesen und schreiben", hatte er nach einigen Augenblicken leise, aber mit einer eiskalten Schärfe gesagt, dabei mit dem Bleistiftende auf den Schreibtisch geklopft und den unsicher vor ihm Stehenden unverwandt angesehen. Es war der Blick eines Reptils. „Sie machen Dich dort zu Hackfleisch. So schnell schaust Du gar nicht, glaube es mir." Auch dieser Rumoroso war also ein Lump. Wie alle anderen.

„Ich gebe Dir einen Rat. Sei nicht undankbar. Du weißt, was Du Don Fabrizio verdankst. Hier hast Du alles, und wer weiß, was sie dort mit Dir anstellen. Und hier", war er nach einem Moment des Abwartens in diesem widerwärtigen und verlogenen Ton fortgefahren, in dem er den Padrone als fürsorglichen Patriarchen darstellte, „hier weißt Du wenigstens, wo Du hingehörst." Lauernd wartete er auf eine Wirkung seiner Worte. Und da geschah es, dass in dem Jungen Antonio Gioia, achtzehn Jahre alt, eine Ahnung von gewissen Zusammenhängen aufflackerte. Er war nicht dumm. Mit einem Schlag stand die Wahrheit wie gemeißelt vor ihm. Er würde es sich sparen können, weiterhin nach den Papieren für die Auswanderung und die Kommission zu fragen.

Und in der Tat, die Padrones hatten ihre Speichellecker und Bestochenen in den Ämtern angewiesen, als seien sie dazu von Amtswegen geradezu befugt, den jungen und spottbilligen Tagelöhnern Steine in den

Weg zu legen, wo immer es nur möglich war, so sie mit dem Auswandern daherkämen. Solch' eine Abhängigkeit wie jene, in der diese Bettelarmen sich befanden, fanden die Großgrundbesitzer kein zweites Mal. Papiere? Welche Papiere?

So war es gewesen.

Und jetzt, an diesem unabänderlichen Tag, war es um die Mittagszeit. Die Hitze war drückend und trocknete den Gaumen aus. Antonio und der Ziehvater gingen den Weg von Malumore zur Bushaltestelle nach Scafarello wortkarg. Zwischen ihnen trippelte die Eselstute Grigiolina mit den beiden Pappkoffern und der blauen Sporttasche und einem Ledersack mit Wasser. Unter ihren Tritten knirschten die kleinen Steine der staubigen Straße, die schnurgerade bis zum Horizont verlief. Jubilierend schwang sich eine Lerche, klein und schwarz wie ein emporgeworfener Stein, in den hitzeflimmernden Augusttag. Mit schwirrendem Flügelschlag stand sie wie zum Abschied über ihnen. Noch nach Jahren sollte Antonio sich dieses Tirilieren, diesen Gesang der Lerche, in Erinnerung rufen können. Und über die Landschaft fauchte der Atem des Sciroccos hin, der eindringlichste Wegbegleiter. Ganz gleich, was Dir passiert, vergiss niemals, dass Du ein Sizilianer bist. Vergiss das nicht, schien er ihm mit seinem heißen Wehen einzuflüstern.

Unter jedem seiner Schritte rissen, splitterten und barsten die Wurzeln. Aber er spürte es nicht.

Noch nicht.

Da hörten sie Rufe.

Von schmalen und kaum sichtbaren Pfaden, die aus dichtem Gebüsch und Pappelwäldchen herausführten, kamen Nachbarn zur staubigen Straße gegangen. Sie hatten davon gehört. Es war ihnen nicht gleichgültig, wenn einer der Ihren sie verließ, schon gar nicht, wenn er in so jungen Jahren zum Regenbogen ging. So nannten sie es, wenn jemandes Weg ins Ungewisse führte. Und sie, die in dieser kärglichen flachhügeligen Landschaft mit spärlichem Gebüsch, Felsen und verdorrten Bäumen lebten, welche von der Zeitlosigkeit des Unberührten erfüllt schien, ergriffen Antonios Hand und nahmen mit ihren harten und tiefbraunen Gesichtern in knappen Worten Abschied. Sie küssten einander, und etlichen von ihnen glitzerten die Tränen über die gegerbten Gesichter. Es war gut, dass man sich zeitig nach Scafarello aufgemacht hatte, von wo der Bus nach Siracusa fuhr; denn ein Dutzendmal mussten der Alte, Antonio und die Eselin bestimmt noch einhalten.

Nach einer guten Stunde waren sie in Scafarello. Sie banden das schwänzelnde Eselchen vor einer Bar fest. Der Wirt klopfte dem Tier den Rücken und brachte Wasser. Antonio rührte in dem cremigen Espresso und sah über den Platz mit der Bushaltestelle und den Bäumen hinweg. Doch nahm er weder die Bäume mit den wilden Orangen, weder den Zeitschriftenpavillon, noch das Kino oder die Bankfiliale und das Lebensmittelgeschäft wahr. Er sah durch alles hindurch. Nach einiger Zeit kam der Bus. Der Alte zog einen Schein aus der Geldbörse und bezahlte. Da beugte Antonio sich über die abgearbeiteten Hände und küsste sie. In Verzweiflung, Hingabe und Hilflosigkeit umarmten sie einander. Der Junge spürte, wie der Körper des Anderen zitterte. Er nahm die Pappkoffer und die blaue Sporttasche und stieg ein. Der Ziehvater stand wie verloren. Mit gesenktem Kopf und der gnadenvollen Ahnungslosigkeit der Kreatur ließ die Eselin in der Hitze ihre Ohren spielen. Das weiche Schnauben des Tieres brachte Francesco Gioia zu sich zurück, und der Alte erklomm umständlich den Rücken. Als er vielleicht drei Dutzend Schritte getrippelt war, wandte er sich auf dem Rücken des Esels mit Augen um, in denen alles erloschen war, um vielleicht doch noch einen Blick zu erhaschen, einen letzten, wehmütigen, von etwas Verschwindendem. Doch der Bus war schon nicht mehr zu sehen. Über der Straße lag der durchsichtige Schleier der Staubfahne und die große Hitze ließ die Farben der Landschaft blass erscheinen.

Antonio spürte auf seinem Sitz in der Mitte des Busses den Daumen des Paters, mit dem dieser das Kreuz auf die Stirn gezeichnet hatte. „Geh' jetzt", hatte er leise gesagt, nachdem er ihn mit einem Blick angesehen hatte, der von einer schmerzlichen Hilflosigkeit erfüllt war. Unauslöschlich hatte sich der Anblick des Studierzimmers mit seinen beiden schmalen und hohen Fenstern zu dem verwilderten Garten hinaus, mit den Büchern bis an die Decke und der Stehlampe mit dem bernsteinfarbenen Schirm, mit dem schweren dunklen Schreibtisch und dem Kreuz ohne die Gestalt des Erlösers, mit der Weihwassermulde neben der Tür in Antonio eingebrannt.

Und noch andere Bilder kamen herangeweht, die weite Hochebene mit den Karottenfeldern, der Padrone und dessen Sohn, der die Dinge des Vaters früh erlernte. Er bettelte um die Liebe des Vaters, indem er sich die Dinge des Herrschens voller Eifer zu eigen machen suchte. Antonio sah die beiden Delcrocces, Latifundisten in der Umgebung von Siracusa, mit dem amerikanischen Wagen auf einem der Felder vorfahren. Er sah die

Tagelöhner, die, nachdem sie aufgerufen worden waren, einer nach dem anderen mit entblößten Häuptern an den Kofferraumdeckel herantraten. Auf ihr lag die Lohnliste. Die meisten von ihnen machten drei Kreuze hinter ihre Namen. Er sah das Geldbündel in der Hand des Padrones, der den Tagelöhnern die Scheine in die Hand zählte. Er hielt das Bündel wie etwas Belangloses in seiner Hand. Es hätten genauso gut Lumpen sein können. Vor Antonios innerem Auge kam der Wagen der Karabinieri herangefahren, der unvermittelt hinter ein paar flachen Hügeln der Ebene aufgetaucht war. Sie waren gekommen, das Kind zum Schulunterricht abzuholen. Ihr Hauptmann hatte ihnen den strikten Befehl erteilt, den Aufseher auf die Schulpflicht hinzuweisen.

Mit einem erfrorenen Lächeln hatte der berittene Aufseher die Uniformierten aus seinem Sattel herab angesehen, während das Pferd unruhig tänzelte und schnaubte. „Was ist denn mit Euch los?", hatte er leise und kalt und überheblich gefragt. Das war alles gewesen, und wie Schulbuben hatten die beiden rotbackigen Uniformierten sich daraufhin nach einem kraftlos erhobenen Einwand und dem befehlsgemäßen Hinweis auf die Gesetzeslage wieder fortschicken lassen. Als der Streifenwagen in einer Senkung der Landschaft verschwunden war, hörte man über den gebeugten Rücken der Arbeiter, die alles mitbekommen hatten, die Stille schreien.

Nicht lange danach war einer von ihnen halbtot geprügelt worden. Er hatte eine Geschichte aufgeschnappt, die man sich erzählte, wenn man sich vor Verrätern sicher glaubte. Auch er hatte sie weitererzählt, war dabei aber von einem Gedungenen Delcrocces verpfiffen worden. Diese Geschichte, die die Form einer Parabel hatte, handelte von einem Huhn und der Mafia. Nachts waren drei Männer in die Behausung aus Lavagestein gekommen, die nicht verschlossen war, weil die Menschen es so gewohnt waren, und griffen sich diesen Arbeiter. Lautlos waren sie an sein Bett getreten und hatten ihn aus dem Schlaf gezerrt.

Ein Huhn hatte sich in dieser Parabel auf die Suche nach der Mafia gemacht, weil es endlich einmal wissen wollte, was es damit auf sich habe. Es wandte sich als erstes an den Bürgermeister, um ihn danach zu fragen. Doch dieser hatte davon noch nie etwas gehört, ebenso wenig wie der Polizeipräfekt, der Bankdirektor, der Abgeordnete, der Bauunternehmer, der Pfarrer und der Direktor des Schulamtes. Sie alle kannten das Gesetz des Schweigens – Omertà. Daraufhin kehrte das Huhn mit aufgeregtem Gegacker zurück, um der angstvoll aneinandergedrängten und flügelschlagenden Schar mitzuteilen, dass die Mafia eine Erfindung sein müsse. Als sie das hörten, wichen die übrigen Hühner voller Angst vor diesem einen Huhn zurück. Soweit die Parabel.

„Na, wie fühlt sich unser Huhn?", hatte einer der Schläger mit schweren Atemstößen gefragt und den Mann noch ins Gesicht getreten, obwohl sein Nasenbein gebrochen und die Zähne ausgeschlagen waren. Es war eine Gnade, dass der Tagelöhner bereits ohnmächtig war und die Schmerzen in dem blutigen Brei, in dem er lag, nicht mehr spürte. Bevor er das Bewusstsein verlor, hatte er noch das aufgehetzte Keuchen der Schläger gehört, das sich mit jedem Schlag entlud.

Delcrocce hatte entrüstet getan, als Don Carmine um eine Unterredung nachsuchte und ihm auf den Kopf zusagte, diese rasch bekanntgewordene Abscheulichkeit angeordnet zu haben. Wäre es jemand anderer als dieser mutige Geistliche in der Soutane gewesen, der Padrone hätte auch ihn an Ort und Stelle halbtot prügeln lassen. Doch so weit wollte selbst ein Delcrocce nicht gehen, dass er sich an einem Mann im Priesterrock vergriffen hätte.

„Ich weiß, dass Sie die Anordnung dazu gegeben haben", beharrte der Priester.

„Was wissen Sie, Hochwürden?", fragte der Padrone hierauf kalt und leise, etwa so, wie sein Aufseher in Stiefeln und Reithose seinerzeit auf dem Feld die beiden Karabinieri vom Pferd herab angeredet hatte. „Was wissen Sie? Gar nichts wissen Sie."

Nun, er wisse, dass diese Schläger von ihm gedungen gewesen seien. Ach! Von wem er das denn wisse, begehrte Delcrocce weiß vor Wut, doch noch immer beherrscht, zu wissen. Dies, hierauf der Pater, dürfe er von ihm doch wohl nicht im Ernst erwarten, dass er diesen Menschen preisgebe. Der Großgrundbesitzer sah den Geistlichen an, als wollte er sagen: Bist Du noch bei Trost, Du Rotzjunge? Was erlaubst Du Dir? „Das Gespräch ist beendet", sagte er stattdessen kreidebleich vor noch immer niedergehaltener Wut, woraufhin ein Leibwächter den Priester am Arm nahm und hinausführte wie irgendeinen Dahergelaufenen.

Nicht lange danach war der Pater zum Bischof bestellt worden. In dem Amtszimmer hatte eine beklemmende Stille genistet, als Carmine vor seinem Vorgesetzten stand. Dieser maß ihn mit einem Blick, als nähmen seine Augen ein ekelhaftes Insekt wahr. „Du warst bei Don Fabrizio und hast ihm Dinge vorgeworfen, die man nicht beweisen kann", hatte er übergangslos und dünn gesagt, nachdem der Geistliche das Knie gebeugt und seinem Bischof den Ring geküsst hatte. „Ein für allemal, ich wünsche nicht, dass Du Dich in Angelegenheiten des sozialen Gefüges auf dem Land einmischst." Fassungslos richtete der Pater seinen Blick auf den Bischof.

„Schau mich nicht so an", war der Bischof diesem Blick mit blässlicher Ungehaltenheit begegnet. Die Kirche dürfe froh sein, dass überhaupt jemand da sei, der diesen Armen Brot gebe ...

„Mit Vergebung, Exzellenz, es ist ein Tagelöhner zu einem blutigen Klumpen geschlagen worden", hatte Carmine in großer Bestürzung zu bedenken gegeben.

„Halt' den Mund", war der Bischof aufgefahren. „Ich debattiere mit Dir nicht darüber." Verwirrt blickte Carmine unter sich. Es fiel ihm schwer zu glauben, was er hier erlebte.

„Ich verlange Gehorsam", fuhr Exzellenz nach einigen Momenten bedrückender Stille fort, „Gehorsam, nicht mehr und nicht weniger." Der Priester wisse sehr wohl, dass diese Tagelöhner während ihres nun in der Tat erbarmungswürdigen irdischen Daseins jemanden haben müssten, zu dem sie in Ehrfurcht und Respekt aufblicken könnten. Außerdem sei dies eine gute Schule der Demut, wenn nicht die beste, war es über die bläulich-blässlichen Lippen des Bischofs gekommen. Er hatte seinem Untergebenen einige Augenblicke lang auf eine geringschätzige Art in die Augen geschaut, die Carmines Herz frieren ließ, ehe der Würdenträger dünn mit der Hand wedelte und sagte: „Du kannst gehen." Der Sekretär des Bischofs hatte mit zusammengelegten Händen unter der Tür gestanden und den Mitbruder stumm und durchaus mit dem Anflug eines bedauernden Lächelns nach draußen gebracht. Dort waren die beiden Patres wortlos auseinandergegangen. Wie benommen stand Don Carmine in dem grellen Licht der Sonne. Es war ihm gewesen, als sei er aus einer jenseitigen Welt zurückgekehrt, in der die groteske Verkehrung der Dinge Veitstänze aufführte. Er hatte seinen runden Hut mit den Troddeln und die ältliche Sonnenbrille mit den dunkelgrünen Gläsern aufgesetzt, noch immer unter dem Eindruck des Erlebten stehend, und sich dann im Schatten einer Platane auf eine Bank gesetzt und auf den Bus gewartet.

Vor dem Bahnhof von Siracusa stand Antonio mit seinem Gepäck. Er erinnerte an Darsteller aus neorealistischen Schwarz-Weiß-Filmen dieser Zeit. Mit nichts als der Identitätskarte und zwei Koffern würde er in zwei Tagen, wie man sagte, unrechtmäßig in dem fernen und kalten Land sein, ein Illegaler, weil man ihm Papiere vorenthielt. Er schickte sich an, aus der Hitze des Nachmittages in die kühle Bahnhofshalle zu treten, als wie aus dem Boden gewachsen Salvatore, Eduardo, Oreste und Tomaso mit einem unfrohen Lächeln vor ihm standen. Es waren seine Freunde. Sie wollten ihn zum Abschied überraschen, hatten dabei aber etwas aus dem Gesicht ihres Freundes herausgelesen, das sie betroffen und ratlos machte und sie verstummen ließ. Im Bahnhofsrestaurant tranken sie Bier aus beschlagenen Gläsern. Es war ein sehr heißer Sommertag im Jahr achtundfünfzig. Oreste übernahm die Bezahlung. Eine fahle Verzweiflung stand in ihren Gesichtern geschrieben. Die Freunde winkten in ihrer abgetragenen Kleidung und mit diesen Gesichtern, aus denen schon in den Tagen der Kindheit alles Unbeschwerte gewichen war. Antonio fühlte ihre Küsse auf seinen Wangen noch wie heiße Stellen, als der Zug längst Fahrt aufgenommen hatte. Und die Freunde standen noch, als der Hebel am fernen Signalmast in der flimmernden Hitze wieder in die Waagerechte fiel, und es gab nichts Gottverlasseneres auf der ganzen weiten Welt als dieses entfernte metallene Signalgeräusch im Gleisgewirr des Bahnhofes von Siracusa.

Kontinent

Der Lichterschein, der sich über der in großer Ausdehnung liegenden Stadt wölbte, färbte den nächtlichen Himmel über Messina mit einem blassen Rot. Es war gegen drei Uhr. Der Zug schob sich zweigeteilt in den hallenden Bauch der Fähre nach Villa San Giovanni. Wie Tierschreie hallten die Rangiergeräusche in dem stählernen Gewölbe wider. In den Eingeweiden hielt sich der Geruch aus Ruß, Schmieröl, Gummi und Abgasen. Es ging zum Kontinent hinüber. So nannten die Menschen der Insel oftmals den Stiefel, wenn das Gefühl sie beschlich, sie gehörten in Wirklichkeit gar nicht zu ihm. Auf den hineinmanövrierten Zug folgten Autos, Busse und Lastwagen. Die Fahrer mit ihren groben Hosen und karierten Hemden verständigten einander durch Rufe und Gesten. Antonio verließ den Lärm des Bauches über eine Wendeltreppe. Weiß wie Schnee leuchtete die Gischt der Fähre, die sich in der Düsternis der Meerenge verlor. An Deck standen wortkarge, übernächtigte und fröstelnde Passagiere. Der Auswanderer Antonio Gioia hielt die Reling umfasst und sah die Lichter von Messina sich entfernen. Plötzlich fiel ihn mit ungeheurer Wucht Klarheit darüber an, wo er sich befand. Antonio Gioia begriff, und er erstarrte. Die verbrannte Erde mit dem Geruch von Lavendel, Orangen und Zitronen blieb zurück, mit dem blutigen Wein, mit den Lava-Häusern und den Landsitzen, mit ihrer Mafia und den Menschen, in deren Augen Tod und Leben ein Ganzes bilden, mit ihrer soutanenflatternden Geistlichkeit, die es mehrheitlich mit den Reichen hielt, mit ihrer Kraft des Archaischen, das mit dem Neuzeitlichen zusammenstieß, mit der heiligen Helligkeit ihres südlichen Lichtes. Um diese Erde, die unermessliche Kraft namenlosen Leides in sich barg, war er geprellt. Er war ein Vertriebener. In einem quälenden Bild zeigte sich der Ziehvater, wie er ihm in Scafarello vor der Bar von seinen paar Lire noch Reisegeld hatte zustecken wollen. Dann verwischten sich diese Bilder, und das Antlitz Don Carmines schien auf. Ein seliges Gefühl hatte Antonio durchströmt, als der Pater ihm in dem Studierzimmer seine Hand gelassen hatte, damit er das Gesicht noch einmal in sie schmiege. Nicht einen einzigen Augenblick lang hatte der Trostsuchende dabei das Empfinden gehabt, der Geistliche warte mit versteckter Ungeduld nur darauf, sie ihm wieder entziehen zu können, weil es ihm lästig sei.

Wie Brillanten auf nachtblauem Samt glitzerten die Lichter von Villa San Giovanni. Eine zermürbende Müdigkeit kroch in Antonio. Sie ließ ihn das Empfinden für das Zurückliegende ebenso verlieren, wie sie es für die Erwartung des noch vor ihm Liegenden tat. Und irgendwann, während der Zug sich den Kontinent hoch fraß, ließ er es auch bleiben, auf der Karte mit den Schienenverbindungen draußen auf dem Gang nach den Namen vorüberziehender Bahnhöfe zu suchen.

In Rom hatte der Zug Aufenthalt. Die Zeit zerrann wie Blei. Es war unvorstellbar quälend darauf warten zu müssen, dass wieder Bewegung in das Ungewisse komme. Und da geschah es, dass in Antonio, indes er auf dem Bahnsteig auf und ab ging, alles danach zu schreien begann umzukehren, und sollten nichts als die eiskalte und strafende Ablehnung des Padrones und die Ratlosigkeit des alten Francesco auf ihn warten, dessen Herz stach. Er wollte wieder umkehren. Mit aller Macht. Etwas in ihm bäumte sich gegen den Entschluss auf. In einem Stellwerk saß ein müder Eisenbahner bei grünem und abgeschirmtem Licht und rauchte. Er schickte den Fragenden zu einem entfernt liegenden Bahnsteig. Dort würde in einer halben Stunde der Zug nach Neapel einfahren. Der Weg zu diesem Bahnsteig führte durch eine Passage, in der es schier unerträglich nach Pisse stank. Dieser Gestank war es, dieser ekelhafte Geruch nach alter Pisse, der Antonio die Kraft des Aufbegehrens endgültig nahm. Sie sickerte aus ihm heraus wie aus einem Glas, das einen dünnen Sprung bekommen hat, ohne dass er sich dagegen hätte auflehnen können. Er fühlte sich vollkommen kraftlos, kehrte um, betrat die riesige marmorne Halle von Termini, ließ sich auf einer Bank nieder und ergab sich in das Kommende.

Da spürte er es.

Es kam aus dem Bauch und strömte bis zu seinen Füßen hinunter. Und seine Füße wurden mit einem Mal eiskalt.

Er schreckte aus flachem Schlaf hoch. Sein Atem ging rasch und sein Hals war ausgetrocknet. Er hatte im Traum aus einer Telefonzelle Don Carmine angerufen und gehört, wie jemand zwar den Hörer abnahm, sich aber nicht meldete. Die Telefonzelle war in undurchsichtiges Grau gehüllt. „Don Carmine", hatte er gerufen, „ich bin es, Antonio." Doch am anderen Ende der Leitung war es still geblieben. Und noch einmal hatte er gerufen: „Pater, hallo, sind Sie es? Hier ist Antonio." Etwas unbeschreiblich Beklemmendes war von dieser Stille ausgegangen. Als er sich umwandte, sah er vor der Telefonzelle seine Freunde stehen, die ihn in Siracusa noch zum Zug gebracht hatten. Durch die geschlossene Tür hindurch hatte er sich mit ihnen verständigen können, als wäre das Glas gar nicht zwischen ihnen. Als er ihnen das Erlebte schilderte, begannen die Freunde mit entsetzten Gesichtern auf ihn einzureden. Antonio hatte aber nicht verstehen können, was sie ihm nun ihrerseits aufgeregt bedeuten wollten.

Und da war er hochgefahren.

Der Zug fuhr gedrosselt. In fahler Nacht zogen Wohnblocks und Fabriken vorüber. Lichter der Schichtarbeit waren zu erkennen. Über die Schlafenden in dem Abteil huschten von draußen kommende Lichtreflexe, die das Übernächtigte der Reisenden noch stärker hervortreten ließ. Bei den Wohnblocks waren nur die Eingänge und ganz vereinzelt noch Fenster beleuchtet gewesen. In einem dieser Fenster erkannte Antonio ein Paar, das sich gegen das schwache Licht aus dem Innern der Wohnung abhob, im Arm hielt und rauchend dem Zug nachblickte. Sogar das Aufglühen der Zigaretten konnte er erkennen.

In dem Abteil roch es nach Ausdünstungen übernächtigter Menschen, die in ihren muffigen Kleidern in unbequemer Haltung zu schlafen versuchten. Eine dickliche Frau mit Haarknoten und teigigem Gesicht nahm eine Tablette ein. Auf dem Schoß der Frau schlief, engelsgleich, ein Kind mit offenem Mündchen. In dem herankriechenden Dämmern der Morgenfrühe gingen die Menschen grau und massenhaft zur Schicht. Es waren Antonios Brüder und Schwestern in der Industrie. In ihrer Welt war es inzwischen allerdings gelungen, der Willkür der Fabrikherren durch Betriebskommissionen und Tarifverträge Schranken zu setzen. Davon, dass ihre Macht gebrochen sei, konnte natürlich keine Rede sein. Man gab, gemessen an seinem Reichtum, Almosen und herrschte weiter.

In den Köpfen und Herzen nicht Weniger hielt sich hartnäckig die Vorstellung von einem Leben, in dem ein unerträglicher Widerspruch aufgelöst sein würde. Er bestand darin, dass das Volk einzig und allein seine Arbeitskraft besaß, von dessen Verkauf es lebte, während auf der anderen Seite eine Handvoll Privatbesitzer von Maschinen, Fabriken und mannigfaltigen anderen Arbeitsplätzen es war, die sich die Ergebnisse dieser Arbeit zu eigen machte. Also konnte auch keine Rede davon sein, dass der Reichtum, den sie erarbeiteten, an die Menschen zurückflösse. Denn das Volk arbeitete nicht für seine wirklichen Bedürfnisse, sondern für die Gewinn-Interessen ihres Brotgebers. Logischerweise hatten die Arbeiter und Angestellten auch keinen nennenswerten Einfluss auf die Verwertung der Ergebnisse ihres Fleißes. Und ihren Lohn, im Verhältnis zu den Gewinnen aus der Portokasse bezahlbar, mussten sie der Gegenseite immer wieder abringen.

Das Konkurrieren, das Gegeneinander als Herzstück dieser Wirtschaftsordnung, hielt die soziale Sicherheit im Würgegriff. Sie ließ sie zum Spielball von Märkten verkommen. Denn es war alles diesem Mithaltenkönnen eines Unternehmens in einem gnadenlosen Wettbewerb untergeordnet. Blieb man nicht im Rennen, so waren unweigerlich der Untergang des Unternehmens und Arbeitslosigkeit die Folge. Vor diesem Hintergrund waren Vereinbarungen zur sozialen Sicherheit von den Kapital-Eignern von jeher als besonders lästig empfunden worden. Schrie eine solche Wirklichkeit nicht regelrecht danach, durch eine andere abgelöst zu werden? Es lebte aber nicht ungefährlich, wer diese Macht in Frage stellte.

Antonio wusste von alledem nichts. Es war ihm daher auch fremd, dass dieser Widerspruch gleichermaßen die Arbeit auf den Feldern der verbrannten Erde bestimmte. Der dieser Rechtlosigkeit entronnene Tagelöhner hielt den gebeugten Rücken für gottgegeben.

Die Reisenden in dem Abteil scharrten und hüstelten, nahmen ihr Gepäck an sich, drückten Zigaretten aus und ordneten ihre Kleidung. Jemand sagte halblaut „Mailand", sah aus dem Fenster und dehnte und streckte sich und gähnte. Antonio schleppte seine Koffer mit den Kleidern aus dem Armenfundus Carmines in die Halle, in der geschäftige Schritte eilten, ein durchdringendes und alles bestimmendes Geräusch. Es waren, wo man beieinander stand und miteinander redete, kaum Zeichen der Hände zu sehen, ihre Symbolkraft, in der alles liegt, was Menschen ausdrücken können, oftmals sogar noch mehr als mit den Augen. Es waren nicht die Ausflüge der Stimmen ins Schnelle, Hohe, Gedehnte, Gestenreiche und Kapriolenschlagende des Südens zu vernehmen. Es war nichts zu erkennen von dem Vergnügen leichthin am Reden, wie es im Süden doch so sehr stark ausgeprägt, gar Teil des Lebensgefühls war. Es war wie abgeschnitten, wie erwürgt. Weit weg war die verbrannte Erde. Doch am allermeisten verwirrte einen südlichen Menschen wohl diese nördliche, diese hastende Gleichgültigkeit. Noch nie hatte Antonio Menschen auf diese Weise hasten sehen.

Er saß auf einer Bank, neben sich zwei jüngere Mädchen, die Bilderbücher betrachteten. Nach einer Weile tauchte Grigiolina in ihm auf, wie sie zu beiden Seiten ihres kugeligen Bauches lederne Beutel mit Trinkwasser für Antonio und den Ziehvater zur Fron schleppte und mit hängendem Kopf geduldig in der Hitze stand. Sogar die zierlichen Hufe der Eselin hörte er trappeln. Und nichts Tröstliches vermittelten dieses Bilder, sondern nur Schmerz, grenzenlosen Schmerz. Er sah Malumore sich in einer ansteigenden Landschaft mit kärglichem Gebüsch und verbranntem Gras ducken, als ob es sich schämte. Er sah die Handvoll Häuser, in denen die Willkür des Don Fabrizio das Leben bestimmte. Nahm er einen am nächsten Tag wieder? Durfte man für ein paar Lire an diesem demütigenden Spiel mit der Angst besitzloser Menschen teilhaben? Bisweilen hatte Antonio Gioia eine namenlose Wut in sich verspürt. Sie war so stark, dass er vor ihr erschrak. Er konnte sich nicht erklären, woher sie kam und wem sie gelten mochte. Diese Wut war immer wieder verschwunden, wie sie gekommen war, und er vergaß sie auch wieder.

Die Erinnerung an die Serpentinen kam herangeweht. Sie wanden sich von Siracusa herauf zu dem parkartigen Gelände mit dem klassizistischen Landsitz. Und man lag nicht falsch, wenn man annahm, diese Straße sei eigens für Don Fabrizio Delcrocce angelegt worden. Er war der Besitzer unendlicher Felder mit blau-lila leuchtenden Auberginen und prallen Artischocken, mit Tomaten, Karotten, Oliven, Fenchel, Orangen und Zitronen. Er betrieb in Palermo und Siracusa Immobilienbüros und Autohandel. Sein Vater, Aurelio Delcrocce, war ein früher Anhänger Mussolinis gewesen, einer der ersten Schwarzhemden-Träger.

Der Landsitz trug einen ockerfarbenen Anstrich und war, obzwar in schlichtem Stil, berückend schön gebaut. Die große mit elfenbeinfarbenem und bräunlich gemasertem Marmor ausgelegte Terrasse war von einer Balustrade gesäumt, hinter denen der Wind in den hellen Sonnenschirmen spielte. Auf der Allee mit den Säulenzypressen, die wie Gardisten standen, knirschte der Kies unter den Reifen der Autos, wenn Gäste kamen und an dem ausladenden Eingang mit geschwungenen Treppen und Säulendach erwartet wurden. Im Frühling durchströmte der Duft von Mandelblüten den Park. In den Ställen hatte ein jedes der Reitpferde mehr Platz als ein Tagelöhner in seiner ganzen Behausung. Vor solcher Kulisse nahmen sich die Weiler wie Steinhaufen am Rande eines Feldes aus.

Und jener schicksalshafte Abend kehrte wieder, an welchem Natale auf Urlaub aus dem fernen kalten Land gekommen war und man um ihn herum saß und ihm zuhörte. Man hatte im Freien gesessen.

Damals hatte der Entschluss in der Luft gelegen, reif wie eine pralle Frucht.

Natale trug modische Sachen und ein weißes Hemd mit kurzen Ärmeln und eine Krawatte mit Spange. Als er seine Jacke auszog und über die Stuhllehne hängte, blinkte an seinem Handgelenk eine silberne Armbanduhr auf. Niemand könne ihn hinauswerfen, wenn er nicht gerade silberne Löffel gestohlen habe, sagte er. Die Alten staunten, als Natale von dem pfälzischen Weingut erzählte, wo er arbeitete und die Dinge sogar mit einem Vertrag geregelt waren. Ein Tagelöhner konnte sich derlei in seinen kühnsten Träumen nicht vorstellen. Die Nacht hatte sich herabgesenkt. Der Himmel leuchtete stahlblau, und wenn man länger zu ihm hinaufsah, blinkten die ersten Sterne am Firmament auf.

„Haben die Deutschen denn nicht selber Leute?", fragte nach einer Weile einer mit einer gewissen Verlegenheit. „Ich meine", so druckste er, „ich verstehe nicht, warum sie welche von uns brauchen."

„Sie suchen, was weiß ich, sie suchen", antwortete Natale. Vielleicht sei der Krieg die Ursache dafür. Es seien viele gefallen, und jetzt, wo man darangehe, alles wieder aufzubauen, fehlten die Getöteten als Arbeitskräfte. Bei diesen Worten, daran würde er sich sein ganzes Leben lang erinnern, spürte Antonio ein unbestimmtes Fieber in sich aufkeimen. Sie nähmen als erstes die mit Familie, hörte er Natales Schilderungen. Beim Arbeitsamt hätten diejenigen mit Familie Vorrang. Hierbei spiele die Überlegung der Deutschen eine Rolle, dass diejenigen mit Familie auch wieder zurückkehrten und ihnen auf diese Weise nicht länger auf der Tasche lägen. Man bewunderte Natale für dessen Wissen und die Art und Weise, in der er es den Seinen auf eine ganz unüberhebliche Weise darlegte. Er erzählte auch, dass die Deutschen auf der Grundlage der Anwerbeverträge die Familien mitversichern und Kindergeld zahlen müssten. Auch er schickte Geld für Frau, Sohn und Töchter, und auch seine Eltern lebten noch in dem Haus, an dessen Türbalken die Pepperoncini in Luft und Sonne trockneten. Sie sind gut fürs Herz, sagten die Menschen. Menschen wie Natale waren die Ernährer aus dem Ausland, durch deren Geldsendungen plötzlich alles eine Zukunft hatte. Und der Staat war begierig auf die anschwellende Kaufkraft.

Jemand griff ein paar Töne auf der Gitarre. Sie klangen zärtlich und die Nacht mit dem Zauber ihrer geheimnisvollen Düfte war mild.

„Und wenn ein Alleinstehender weg geht?", fragte Antonio.

Es war heraus und es war unumkehrbar geworden.

„Da kann es sein, dass sie mit den Papieren Schwierigkeiten machen", erwiderte Natale. Er sah Antonio mit Augen an, in denen ein Erkennen aufleuchtete. „Sie wollen ja gerade, dass die anderen gehen, weil das den Staat entlastet."

Antonio knetete seine Hände. Er wartete darauf, dass Natale es ihn fragen würde, und er fragte es ihn auch.

„Warum willst Du es denn wissen?"

Natale in seinem weißen Hemd und mit dem Duft von Rasierwasser und der silbernen Uhr am Handgelenk ahnte es.

„Willst Du denn nach Deutschland?"

Die Augen Antonios waren groß auf ihn gerichtet, und man sah den Adamsapfel an seinem sehnigen Hals in aufgeregtem Schlucken wandern. Er nickte. Die Alten waren verstummten und sahen zu den beiden her.

„Versuch' es mit den Papieren über das Arbeitsamt", sagte er.

„Versuch' es zumindest." Er kniff ihn in die Wangen und sah ihn eine Weile gedankenvoll an, denn er war es gewesen, der Antonio Gioia zur Taufe getragen hatte.

„Du kannst auch mit Deiner Identitätskarte fahren. Dann bist Du Tourist. Aber Du bist auch illegal. Und wenn Du erst mal da bist ... trachte danach, nach Frankfurt zu kommen. Merke es Dir, Frankfurt am Main ... Fahre über Österreich und München. Die Schweizer schicken Dich zurück, wenn sie Dich ohne Papiere erwischen. Bei denen bist Du verloren."

Die Wirklichkeit kam ohne große Worte aus. Natale hatte sie beschrieben, als erklärte er den Weg ins nächste Dorf. Seine Worte enthielten nichts Beschönigendes. Dafür aber wusste man, woran man war. Es war der unbekannte Weg, der von Don Fabrizio wegführte, der Weg aus seiner Herablassung und Selbstherrlichkeit, seiner Gesetzlosigkeit. Es war der Ausweg um einen hohen Preis, wenn nicht gar den höchsten.

Der Gesang angetrunkener Bersaglieri holte Antonio in die Wartehalle zurück. Sie sangen, indem sie eingehängt an ihm vorüberzogen: „Tranken unsere Großväter? Ja! Tranken unsere Väter? Ja! Und wir, die wir die Söhne sind, trinken, trinken, trinken."

Eine Hand legte sich auf seine Schulter, leicht und flüchtig. Antonio sah auf und blickte in das schmale Gesicht eines Mannes um die Mitte der zwanzig mit dichten Locken und Augen, in deren Tiefe etwas glomm. Neben ihm stand ein Zweiter, ein wenig kräftiger, aber von annähernd gleicher Größe, eine Zigarette im Mund und die Hände in den Hosentaschen. Seine Augen lachten. Beide hatten Gepäck bei sich, das demjenigen Antonios ähnelte.

„Wohin, Kamerad?", fragte der mit den glimmenden Augen im Dialekt der Kalabresen.

„Deutschland", sagte Antonio leise und überrascht davon, sowohl angesprochen worden zu sein als es auch selbst ausgesprochen zu haben.

„Und wo da?", fragte der mit der Zigarette zwischen den Lippen nicht unmittelbar darauf, sondern nach ein paar Augenblicken des Wartens.

„Frankfurt", sagte Antonio mit dem plötzlichen Gefühl, etwas gesagt zu haben, das einen Einwand nach sich ziehe.

„Aha, Du hast also einen Arbeitsvertrag."

Warum wollten sie das wissen? Was ging das sie an? Aber andererseits, es waren doch welche wie er. „Nein, habe ich nicht."

„Du hast keinen Arbeitsvertrag?"

„Wenn ich es sage."

„Das ist gewagt", sagte der mit der Zigarette. „Das ist gewagt, alle Achtung."

Eine dünne Angst durchfuhr Antonio. „Aber ich fahre ja nicht über die Schweiz", beeilte er sich hinzuzufügen.

„Wie fährst Du denn?"

„Über München ... München in Bayern."

„Aber was willst Du dann in Mailand, wenn Du nach München willst, Engelchen?"

Antonio wurde schwindelig. Er verspürte plötzlich Hunger und Durst, so stark wie während seiner ganzen Reise nicht.

„Wo hast Du den Zug gewechselt?"

„In Rom."

Die beiden anderen sahen einander vielsagend an, ehe der mit dem Lockenschopf sich wieder Antonio zuwandte.

„Da bist Du in den falschen Zug gestiegen, Herzblatt. Du hättest den nach Verona nehmen müssen. Der geht über Österreich", erklärte wieder derjenige mit den glimmenden Augen.

Sie waren ihm wohlgesonnen. Sie machten sich nicht über seine Ahnungslosigkeit lustig. Dieses Ahnungslose trug einzig und allein das Samenkorn der Erzählungen Natales in sich.

„Wie alt bist Du?", wollte der mit den lachenden Augen wissen, über dessen rechten Handrücken sich eine Narbe zog.

„Achtzehn."

„Hm ...". Er blickte sich um. „Löse also zusätzlich zu Deiner Karte nach Deutschland einen Zuschlag nach Verona. Von Verona aus kommst Du weiter nach Österreich, hast Du verstanden?"

Antonio nahm mit bangem Herzen sein Gepäck auf und schickte sich an, die Halle zur langen Reihe der Fahrkartenschalter zu durchqueren. Die beiden anderen gingen noch ein Stück mit. Tapfer schritt das Trüppchen, dessen Heimat diejenige der verbrannten Erde war, im kalten Gewühl des Mailänder Bahnhofes.

„Bist Du denn gar nicht kontrolliert worden?", sah der mit der Narbe Antonio von der Seite an, indes sie schritten.

„Nicht ein einziges Mal."

„Von Rom bis Mailand?"

„Nicht ein einziges Mal."

„Kaum zu glauben", sagte der mit den glimmenden Augen und ließ

Antonio seine Fahrkarte sehen. Sie war von Kondukteurszangen durchlöchert wie eine Schießscheibe. Dann küssten sie einander auf die Wangen. Auf eine ganz sonderbare Weise waren sie einander selbst während dieser kurzen Begegnung näher gekommen. Und gingen ihrer Wege.

Angstschweiß

Die Grenzer kamen näher. Schon hörte man ihr „Passkontrolle!" Als er hörte, wie sie die Tür des benachbarten Abteils zurückzogen, wie Reisende ihr Gepäck aus dem Netz hoben und Bewegung und Gescharre, Gehüstel und Gerutsche entstanden, als er die Uniformen sah, roch er seinen Angstschweiß. Antonio Gioia, der Vertriebene, der Ausgespiene, der Illegale, hatte ihre Gegenwart gewittert wie ein Tier von dem Moment an, da sie den Zug bestiegen. Und mit einem Mal ballten sich die Worte Natales im abendlichen Malumore zu einer Bedrohung zusammen, die Worte jenes Abends, an dem die Luft nach Zitronen gerochen und einer zur Gitarre gegriffen hatte. „Manche von denen sind Italiener-Fresser", hatte er gesagt. „Die warten nur darauf, dass sie einen von uns kriegen." Die Falle war zugeschnappt. Das Unheil schob sich heran. Es gab kein Entrinnen, mochte der Himmel einem seiner verlorenen italienischen Menschenkinder gnädig sein.

Und wundersam griffen die Geschicke in die Speichen.

In die Bedrängnis der armen Seele hinein schrien plötzlich die Räder auf den Schienen auf. An den Fenstern flogen Funken vorüber. Fauchend und zischend stand der Zug in der Dunkelheit, dampfspeiend wie ein Ungeheuer. Der Wind trieb den Dampf der Lokomotive über die Waggondächer. Fahrgäste zogen die Fenster herab und schauten hinaus in die Nacht. Weit vorne hörte man Rufe, während Lichtkegel über zerklüftete Felswände huschten. Es war nicht mehr weit bis zum Brenner-Pass. Ein verschwitzter Schaffner tauchte auf und teilte den Reisenden mit, indem er sich auf dem schmalen Gang an ihnen vorbei-schob, eine große morsche Fichte sei von einem gebirgigen Überhang auf die Gleise herabgestürzt. Dabei hätten sich auch Fels und Steine und Erdreich gelöst und seien mit der Fichte in die Tiefe gerissen worden. Man müsse sich daher auf eine längere Wartezeit einrichten, die erforderlich sei, das Hindernis zu beseitigen. Ein Gleistrupp sei mit der Draisine unterwegs. Es könne nicht ausgeschlossen werden, und hier nahmen die Züge des Eisenbahners auf eine komische Art und Weise einen gewissen tragisch-wichtigen Ausdruck an, dass es sich bei der herabgestürzten Fichte um das Werk dieser Verrückten handele, wie er sagte, dieser Südtiroler Separatisten und Terroristen. „Diese Herrschaften zündeln an allen Ecken und Enden…na ja", setzte er hinzu und wischte sich das Genick mit dem Taschentuch. Man möge, bitte sehr, die Herrschaften, das entstandene Ungemach entschuldigen. Es werde alles so rasch wie möglich beseitigt werden. Mit rasselndem Atem entfernte sich der Schaffner.

Mit einem Mal krachten Schüsse.

Sie krachten kurz, hart und trocken, begleitet von Rufen. „Halt", rief jemand draußen in der Nacht. „Halt!" Und sich entfernend, noch mehrmals: „Bleiben Sie stehen." Unter dem Abteilfenster zuckten Lampen vorüber. Noch einmal fiel ein Schuss. Antonio, der neben einem dicken rotbackigen Herrn mit Lodenanzug und Gamsbarthut stand, welcher auf die Schüsse und zuckenden Strahlen hin gleich vielen anderen Reisenden das Abteilfenster herabgezogen und eifrig den Kopf gewendet hatte, sah Uniformierte mit Taschenlampen durch die Nacht hasten. Einer von ihnen hielt eine Pistole über seinem Kopf. Heiser und scharf erklang das Gebell der losgelassenen Hunde.

Ein anderer Schaffner erschien und setzte die Fahrgäste davon in Kenntnis, dass einige Männer sich durch Flucht der Kontrolle entzogen hätten. Sicherheitshalber solle man sich von den Fenstern fernhalten.

„Vermutlich sind es Schmuggler oder Illegale", setzte der Schaffner hinzu. Unter seinen Achseln zeigten sich auf der Uniform Schweißringe.

„Saubande, elendigliche", ließ sich der Herr mit Gamsbart und Lodenanzug zwischen den Zähnen vernehmen, indes seine feisten Backen vor Erregung zitterten. Sogar der Gamsbart zitterte.

Es traf Antonio wie ein Hieb. Er hatte „Illegale" sehr wohl verstehen können. Sah man nicht auch zu ihm schon her, zu dem Ausländer mit der olivfarbenen Haut und dem schwarzen Haarschopf? Und in dieser ganzen Wirrnis und Beklemmung, in diese Ängste Antonios vor den Kontrollen hinein zeigte sich etwas ganz und gar Ungewöhnliches. Oder sollte man besser sagen: Wundersames? Die österreichischen Grenzer rückten nicht mehr bis zu seinem Abteil vor. Sie unterließen, offenbar unter dem Eindruck des Vorgefallenen, die Kontrollen.

In unbeschreiblichem Blau leuchtete der Morgenhimmel über der ewigen und mächtigen Schönheit und Majestät der Gebirgsmassive. Auf grünen Matten züngelten Ausläufer tiefschwarzer Wälder im Licht, oberhalb derer sich Geröllhalden mit Latschen und Legföhren erstreckten, während ganz oben, in der Berührung mit dem Firmament, das eisige Milchblau des fernen Schnees leuchtete. Breit und grün schoss, einen Steinwurf vom Bahngleis entfernt, ein Fluss in seinem Kiesbett dahin und umspülte in Wirbeln und schäumendem Sog die Felsen, die, durch die Kraft der Wasser aus unendlichen Bergesfernen glattgeschliffen, in dem gischtigen Rauschen glänzten.

Die Gleise waren in stundenlangem Einsatz von der herabgestürzten morschen Fichte, von Fels und Erdreich geräumt worden und das Morgengrauen war schon heraufgekrochen, als der Zug schließlich weiterfuhr. Zu allem Überfluss war die Draisine durch einen Material-schaden in ihrem Fahrwerk kurz vor Erreichen des Ziels auch noch aus dem Gleis gesprungen. Doch nun rollte der Zug in dem hochsommer-lichen Morgen dem schönen Karststein entgegen. Es roch nach frischem Kaffee. Ein Kellner hatte ein Servierwägelchen durch die Waggons geschoben. Der Herr mit Gamsbart und Lodenanzug, der sich bei der Bemerkung des Schaffners, es seien vermutlich Illegale, so hässlich geäußert hatte, schlief mit offenem Munde, eine erkaltete Zigarre zwischen den Fingern, etwas Asche auf der Weste, deren Knöpfe spannten. Sein Gesicht hatte etwas fast Kindliches angenommen. Unruhig gingen die Augen hinter den mit feinen Äderchen durchzogenen und wimpernlosen Lidern.

Da fuhr Antonio etwas Kaltes bis ins Mark.

Auf dem Gang zeigte sich ein deutscher Grenzer. Er schob die Abteiltür mit einem Ruck zurück und blieb mit gegrätschten Beinen stehen. War es der Moment? Geschah es jetzt? Würde man ihn sich greifen? Und zurückschicken? Der Anblick der gebeugten Rücken auf den Feldern des Padrones jagte hinter Antonios Stirn. Diese Bilder waren Ausdruck einer einzigen Drohung, eines irdischen Strafgerichts. Und es schien, als sei diese Drohung der ausschließliche Zweck dieser zurück-kehrenden Bilder. Fast im gleichen Augenblick zeigten sich auch die Gesichter der Delcrocces. Mit einer grässlichen Gewissheit schienen sie zu höhnen: „Uns entkommst Du nicht, Du Bastard. Seinem Herrn ent-wischt man nicht ungestraft."

„Passkontrolle!"

Mit gleichgültiger Miene fuhr der Grenzer mit der Zungenspitze über seine unbekümmert auseinanderstehenden Schneidezähne in dem länglichen Gesicht. Ausgebrannt und ausgehöhlt vor Angst und Ungewissheit, fühlte der Sizilianer sich unendlich weit von zuhause entfernt und verlassen, erschlagen vor Erschöpfung.

Und da! Wie in einem Kinder-Theaterstück wuchs hinter dem Pferdegesicht des gleichgültigen Grenzers das Gesicht eines zweiten hervor, der den andern sanft beiseite schob und vor den jungen Sizilianer hintrat, der sich mit seiner Identitätkarte in der Hand zu erheben im Begriff war. Antonio glaubte beim Anblick dieses Grenzers, ihn narrten seine Sinne. Er wies eine verblüffende Ähnlichkeit mit dem hinreißenden Komiker Aldo Fabrizi auf, über den sich das italienische Kino-Publikum amüsierte. Aber dieser Anblick hatte etwas für Antonio zugleich Tröstliches. Sein banges Herz flüchtete sich mit kindlicher Einfalt in den Glauben, dass jemand, der dem Komiker mit dem großen Herzen ähnlich sehe, nichts Schlimmes im Schilde führen könne. Von fülliger Statur, hatte er ein lebhaftes Gesicht und spöttische Augen. Diese konnten von einem Moment auf den andern nachdenkliche Klugheit und Wärme ausstrahlen, ehe sie einen Ausdruck allumfassender Güte annahmen. Die Menschen liebten ihn, weil er ihnen das Gefühl gab, dass Achtung und Wertschätzung gegenüber anderen Menschen auf Dauer alle Herzen öffnete.

Über dem zu einem lautlosen Pfiff gespitzten Mund des Zöllners mit seinen plusterig verspielten Lippen saß ein prachtvoller Schnurrbart. Dieses vollendete Exemplar eines Fabrizi-Doppelgängers in der Uniform eines deutschen Zöllners blickte nicht unfreundlich und sprach Antonio zu dessen vollständiger Überraschung auf Italienisch an, während seine ins Grünliche gehenden Augen einen Ausdruck annahmen, den man in gewisser Weise durchaus als verschwörerisch hätte bezeichnen können. Dabei zuckte er einige Male mit seinen dichten schwarzen Brauen, die einem Maskenbildner alle Ehre gemacht hätten. Irgendwie schien es, als wolle der Grenzer mit diesem Mienenspiel das Bedrohliche tilgen.

„Wohin wollen Sie?", fragte er ohne Schärfe. Dabei war sein Ton von einer höflichen Sachlichkeit, hinter der etwas verborgen lag, das nicht zu diesem Vorgang passte. Antonio nannte leise den Namen der großen Stadt am Fluss. Sein Herz schlug bis in den Hals.

„Wohin? Ich habe Sie nicht richtig verstanden." Er sagte jedesmal „Sie". Noch nie war Antonio in der Höflichkeitsform angesprochen worden.

Er wiederholte den Namen der Stadt deutlicher.

„Arbeiten Sie dort?"

„Ich bin Tourist."

Draußen erstrahlte der Himmel in seidigem Blau und Fabrizi schaute Antonio, diesmal ohne jegliche Regung seines Gesichtes, in die Augen.

„Aha", sagte er, doch wiederum ganz ohne Spott in der Stimme. „Aha, Tourist."

Antonio nahm um sich herum nichts anderes mehr wahr, nicht die Gesichter der Mitreisenden, welche die Szene nicht ohne Interesse verfolgten, nicht die Geräusche in dem vollbesetzten Abteil, nicht, dass sie fuhren, nicht, dass es nach langer Nachtfahrt dort muffig roch.

„Wo haben Sie Ihr Gepäck?", fragte der Grenzer, woraufhin Antonio auf seine Koffer und die blaue Sporttasche deutete und mit trockenem Hals schluckte. Fabrizi besah die schäbigen Pappkartons, die unschwer erkennbar eine andere Sprache als diejenige eines Touristen sprachen. Und wieder hallte Natales Stimme in Antonio: „Sag' ihnen, Du bist Tourist, und Du besuchst Freunde. Bei denen kommst Du damit noch eher durch, als bei den Schweizern." Und wieder setzte panische Angst Bilder in seinem Kopf frei. Er sah den Sohn Don Fabrizios, wie er die zusammengerollte Liste mit den Namen der Tagelöhner leicht an die makellosen und ebenmäßigen perlmuttschimmernden Zähne stieß. Er sah das Gesicht des Ziehvaters nach der letzten Umarmung an der Bushaltestelle in Scafarello. Und jetzt hörte er das tirilierende Lied der Lerche, die sich über ihnen höher und höher geschraubt hatte, als sie mit der Eselin auf dem Weg von Malumore nach Scafarello unterwegs gewesen waren.

„Nehmen Sie Ihr Gepäck. Kommen Sie mit", sagte Fabrizi in tadellosem Italienisch. Er hatte die Identitätskarte an sich genommen, und seine Augen blickten an dem Reisenden vorbei aus dem Abteilfenster in eine unendliche Ferne, indes er auf ihn wartete.

In einem schmucklosen Raum der Zollstation saß er lange auf einer Holzbank. Irgendwann hatte er keine Angst mehr verspürt. Er fühlte sich sogar geborgen in der Erwartung des Kommenden. Es war wie eine Gnade. Lasst es vorbei sein. Endlich. Also zurück. Er sah alles in der trügerischen Milde des Unabänderlichen. An den Wänden hingen eine

Straßenkarte, kolorierte Fotografien der Schlösser König Ludwigs sowie kleingedruckte zollamtliche Bestimmungen und ein Anwerbeplakat des Bundesgrenzschutzes, auf dem in gewinnender Weise ein blonder junger Mann mit blauen Augen strahlte. In einem der Zimmer nebenan klapperte eine Schreibmaschine und am Ende des Ganges schrillte etwa ein Dutzendmal ein Telefon. Auf der Fensterbank standen Blumentöpfe mit anrührend verdorrten Geranien. Draußen, über den Alpenmassiven, leuchtete dieses unwirklich schöne und überirdische Blau.

Er bemerkte nicht, dass Fabrizi in der Tür stand.

Antonio hatte ihn nicht kommen hören. Jetzt läutete nebenan ein Telefon. Draußen nahm schwerfällig ein Lastwagen Fahrt auf. Irgendwo in dem Gebäude schlug eine Tür. ‚Also jetzt', dachte Antonio. Und nach wie vor war ihm so seltsam leicht zumute. Der Zöllner kam über den blitzblanken gräulich-hellbraun gemaserten Linoleum-Belag gegangen und hielt die Identitätskarte in der Hand. In seinem Gesicht stand nichts geschrieben. Absolut nichts. Antonio erhob sich von der Holzbank. Das irrwitzige Empfinden, es könne sich in diesem Augenblick vielleicht doch noch etwas Unerwartetes ereignen, stellte sich mit dem verschwörerischen Gesichtsausdruck des Grenzers ein, der sich plötzlich zu zeigen begann.

„Wir wollen Ihnen glauben, dass Sie Tourist sind."

Nein, er hatte sich verhört. Wieder mussten ihn die Sinne genarrt haben. Wollten sie ihn am Ende einreisen lassen?

Ein Schrei blieb in Antonios Brust stecken.

Hatte womöglich seine von keinerlei Ahnung getrübte Tapferkeit die ausgebufften Grenzer berührt?

„Sie sollen Ihre Chance bekommen", sagte Fabrizi und gab dem Sizilianer, der den Grenzer ungläubig ansah, den Ausweis zurück. Daraufhin trat der Uniformierte an das Fenster mit den vertrockneten Topfpflanzen und sah hinaus auf die majestätischen Massive, die so unbeschreiblich schön in das klare und reine Licht des sommerlichen Vormittages ragten, und als er sich umwandte, hatte es den Anschein, als sei etwas von ihm abgefallen.

„Kommen Sie, gehen wir auf ein Bier. Ihr Zug kommt gegen elf. Lassen Sie Ihre Koffer hier", sagte er in einem beiläufigem Ton. Und also ging ein deutscher Grenzer, der dem italienischen Komiker Fabrizi verblüffend ähnlich sah, mit einem Tagelöhner aus Sizilien, der ohne

Arbeitspapiere nach Deutschland einreisen will, in die Grenzschänke Bier trinken. Das glaubt mir jeder, dachte Antonio angesichts dieser ganz besonderen Form eines Irrwitzes bei sich. Ein Grenzer lädt einen Illegalen ins Wirtshaus ein.

Die Gastwirtschaft „Braunes Roß" lag ein paar Schritte von der Grenzstation entfernt und war bekannt für ihre Hausschlachtung. Schon im Gehen begriffen, hatte Antonio rasch noch eine Weinflasche aus dem Koffer genommen. Er fühlte das starke Bedürfnis, mit diesem Grenzer den Wein, schwarz wie Blut, zu trinken. Anders hätte er nicht gewusst mit der von ihm abfallenden Spannung umzugehen, einem Gefühl, das sich wie ein Feuer in ihm auszubreiten begann.

Sie waren die einzigen Gäste. Der Grenzer bat den Wirt um Gläser. Sie schienen einander zu kennen. Der Wirt, in Hemdsärmeln und mit Hosenträgern, sah mit dem Ausdruck einer leisen Verwunderung zuerst Antonio an, sodann die Flasche mit dem schwarzen Wein, und dann sah er Fabrizi ins Gesicht, als wolle er darin die Erklärung für das Ungewohnte herauslesen. Doch Fabrizi lächelte nur. Er lächelte etwas müde, wie dem Wirt schien, der wortlos ging und mit den Gläsern zurückkehrte. Fabrizi steckte sich eine Salem an, sog den Rauch tief ein, schüttelte das Streichholz aus und lehnte sich zurück. Antonio füllte die Gläser und sie tranken. Ein wohliges Ächzen entrang sich Fabrizi, als er das Glas absetzte und mit dem Handrücken über den Schnurrbart fuhr. Es roch nach gegartem Fleisch, dass einem das Wasser im Munde zusammenlief. In der Küchentür ging ein Schiebefenster hoch. Ein rosiges Frauengesicht mit Pausbacken und in Fettpölsterchen eingebetteten Äuglein zeigte sich, welche einen Augenblick wieselflink durch die Wirtsstube eilten, ehe das Schiebefenster mit dem Milchglas wieder herabging.

Während sie saßen und Fabrizi die Uniformjacke aufknöpfte, traten zwei Männer ein. Sie stellten ihre Rucksäcke neben sich auf den Boden, hängten ihre Hüte an die Garderobe und setzten sich mit aufgekrempelten Hemdsärmeln an einen der Tische. Sie saßen eine Weile wortlos und sahen aus dem Fenster, ehe sie bedächtig, Wort für Wort, immer wieder mit großen Pausen dazwischen, ins Reden kamen und dabei Bier tranken. In Antonios Ohr klangen diese bedächtigen, grummelnden Stimmen, in das sich Kehllaute mischten, ungewohnt. Sie klangen, als spreche einer gleichsam in sein Inneres.

„Na, kleiner Italiener", sagte der Grenzer und blickte geradeaus, und der Maskenbildner-Bart zuckte ein wenig. Und es war, als kannten sie einander schon ewig. Fabrizi wollte überhaupt nicht wissen, wie es sich mit Antonio tatsächlich verhalte. Es interessierte ihn nicht im Geringsten. Er wusste es doch ohnehin. Sein Tischgenosse war ein Illegaler. Der Wirt brachte die Teller. Der Zöllner hatte diese Rindssuppe bestellt, von deren Geruch die Gaststube erfüllt war. Fabrizi aß bedächtig. Antonio schlang wie ein Wolf. Sie brockten frische Semmel in die Suppe, auf der Fettaugen und Schnittlauch schwammen.

„Du sprichst gut Italienisch", sagte Antonio zwischen den Löffeln. Übergangslos waren sie ins Du verfallen. Aber war es ihnen nicht ohnehin bestimmt gewesen, dass sie einmal miteinander an der Grenze im „Braunen Roß" sitzen würden? Der Grenzer trank wieder von dem schwarzen Roten. Er sei, so Fabrizi nach einer Weile, in Italien als Soldat gewesen. Und da habe er es also gelernt? Nicht direkt, erwiderte der Uniformierte. Wie, nicht direkt? Er habe es eher dadurch gelernt, dass Italiener ihm das Leben gerettet hätten, antwortete Fabrizi. Dann zog er an seiner Zigarette und schaute mit ausdruckslosem Gesicht zum Fenster hinaus.

„Du machst Scherze", sagte Antonio.

„Mit so etwas scherzt man nicht, jedenfalls nicht ich."

„Was heißt das, Leben gerettet?"

Fabrizi betrachtete den Jungen, als zögere er damit, es ihm zu sagen. Seine Einheit hatte in der Umgebung von Modena, bei dem Dorf Sassuolo, nach einem Angriff von Partisanen in einem Dorf, das zu den Partisanen gehalten hatte, Frauen, Kinder und Alte erschossen. Der Grenzer war an den Erschießungen zwar nicht beteiligt gewesen. Er hatte Glück gehabt, wenn man es trotz allem so nennen wollte; denn er musste mit seinem Zug lediglich den Ort der Hinrichtungen absichern. Lediglich. Das Grauen drang in die Gemütlichkeit der vormittäglichen Grenzschänke ein.

„Die Frauen haben geschrien. Manche von ihnen haben sich vor die Soldaten geworfen und ihre gefalteten Hände zu ihnen emporgehoben." Fabrizi schwieg eine Weile, ehe er fortfuhr. Das Furchtbarste sei der Anblick der Kinder gewesen, die nichts begriffen und dabeigestanden hätten, den Tod vor Augen, ohne es zu wissen. Dann seien die Salven gekommen, so trocken und hart, und so endgültig hätten sie geklungen. Einige der Bewohner von Sassuolo seien nicht sofort tot gewesen, weshalb ein SS-Offizier hinzugetreten sei und sie in den Kopf geschossen habe, die Pistole in der einen, eine Zigarette in der anderen

Hand, schilderte Fabrizi tonlos. ‚Das träume ich‘, durchfuhr es Antonio. ‚Das ist nicht möglich … draußen das wunderbare Blau … Und es riecht nach Essen und ist gemütlich … Ich bin so müde … Fabrizi, hör’ auf … bitte … hör’ auf.‘

Doch Fabrizi erzählte weiter. Er hatte die Gelegenheit zur Flucht genutzt, als er einen Kleinlaster in die Bataillonswerkstatt zu bringen hatte, wo ein Radlager eingebaut werden sollte. In einem Waldstück war er auf einen Weg abgebogen, den man von der Straße aus nicht hatte einsehen können, ließ das Fahrzeug, verborgen hinter Gebüsch, stehen und machte sich davon. Als er eine Weile gegangen war, sich immer wieder duckend und umsehend, brach der Horror sich Bahn. Eine halbe Stunde lang, die ihm vorgekommen war, als vergehe sie niemals, hatte er sich in einen Graben gepresst, als ein SS-Trupp heranpreschte und keine zwei Dutzend Meter von jener Stelle entfernt Rast machte. Es brauchte nur einer von ihnen ein wenig abseits zu gehen, um sein Wasser abzuschlagen, und Fabrizi wäre erledigt. Er konnte jedes Wort ihrer nackten und brutalen Stimmen verstehen, jede ihrer Zoten, die sich in den Dingen des Tötens und des Todes suhlten. Wenn die mich kriegen, dachte Fabrizi, dann ist es aus. Die machen es gleich hier.

Aber sie fuhren wieder ab, mit unendlich scheinender Verzögerung zwar, aber sie fuhren. Als sie weg waren, lag er in dem Graben und schluchzte, unfähig aufzustehen, während seine Hände sich hoben und auf die Erde fielen. Als er sich erhob, zitterten ihm die Knie wie einem alten Mann. In dieser beschissenen, elenden Vertiefung in der Erde der Emilia Romagna war er sich darüber klargeworden, wie sehr er an seinem Leben hing. In einem alleinstehenden Gehöft, wo ihm bellend ein mageres Hündchen entgegengesprungen war, hatte er alles auf eine Karte gesetzt und an die Tür gepocht. Er radebrechte mit dem Bauern, der daraufhin mit seiner Frau sprach. Und die Frau nickte, als sie dem Deutschen in die Augen gesehen hatte. Er blieb, bis der Krieg zu Ende war, ein halbes Jahr lang. Niemals in all dieser Zeit war an den Italienern erkennbar geworden, dass sie es etwa bereut hätten, ihn versteckt zu halten. Fabrizi vermochte es bis heute nicht zu fassen, dass diese Menschen für einen Wildfremden, noch dazu für einen Deutschen, ihr Leben aufs Spiel gesetzt hatten.

Antonio drehte sein Glas zwischen den Fingern.

„Hast Du sie besucht?“, fragte er nach einer Weile.

„Nein“, antwortete Fabrizi.

„Warum denn nicht?"

„Ich weiß nicht, ob sie sich freuen würden, nach alledem, was sie meinetwegen durchgemacht haben."

„Sie würden sich freuen", sagte der junge Antonio Gioia aus seinem noch ungetrübten Empfinden heraus zu dem lebenserfahrenen Grenzer. „Meinst Du?" Unsicher blickte Fabrizi zu ihm her. „Ganz sicher." Als sie so saßen, erzählte Antonio dem Zöllner das mit Fabrizi. Der Zöllner lachte bei den Schilderungen auf. „Ist die Ähnlichkeit wirklich so groß?" „Du würdest ihn für Dein Spiegelbild halten." Sie sahen den Zug einfahren. „Wie heißt Du?", fragte der Sizilianer den Freund, gesandt von des Geschickes Mächten. „Vierengel … Rudi."

Antonio wollte ihm nicht mehr sagen, dass er die Ähnlichkeit Vierengels mit Fabrizi als Zeichen dafür empfunden hatte, dass alles gut gehen werde. Es war Zeit. Vor dem Sizilianer lag das Land, Ziel seines Entschlusses, ungeheuer hellblau und sonnig und ungewiss.

Vierengel bezahlte. Er hatte Antonio die Hand auf den Arm gelegt, als dieser seine Geldbörse hervorholen wollte, und als der Sizilianer seine Koffer in den Gang des Zuges geschoben hatte, drückte der Zöllner den sehnigen Jungen ungeachtet seiner Uniform an sich, und Tränen saßen ihm in den Augenwinkeln. Sie küssten einander und Vierengel betrachtete ihn sehr lange. Antonio winkte ihm aus dem Gangfenster zu, bis der Grenzer nicht mehr zu sehen war.

Südstadt

Noch immer spürte er die Umarmung Fabrizis. Noch immer wühlte ihn auf, was er aus dessen Mund über die SS in der Emilia Romagna gehört hatte. Die ahnungslosen Kinder und der eiskalte Nazi-Offizier, der mit der Pistole in der einen und einer Zigarette in der andern Hand den tödlich Verwundeten von Sassuolo noch in den Kopf geschossen hatte, verließen ihn nicht. Ausgerechnet aus diesem Grauen erwuchs ihm die Klarheit über einen Zusammenhang, die ihm den Atem nahm. Er wäre Fabrizi nicht begegnet, hätte auch nur ein einziges Glied in der

Kette der Umstände gefehlt. Wie hätten die Dinge sich entwickelt, wäre er in Mailand nicht diesen beiden Apuliern begegnet, die ihn auf den falschen Zug hinwiesen? Wie hätten sie ausgesehen, hätte er in Rom gleich den richtigen Zug bestiegen? Wie hätten sie sich entwickelt, wären die Zöllner nicht von den Flüchtenden am Brenner-Pass abgehalten worden weiterzugehen und unweigerlich auch Antonios Abteil zu betreten?

Das Bergige und Hügelige der Voralpen wich allmählich zurück. Es schien, als eile die Landschaft förmlich auf etwas zu, als könne oder wolle sie sich in den Sog der alten Stadt mit Herz am smaragdgrün rauschenden Fluss ergeben wie in einen Liebesakt. Dörfer schienen zu schlafen, hingeduckt in der Sonne des frühen Nachmittages. Zwischen Wiesen und satten Auen der bayerischen Hochebene mit uralten Bäumen rollte der Zug, vorüber an dunklen Wäldern und herrschaftlichen Häusern, umgeben von parkartiger Landschaft. Doch dann, als der Zug im Gewirr der Weichen und Gleise, der Signalmasten und Stellwerke auf den gewaltigen Kopfbahnhof zutrödelte, fielen das Ungewisse und Fremde Antonio auf schonungslose Weise an. Sie trieben mit dem Illegalen ein beklemmendes Spiel und dabei schien es, als wäre er aus einem letzten und beschützenden Schlaf gerissen worden. Er stand mit seinen zerdrückten Pappkoffern, umwickelt von Schnüren, deren Straffheit nachgelassen hatte, und der blauen Sporttasche zwischen den eilenden Menschen. Sie eilten anders als in Mailand. Sie eilten eher herablassend und selbstgefällig, um nicht zu sagen mit einer gewissen Behaglichkeit, mit etwas unerschütterlich in sich Ruhendem.

Angesichts des Fremden, das mannigfaltig auf ihn einstürzte, verknotete sich sein Inneres. Flach und hastig ging sein Atem in seinem todmüden Körper. Seine Blicke irrten zwischen dem Spiel der Farben und Bewegungen, das die Sinne vollends überreizte. Etwas Rätselhaftes, das sich in ihm angestaut hatte, drängte zur Entladung. Mit den Augen eines jungen Mannes nahm er elegante Frauen mit bayerischen Gesichtern wahr. Eine verborgene Lüsternheit schien aus den Augen von Weibern in engen Kostümen und luftigen Kleidern zu leuchten. In dem gleich-gültigen Menschenfluss durchdrang den Ankömmling ein Gefühl vollkommener Nichtigkeit. Nirgendwo gehörte er mehr hin und er gehörte noch nicht wieder irgendwohin. Es war, als schiebe und ziehe zugleich eine unbekannte Kraft ihn durch einen Geburtskanal.

Nirgendwo war er von einer solch abgrundtiefen Verlassenheit durchdrungen gewesen, auch nicht in Rom, als er noch hatte umkehren wollen. Taubenschwärme rauschten auf und schwirrten unter dem rußigen Dach der riesigen Halle. Nach einer Weile des vergeblichen Versuches zu sich zu kommen, als er sich anschicken wollte, sich mit dem einsamen Namen der großen Stadt am Fluss an den Eisenbahner zu wenden, der auf dem Bahnsteig stand, hörte er neben sich italienische Laute. ‚Ich spinne‘, fuhr es ihm durch den Kopf. Aber da hörte er es noch einmal. Und wieder klang es ruhig und fest.

„Wohin willst Du?", fragte der Mann, der wie aus dem Boden gewachsen neben Antonio Gioia stand. Die Augen in dem breiten Gesicht blickten gefasst und illusionslos. Es waren die Augen des noch keine dreißig Jahre alten Salvatore Bognuti. Er hatte dem verlassen Stehenden sechs Jahre voraus. Seine Augen waren Ausdruck des Erlebten.

„Hm, sag, wohin willst Du?"

Antonio nannte den Namen der großen Stadt am Fluss. Es klang dumpf und traurig und war von einer bedrückenden Ungewissheit.

„Woher bist Du?" Der Fremde blickte Antonio unverwandt in die Augen.

„Aus Malumore", antwortete Antonio, dem mit einemmal sehr bang ums Herz war, als der Namen über seine Lippen kam.

„Malumore, wo liegt das? Lass Dir nicht alles aus der Nase ziehen."

„In Sizilien." Malumore – versunken und verweht hinter welchen Gebirgen, Meeren und Zeiten? Unvorstellbar weit war es fort, winzig und steinern, mit seinen sieben Behausungen, mit seiner Hitze über der Landschaft, mit dem Gezirpe der Zikaden und den Gerüchen, die die Natur ewig gleich durchzogen, in ihrer Luft lagen wie eine schützende Haut, hinter mehr Kontinenten als die Welt sie hatte. Und doch lag es nur zwei Tage entfernt. „Komm mit", sagte der Mann und gab ihm während des Gehens die Hand. „Ich bin Salvatore." Und Antonio trottete hinter dem Fremden her, durchströmt von einem Gefühl unsagbarer Erleichterung. Ja, es schien ihn förmlich anzuheben, leichter zu machen, dass er auf diesen Menschen gestoßen war. Es hatte also doch jemand auf ihn gewartet. Mit einemmal schien die Ankunft des ausgespienen, herangespülten Jungen Gefüge und Bestimmung zu haben. Aus heiterem Himmel war den vollkommen verwirrten Gefühlen etwas gesandt worden, das ordnend und beruhigend auf sie wirkte, etwas, worauf sie sich beziehen und einlassen konnten, was ihr Tobendes und Brennendes löschte. Das Merkwürdige war, dass er diesem Fremden gegenüber vom ersten Moment an Vertrauen entgegenbrachte, das auch nicht für einen Pulsschlag lang, für den Augenblick einer diffusen Angst, getrübt wurde. Antonio trottete hinter dem Fremden her, als sei er am Ziel angelangt, als sei es nunmehr gewiss, dass sich alles zum Guten fügen werde. Sie betraten die geräumige Bahnhofsgaststätte zweiter Klasse, wo Männer an kleinen Tischen mit karierten Decken in Biergläser schauten. Ein Kellner kam heran, drahtig und flott, in blütenweißer Jacke mit vergoldeten Knöpfen und schwarzer Krawatte. In seinem schmalen hellbraunen Gesicht gingen aufmerksame Augen. Sein Haar war glatt nach hinten gekämmt und glänzte von Pomade. Der Kellner Giovanni Manica und Salvatore küssten einander auf die Wangen. Antonio wurde es noch leichter ums Herz, als er dieses Bild des Gewohnten sah. Wie ein frischer Wind hatte sich das Lebhafte der südlichen Begrüßung in dem dumpfen und verrauchten Lokal bemerkbar gemacht.

„Ich habe Dir jemand mitgebracht", sagte Salvatore zu dem Kellner. „Er stand in der Halle … Sizilianer." Giovanni sah zu dem etwas abseits sich haltenden Antonio her, trat auf ihn zu und kniff ihm in die Wange. „Du machst Sachen … aus Sizilien … bist müde, wie? Aber alle Achtung … setzt Euch, setzt Euch", rief er geschäftig und erfreut und rückte an einem Tischchen in seiner Nähe die Stühle zurecht und fuhr mit der Hand über die Tischdecke, um sie zu glätten und von Bröseln zu säubern. „Diese Italiener sind doch überall", fügte er mit erheiternd gespielter Empörung hinzu und leerte mit rascher Bewegung den Aschenbecher. „Nirgends ist man vor ihnen sicher." Eine geradezu erfrischende Lebhaftigkeit ging von diesem kleinen schlanken Kellner aus. „Wo wird das enden?" Salvatore lächelte. Doch Antonio war in diesem Augenblick unbeschreiblich müde. Seine Nerven klirrten und sirrten wie ein Glasspiel, zu sehr, als dass er die Späße des Kellners hätte erfassen können.

„A Bier", rief einer der Einsamen an seinem Tischchen und hob sein Glas mit der leicht verzögerten Bewegung derer, die schon etwas getrunken haben. „Mir bringst a no' oans", rief ein anderer in Kniebundhosen dem Italiener in der blütenweißen Jacke zu, ehe er aufstand und an die Musikbox trat. Für einige Augenblicke war es in der Gaststätte so still, dass man den Greifer über die Platten wandern hören konnte. Mit dem leisen Kratzen einer häufig gespielten Melodie unterlegt, erklang das Lied von dem lachenden Vagabunden, dem die Frauenherzen zuflogen, und der das Leben als etwas besang, dessen Zweck es sei, sich mit einer gewissen Heiterkeit über Schicksale zu erheben und sie zu belächeln.

Und mittenhinein in eine dieser weichen und unwiderstehlichen Lach-Kaskaden des Schlagersängers verwandelte sich alles in einen bösen Traum.

Ein aufgeschwemmter, vierschrötiger Mann hatte sich an einem der Biertische erhoben, in seine Hosentasche gegriffen, ein Geldstück auf den Tisch geworfen und dabei etwas hervorgestoßen.

„Spaghetti-Fresser." Hass verzerrte sein Gesicht. „Itaker...Gschwerl, elendig's. Schleicht's euch."

Erbleichend trat der Kellner vor den Mann hin.

„Gehen Sie. Oder ich rufe die Polizei."

„Frech wer'n willst, ha, Makk'roni?"

„Verlassen Sie das Lokal", sagte Giovanni mit fester Stimme, während seine Brust sich in angstvollem Atmen hob und senkte. Der Mann machte keine Anstalten zu gehen.

„Kommunisten-Bagasch' übereinand' ... Vögeln unsere Weiber ... Schleicht's Euch, mir brauchen Euch net."

Giovanni Manica sah dem Mann in die Augen, obwohl ihm vor Angst übel war. Der Mann, angetrunken und mit aufgedunsenem Gesicht, wandte sich widerwillig der Tür zu.

„Sau-Bagasch'", sagte er mit einer Eiseskälte, die vor Hass glühte. Dann ging er und warf die Tür ins Schloss. Salvatore verfolgte die gespenstische Szene mit seinen gefassten Augen. Derlei war ihm nicht neu. Es war eines der hässlichen unter den vielen Gesichtern des verheißenen Landes. Blass kehrte der Kellner zurück und zündete sich mit zitternden Fingern eine Zigarette an. Obgleich Antonio keines dieser Worte verstanden hatte, so hatte er dennoch das Bedrohliche gespürt, das eine grässliche dumpfe Angst hinterließ. Durcheinandergebracht und eingesunken saß er neben seinen kläglichen Pappkoffern.

„Was wollte der?", fragte er Salvatore.

„Er hasst Italiener." Da war sie wieder, die Sache mit den Italiener-Fressern.

„Aber warum?"

„Der hält uns für Kommunisten", sagte Salvatore mit belegter Stimme und fahlem Gesicht. Das Vorgefallene hatte ihn mehr getroffen, als er sich eingestehen wollte. Die Gäste hatten bei dem Vorfall weggesehen und Gleichgültigkeit geheuchelt.

„Aber ich bin doch keiner", entfuhr es Antonio beinahe kindlich.

„Er ist ein Dummkopf", erwiderte Salvatore und versuchte mithilfe einer wegwerfenden Handbewegung die Fassung wiederzuerlangen. Da betrat wie ein Strahl aus hunderttausend Farben eine Frau die Restauration zweiter Klasse. Sie sah sich um und trat auf den Kellner zu, der abwesend am Tisch saß. Ihr blondes Haar aus dichten Kräusellocken schimmerte über einem schmalen, ebenmäßigen Gesicht mit schönem Mund. Um ihre schlanke Figur spielte ein dunkelblaues Kleid mit Blümchenmuster und weißem Spitzenkragen. Es war die Freundin des Kellners, Laura Huber mit Namen, Tochter einer Lebensmittelladen-Inhaberin in der Nähe des Ost-Bahnhofes. Diese Frau bannte das Böse mit der Helligkeit ihrer Erscheinung. Sie fuhr Giovanni durch das Haar, der aus seiner Erstarrung hochgefahren war. Das Ungeheuerliche in der Gestalt dieser armseligen Kreatur mit aufgedunsenem Gesicht, das, was sie angerichtet hatte, hielt den Kellner noch immer gefangen. Deutsche Gesichter kannte er seit dem Jahre zweiundvierzig, da Hitler und sein Kumpan Mussolini ausgehandelt hatten, Italiener dürften im Reich Arbeit suchen. Giovanni, neunzehn Jahre alt, hatte sie als Gleisarbeiter in der sogenannten Hauptstadt der Bewegung am Ufer der rauschenden grünen Isar gefunden. Doch als die Italiener an die Seite der Alliierten getreten waren, lernte er böse Gesichter kennen. Und Worte, mit denen man belegt wurde. Jetzt war der Italiener der Verräter.

Antonio war wie gebannt von der Schönheit dieser jungen Frau. Unwillkürlich verglich er die Frauen der verbrannten Erde mit dieser strahlenden Deutschen. Die besitzlosen Frauen des Südens hatten, wenn sie das Alter ihrer jungen deutschen Schwestern hatten, von Sonne und Feldarbeit ausgemergelte Gesichter, Gesichter, die noch niemals eine Creme gespürt hatten und sie auch niemals spüren würden. Die Falten verschlüsselten das Alter. Ein Kuss des Begehrens und der Erregung schien angesichts ihrer schmallippigen Münder nur schwer vorstellbar. Und doch würde er entfacht werden können. Nach einer Zeit des Trauerns um Verstorbene behielten diese Frauen ihre dunkle Kleidung bei. Es war, als überließen sie die Körper unter dem Dunkel sich selbst. Andererseits aber kämpften die Frauen des Südens mit einer unvorstellbaren seelischen Kraft um ihre Männer, wenn diese sich von ihren verblühenden Lippen und unansehnlich gewordenen Körpern abzuwenden begannen.

Sie hatten noch Zeit und traten vor den Bahnhof hinaus. Vor dem Telegrafenamt glänzten die schwarzen Taxis in der Sonne. Jenseits des massigen und dämpfenden Gebäudes war der Verkehr nur als ein fernes Rauschen zu vernehmen. Sie schlenderten in jener lauen Luft, die einen so seltsam benommen machen konnte. Antonio, den diese Luft südlich anmutete, schrieb an dem Tischchen eines Straßencafés Ansichtskarten, die nur wenige Worte enthielten. Aber er war nicht mehr derselbe. Dieses Tückische und Hässliche, das seine Fratze hinter dem Biertisch gezeigt hatte, hinterließ einen feinen Riss in seiner Wahrnehmung. Der Anblick der zitternden Hände des Kellners war Antonio durch und durch gegangen.

Und die Fügung zeigte sich ein weiteres Mal. Beide, Salvatore und sein Findling, nahmen den Zug nach Schwabgarten. Salvatore arbeitete in der Gärtnerei der Stadt. Es war ein Sonntag. Er war auf der Rückfahrt von einer Fortbildung der Gewerkschaft in der alten Stadt mit Herz. Antonio würde in Schwabgarten umsteigen, um in die zerbombte Stadt am großen Fluss zu kommen. Als der Zug Fahrt aufgenommen hatte, griff der Apulier nach einer deutschen Zeitung auf dem Polster neben sich und überflog sie. Doch in Gedanken war er bei dem Jungen.

„Kannst Du das denn alles verstehen?", fragte Antonio.

„Nicht alles, aber vieles", erwiderte Salvatore, ohne dabei die Zeitung zu senken.

„Bist Du gebildet?"

„Gott, gebildet... Ich habe Kurse besucht, und meine Frau ist eine Deutsche. Man lernt rascher."

Antonio bemerkte nicht, dass Salvatore ihn über den Rand der Zeitung hinweg ansah, ehe er sie sinken ließ, aber nach wie vor aufgespannt hielt.

„Hast Du eine Arbeit dort?"

„Nein."

Salvatore nahm die Zeitung wieder auf, um sie nach einigen Augenblicken erneut sinken zu lassen.

„Du hast noch keine Arbeit?"

„Nein."

„Wie kommst Du überhaupt auf diese Stadt?"

„Einer hat bei uns davon erzählt, der auf Urlaub war. Er sagte, dass man dort leicht was findet und gut verdient."

Der Zug fuhr hallend über eine Brücke mit weit gespannten stählernen Bögen. Unter ihnen eilte, im Sonnenlicht silbrig funkelnd, hellgrün und breit der Lech dahin.

„Das war alles?"

„Ja."

„Hast Du dort Bekannte?"

„Nein."

Salvatore rieb sich mit Daumen und Zeigefinger die Augen.

„Dort leben Hunderttausende von Menschen. Wo willst Du wohnen? Wie willst Du dich verständigen? Wovon willst Du leben? Du gehst unter, ehe Du bist drei zählen kannst." Antonio knetete seine feuchten Hände wie an jenem Abend in Malumore und blickte abwechselnd aus dem Fenster und in das Gesicht seines Gegenübers. Wieder ließ Salvatore raschelnd die Zeitung in den Schoß sinken.

„Wie alt bist Du?"

„Achtzehn."

In Salvatore Bognuti begann sich etwas zu regen und zu entfalten, ganz leise, aber unumkehrbar. Es sollte fortan nicht mehr zur Ruhe kommen, etwas, das diesen ahnungslos ins gelobte Land kommenden sizilianischen Findling zu seinem Schutzbefohlenen werden lassen sollte. Klar und hell wie eine sonnenüberflutete Landschaft lag alles vor ihm, wie ein Auftrag der Geschicke. Und daher schlug er diesem Wanderer zwischen den Welten vor, mit ihm zu kommen. Sie würden in der Stadtgärtnerei nach Arbeit fragen. Die Aussichten standen gut.

Und zum ersten Mal spürte der Junge diesen unendlich schweren Stein als das, was er war. Er hatte sein Herz in all dieser dumpfen Ungewissheit bedrückt. Er spürte ihn leichter werden.

Zweidelfingen

Die Adern der Blitze fuhren hernieder, und der Himmel hatte dieses Blau, wie es sich zeigt, ehe es ins Schwärzliche hinüberspielt. Ein Sturm legte das Getreide auf den Feldern flach und tobte in dem Geäst von Bäumen, Hecken und Sträuchern. Dann schlugen Regentropfen an das Abteilfenster, erst vereinzelt und dann in schweren und prasselnden Böen. Die stechende Schwüle war erlöst und an ihrer Stelle jagte eine Furie übers Land, die Vogelschwärme wie welke Blätter vor sich her trieb. Doch ebenso rasch, wie sie sich zusammengeballt hatte, wich die wilde Jagd der hervorbrechenden Sonne. Eine ältere Frau stieg über Antonios Beine hinweg und zog das Abteilfenster herab. Die hereinströmende Frische weckte ihn. Er hatte, den Kopf im Eckpolster, mit offenem Mund den Schlaf der Erschöpfung geschlafen. Sein Atem ging heftig und er sah er mit Augen um sich, die von weither kamen. Träumte er weiter, oder war es Wirklichkeit? Verflossen die beiden Welten ineinander? Wie ein Bild, das sich unvermittelt vor einem auftut, fiel in die Leere des erwachenden Bewusstseins das Erinnern: Südstadt. Salvatore. Eine große und dankbare Erleichterung durchströmte ihn.

„Du hast etwas verschlafen", sagte Salvatore.

Antonio entzündete eine Zigarette und blickte ihn dabei fragend an.

„Ein Gewitter."

Mit den ersten Zügen, deren Rauch er tief einsog, kehrten zugleich aber auch die quälenden Gedanken daran wieder, wie Salvatores Familie ihn aufnehmen werde. Am Ende mochten sie ihn nicht, betrachteten seine Gegenwart als Last, brächten es aber nicht zum Ausdruck und ließen den Ankömmling in einem Zustand trügerischen Willkommenseins. Aus diesem immer wiederkehrenden Gedanken vermochte Antonio sich nicht zu befreien. In Salvatores Gedanken hingegen war all dies gegenstandslos. Er brannte darauf, Ursula, seiner Frau, das Geschehene zu erzählen, um in ihren Zügen nichts als Einverständnis mit seiner Entscheidung zu lesen. Als sie auf den Gang hinausgetreten waren, um sich ein wenig zu dehnen und zu strecken, hatte der Sizilianer mit unsicheren Worten seine Bedrückung vorgebracht. Unverwandt hatte Salvatore ihn dabei angesehen.

„Sei unbesorgt", sagte er, als Antonio geendet hatte.

„Und wenn es ihnen doch nicht recht ist? Wie kann ich es wissen, wie es wirklich ist?"

„Sei unbesorgt." Antonio lauschte den mit leiser Nachdrücklichkeit wiederholten Worten nach, ob sich aus ihnen nicht doch Unsicherheit würde heraussprüren lassen. Aber da war nichts.

In der Ferne tauchte der breit und wuchtig liegende Kopfbahnhof auf. Der Zug bummelte durch das Gewirr der Schienen. In der flimmernden Hitze, rechterhand, flossen Höhenzüge mit weitläufigen Gärten und herrschaftlichen Häusern darin. Man konnte erkennen, dass Weinberge bis fast an den Bahnhof heranreichten. Türen schlugen, Lautsprecher hallten und Ventile zischten. Umflossen von dem Kommen und Gehen der Reisenden, war der Weitgereiste benommen stehen geblieben, als sie ausgestiegen waren. Er sah, wie Salvatore Bognuti die Kinder drückte und herzte, die ihm entgegengesprungen waren, ehe er seine Frau küsste, auf die er mit ausgebreiteten Armen zugelaufen war. Lange hielten sie einander. Salvatores Frau war schlank und brünett. Beider Gesichter waren ganz nahe beieinander und sie schaute dabei auf seine Lippen, als er seiner Frau berichtete und zu Antonio hersah. Auch die beiden Kinder blickten gespannt zu dem verloren Stehenden herüber.

‚Es ist alles nicht wahr. Ich bin gar nicht hier‘, ging es hinter seiner müden Stirn.

Und dann kam Ursula auf ihn zu und gab ihm die Hand. In diesem Lächeln, das sich nicht erst während des Gehens entwickelt hatte, sondern von Anfang an in ihrem Gesicht gewesen war, zeigte sich nichts Gespieltes oder Bemühtes oder gar ein mühsam verborgenes Gefühl des Belästigtseins. Die kurze Verlegenheit Marios und Lucias, der Kinder, ihrem Alter gemäß, wich rasch einer unbekümmerten Neugier. Sie liefen neben Antonio her und besahen ihn mit wachen Augen. Vor dem Nordausgang stiegen sie in den hellblauen viertürigen Millecento. Warum habe ich solches Glück?, fragte Antonio sich. Ursula steuerte den Fiat über die Serpentinenstraße aus der Stadt zum Rande des Talkessels hinauf. Während sie irgendwelche Dinge auf Deutsch mit ihrem Mann besprach, suchten ihre graugrünen Augen im Rückspiegel immer wieder Antonio.

Oben spannte sich die unendliche Ebene aus Feldern wie ein riesiges Gemälde vor ihnen auf. Sie war nach dem niedergegangenen Regen und der Entladung des Gewitters in ungeheuren Farben explodiert. Klar und scharf in den Konturen, leuchtend und vielfältig abgestuft und berückend kraftvoll ineinander übergehend die Farben, verblauten in der Ferne die Erhebungen der Alb.

Der Ort, zu dem sie gut zwölf Kilometer weit fuhren, hieß Zweidelfingen. Ein älterer Mann im blauen Arbeitsanzug und grüner Schildmütze öffnete das schwere hölzerne Hoftor. Zwei Frauen kamen vor das Haus getreten. Die eine, Ursulas Mutter, war eine resolut wirkende Frau Ende fünfzig, klein und adrett und rundlich, in einer geblümten Kittelschürze. Die andere, ihre Schwester, der Mutter so gar nicht ähnlich mit auffallend großen und fleischigen Ohren und Haarknoten folgte einige Schritte hinter ihr. Der Mann in der Arbeitskleidung drückte den Schwiegersohn an sich, während Ursula und die Kinder ausstiegen und der Sizilianer sich von der Rückbank in größter Verlegenheit ins Freie schälte. Bognuti löste sich aus der Umarmung des Schwiegervaters.

„Komm. Geniere Dich nicht", sagte er zu Antonio.

Erst jetzt erkannten die anderen, dass nicht nur die Bognutis in dem Auto gewesen waren. Ursulas Mann erklärte mit wenigen Worten, was sich zugetragen hatte, und als sie zu ahnen begannen und eine Vorstellung davon erhielten, was all das für den Fremden bedeutete, öffneten sich ihre Gesichter zu weitem Erstaunen.

„Und?" Richard Bronner blickte den Schwiegersohn von der Seite an, indes sie auf das behaglich wirkende Haus zugingen.

„Gut."

Salvatores und Antonios Wege hätten sich nicht gekreuzt, wäre Bognuti nicht bei jener Fortbildung gewesen, in der es darum gegangen war, das Schlagwort von sozialer Verantwortung des Unternehmerstandes als Gewäsch zu entlarven. Beispielsweise hatte der Bildungssekretär die Ansprachen von Personalchefs bei Jubiläumsfeiern als heuchlerisch gebrandmarkt, wenn in ihnen von Betriebstreue der zu Ehrenden die Rede war. Im Grunde genommen handele sich einzig und allein um das Glück nicht entlassen worden zu sein, nicht um Betriebstreue als Entscheidung eines Einzelnen.

Auf diese Fortbildung hatte Richard Bronners „Und?" sich bezogen. Der Schwiegervater verkörperte, was man einen treuen Gewerkschafter nennt. Nicht dass er die Dinge etwa starrköpfig oder verbohrt gesehen hätte, aber es hatte sich stets so verhalten, dass er niemals auch nur einen Augenblick lang Grundaussagen hätte in Frage stellen müssen. Diese Aussagen erwiesen sich, angewendet auf Beurteilung und Charakterisierung gesellschaftlicher Konflikte, stets als richtig.

Noch immer stand Antonio im Hof, hager und müde und ausgezehrt, obwohl die Frauen ihm winkend bedeutet hatten, er solle hereinkommen. Schließlich waren es die Kinder, die ihn kurzerhand zogen. So betrat der Tagelöhner aus dem Land des Scirocco sozusagen vom anderen Ende der Welt dieses durch und durch schwäbische Haus. In ihm roch es nach einer reinlichen Sommerlichkeit aus frischer Wäsche, Blumen, Holz und Küche. Diese reinliche Sommerlichkeit war es, die den Weitgereisten den muffigen, beinahe schon ein wenig strengen Geruch wahrnehmen ließ, der seinen Kleidern entströmte. Seit dem Aufbruch war er nicht aus ihnen herausgekommen. Und obwohl er sie auf den Zugtoiletten immer wieder gewaschen hatte, haftete seinen Händen eine Klebrigkeit an, als wäre durch die Strapazen etwas in die Haut eingedrungen, wogegen auch das Waschen nichts auszurichten vermochte.

Die kleine Lucia stand vor ihm. „Komm!", sagte sie auf italienisch. Mit wippenden Zöpfen lief das Mädchen voran, die Wendeltreppe hoch über den Flur mit den knarrenden Dielen und dem farbigen Läufer. Zögerlich und unsicher folgte der Ankömmling, nach dem das Mädchen sich immer wieder umsah. Das stille Zimmer lag unter einer Dachschräge mit Fenstergaube. Die Gardinen wölbten sich leicht in der Zugluft des gestellten Fensters. Lucia ließ ihn eintreten und zog sich zurück. Antonio sank auf das Bett und gab dem übermächtigen Bedürfnis nach, nur für einen Augenblick auf dem Rücken zu liegen, die Beine noch auf dem Boden, nur für einen Augenblick. Er erwachte am hellen Morgen und hörte das Zwitschern der Vögel vor dem Fenster. Salvatore hatte zur Tür hereingeschaut, als sich auf sein Klopfen hin nichts rührte, und er hatte alles gewusst.

Am Vormittag saß Antonio in der Nähe des Hauses an einem Brunnen auf einer Steinbank. Er war auf diesen Ort gestoßen, als er sich vor dem Hoftor unschlüssig in irgendeine Richtung gewandt hatte. Salvatore war auf der Arbeit. Die anderen hatten im Dorf Dinge zu erledigen. Schwer und dunkelgrün und ahnungsvoll rauschten Lindenbäume über seinem geräderten Kopf. Eiskaltes Wasser floss aus einer eisernen Röhre in einen länglichen steinernen Trog. Wie entrückt ließ Antonio es über Hände und Unterarme laufen, bis sie vor Kälte schmerzten.

Im Talkessel entstand die Stadt aus Ruinen wieder. Man hatte die Toten der Bombenteppiche in langen Reihen an die Ränder der Straßen gelegt. Und jene Industrie, die die Bomber der Alliierten durch das Herstellen von Rüstung überhaupt erst dorthin gelenkt hatte und jene, die inzwischen neuerlich an Aufträgen des Militärs verdiente, war ein und dieselbe. Unerträglich dreist und herausfordernd langsam drehte sich ihr Markenzeichen, der dreistrahlige Stern, abends neonblau erleuchtet, auf dem Turm des Hauptbahnhofes.

Wahre Freundschaft

Salvatore Bognuti stand vor dem Schreibtisch Karl Bucks, eines dieser städtischen Gärtnermeister, deren Gesicht im Laufe der Zeit amüsanterweise oftmals den Ausdruck knorrigen Wurzelwerkes annahmen.

Auf den Dielen des kärglichen und nur mit dem Allernotwendigsten versehenen Dienstraumes krümelte sich Erde, hereingeschleppt von groben und schweren Arbeitsschuhen. Am Schwarzen Brett über dem Tischchen mit einer erbarmungswürdig dahintrocknenden Topfpflanze waren die üblichen Aushänge angebracht, Dienstpläne zumeist, Krankmeldungen und Arbeitsvorschriften. Es roch nach Zigarre der Marke „Weiße Eule", jener Sorte, die Buck bevorzugt rauchte. Geschah es durch welche Umstände auch immer, dass er einmal nicht zu seiner geliebten „Weiße Eule" greifen konnte, sondern mit irgendeinem „Kraut", wie er sagte, vorlieb nehmen musste, so war er unleidlich. Mit saugender Verspieltheit hielt er den Stummel zwischen den Lippen.

„Salvatore?" Er zog seine Augenbrauen ein wenig nach oben, wobei er die linke noch einen Deut mehr anhob als die rechte. „Was bringsch' Du mir?" Er sprach ein starkes Schwäbisch. Er und der Arbeiter duzten einander seit jenem milchig-trüben Oktober-Morgen mit einem sich erst gegen Mittag zeigenden Blau, da irgendwo Gottesaugen ausgegraben und hereingeholt werden sollten. Unter den eingeteilten Kräften war Salvatore gewesen. Der Meister hätte sich nicht erklären können, weshalb er ihn vor dem Ausrücken in der Du-Form gefragt hatte, wo genau in Italien seine Heimat sei. „Apulien", hatte Salvatore geantwortet. Und nach einer Pause: „Weit unten." Salvatore hatte ihm dabei in die Augen geschaut. Dann hatte er alles in eine Waagschale geworfen. „Und Du? Woher bist Du?" Gar nicht auftrumpfend oder aufreizend hatte dieses Du geklungen, sondern achtungsvoll. Der Meister hatte sich kurz verfärbt, sich aber rasch wieder gefangen. Doch auf irgendeine Weise hatte es ihm gefallen, wie der Italiener reagiert und ihn ebenfalls geduzt hatte. Vor allen Dingen war ihm dieses hauchfeine Zittern der Unsicherheit in der Stimme des Apuliers, den er sehr schätzte, nicht entgangen, und er hatte seinerzeit auch dessen Mut bewundert. „Aus Rautlingen." Es sollte sich zeigen, dass sie gut miteinander konnten, wobei keiner diesen Umstand jemals zu Lasten des anderen ausgenutzt hätte.

„Ich hätte einen Arbeiter", sagte Salvatore. Es klang beiläufig, nicht bittstellerisch.

„Aha. Und der wäre?", fragte der Meister, indem er sich zurücklehnte und die runde Lehne seines hölzernen Stuhls etwas knarrte. Salvatore legte dar, wie Antonios und sein Weg sich gekreuzt hatten. Er tat es ohne Umschweife, wobei der Meister nicht den Eindruck hatte, er spreche deshalb für einen, weil es sich bei ihm um einen Landsmann handele.

Karl Buck sah ihn unverwandt an und klopfte mit einem Bleistiftende langsam und leise auf den Schreibtisch, indem er ihn etwas in sich drehte.

„Mir brauchet Arbeiter, des woisch' Du", sagte er, als Salvatore geendet hatte, „aber mir nehmet net glei jeden." Er hüstelte und stieß dabei Rauchwölkchen aus. Das Telefon läutete. Buck nahm den Hörer ab. „Ja, was isch? ... Noi ... morga, morga send mir in de Schloß-Anlaga." Er legte wieder auf.

„Er kann mit Erde und Pflanzen umgehen, seit er ein Kind ist", sagte Salvatore. Er wusste es, weil dieses Heranführen des Jungen an die Natur zu den Dingen gehörte, die Antonio in Zweidelfingen alsbald über Malumore und den Ziehvater zu erzählen begonnen hatte.

Noch immer sah der Meister ihn an. Allerdings gab er stets etwas auf das, was Salvatore sagte.

„Bring' den her."

„Wann?"

„Morga früh, halber achte."

Salvatore wandte sich zum Gehen, als der Meister ihn noch zurückhielt. „Kannscht Du an Papiere organisieren, was er braucht?"

„Ja, kann ich."

„Und Du hosch a Aug' auf ihn?"

Salvatore nickte und berührte nun seinerseits den Meister leicht am Oberarm.

„Und Du redest mit der Personalabteilung?" Karl Buck nickte und hüstelte wieder seinen Zigarrenqualm, und die Männer schieden voneinander. So schoben die Geschicke jene Dinge zusammen, die ein nicht in Worte zu fassendes Glück für den Fremden bedeuteten.

Zur verabredeten Zeit standen die Italiener vor dem Schreibtisch, und dem Gärtnermeister schien es, als strömte über diese dunkelbraune, harte, trockene Hand Antonio Gioias etwas Gutes zu ihm herüber. Und ganz gegen seine Gewohnheit drückte Buck sich aus irgendeinem unerfindlichen Grunde sogar in einer Art Hochdeutsch aus.

„Er bekommt morgen Mittag seine Papiere. Geh' mit ihm ins Personalbüro. Anfang nächster Woche kann er anfangen. Du kannst die Unterlagen auch hinterher noch bringen." Dann verfiel er wieder ins Schwäbische: „Hot der a Glück, der Kerle." Damit war alles besprochen.

Das Bewusstsein dessen, dass er eine Arbeit habe und, vor allem anderen, wie leicht es gewesen war, sie zu erhalten, hatte Antonios Inneres noch nicht erreicht. Schmal und klein stand er in der Sonne, als könne er nichts für auch nur irgendetwas. Es war seine Erfahrung, ein rechtloser Mensch zu sein, welche diese Kostbarkeit noch eine ganze Weile nicht zu ihm vordringen ließ. Wie ein Messerstich saß die Erfahrung in ihm. Unauslöschlich war sie in seiner Seele eingebrannt und verströmte das lähmende Gift der Wertlosigkeit bereits in diesem jungen Leben. Die Gedanken Antonio Gioias drehten sich daher in vordergründiger Weise um das, was er kannte. ‚Quälen sie mich auch hier, nur eben anders?' ging es hinter seiner Stirn. Er schaute im Hof der Gärtnerei dem Aufsteigen und Fallen einer Zierbrunnen-Fontäne zu und hielt den Vertrag zwischen seinen Händen, ohne einen Blick darauf zu werfen. Gewiss, er hätte ihn auch nicht lesen können, doch es war etwas anderes. Er hielt das Papier, als sei es ihm zufällig in die Finger geraten und er wisse nicht, wohin damit.

Einige der Arbeiter schauten zu ihm her, wenn sie vorübergingen, weil er so verloren da stand, so seltsam reglos, sah man von jenen wenigen Schritten ab, die er auf und ab ging. Dabei wirkte er wie jemand, der jederzeit darauf gefasst war, selbst noch diese wenigen Schritte untersagt zu bekommen. Die Arbeiter, Gerät in den schwieligen Händen, waren an diesem Tag unterwegs zu Grünflächen oder kamen von dort, von denen es allerdings noch nicht viele zu pflegen gab. Noch immer musste das Blühende, das vielfältig Schöne, das dem Auge Wohltuende und Wohlgefällige, hinter dem unvorstellbaren Ausmaß an Not und Verwüstung zurückstehen. Erst musste das Vordringliche getan werden. Noch immer war es in diesem zu Ende gehenden Sommer des Jahres achtundfünfzig vorrangig, den furchtbaren Zerstörungen mit dem Allernotwendigsten an Daseinsvorsorge zu begegnen.

Kühl berührte das weißlackierte Metall des Röntgen-Apparates den hellbraunen Oberkörper. Salvatore übersetzte dem Freund, obwohl der Obermedizinalrat Dr. Dinger in seinem gestärkten blütenweißen Ordinationskittel es ihm vormachte. „Tief einatmen", sagte er ruhig, „tief einatmen...und den Atem anhalten."
Ohne jegliche innere Anteilnahme ließ Antonio diese Untersuchung über sich ergehen. Noch niemals hatte sich irgendwer für seine Gesundheit interessiert, ihn abgeklopft, geschweige denn, das Stethoskop angesetzt und den Tönen seines Herzens und dem pumpenden Rauschen seiner Lunge gelauscht. Einen Tagelöhner hörte man nicht ab oder ließ

ihm sonstwie geartete Vorsorge angedeihen. Der Röntgen-Apparat summte und knackte leise, und als das milchige Bild ausgewertet war, zeigte sich, dass Antonio so gesund war, wie ein Mensch überhaupt nur gesund sein kann. „Du bist gesund, wie ein Fisch im Wasser", übersetzte Salvatore. Aber da er eben kein Verhältnis zu der Verfassung seines Körpers hatte, vermochte Antonio sich auch an dieser Nachricht nicht zu erfreuen. Er nahm sie hin wie Blutdruck, Gewicht und Größe seines Körpers.

Die Untersuchung lag einige Tage zurück, als er mit einemmal anders als er es jemals getan, sein Herz wahrnahm. Er hatte wachgelegen und in dem fahlen Licht des heraufdämmernden Morgens mit einem unbeschreiblichen Empfinden gespürt, wie es schlug, langsam und regelmäßig. Und es war, als hätte er sein Herz in diesem Moment überhaupt erst zu sich hereingelassen. Er legte die Hand auf die Brust und fühlte voller Zärtlichkeit dieses Beständige des weichen und ruhigen Schlagens.

Deutsch und Tod

Dieses Deutsch fühlte sich beim Sprechen an, als würde man auf einem Stück Holz herumbeißen, während die Zunge in maßloser Verwunderung, aus den uralten Bahnen geworfen, in der Mundhöhle unterwegs ist. Die Italiener saßen bei Fräulein Dr. Ria Zaiß einmal in der Woche abends um halb acht Uhr in dem Volkshochschul-Raum mit drei hohen schmalen Fenstern, die den Blick auf eine zerbombte Villa in einem verwilderten Garten frei gaben. Es roch nach Bohnerwachs, Kreide, nach nassem Schwamm und Linoleum und ein wenig streng nach gutwilligem Bemühen der Kursteilnehmer. Dr. Zaiß, die Tochter eines pensionierten Bankdirektors und früheren Majors der Wehrmacht, unterrichtete im Auftrag der italienischen katholischen Mission. Die Philologin und freischaffende Übersetzerin führte ansonsten dem Vater den Haushalt, nachdem die Mutter – über und über von Krebs befallen – nicht lange nach der Beendigung einer Affäre mit einem ehemaligen Regimentskameraden ihres Mannes verstorben war. Ihr Mann hatte ihr diese Affäre selbst auf dem Totenbett nicht verziehen. Tief wühlte das von ihm als entmannend Empfundene. „Verreck doch", stieß er hasserfüllt zwischen den Zähnen hervor, als er das Sterbezimmer seiner Frau verlassen hatte.

Alle waren sie vom Italienisch des Fräulein Doktor Zaiß mit seinem berückend schönen Klang angetan. Wenn sie italienisch sprach, war sie keine Schwäbin mehr. Man konnte glauben, sie sehne sich danach, mit Hilfe der italienischen Sprache jemand anderer zu werden. Die Einwanderer mit ihren zerklüfteten Dialekten machten ihr Komplimente. Für sie war es ein ungewohntes Erlebnis, etwas Rätselhaftes, wie etwas, das nicht zu Ihresgleichen gehörte, wenn jemand sich diese Sprache auf solch wundervolle Weise zu eigen machen konnte.

Antonio Gioia lernte schnell. Es fiel ihm leicht, dem spitzgesichtigen Fräulein mit Haarknoten und wadenlangem Faltenrock aus Tweed nachzusprechen, das etwas große Schneidezähne und ein fliehendes Kinn, allerdings ungewöhnlich schöne Augen hatte, deren Farbe an schimmerndes Mahagoni erinnerte. Ria Zaiß schrieb alles in geduldigen und großen Druckbuchstaben an die Tafel. Und allmählich schwand in Antonio die tiefsitzende Scheu davor sich zu melden, weil er etwas falsch aussprechen könnte, obwohl hier doch ersichtlich keiner saß, der sich hätte darüber lustig machen können oder wollen. Im Gegenteil erkannte er, dass die Anderen, eine rührende Willigkeit des Nachsprechens in ihren Gesichtern, so gut wie keine Kenntnisse der Rechtschreibung ihrer Muttersprache besaßen. Und er dachte mit großer Dankbarkeit an Don Carmine und die stillen Nachmittage voller Rechnen und Schreiben im Studierzimmer mit Blick auf den verwilderten Garten.

Es war während einer Pause. Sie rauchten und palaverten in der Sitzecke vor dem Unterrichtszimmer. Einige umstanden auf dem Flur das Fräulein Zaiß, mit ihm das Erlernte anzuwenden. Eher beiläufig nahm Antonio einen zerfledderten Katalog der Staatsgalerie von Schwabgarten in die Hand, blätterte darin und war mit einemmal wie vom Donner gerührt. Er war auf die Abbildung eines alten Meisters gestoßen. Antonio hatte noch niemals im Leben ein Ölbild betrachtet. Aber an diesem blieb er hängen. Wie gebannt fiel sein Blick darauf. Er sah einen barfüßigen Wanderer auf einen knotigen Stock gestützt in weite Fernen schauen. Diese Fernen dräuten am Horizont gleichermaßen verlockend wie tückisch, herausfordernd wie zurückweisend, ermutigend wie beängstigend. Der Maler hatte dieses Spannungsverhältnis zwischen Zögern und Voranschreiten, zwischen Angst und Zuversicht mit Hilfe des Sinnbildlichen meisterhaft auszudrücken vermocht. Und in diesem Spannungsverhältnis, ganz gewiss zum Wesen eines Aufbruches gehörend, fand der Betrachter auf dem abendlichen Flur sich wieder. Dabei wurde er plötzlich von einem seltsamen Feuer des Erkennens durcheilt. War nicht auch er aufgebrochen, ohne zu wissen, was sich aus alledem ergeben werde?

Die Fahnen des Turniers spielten im Wind. Leise schlugen ihre Schnüre an die dünnen hölzernen Stangen. Gelb leuchteten die Blätter der Kastanien vor dem Zweidelfinger Vereinsheim und hatten bereits den feinen braunen Rand des Vergehenden an sich. Durch die Luft zog eine Milde, wie man sie kennt, wenn der Sommer den Abschied herannahen spürt und der Herbst ihm nachsichtig lächelnd noch letzte träumerische Tage vergönnt. Im Festzelt spielte die Feuerwehrkapelle Märsche. Antonio hatte gezögert. Aber es hatte ihn zu den feiernden Zweidelfinger Fußballern hingezogen. Er fieberte nach einem Gehversuch mit der Sprache.

Auf dem Weg zum Festzelt des Turniers geschah es, dass er, obwohl etwas Unbestimmtes ihn im gleichen Moment warnte, den Mund spitzte und zwei ausnehmend hübschen Mädchen nachpfiff. Der Pfiff fiel nicht allzu laut und in gar keiner Weise so aus, dass man ihn als Belästigung hätte empfinden können, sondern viel eher als einen etwas verlegenen Laut, von dessen Zustandekommen Antonio selbst wohl am meisten überrascht gewesen war. Doch er sah, wie ein Ruck der Empörung durch die beiden jungen Damen ging, kaum dass der Pfiff in der Luft gelegen hatte. Die abweisende Schärfe des Ruckes mit den empörten Gesichtern traf den Sizilianer mit nicht gekannter Wucht. Zuhause war es üblich, den hübschen Mädchen Pfiffe hinterherzuschicken. Blieben Pfiffe dort aus, so kam das für die Mädchen sogar einer Schmach gleich. Ihre mit diesem Pfiff bedachten deutschen Schwestern aber liefen rascher und zogen mit eckigen und verschlossenen Gesichtern die Schultern hoch. Und der Sizilianer wusste nicht wie ihm geschah. Wie ausgespien fühlte er sich. Eine würgende Scham stieg in ihm hoch. Dieses Getue hatte dem sizilianischen Pfiff die Unschuld genommen. Er war vollkommen verwirrt, und in dieser Verwirrung führte ihn sein Weg an der Kirche vorüber. Ein fremder Drang führte ihn zu dem Portal des breit und geduckt sitzenden Gotteshauses. Er öffnete die schwere Türe aus Eichenbohlen und durchschritt den niedrigen und düsteren Vorraum. An den Wänden hingen Holztafeln mit den kleinen ovalen Fotografien Gefallener und Vermisster. An den Gesichtern derer vorbei, die auf den Schlachtfeldern geblieben waren, betrat er das Kirchenschiff. Er war auf die Pracht vergoldeter Heiligenscheine und Schnörkeleien, der Leidensstationen Christi zum Berg Golgatha, der durchstochenen Herzen der Märtyrer, der Muttergottes und des Geruches nach Weihrauch gefasst, denn er kannte nichts anderes. Stattdessen sah er magere Holzbänke in einem ernüchternd schmucklosen Raum und das auf einem einfachen Altar mit der großen aufgeschlagenen Bibel und zwei dicken weißen Kerzen emporragende Holzkreuz. Alles war kahle Stille. In Stein gehauen blickten einander mit entschlossenen Gesichtern auf Wandsimsen über die Bankreihen des Kirchenschiffes hinweg Luther und Melanchthon in Talaren mit Faltenwürfen und Halskrause an, die Bibel im angewinkelten Arm. Leise hallten Antonios Schritte auf den Steinfließen. Die schmucklose Stille besänftigte aber sein aufgewühltes Gemüt und kühlte es wie der Schatten eines Baumes.

Er setzte sich in eine der Bänke mit den metallenen Haken für Handtaschen und Hüte an der hölzernen Blende. An manchen Plätzen waren Emailleschilder mit den Namen derer angebracht, die einen Platz auf Lebenszeit gekauft hatten. Er nahm eines der Gesangbücher in die Hand, das auf der schmalen schrägen Ablage liegengelassen worden war und blätterte darin. Doch unwillkürlich zog es ihn zu den kleinen Fotografien der Gefallenen in den düsteren Vorraum zurück. Er erhob sich und ging hinaus. Er stand vor ihnen, als seien sie alte Bekannte. Sie rührten ihn an. Wie mochte dieser gefallen, jener zu Tode gekommen sein? Hatte den Bauern Ernst Hofmann, der als vermisst galt, eine Granate zerfetzt? Antonio hatte davon gehört, dass die Wahrheit bei den als vermisst geltenden Soldaten in aller Regel die war, dass sie bis zur Unkenntlichkeit zerfetzt worden waren. Aber diese Wahrheit wollte man den Angehörigen ersparen. War eine Kugel aus einem französischen Gewehr durch die Brust Fritz Moßhammers gedrungen? War dieser Schmalgesichtige mit dem großen Schnurrbart in eine Maschinengewehr-Garbe gelaufen, ein anderer auf grauenvolle Weise in Giftgas umgekommen? Und allesamt waren sie noch nicht alt gewesen. Mitte der zwanzig, kaum einer darüber. Er entzifferte ihre Namen, die in umständlicher Schrift unter den zu vergilben beginnenden Ablichtungen standen. Manche der Namen sprach er mit stummen Lippen nach, während er etwas aus diesen Gesichtern zu lesen suchte.

Er blieb in diesem Raum, um die Stille auf sich wirken zu lassen, ehe er die Kirche verließ und nun kräftiger ausschritt. Er wollte zu dem Festzelt gelangen. Das Bedrückende hatte dem Gefühl einer gewissen bangen Neugier Platz gemacht. Das Zelt hallte wider von lärmenden Stimmen. Über allem lag dicht und wabernd der Tabakqualm. Der Sizilianer setzte sich an das äußerste Ende einer der langen Bänke und bestellte bei der umhereilenden Bedienung eine Halbe. Er trank erst zurückhaltend, dann von Mal zu Mal genussvoller. Leicht rann das Bier hinab, ein Strom der Sorglosigkeit. Allmählich fiel die Anspannung des Fremden und Ungewohnten von dem Jungen ab. Neugierige, nicht selten aber auch geringschätzige Blicke streiften ihn. Als die Kapelle pausierte, wankte ein Betrunkener ans Podium und reichte dem Dirigenten einen Geldschein hinauf und rief etwas dazu, woraufhin man den „Florentiner Marsch" intonierte, den der Betrunkene unter den gleichgültigen Blicken der Musikanten fahrig mitdirigierte. Plötzlich zogen vor Antonios innerem Auge noch einmal die seltsam empörten eckigen Gesichter der Mädchen vorüber, um gleich darauf zu verblassen und nicht wiederzukehren.

Die Musik der Blaskapelle löste hinter seiner Stirn Erinnerungen an Sonntagnachmittage in der Umgebung von Scafarello aus. Man spielte Fußball dort auf Wiesen, die einigermaßen eben waren. Die Netze hingen zerfetzt vom Querbalken des Torgehäuses herab. Am Rand des Platzes stand ein wackeliges Tischchen mit der blechernen Kasse und den Eintrittskarten daneben, die ein Mann mit weit offenem Hemd und Zahnlücken einriss. Die zerklüftete Formation einer Kapelle regte mit nicht minder zerklüfteter Musik die Sportler zum Sturm an, im Gegensatz zu der Kapelle auf dem Zweidelfinger Podium, deren Zweck darin bestand, das bierselige Gemüt mit altbekannten Weisen zu umhegen. Eine sizilianische Fußball-Kapelle auf dem Lande schwoll schrill und grell und unbekümmert an, wenn eine der Seiten zum Angriff überging. War der Angriff torlos verlaufen oder gar abgeschlagen worden, fiel die Musik misstönend in sich zusammen, als ärgere sie sich darüber, dass man den ganzen klanggewaltigen Aufwand überhaupt betrieben habe. Mündete dieses blecherne Getröte und freche Gezeter der Instrumente hingegen in einen Schuss ins Tor, entfesselte sich ein Gelärme nunmehr vollends ohne jeglichen Anspruch auf auch nur eine allerentfernteste Korrektheit des Spiels.

Der „Florentiner Marsch" war verklungen und in der Haltung einer gewissen Herausgehobenheit kehrte der betrunkene Dirigent auf seinen Platz auf den dichtbesetzten Holzbänken zurück. Allmählich begann der fremde Besucher die Wirkung des Bieres in den ungewöhnlich großen Gläsern zu spüren. Er hatte immer wieder reihum Zigaretten angeboten und fremden Menschen zugeprostet und spendiert, selber aber nichts spendiert bekommen. In angetrunkener Verwirrung ging er nach Stunden nach draußen, wo der späte Nachmittag über dem Dorf lag. Er blieb mit sausenden und hallenden Ohren stehen und suchte die Zigarettenschachtel hervor. Da hörte er seinen Namen rufen. Von einem der Tische im Freien winkte der Nachbar der Bronners ihn zu sich, der früh verwitwete Maurer Weiß.

„Gehst denn schon heim?"

Als Antonio nickte, nahm der Maurer ihn beim Arm und zog ihn neben sich auf die Bank herab. „Komm, wir trinken noch was. Morgen ist doch Sonntag", sagte er mit schwerer Zunge, und Antonio roch eine starke Alkoholfahne. Der Maurer winkte der Bedienung und bestellte Bier und Schnaps. „Zwetschgenwasser", sagte er und leerte das Glas mit einem knappen Ruck hinab und wischte sich mit dem Handrücken über den Mund. Die anderen am Tisch schauten zu Antonio her und lachten, als er sich nach dem ungewohnten Schnaps schüttelte. Keiner war mehr nüchtern und es kam noch mehr Schnaps an den Tisch. Jetzt, zu vorgerückter Stunde, da alle Formen sich allmählich aufzulösen begannen, spendierte man reihum. Man flößte einander den Schnaps gewissermaßen gegenseitig ein.

Es wurde kühl. Der Maurer und Antonio brachen auf. Der Maurer, obwohl stark betrunken, hielt ihn untergehakt und fing ihn auf, wenn er wegzusacken drohte. Er brachte ihn zum Haus der Bronners, ehe er seinem eigenen Häuschen mit den Gemüsebeeten und den Rosenstauden davor zuwankte. Er schaltete im Wohnzimmer das Radio ein, legte sich schwer atmend auf das Sofa und nickte ein. Im Radio, das auf einem Wandbrett über dem Sofa stand, brachte der Sender Belgrad Dvoráks „Aus der Neuen Welt". Die grünliche Skala des Senders und das Magische Auge des Gerätes leuchteten im Dunkel des Zimmers. Spätabends erwachte der Maurer, erhob sich, schaltete das Radio aus und stieg benommen die Treppe zum Schlafzimmer hoch, entkleidete sich und fiel in tiefen Schlaf. Zwischen Nacht und Morgen weckte ihn etwas Unbestimmtes. Er verspürte starken Durst, den man in Zweidelfingen „Brand" nennt. Er wollte diesen Durst in der Küche über der Spüle aus dem

Wasserhahn stillen und schickte sich an, die Treppe hinabzusteigen, als er unten, in einem nie geschauten Licht, seine verstorbene Frau stehen sah. Er konnte durch sie hindurch sehen und ihn erfüllte etwas, das er nicht kannte. Er hatte immer nur seine Frau geliebt, deren Tod drei Jahrzehnte zurücklag. Es war das erste Mal, dass sie zu ihm zurückkehrte. „Else", sagte er mit einer Stimme, die er nicht an sich kannte. Seine Zunge war nicht mehr pelzig vom Trinken, sondern sie spürte sich glatt und frisch an. Auch er selbst fühlte sich leicht und jung. Bei alledem fand er überhaupt nichts Verwunderliches. Vielmehr schien es, als habe er sein ganzes Leben lang darauf gewartet. Die Tote sah ihn an und lächelte und streckte eine Hand nach ihm aus. Wie in Trance nahm der Maurer die Stufen hinab. Auf der Mitte der Treppe stürzte er, weil er noch immer stark betrunken war, und brach sich im Fallen das Genick.

Mit drei Schüssen aus dem steil in die Luft gehobenen Gewehr erwies ein Kamerad dem Maurer Weiß, Mitglied des Kriegervereins, die letzte Ehre. Der erste Schuss schreckte einen Schwarm Spatzen aus den Platanen des Friedhofes hoch und die Kapelle spielte „Ich hatt' einen Kameraden", ehe es noch einmal krachte und dann noch einmal. Die Trommel rollte, ehe der Geistliche, ein hochgerecktes, hageres Männchen im wehenden Talar, mit knarzender Stimme sein „Von Erde bist Du genommen, zur Erde sollst Du wieder werden" sprach. Jetzt sang der Frauenchor „So nimm denn meine Hände und führe mich". Schütter verwehten die Alt-Stimmen im dunstigen Herbstblau des Nachmittages. Vor drei Tagen hatte man noch mit ihm getrunken. Nunmehr trug man ihn zu Grabe. So ist es, dachte man. So war es schon immer. Es gehörte zum Dasein, dass der Tod kam. Kam er nicht immer dann, wenn man am allerwenigsten an ihn dachte? Einer nach dem anderen warf mit einem langstieligen Schäufelchen Erde auf den Sarg hinab, ein Vorgang, dem sich der Italiener auf stumme Aufforderung hin verlegen anschloss. Es waren letzter Gruß und Erinnern an die eigene Sterblichkeit. Dumpf schlugen die Erdklumpen auf den Sarg und riefen einen schauerlichen Widerhall hervor.

Beim Leichenschmaus im Saal des Gasthauses „Zum Stern" unter den großen Jubiläumsbildern des örtlichen Gesangvereins saßen die Trauergäste bei Kaffee und Kuchen an zusammengeschobenen Tischen, wobei auch Lachen aufflackerte. Etliche Männer hatten Bier und Schnaps vor sich stehen – für Antonio eine befremdliche deutsche Lehrstunde des

Todes. Es bedrückte ihn, durch all dies Befremdliche daran erinnert zu werden, wie unendlich weit er von zu Hause fort war.

Klavierspiel und Klamotten

Sie wartete ein paar Schritte von der hell erleuchteten großen Drehtür des Kaufhauses in der Innenstadt entfernt und schaute dem Werbe-Bären zu, einem verkleideten Studenten, der in der riesigen Schaufensterauslage umhertapste. Trauben von Kindern pressten sich an die Scheibe und klopften mit hellen und erregten Gesichtern daran, woraufhin der Bär ihnen mit seinen dicken Pfoten zuwinkte, mit seinen schwerfälligen Bewegungen ein wenig hin und her tänzelte und dabei seinen dicken Pelzkopf mit den Plüschohren wiegte. Die Kinder waren verrückt nach ihm.

Ursula roch die stickige Luft, die von der Drehtür ins Freie befördert wurde, diesen Schwall von Parfüm, Wärme und Ausdünstungen. Und die beiden Männer kamen dick eingepackt aus dem Nebel des Nachmittages, in dem die Schritte der Menschen gedämpft klangen. Salvatore küsste seine Frau, während Antonio, dem sie zugelächelt hatte, verloren in der Menschenflut der hereinbrechenden Dämmerung stand. Dann betraten sie das Kaufhaus, den Jungen zum ersten Mal in seinem Leben mit Kleidung auszustatten. Er hatte bislang in den alten, spilligen und abgetragenen Sachen aus Malumore gesteckt. Ursula strebte der Herrenbekleidung zu, drehte und wendete lange Unterhosen, las die Preisschilder bei den Baumwollsocken, befühlte dicke Cordhosen, hielt eines dieser Baumwollhemden robusterer Art zwischen den Fingern, wie sie neuerdings aus Amerika kamen, aber auch gefütterte Jacken, die unten herum und an den Handgelenken mit einem gestrickten Bund warm abschlossen, so genannte Lumberjacks. Sie stellte die Machart des Futters fest, las das eingenähte Etikett, wendete Nähte nach außen, hielt Antonio ein Hemd mit grünlich-braunem Farbton vor die Brust. Und immer wieder schaute sie zu ihm her, für den all dies geschah, und fragte mit stummem und aufmunterndem Blick: „Gefällt es Dir?" Ungelenk schlüpfte er in Schuhe mit dicken Kreppsohlen, sah sich in einer pelzgefütterten karierten Jacke und mit verlegenem Gesichtsausdruck im Spiegel, weil er glaubte, alles sähe ihm zu und amüsierte sich über seine unbeholfenen Bewegungen. Im Grunde sehnte er, schwindelig von den Reizen der ungeheuren Warenanhäufung, das Ende der Einkäufe herbei, für die er Geld von seinem Wochenlohn zurückgelegt hatte. Und es war erschütternd gewesen, ihn dabei immer wieder die Scheine und Münzen betrachten zu sehen, die blauen, die grünen und braunen Scheine, die Markstücke und die Pfennige. Ungläubig hatte er das anwachsende Geld gezählt. Bisweilen war Salvatore wortlos dabei gewesen, wiewohl er ihm gerne gesagt hätte, es sei seines, es gehöre ihm, er habe dafür gearbeitet, und niemand könne es ihm wieder wegnehmen.

Mit der Rolltreppe fuhren sie ins Restaurant im vierten Stock, wo ein älterer Herr am Klavier mit einem zart sich verflüchtigenden Anschlag ein Operetten-Potpourri spielte. In der Nähe des Pianisten, der sie mit freundlichem Kopfnicken begrüßt hatte, das freilich nicht zu überdecken vermochte, dass dieses freundliche Nicken bereits ein wenig ins Förmliche überging, fanden sie einen kleinen Tisch. Behaglich gedrängt und plappernd saß das Fünf-Uhr-Tee-Publikum. Der Junge hielt, ein wenig von dem runden Marmortischchen abgerückt, die Tüten auf dem Schoß fest, einen scheuen Blick in seinen Augen, als fürchte er, dass man sie ihm wieder abnehmen könnte, alles nur Einbildung sei. Alle drei bestellten sie Kaffee mit Schlagsahne. Antonio betrachtete den Zucker, der, einen bräunlichen Rand annehmend, langsam in der dicken Sahne versank. Umständlich nahm er eine Hand von den Tüten, um den Kaffee umrühren zu können. Und dann – mit einemmal setzte Ursula die Kaffeetasse ab, als entsinne sie sich an etwas, öffnete ihre Handtasche, holte einen Brief hervor und reichte ihn Antonio über den Tisch hinweg. Er las den Absender.

Es war Don Carmine.

Briefe hatte er bisher immer nur von Assunta erhalten. Wie Vögelchen, die sich auf einem Zweig niederlassen, trafen sie ein. Er küsste jeden einzelnen von ihnen und beantwortete sie ohne Verzögerung. Zwischen den Zeilen der Sehnsucht fanden sich die Dinge des Alltages, das Ungewohnte, der Pfiff etwa und seine Folgen in der Gestalt der beiden eckigen und ihre Schritte beschleunigenden deutschen Mädchen, der Bier- und Schnapsrausch beim Sportfest, die Beerdigung des Maurers mit den drei Salutschüssen und der rollenden Trommel und den befremdlichen Gewohnheiten der Trauergäste im Gasthaus, die ganz im Gegensatz zur südlichen Gepflogenheit in einer Wirtschaft saßen, aßen und tranken und lachten.

Don Carmines Brief kam völlig unerwartet. Fahrig riss Antonio ihn auf. Die kleine, rundliche und feste Schrift wirkte mit ihrer gestochenen Gleichmäßigkeit, als hätte der Priester jedes Wort erst nach sorgfältigem Überlegen und mit großer Bedachtsamkeit hingeschrieben. Und vermutlich hatte er es auch getan. „Du fehlst uns", las Antonio, während das Klavierspiel und das Geplapper der ihn umgebenden Gäste versanken. „Im Jugendhaus denken wir oft an Dich. Man fragt nach Dir. Viele bewundern Dich für Deine Auswanderung, die früher geringschätzig auf Dich geschaut haben." Die Worte waren schlicht gesetzt und von tiefer Ehrlichkeit. Immer und immer wieder las Antonio die Zeilen. „Schreib uns doch, wie es Dir bei der Arbeit geht, beim Erlernen der Sprache und mit Deinen Freunden. Assunta sagt, dass Du liebe Menschen kennengelernt hast. Sei gewiss, Du bist in unseren Herzen, Dein P. Carmine."

Darunter, mit rührender Sorgfalt hingeschrieben, standen die Namen derer, die ihn zum Zug begleitet hatten, Oreste, Tomaso, Eduardo und Salvatore. Über den Namen stand in ungelenken Druckbuchstaben „Es denken an Dich..." Und es tauchten mit einem Mal, Bildern in einer Entwicklerflüssigkeit im fotografischen Labor ähnlich, Menschen vor ihm auf und nahmen Kontur an, die an seinen Wegscheiden gestanden hatten. Als erstes sah er den deutschen Grenzer mit dem Aussehen Fabrizis, dann lächelte Natale ihm zu, der Urlauber aus Deutschland im abendlichen Malumore, der das Samenkorn für den Entschluss gelegt hatte, dann schienen die beiden Apulier im Mailänder Bahnhof auf, die ihn in den richtigen Zug gesetzt hatten. Er sah den Kellner Giovanni und auch diesen furchtbaren Mann hinter dem Biertisch der Bahnhofsgaststätte der alten Stadt am smaragdgrünen Fluss. Im Gewühl des Bahnsteiges sah er Salvatore stehen, doch er sah auch den Zweidelfinger Wirtshaussaal mit den bei Schnaps, Bier und Kaffee Trauernden, und er sah den Maurer, wie er am Abend vor seinem Tod auf dem Sportfest immer neue Schnapsrunden bestellte. Er sah Buck mit dem Zigarrenstummel in dem Dienstzimmer der Gärtnerei sitzen. Das spitzgesichtige Fräulein Doktor Zaiss aus dem Deutsch-Kurs kam vor seinen Blick geweht, und er sah Don Carmines Gesicht, wie er im Studierzimmer, dessen beide Fenster weit offenstanden und den Geruch des verwilderten Gartens hereinließen, leise zu ihm sagte: „Geh jetzt."

Längst hatte er den Brief sinken lassen. Er sah die Menschen um sich herum sprechen, aber er hörte sie nicht. Er sah Salvatore und Ursula sich unterhalten, aber es drang nichts davon an sein Ohr. Er sah den Pianisten spielen, aber er hörte die Klänge nicht. Die geradezu magische Kraft der Bilder, die vor ihm aufgeschienen waren, hatte ihn aus dem Kaufhaus-Café hinausgeführt. An dem Tisch saß nur sein Äußeres.

Ruinen in der Tiefe

Der Wind heulte in den Ohren und drückte hinter ihnen die Tür zu, als sie an die Brüstung herantraten. Tief unten lag die Stadt in der dunstigen Bläue des milden Oktober-Sonntages. Antonio erschrak und schloss die Augen, als er von der Plattform aus einen Blick in die Tiefe warf. ‚Er fällt um‘, schoss es hinter seiner Stirn. Dabei hob es ihm ein wenig den Magen. Doch ebenso rasch wie es sich gezeigt hatte, verschwand dieses Empfinden wieder. Lucia stellte sich auf die Zehenspitzen und versuchte zwischen den nach innen gebogenen Eisenstäben hindurch in die Tiefe zu schauen. Mit einem leisen Schaudern wich das Mädchen zurück. Der Bruder, etwas entfernt, legte zwischen niederländischen Touristen den Kopf in den Nacken und sah wattige Wolkenfetzen hoch über der Antennenspitze dahinjagen.

„Da unten ist Italien", rief Salvatore mit windzerzaustem Haar, eine Hand über die Augen gelegt und mit der anderen auf die verblauenden Höhenzüge der Schwäbischen Alb weisend. Ein fernes Rauschen stieg aus der Tiefe empor, in der sich die Stadt ausdehnte. Bewaldete Hänge und Weinberge, zwischen ihnen, deutlich erkennbar, das Zerstörte und Verwundete der Stadt aus dem noch nicht allzu lange zurückliegenden Kriege, leuchteten mit der Kraft herbstlicher Farben. Gnädig milderte die Natur den Anblick der grässlichen Verwüstungen im Gefüge dieser großen und prachtvollen Stadt. Sie sahen aus wie schlecht vernarbte Wunden.

Jaulend drückte der Wind gegen die Glasscheibe. Antonio vermochte nur mit Mühe die Tür zum Restaurant des Fernsehturmes zu öffnen. Und in diesem zugigen Türrahmen geschah etwas sehr Deutsches. Die alten Bronners wehrten ab. Er solle sich doch das Geld des Restaurant-besuches sparen. Es genüge doch schon, dass er die Auffahrt bezahlt habe. Er reise doch bald heim und solle das Geld besser dafür nehmen, übersetzte Salvatore auf das Drängen der Bronners hin. Diese Einwendungen – in Deutschland als wohlmeinend aufgefasst – bestürzten

Antonio und machten ihn ratlos. Es war ihm gänzlich fremd, wie Menschen ganz offenkundig nicht zu begreifen vermochten, dass es einem eine Freude sein könne, sie zu ehren. Sie sollten seine Gäste sein; denn sie waren freundlich und warmherzig zu ihm und ließen ihn in ihrem Haus wohnen. Außerdem wusste er von Ursula, dass bisher keiner von ihnen allen, weder Salvatore noch Ursula, weder die Alten noch die Kinder, auf dem erst wenige Jahre emporragenden Turm gewesen waren. Schließlich aber nahmen Ursulas Eltern doch, wenn auch zögerlich, mit umständlichen und etwas genierlichen Bewegungen an einem großen Tisch vor den Panorama-Scheiben Platz.

Nach wenigen Augenblicken schon erschien ein graumelierter Kellner, dessen Hängebacken, verstärkt durch den Eindruck der Tränensäcke, seinem Gesicht etwas Gütiges, Wissendes verliehen. Von seinen abfallenden Schultern floss der Schwalbenschwanz herab. Verlegen bestellten die Alten in ihrem ältlichen Sonntagsstaat Kaffee und gedeckten Apfelkuchen, desgleichen die beiden Italiener, die allerdings auch noch einen Kognak dazu nahmen. Ursula trank Kakao mit Sahne, die Kinder hatten sich eine Zitronenlimonade mit Strohhalm gewünscht. Und sie hingen, kaum dass man das Turmrestaurant betreten hatte, an der rundherum führenden Glasfront.

Antonio hatten diese für einige Augenblicke sich zeigenden Schwindelgefühle auf der Plattform keineswegs getrogen. Während man auf das Bestellte wartete, übersetzte Salvatore aus einer auf dem Tisch ausliegenden Broschüre. Selbst ein Orkan, der mit einhundertsiebzig Stundenkilometer gegen das fünfhundert Tonnen schwere und einhundertzwanzig Meter hohe Bauwerk aus Stahl und Beton drückte, war für diese architektonisch-statische Meisterleistung keine Gefahr. Immerhin entsprachen die Stundenkilometer einem Druck etwa derselben Anzahl von Tonnen. Dem Angriff stärkster Stürme preisgegeben, schlägt der Korb einen halben Meter aus, wobei eine Grundschwingung sich über fünf bis sechs Minuten hinziehen kann.

Da trat, allerdings noch ohne das Bestellte, der Ober an ihren Tisch.

„Italienische Laute", sagte er leise in dieser Sprache und den Gästen zugewandt, in dem er sich ein wenig herabbeugte.

Überrascht blickte Salvatore Bognuti zu dem Herangetretenen hoch, über dessen Gesicht sich die Falten eines feinen Lächelns breiteten. Er sprach ausgezeichnet italienisch. „Sie sind meine ersten italienischen Gäste", sagte er. „Ich habe vor zwei Wochen hier oben meinen Dienst angetreten." Er wartete einen Augenblick, ehe er fortfuhr: „Ich möchte Sie aber nicht belästigen. Sollte es der Fall sein, so ..."

„Davon kann keine Rede sein", sagte Salvatore rasch und in Erwartung dessen, was sich zeigen werde. Mit einem leichten Schwung legte der Kellner – er war von kleiner, aber drahtiger Statur – das Serviertuch in die Armbeuge. Seine graumelierten Haare waren in der Mitte gescheitelt.

„Darf ich mir gestatten? Ich liebe doch diese Sprache. Deshalb nutze ich jede Gelegenheit sie zu sprechen." Erstaunt über diese Wende, erfuhren sie, indes Salvatore Bognuti leise und rasch übersetzte, dieser Ober habe vor zwanzig Jahren Mussolinis Außenminister Graf Ciano im Budapester Hotel Ritz bedient, wo man mit Vertretern anderer Nationen konferiert habe. Er sei – nebenbei bemerkt, von Haus aus alles, nur kein Faschist – völlig überrascht davon gewesen, dass Mussolinis Schwiegersohn habe wissen wollen, ob er Ungar sei. Als er diese Frage verneint und sich den Hinweis gestattet habe, er sei Österreicher, habe der Diplomat seinen Stuhl ruckartig zurückgeschoben und sich mit einer straffen Bewegung erhoben, was dem Kellner zunächst einen Schrecken eingejagt habe. Er habe angenommen, Ciano mit dieser Bemerkung auf irgendeine Weise verärgert zu haben. Antonio saß mit offenem Munde. „Der Graf bat mich aber ganz freundlich, ein paar Schritte mit ihm zu gehen", fuhr der Befrackte mit gesenkter Stimme fort, die er die ganze Zeit über beibehielt, „und wir gingen auf die Terrasse hinaus. Dort machten grade die Musiker des Salon-Orchesters eine Pause. Wir gingen auf und ab, und der Graf fragte mich, nachdem er mir eine Zigarette angeboten und mir Feuer gegeben hatte, was ich vom Einmarsch dieses Herrn Hitler in Österreich im März hielte. Übrigens, äh, hat er mir später als Andenken sein Feuerzeug geschenkt. Ich sagte, dass ich nichts davon halte, und dass wir seither nichts mehr zu lachen hätten. Ciano schaute mich, ich möchte direkt sagen verschmitzt, von der Seite an, während wir rauchend nebeneinander her gingen ... ein ungewöhnliches Bild, nicht wahr, Graf und Oberkellner rauchend und plaudernd. Und er ließ mich wissen, dass sein Schwiegervater diesen Herrn, entgegen allen offiziellen Verlautbarungen, nicht ausstehen könne. Im Grunde hegte er sogar eine tiefe innere Abneigung gegen ihn. Wissen Sie, wie er Hitler im engsten Kreise nannte?" Der Ober warf einen raschen Blick über seine Gäste hin. „Einen arbeitslosen Eckensteher."

Der Ober enteilte und kehrte, auf dem Unterarm kunstvoll die

Bestellungen balancierend, zu ihnen zurück und ordnete mit eleganten und sicheren Bewegungen des Servierens alles zu einem gefälligen Ganzen. Das Gesicht voller freudiger Erregung, nahm er seine Schilderungen wieder auf: „Ciano hat uns von dem Prominenten-Fotografen des Hotels ablichten lassen. Aber der Film war unbrauchbar, weil die Kamera nicht weitertransportiert und mehrere Negative sich übereinandergeschoben hatten. Wir stellten uns also noch einmal nebeneinander, nicht wahr, und der Minister fand die Panne sehr amüsant." Der Ober, der ein so vorzügliches und dabei gewähltes Italienisch sprach, Hutfles mit Namen, sah mit einem letzten prüfenden Blick über das Angeordnete hin, ehe er völlig unvermittelt sagte und dabei immer noch dieses freudig erregte Lächeln zeigte: „Machen Sie mir eine Freude. Seien Sie meine Gäste."

Splitternde Ferse

Vor ihm lag der Zettel. Der Meister hatte ihn unterschrieben. Er würde in Urlaub fahren und zu Weihnachten und noch eine Reihe von Tagen in Malumore sein können, in Marani, am tobenden Wintermeer. Er würde bei Assunta sein und sicher Don Carmine wiedersehen. Und vor allem würde er den Ziehvater umarmen, diese Seele, die ihn liebte wie einen Sohn. Er würde ihn ins Restaurant einladen, für ihn einkaufen und ihn beschenken. Er würde heimlich mit Assunta zusammenkommen. Sie würden am kalten Strand spazieren. Wenn er nur erst das Meer wieder sähe, egal wie grau und eisig oder abweisend es sein würde. Er würde wie erlöst in der Kirche von Scafarello knien und dem Gekreuzigten die blutenden Füße küssen. Alles war zum Greifen nahe und überschlug sich in seinem Kopf. Er würde Eduardo, Oreste, Salvatore und Tomaso wieder sehen. Sie würden Dialekt sprechen. Er hatte ihn so unvorstellbar sehnlich entbehrt. Sie würden rauchen. Sie würden spazieren gehen. Sie würden in der Bar Espresso trinken, den Flipper in der Ecke knallen und rattern hören, die Männer Karten spielen sehen, mit ihren Mützen und Hüten auf.

Er würde in seine Muttersprache zurückkehren und sie trinken wie ein unendlich Dürstender. Er würde Bekannte treffen auf Schritt und Tritt. Vor Freude würden sie rufen: „Antonio, wie geht es?" Ihre Worte würden anerkennend klingen. Ein ungekanntes Gefühl begann sich in ihm zu regen und zu einer grenzenlosen Freude anzuwachsen. Plötzlich dachte er, wie es wäre, führe er auf dem Weg in den Süden jene Strecke, in deren entgegengesetzter Richtung er einst angsterfüllt ins Unbekannte gereist war. Etwas noch immer Aufgewühltes wollte in seiner Seele zur Ruhe kommen. Und er beschloss es. Jetzt, da er ohne Risiko durch die Schweiz hätte reisen können, würde er noch einmal den Weg des Leides und unbeschreiblicher Verlassenheit nehmen.

Die Angst von damals nistete noch in ihm. Seine Seele gab ihm bei dem Gedanken, sich der Erinnerung zu stellen, plötzlich das Gefühl ein, noch einmal in einen Abgrund zu stürzen. Die Angst kehrte wieder, die ihn ergriffen hatte, als die Grenzer von Abteil zu Abteil gingen, als er die Schüsse hatte krachen hören. Es kehrte der verschwitzte Kondukteur vor seinem inneren Auge zurück, der von Illegalen gesprochen hatte. Es kehrte die Erinnerung daran zurück, dass er, gelähmt vor Angst, geglaubt hatte, alle sähen in ihm einen Kriminellen.

An einem Abend warf er den Brief an Assunta mit der Zeit seiner Ankunft in Siracusa in den Streckenpostkasten. Der Sizilianer küsste das Kuvert, ehe er es in den Schlitz steckte. Ganz vereinzelt trieben Schneeflocken im Scheinwerferlicht des hellblauen Millecento. Salvatore wartete mit laufendem Motor. Straßenbahnen klingelten. Menschen hasteten, Atemwölkchen vor den Mündern, mit hochgeschlagenen Mantelkragen. Entfernt nahm er die Lautsprecherdurchsagen aus dem hell erleuchteten Hauptbahnhof wahr. Auf dem Turm des Baues drehte sich mit provozierender Langsamkeit der neonblaue Stern des Automobilwerkes und Kriegsprofiteurs, dieses zu einem beschaulichen Wahrzeichen der Stadt verklärte Symbol wirtschaftlicher und politischer Skrupellosigkeit. Das Werk fühlte sich sicherer und unangreifbarer denn je. In die entfernten Durchsagen hinein raubte ihm ein Schreck den Atem. Wie hatte das passieren können? Er hatte nicht daran gedacht, dass er für den Urlaub Geld brauchen würde, Geld vor allem für die Geschenke. Er fühlte sich, als hätte er einen Schlag vor den Kopf erhalten. Wortlos saß er neben Salvatore, dem dieses Verstummen nicht verborgen blieb, als sie fuhren.

„Was ist?", fragte er, als sie losgefahren waren.

Antonio wandte sich ab und sah hinaus.

„Was ist?"

„Nichts", kam es gereizt, beinahe unwillig.

„Sag schon", beharrte der Freund. Salvatore wartete eine Zeitlang, ehe er sich erneut dem neben ihm Sitzenden zuwandte.

„Also, was? Genierst Du Dich vor mir?", fragte er und ließ den Wagen vor einer roten Ampel ausrollen. Seine Blicke verfolgten die Fußgänger, die nun dichtgedrängt über die Straße hasteten.

„Ich ... ich habe nicht an das Geld gedacht", kam es stockend über Antonios Lippen.

„An welches Geld?", fragte Salvatore, der nicht sofort verstand.

„Für den Urlaub ... an das Geld für den Urlaub ... Ich wollte für Assunta ... ich wollte ihr goldene Ohrringe kaufen und für die anderen auch etwas."

Salvatore, als er verstanden hatte, wandte sich ihm zu, hielt den Blick aber weiterhin auf die Straße gerichtet und zog an der Zigarette. Die Ampel sprang auf grün. Die Farbe spiegelte sich in seinen Augen wider.

„Die Ohrringe würde ich nicht hier kaufen", sagte er in die Wortlosigkeit hinein.

„Warum nicht?"

„Hier hat alles nur 14 Karat, bei uns 18. Und es ist billiger ... Und, höre, Du kannst einen Vorschuss bekommen."

„Das möchte ich nicht", sagte Antonio bedrückt, ehe er sein Gesicht erneut abwandte.

„Das verstehe ich nicht."

„Ich habe kein gutes Gefühl dabei. Ich bin erst kurz hier."

Salvatore drehte das Fenster ein wenig herab und warf den Rest der Zigarette hinaus. Die Scheinwerfer eines entgegenkommenden Autos streiften ihre Gesichter. Der Millecento fuhr die Serpentinen hoch, die aus der Stadt auf die Ebene hinauf führten.

„Gefällt mir, wie Du darüber denkst." Er warf einen raschen Blick auf den neben ihm Sitzenden. „Du kannst es vorerst von mir haben." Antonio war in seinen Gedanken verfangen. Er hörte es nicht.

„Hörst Du?"

„Wie?"

„Ich strecke Dir das Geld vor. Du brauchst in den nächsten Monaten keine Miete zu bezahlen. Gib es uns wieder, wenn es Dir möglich ist."

„Du machst Witze." Bei diesen Worten schien wieder jene traurige Gefasstheit in Salvatores Gesicht auf, wie sie sich im Gedränge des Hauptbahnhofes der alten bayerischen Stadt am smaragdgrünen Fluss gezeigt hatte, als Bognuti mit der untrüglichen Klarheit eines inneren

Blickes erfasste, wer in diesem Hin und Her der Reisenden vor ihm stand. Oder erinnerte er sich etwa daran, wer es einst ihm selber vorgestreckt haben mochte? Oder eben nicht?

Die Tröge mit den Maulbeerbäumchen, breit, niedrig und zentnerschwer, schmückten sommers den kleinen abgelegenen Platz im Osten der Stadt, in deren Mitte ein Brünnchen plätscherte und Sitzbänke unter Trauerweiden standen und zumeist alte Leute saßen, die sich von ihrem Spaziergang ausruhten oder der Beschaulichkeit pflegten und miteinander plauderten. Jetzt, es war ein Vormittag im November, an dem die Sonne nur schwer durch den Nebel drang, holten die Stadtgärtner die Tröge an dem verlassen liegenden Platz herein. Antonio schlang eine Kette um den tönernen Bauch. Dann verankerte er einen großen Haken in der um den Bauch gelegten Kette. Der Haken gehörte zu einer Seilwinde, mit welcher der Trog auf einen Anhänger gehievt werden sollte. Antonios Gedanken waren bei dem Brief an Don Carmine. „Pater, bitte, bitte, bitte erübrigen Sie in meinem Urlaub ein wenig Zeit für uns", hatte er geschrieben. Assunta litt unter der Verheimlichung ihrer Liebe. Sie litt mehr darunter, als sie es sich hatte zugestehen wollen. Am meisten litt sie unter der Angst vor einem der Jähzorn-Ausbrüche des Vaters. Antonio war hilflos.

Einer der Tröge schwebte in dem Kettengespann nach oben. Jetzt waren Antonios Gedanken bei Delcrocce. Salvatore hatte ihm dabei geholfen, die Tragweite seines Entschlusses ins Verhältnis zur Abscheulichkeit dieses Mannes setzen zu können. Was war Großes daran, wenn man vom Staat die uneingeschränkte Macht über Menschen geschenkt bekam? Man durfte sie seinen wirtschaftlichen Interessen ohne Einschränkung unterordnen. Beugten die armen Kreaturen sich nicht, so erschwerte man ihnen auch noch die Auswanderung, diesen ohnehin schmerzvollsten Schritt, der sich denken ließ. War dies nicht erbärmlich, schäbig, windig und widerwärtig zugleich? Zeugte es nicht viel eher von Größe, wenn einer mit achtzehn Jahren Entwurzelung und Ungewissheit auf sich nahm, verlassen bis in die Knochen?

Der Anhänger war ein wenig in die Knie gegangen, als der Fahrer den einen der beiden schweren Tröge auf die Ladefläche gesetzt hatte. Antonio umwand jetzt auch den zweiten Steintrog mit einer Kette, ehe er neben den Fahrer kletterte und dabei einen Augenblick ohne Halt neben ihm stand.

Da geschah das Unglück.

Die Zugmaschine setzte sich nach rückwärts in Bewegung. Der Fahrer hatte den falschen Gang eingelegt. Antonio verlor das Gleichgewicht und schlug mit voller Wucht, an der Motorhaube des Traktors vorbei, mit dem Kopf auf der Vorderachse auf. Beim Sturz prallte seine Ferse auf die eiserne Plattform des Traktors. Aus Antonios Nase lief Blut. Ohnmächtig und mit zersplittertem Fersenknochen lag er neben dem Traktor. Der Fahrer kletterte herunter und beugte sich mit einem Fluch über den schwer Verletzten.

Der Briefträger Nunzio stieg vom Fahrrad und rief Francescos Namen, woraufhin sich die Tür öffnete. Als der Ziehvater das Telegramm sah, erbleichte er. Er hielt sich mit einer Hand am Türrahmen fest. Ihm war schwindelig geworden.

„Lies es mir vor." Seine Kehle war wie ausgetrocknet und er hörte das gepeitschte winterliche Meer, das kilometerweit entfernt lag. Als der Briefträger die wenigen Worte des Telegramms von Salvatore Bognuti vorgelesen hatte, begann Francescos krankes Herz zu stechen.

Unablässig fiel der Schnee. Der Kranke lag auf dem aufgeschüttelten Kissen, das die Schwester ihm unter den Rücken geschoben hatte, und schaute hinaus. Er hätte spüren wollen, wie die kalten Flocken auf sein fiebriges Gesicht fallen und es kühlen. Er lag mit bleischwerem Kopf, in dem ein dumpfer Druck nistete, und es war der Anblick des Schnees, der das Gequälte aus dem fahlen Gesicht Antonios nahm.

Der Sizilianer war auf schmalem Grat gewandert. Einige Male hatte er diesen schmalen Grat zwischen abgründigen Dämmerzuständen und Bewusstlosigkeit verlassen und noch weitaus fernere Gefilde betreten. Es hätte jederzeit sein können, dass er daraus nicht mehr zurückgekehrt wäre. Die Ärzte hatten um ihn gebangt.

Sie lagen zu dritt in dem Zimmer mit den beiden hohen schmalen Fenstern zu dem verschneiten Park hinaus. Der eine der beiden Zimmergenossen ging auf die vierzig. Sein Bauch ließ die Beine, über denen er sich auf eine gewisse aufgeblähte Weise wölbte, wie Stelzen erscheinen. Sein Gang war schleppend. Dabei neigte er seinen Oberkörper etwas nach vorne, wobei er nur den linken Arm in Bewegung hielt, während der andere starr und gerade herab hing. In dem faltigen Gesicht des Bäckergesellen Hermann Gebhardt mit schweren Tränensäcken lagen dunkelbraune feuchtschimmernde Augen. Sein hellbraunes Haar begann sich zu lichten und war auf eine rührend kunstvolle Weise in Strähnen über den länglichen Schädel frisiert. Die rissigen Fingernägel zeigten feine längliche Rillen, welche die Nägel ein wenig schmuddelig erscheinen ließen. Fortwährend schniefte er. Das aber hörte mit einem Schlag auf, wenn man mit ihm sprach. Stattdessen schaute er einem erstaunt in die Augen, so als sei es etwas für ihn völlig Überraschendes, dass jemand mit ihm spreche, und es dauerte immer einige Augenblicke, ehe er etwas erwiderte.

Etwa halb so alt war der andere, der Gewerkschaftssekretär Manfred Imtal. Er überragte mit seiner hageren Statur den Bäcker um Haupteslänge und hatte ein schmales längliches Gesicht mit eng beieinander liegenden schiefergrauen Augen, das sich im Verhältnis zur Körpergröße klein ausnahm. Auch der Mund war klein und rundlich wie eine Kirsche, was ihm etwas Weibliches verlieh. Imtal bewegte sich mit kleinen Schritten vorwärts und richtete dabei seine Füße nach außen, drückte die Knie durch und hielt sich im Gegensatz zu Gebhardt kerzengerade. Mit seiner Gewohnheit, beim Gehen mit raschen Bewegungen den Kopf hin und her zu wenden, erinnerte er an einen Raben. Trotz der jungen Jahre zeigte das Gesicht die graue Blässe des starken Rauchers. Sein dunkles gewelltes Haar war sorgsam frisiert und endete in gekräuselten Löckchen. Sagte er etwas, so tat er dies unzusammenhängend und beließ es bei Andeutungen. Auf diese Weise äußerte er sich allerdings nur dann, wenn er nicht hinter einem Rednerpult stand und bei Versammlungen scharf herausgab. Es war, als gestatte er sich als privater Mensch dieses Unzusammenhängende, Unkonzentrierte als Gegensatz zur Angespanntheit seines Berufes. Anders als Gebhardt schaute er einen beim Sprechen nicht an. Vielmehr war sein Blick über den Kopf des Gegenübers hinweg in die Ferne gerichtet. Seine Augen nahmen dabei einen Ausdruck an, als erblickten sie in dieser Ferne etwas ganz und gar Verwunderliches. Sonderbar waren diese leisen Pfeiftöne, die er durch die Zähne entließ. Es war eine ewig gleiche Abfolge von Tönen, die er nahezu ununterbrochen wiederholte.

Gebhardt litt unter den Auswirkungen eines Autounfalls. Ein Anderer war durch seine Schuld lebensgefährlich verletzt worden. Daran trug er schwer. Ihn quälten Ängste davor, dass dieser Andere nicht überleben werde. Auch quälte ihn die Erinnerung an dieses hässliche, dumpfe und knirschende Geräusch des Aufpralls und die Erinnerung an den Moment des Nicht-Wahrhaben-Wollens des Geschehenen. Er erzählte daher alles immer wieder von neuem. Es war späte Nacht gewesen, als Gebhardt in einer fremden Stadt an einer großen Baustelle in einen Wirrwarr von Umleitungen geraten und entgegen der zugelassenen Fahrtrichtung auf einer provisorischen Straße in eine Einbahnstraße eingebogen war. Als er den Fehler erkannte und wenden wollte, war der Andere, der sich auf der richtigen Spur befand, mit seinem Motorrad ungebremst in die Seite von Gebhardts Volkswagen geschossen. Gebhardt hatte diesen anderen nicht kommen sehen. Wie aus dem Nichts war er aufgetaucht.

Die Verletzungen waren furchtbar. Das Becken war gebrochen, der Unterkiefer, das linke Bein. Man stellte eine Nierenquetschung und eine Gehirnerschütterung fest. In dem gebrochenen Bein war eine Vene aufgerissen, die tief innen verlief, was es außerordentlich erschwerte, sie zu nähen. Der Motorradfahrer, ein noch junger Mensch, schrie wie ein Tier, als man ihn aus seinem ledernen Motorradanzug herausschnitt.

Gebhardt hatte großes Glück gehabt. Manchmal malte er sich aus, was auch ihm hätte zustoßen können, wäre er mit seinem Wagen auch nur wenige Zentimeter weiter in die richtige Fahrspur hineingeraten. Doch so hatte die Wucht dieses Aufpralls lediglich Gebhardts Hinterkopf an den Türrahmen geschlagen und eine klaffende Wunde hinterlassen. Er hatte gespürt, wie etwas fein den Hals hinab gerieselt war. Es war erst das Warme dieses Rinnsals gewesen, welches ihm bewusst gemacht hatte, dass es sich dabei um Blut handelte. ‚Das ist ja mein Blut‘, war es ihm durch den Kopf geschossen. Er hatte keine Vorstellung davon gehabt, wie warm das sein konnte, obwohl er schon andere blutende Verletzungen gehabt hatte. Aber da hatte er diese Wärme nicht gespürt. Seltsamerweise war ihm als erstes in den Sinn gekommen, was seine Mutter ihm als Kind eingeschärft hatte: Blut in der Kleidung muss man sofort mit kaltem Wasser auswaschen, sonst geht es nicht mehr heraus. Nach dem grässlichen Schlag hatte er wie gelähmt hinter dem Steuer gesessen. Er hatte nur noch den Gedanken gehabt, um Gotteswillen, jetzt ist es passiert, jetzt ist ein Unfall passiert, und gewiss ist es eine Strafe für irgendetwas Unrechtes.

Aus einer ganz anderen Welt kamen die Dinge bei Imtal, der nach einer Gallenstein-Operation lag. Er hatte auf Wunsch seiner Mutter, einer Konzertsängerin, Pianist werden sollen. Aber Imtal, der zum Klavierunterricht gezwungen worden war und sich an diesem Instrument nie wohlgefühlt hatte, sperrte sich dagegen. Die Folge war, dass diese Frau, der die Einsicht versagt blieb, dass man insbesondere Künstlerisches nicht erzwingen könne, den Sohn enterbte.

Ohne Erschütterungen, ohne Höhen und Tiefen reihten sich im Zimmer 116 die Tage aneinander. Oft glichen sie einander bis in Kleinigkeiten hinein. An einem späten Nachmittag, an dem der Schnee noch dichter aus dem bleiernen Himmel fiel, richtete Imtal aus einem Sessel heraus an Antonio die Frage, ob es in Sizilien ebenfalls schneie.

„Ja", sagte Antonio und nicht etwa verwundert über diese Frage.

„Aber auf der Insel kommen die Flocken oft gar nicht bis zur Erde."

Imtals schiefergraue Augen nahmen einen erstaunten Ausdruck an.

„Dort wärmt der Ätna die Luft auf. Die Flocken schmelzen schon weit oben."

Den Gewerkschaftssekretär beschäftigte dieses Bild. Sein Blick war sinnend wie der eines Kindes, in dessen Bewusstsein etwas sickert, von dem es noch niemals etwas gehört hat.

Der Blick aus den Fenstern hatte etwas Verzauberndes an sich. Man konnte hinausschauen, ohne dass es langweilig wurde. Man fragte sich, woher all dieser unendlich viele Schnee komme. Man wünschte sich aus einer geheimnisvollen Sehnsucht heraus, dass er niemals enden möge. Für Antonio war dieses Schneien wie etwas Vertrautes, von dem er das seltsame Gefühl hatte, als sei es um ihn wie eine schützende Hülle, als wickelten unsichtbare Hände ihn in dieses Weiche ein und wiegten ihn darin. Einmal sah er beim Hinausschauen das Meer aufleuchten. Es war blau und spiegelglatt wie ein Opal. Und ein Felsgefüge mit spärlichem Agavenbewuchs irgendwo am Strand von Marani blitzte auf, dann ein verlassenes Haus.

Die Bognutis kamen zumeist am späten Nachmittag. Waren die Kinder mit ihnen, so hielten sie Antonios Hände in den ihren und hingen an seinen Lippen. Hell und lebhaft und mit leuchtenden Augen plapperten sie zwischendurch über das, was sich daheim zutrug und sehnten seine Genesung herbei. Mitunter jedoch ließ eine rätselhafte Ungläubigkeit Antonio diese Besuche als lästige Pflichtübung empfinden, bei denen die Bognutis in Wirklichkeit aber ihrem Herzen folgten. Es war bedrückend und lag wie eine Düsternis über den Begegnungen. Vor allem erhielt er keine Klarheit darüber, warum diese Vorstellung ihn ausgerechnet bei Menschen anfocht, die ihm nahe waren.

An einem dieser Tage kam Michael zu Besuch. Zaghaft öffnete sich die Tür. Verlegen schob der Gärtner-Kollege sich in das Krankenzimmer.

Er hatte eine Krawatte umgebunden, deren Ungewohntes man von weitem erkennen konnte, und hielt verlegen einen Blumenstrauß umfasst. Und mit einem linkischen Lächeln trat er an das Bett des Kranken, der sich freudig aufgesetzt hatte. „Viele Grüße von allen. Du sollst bald wieder kommen", sagte Michael und legte den Blumenstrauß auf der Bettdecke nieder. Nach einigen Augenblicken, während derer er nicht recht wusste, wohin er mit seinen Händen sollte, holte er zwei Kuverts aus der Jacken-tasche und reichte sie Antonio. Im ersten steckten einige ungelenke Zeilen von Schubert: „Ich danke Dir, dass Du nichts von dem falsch eingelegten Gang gesagt hast. Du bist wirklich ein Freund. Ich wünsche Dir von Herzen gute Besserung. Dein Schubert, Dieter." Antonio ließ die Zeilen auf die Bettdecke sinken. Schubert war der Traktorfahrer gewesen. Im anderen Kuvert lag eine Ansicht der Stadtgärtnerei. Auf der Rückseite hatten alle unterschrieben. Als Antonio sogar Bucks Schriftzug entdeckte, war es ihm für einen verschwindenden Augenblick, als wehte der Geruch der Zigarren zu ihm her.

Verlegen saß Michael am Bett. Er wusste nicht recht, was er sagen sollte, also ließ er es sein. Auf die Frage Antonios, wie es in der Gärtnerei laufe, antwortete er, indem er leicht die Schultern hob und seine Hände in sich drehte, es sei alles in Ordnung. Als eine gewisse Zeit vergangen war und man in wortkarger Verlegenheit beieinander gesessen hatte, erhob sich der Besucher. Er verabschiedete sich. Antonio blickte ihm nach, wie er mit seinem ungewohnten Anzug das Zimmer verließ. In der Tür drehte er sich noch einmal um und hob kurz die Hand.

Anderntags, bei der Visite, als der gewohnte Schweif von Ärzten und Schwestern das Zimmer füllte, ergriff Dr. Henrici Antonios Hand und bedeckte sie mit der anderen. Antonio konnte bei dieser Gelegenheit erkennen, dass an einem der Finger des kugeligen Chefarztes mit eisgrauem Haarkranz auf rosiger Glatze ein kleiner golden eingefasster Siegelring mit einem schwarzen Adler auf hellblauem Grund steckte.

„Allora, come andiamo?" Henrici hatte sich danach erkundigt, wie die Frage nach dem Befinden auf Italienisch laute. Der sizilianische Patient lächelte ihn an. Er antwortete in seiner Muttersprache, ehe es ihm plötzlich – er hatte es sich nicht vorgenommen – mit leiser und flehentlicher Stimme entfuhr: „Herr Doktor, darf ich einmal den Schnee spüren?" Der Arzt befühlte den Puls und sah auf die Fieberkurve. Dann streichelte er mit dem Handrücken flüchtig über Antonios Wange: „Bald", sagte er. Doch dann, er war schon zur Tür gegangen, wandte er sich noch einmal um, als sei ihm ein Gedanke gekommen, und kehrte an das Bett zurück.

„Komm', ich helfe Dir auf", sagte er mit einem Tonfall, der erkennen ließ, dass der Arzt zwar nicht viel Zeit habe, sie sich zu diesem Zweck aber nehme.

Voller Überraschung blickte der Kranke zu Dr. Henrici hoch.

„Komm!"

Henrici half ihm aus dem Bett und sie traten an eines der beiden hohen Fenster. Der Arzt schob einen Blumenstock beiseite und öffnete es. Er wies auf das dick verschneite Fenstersims. Antonio begriff. Er senkte seine heißen Hände in den beißend kalten Schnee.

„Komm, reibe Dir das Gesicht damit ein", ermunterte der Chefarzt den Patienten.

Und wie etwas unendlich Kostbares nahm der Genesende den Schnee in seine Hände und drückte ihn an das Gesicht, bis das Schmelzwasser an seinen mageren braunen Unterarmen hinunterlief.

Ein Hüne trat ein. Unter seinen buschigen Brauen blitzten hellgrüne Augen; denn in seinen Adern floss sowohl piemonteser als auch normannisches Blut. Und diese Augen schauten dem Patienten geradewegs ins Herz. Die Brauen zuckten, als er lächelte, und etwas Kraftvolles und zugleich Vergnügtes zeigte sich in dem Gesicht. Mit dem Eintritt des Hünen war um dessen Schultern herum auch ein Schwall Kälte in das Zimmer gelangt. Unter dem schweren dunklen Mantel lugte der Saum der Soutane hervor. Der Priester nahm den flachen runden Hut mit den Troddeln vom Kopf. Sein Schädel mit dem rötlich-braunen Haar – auch dies ein launiger Fingerzeig des normannischen Blutes, das in seinen Adern zirkulierte – war lang und knochig und hatte ausgeprägte Schläfenmulden.

„Guten Tag, Antonio." Er gab ihm die Hand. „Ich bin Pater Battista." Der Kranke fasste sich rasch und ergriff die Hand mit den Sommersprossen und kupferfarbenen Härchen und drückte sie in einer starken Aufwallung an seine Lippen. Unbeschreiblich war das Verlangen nach der Geistlichkeit, als die Überraschung, die deren Besuch hervorrief, sich gelegt hatte. Don Battista war der italienische Priester in Schwabgarten, der einzige auf längere Sicht. Die Tränen liefen über Antonios Gesicht. Noch immer hielt er die Hand an seinen Mund gepresst. Er schluchzte. Der Pater ließ ihn gewähren und sah mit freundlichem Ernst zu ihm herab.

„Woher wissen Sie, dass ich hier liege?"

„Ich weiß es von Salvatore Bognuti."

Battista zog einen Stuhl an das Bett. Und er saß noch kaum, als sich lange Gestautes Bahn brach, mit stockenden Worten zuerst und dann ungehemmt. Während der gesamten nun folgenden Zeit ließ Antonio die Hand des Besuchers nicht los. Als erstes trat die Befürchtung hervor, die dürren Worte des Telegramms über den Unfall hätten die quälende Ungewissheit in Malumore eher verstärkt als gemildert. Dieser Gedanke hatte ihn nicht verlassen und ihm immer wieder die Gesichter Assuntas und seines Ziehvaters vor sein inneres Auge geführt. Allerdings verspürte er auch ein starkes Verlangen danach, zu dem Pater von der großen Angst Assuntas vor ihrem Vater zu sprechen. Er erzählte, zutraulich wie ein Kind, von beider Liebe, die von Verbot und Strafe, von Missgunst und Heimlichkeit beeinträchtigt war, kurzum, alles, was ihm ungeordnet und daherstürzend in den Sinn kam, so, als fürchte er, niemals wieder eine solche Gelegenheit zu erhalten, seiner von ungeheuer viel Neuem und Unbekanntem bedrückten Seele Erleichterung zu verschaffen.

Wie wohl es tat. Er fühlte sich leichter und leichter. Heller wurde es in seinem Inneren. Drangvolle Düsternis, Angstvolles und Ungewissheit brachen auf. Die Worte brachen sich Bahn wie ein Fluss, der lange genug einen sperrigen Felsen umspült hatte. Vor allem drangen sie an das Ohr eines Priesters. Dies verlieh allem noch ungleich mehr Gewicht. Etwas Bedeutsameres als die Aufmerksamkeit des Paters vermochte der Kranke sich gar nicht vorzustellen. Antonio vergaß darüber das Atmen und musste es durch tiefe Seufzer nachholen.

Don Battista unterbrach den Redefluss nicht. Er erkannte unschwer, dass diese junge Seele Klarheit und Ruhe suchte, Hilfe und Richtung, als gehe es ums nackte Leben. Doch war dies im Grunde nicht auch der Fall? Ging es nicht tatsächlich ums nackte Leben?

Währenddessen schritten auf dem Flur Gebhardt und Imtal in ihren Bademänteln und Pantoffeln auf und ab.

„Hast Du gesehen, wie er dem Priester die Hand geküsst hat?", ließ Gebhardt sich nach einer Weile des Schweigens vernehmen. Sie waren aus dem Zimmer gegangen, damit die beiden anderen ungestört seien. Die Zimmergenossen nahmen in einer Sitzecke mit zerfledderten Illustrierten und Gummibäumen Platz, wo Imtal sich mit leichten schnellen Bewegungen seiner nikotingelben Fingerspitzen eine Zigarette drehte.

„Sowas habe ich noch nie gesehen", sagte Imtal. „So ein Verlangen. Wie wenn er durstig danach gewesen wäre", setzte er hinzu.

„Das kennt man bei uns gar nicht, solche Gefühle", sagte Gebhardt wie zu sich selbst. „Du, sag' das nicht", meinte Imtal. Dann schwiegen sie, bis die Zigarette zu Ende war.

„Der arme Kerl. Der ist so weit von daheim fort", sagte er, als er sie ausgedrückt und sich erhoben hatte.

Der Park lag im Verdämmern des Nachmittages wie in einem bleiernem Weiß. Besucher eilten mit hochgezogenen Schultern und hochgeschlagenen Mantelkrägen über die geräumten Wege. Im Zimmer knackten die Heizkörper. Der Pater warf einen beiläufigen Blick auf seine Uhr. Er hatte lange am Bett gesessen, länger als vorgesehen. Ihm gefiel dieser unverfälschte junge Mensch. Er hatte sich auf eine Art und Weise zu Glaubensdingen geäußert, die den Geistlichen betroffen machte. Er musste sich eingestehen, dass selbst er einer von solch großer Tiefe geprägten Schlichtheit selten begegnete.

„Komm mich besuchen, wenn Du gesund bist", sagte er und deutete an, er könne in nächster Zeit wohl nicht mehr hier erscheinen, und sah dabei in die hereinbrechende Dämmerung hinaus, in der etwas unbestimmtes Schweres zu liegen schien.

„Pater, müssen Sie denn schon gehen?", fragte der Kranke und blickte bang zu dem Geistlichen mit dem ausgesprochen unitalienischen Aussehen hoch. In wenigen Augen hatte Don Battista Mutti jemals eine solche Verlorenheit gesehen. Und verloren waren sie alle, die er sah.

„Ich schlage Dir etwas vor."

Antonio stützte sich auf seine Ellenbogen. Sein Haarschopf stand wirr nach allen Seiten. Scharf sprang die spitzig gewordene Nase hervor.

„Was ist es, Pater?"

„Ich schreibe Don Carmine einen Brief. Ich schreibe ihm, dass wir miteinander geplaudert haben."

Eine heiße Freude durchrann den Genesenden. Ein tiefer Seufzer kam empor. Antonio begann, unsagbar befreit, zu weinen. Der Pater erhob sich, zog seinen dicken Mantel an, der am Fußende des Bettes gelegen hatte, und legte für einen Augenblick seine Hand auf den Kopf des Kranken. Dann verließ er das Zimmer.

Zur Tür herein, die sich mit weitem Schwung öffnete, wehten die frischgestärkten Arztkittel Dr. Henricis und seines aufgeschossenen Oberarztes Dr. Barth, der nachdenkliche Augen und eine ausgesprochen große, ausdrucksstarke Nase hatte – ein Kollege bezeichnete sie einmal als „prononciert" – und ausgebeulte schwarze spitz zulaufende Schuhe mit schiefen Absätzen trug. Seine Gepflogenheit, die feingliedrigen Hände hinter dem leichten Rundrücken zusammenzulegen, verlieh ihm in gewisser Weise etwas Professorales. Bartschs bleiches Gesicht mit seinen tiefliegenden schwarzen Augen, das mit dem dunklen Haarschopf auf außerordentliche Weise kontrastierte, war glattrasiert. Henrici seinerseits trug einen ergrauenden gepflegten Kinnbart, der wie angeklebt wirkte. Er trat an Antonios Bett und untersuchte ohne Gruß, doch mit aufmunterndem Zwinkern das Gehör. Er prüfte mit einem Silberhämmerchen die Reflexe. Er horchte die Brust ab. Er fühlte den Puls. Er maß den Blutdruck. Er warf einen Blick auf die Fieberkurve und drückte an der Ferse herum.

„Tut das weh?", fragte der Chefarzt nach einer Weile und sah Antonio über seine randlosen und scharfgeschliffenen Brillengläser hinweg an. Der Blick war weich und gütig, aber ein wenig abgespannt. Abgesehen davon, dass Henrici jeden Tag viel Leid sah, hatte er am frühen Morgen bereits einer jungen Frau eine mit Krebsgeschwüren überwucherte Niere herausgenommen.

„Nein."

„Wie ist es beim Gehen?"

„Es tut noch etwas weh."

„Aha." Der Chefarzt warf seinem hageren Kollegen Dr. Barth einen vielsagenden Blick zu. Dr. Barth betrachtete den Patienten aufmerksam. Der Oberarzt mochte den hageren Sizilianer mit seiner hellbraunen Haut schon deswegen, weil dieser junge entwurzelte Mensch sein Schicksal so tapfer ertrug. Und Barth wusste aus anderen Zusammenhängen, dass einer, der ausgewandert war, niemals wieder eine Heimat haben würde. Er würde immer hin und her gerissen sein und vergeblich nach dem Gefühl der Verwurzelung suchen.

„Da werden wir ihm was Feines zum Laufen geben, was?", meinte er, und seine Stimme war dabei mit einem Ton aufmunternden Wohlwollens unterlegt.

Als er es vernahm, begannen in Antonios Kopf Dinge zu wirbeln. Würde er am Ende …

Und tatsächlich. „Ich denke, Freitag, hm … Freitag, am Freitag kannst Du heim." Er duzte seinen Patienten. Dahinter standen nicht etwa Überheblichkeit oder gar Geringschätzigkeit, sondern es handelte sich dabei um ein durch und durch väterliches Gefühl.

Die durcheinanderwirbelnden inneren Bilder begannen sich zu ordnen. Es schien, als richteten sie sich an dem ruhigen Ton der Worte Henricis aus. Doch mit einemmal senkte er den Blick, ehe er mit großen und bangen Augen wieder zu dem Arzt aufsah.

„Herr Doktor … wie viel kostet das alles?", richtete er nicht minder bange Worte an den Arzt.

Die beiden Ärzte begriffen nicht sofort. Doch dann begriffen sie, dass damit die Zeit im Krankenhaus gemeint war. Sie waren beide gerührt, ließen es sich aber nicht anmerken. „Nichts", sagte Dr. Henrici. „Du musst nichts bezahlen. Das zahlt die Krankenkasse." Er nahm Antonios Hand und legte den Daumen weich auf den Puls, während er einen Blick erneut auf die Fieberkurve über dem Bett warf. In der Tür drehte Dr. Barth sich um, hob eine Hand und winkte Antonio mit zwei, drei raschen Bewegungen zu, ehe die beiden Ärzte das Zimmer verließen.

Es war die immer noch nicht ins Bewusstsein vorgedrungene Erfahrung einer abgesicherten Arbeit, die den Kranken nach den Kosten seiner Behandlung hatte fragen lassen. Tückisch wie ein Geschwür hockte eine tiefgreifende Demütigung in seinem Innern. Sie hatte sich in der Folge dessen entwickelt, dass man völlig sich selbst überlassen blieb und niemand für einen aufkam, am wenigsten, wenn es um Geld ging. Man war wertlos. Man war ein Stück Mensch wie ein Erdhaufen ein Erdhaufen war oder ein Haufen Steine ein Haufen Steine oder ein Sack mit Kartoffeln ein Sack mit Kartoffeln – Material, vorgesehen zur Verwertung, mehr nicht. Es war das menschenverachtende Vermächtnis des Padrones.

Hätte sich der Unfall in Scafarello zugetragen, man hätte ihn zu Hause liegen lassen, basta. Unvorstellbar, dass ein Verletzter mit dem Padrone und dessen so genannter Fürsorgepflicht hätte rechnen können, die derselbe wie eine Monstranz heuchlerisch vor sich hertrug. Aber in Wirklichkeit? Was zählte für ihn einer wie Antonio? Das wusste man doch. Warteten nicht schon genug andere? Der Anblick des elendig verreckenden Fulvio Geda, Vater von vier Kindern, hatte sich für alle Zeiten in den kleinen Antonio eingebrannt, der auf dem Feld danebengestanden hatte. Der hagere und kleinwüchsige Geda – ein typischer Mensch seiner Landschaft – war auf dem Feld von einer Viper gebissen worden und lag mit Schaum vor dem Mund auf der Erde. Entsetzt und hilflos hatten sie ihn umstanden und auf den Sterbenden geblickt, der sich in Zuckungen wand. Einer von ihnen hatte noch versucht, die

Bissstelle auszusaugen. Antonio sah den Mund des Mannes vor sich, wie er sich zu einem schmalen Strich zusammenzog und Fältchen sich darum herum bildeten, um das Gift auszuspucken. Ein anderer hatte immerhin noch die Geistesgegenwart besessen, dem todbringenden Vieh mit dem Spaten den Kopf abzuschlagen und den Jungen von dem grässlichen Anblick wegzuziehen. Das Gift tat in der Blutbahn bereits seine tödliche Wirkung. Sie hatten dafür sorgen müssen, dass der Tote vom Feld nach Hause gebracht wurde. Sie machten eine Tragbahre aus Karottensäcken und zwei stärkeren Ästen, die aus einem Gebüsch gebrochen worden waren, und trugen den Toten in der sengenden Hitze sechs Kilometer weit. Man hatte den Boden zweier Karottensäcke aufgeschnitten und die Äste durch den Sack hindurchgeschoben.

Es war nur schwer mitanzusehen. Daheim schrie die Frau auf und warf sich über ihren Mann, der mit gebrochenen Augen auf dem Sackleinen lag. Man musste sie davor zurückhalten, sich auf dem Leichnam die Haare auszureißen. Starr standen die beiden Kinder dabei, Roberto und Vincenzina. Aus ihren Gesichtern war jede Farbe gewichen. Untersuchungen gab es keine. Welche denn hätte es auch geben sollen? Eine auf Kreuzottern? Das gehörte zur Natur. Waren die Männer nicht erwachsen genug, auf sich zu achten? Nicht eine einzige Lira gab der Padrone für die Familie. Stets wurde alles unterlassen, was im Entferntesten nach Entgegenkommen hätte aussehen können.

Es war ein hellblauer und schneeglitzernder Tag. Antonio packte seine Sachen. Gebhardt und Imtal saßen auf den Rändern ihrer Betten und schauten ihm zu. Später umarmten sie einander in der Eingangshalle, wo auf dem großen Adventskranz, der von der Decke herabhing, drei tiefrote dicke Kerzen brannten. Salvatore Bognuti hielt den Schlag auf. Vorsichtig zog Antonio das Bein mit dem elastischen Absatz nach, von dem Henrici bei der letzten Untersuchung gesprochen hatte. Oben, in der Tür, standen die beiden Zimmergenossen in ihren gestreiften Schlafanzügen und winkten dem Auto nach. Ganz verloren standen sie da, und sie würden wieder in ihre Eigenheiten verfallen, Gebhardt in dieses ständige Schniefen, Imtal in die immer gleiche Abfolge seiner Pfeiftöne.

Der hellblaue Fiat fuhr die Weinsteige hoch und ließ die tiefverschneite Stadt im Talkessel hinter sich. In wenigen Tagen würden die Menschen die Kerzen der Weihnachtsbäume entzünden.

„Sie freuen sich schon", sagte Salvatore und überholte die Straßenbahn. Sie waren anfangs schweigend gefahren.

Der junge Sizilianer lächelte bei diesen Worten matt.

„Sei nicht traurig, dass Du nicht fahren kannst", fuhr Salvatore leise fort. Er konnte sich unschwer vorstellen, was in dem Freund vor sich ging. Es war zu erwarten gewesen, dass man den internationalen Krankenschein für ihn nicht ausgestellt hatte. Zu riskant wäre die lange Reise in seiner Verfassung gewesen. Wäre Antonio dennoch gefahren und es wäre etwas passiert, hätte er für alle Kosten selber aufkommen müssen.

Das Kristallblau des Schnees blendete. Sie klappten den Sonnenschutz herunter.

„Don Battista hat mit Don Carmine telefoniert", sagte Salvatore, als sich die Ebene vor ihnen ausbreitete. Überrascht hielt Antonio sich eine Hand an den Mund. „Am ersten Weihnachtsfeiertag warten Assunta und Francesco am Telefon. Sie sind um halb vier bei Don Carmine."

Inzwischen waren sie angekommen. Das Hoftor stand weit offen. Die Kinder kamen gesprungen und die Alten standen in der Tür, als er ausstieg. Alle sahen gleich, wie blass der Heimgekehrte war. Sie zogen sich zurück, als man einander geküsst hatte. Antonio legte sich bleich und müde und traurig nieder und spürte die Anstrengung, die allein die Heimfahrt ihm bereits verursacht hatte. Er fiel in ein Dämmern. Dann schlief er ein. Im Traum hörte er die Stimmen Assuntas und des Ziehvaters, ohne sie zu sehen.

Alle Kerzen brannten. Im Radio sang ein Schwabgartener Kinderchor „Stille Nacht, Heilige Nacht". Antonio Gioia stand wie erstarrt. Er hatte noch versucht, es zu überspielen. Aber es gelang nicht. Das Andere hatte sich bemerkbar gemacht. Es war stärker als alle Mächte der Welt. Eine verzehrende Sehnsucht nach der Mutter war in ihm aufgebrochen. In den verschlungenen Gängen der Seele, die nirgendwo endeten, hatte sie gewartet. Klar und deutlich tauchte das Gesicht auf, wie es ihn als Kind angelächelt hatte. Mit dem Lächeln dieser Augen war er verschmolzen. Ausgerechnet in Zweidelfingen, an Heiligabend, unter dem duftenden tiefgrünen deutschen Tannenbaum, kam die Sehnsucht nach der Mutter aus den Tiefen empor. Ein unausgesprochenes Wort marterte ihn. „Mama!"

Sie schienen ihm nichts anzumerken. Vielleicht hielt man es auch für Rührung oder Verlegenheit, wie er stand, keiner Regung fähig, oder man war selbst zu sehr von dem Fest und der Feierlichkeit des Augenblickes ergriffen, als dass man von dem Gesicht des stumm und düster Verharrenden das vor Schmerz erstarrte Innere ablesen hätte können. Ursula Bognuti nahm ein dunkelrotes Päckchen mit goldfarbener Schleife und reichte es lächelnd Antonio. Er öffnete es, als stehe er neben sich, und ihm leuchtete das Blau eines Trainingsanzuges der „Azurri" entgegen.

Das Telefon läutete. Assunta fuhr zusammen. Für einen Moment wurde ihr schwarz vor Augen. Wie gelähmt saß Francesco in dem schmalen Amtszimmer des Priesters. Sein Herz pochte hart gegen die Rippen, aber es tat nicht weh. Sein Mund war ausgetrocknet seit jenem Moment, da der Pater ihn mit seinem dunkelblauen Fiat 600 abgeholt hatte.

Don Carmine nahm den Hörer ab.

„Antonio, wie schön", hörte Francesco ihn hell rufen, dessen Hände zu zittern begannen, und er brannte seine Augen in das Gesicht des Priesters, um aus ihm herauszulesen.

„Ja, er ist da", sagte der Priester und schaute zu dem Alten her und hielt ihm den Hörer entgegen. Assunta verfolgte alles mit blassem Gesicht. Es war für sie selbstverständlich, dass Antonio zuerst mit dem Ziehvater sprechen wollte. Aber im Laufe der Zeit war die Anspannung schier unerträglich geworden und Antonios Stimme rief in ihren Erinnerungen kaum noch Widerhall hervor. Sie war ein verwehender Laut. Nach nichts sehnte das Mädchen sich mehr, als diese Stimme endlich wieder hören zu können.

Für den alternden Mann war es zu viel. Über Francescos Gesicht liefen Tränen. Ihm versagte die Stimme. Er reichte den Hörer an den Pater zurück.

„Er kann nicht sprechen", sagte Don Carmine in den Hörer. „Er weint, er entbehrt Dich so sehr … Er weint vor Schmerz, weil Du so weit weg bist … Warte … Ich gebe Dir Assunta." Dann legte er dem Mann, dessen Wangen tränenüberströmt waren, den Arm um die knochigen Schultern und führte ihn in das angrenzende Studierzimmer.

Lautlos schloss sich die Tür. Assunta war allein. Sie nahm den Hörer vom Schreibtisch. Es rauschte in der Leitung.

„Antonio!" Auf einmal zitterte ihre Stimme.

„Assunta."

„Ich liebe Dich."

„Ich liebe Dich. Wie ich Dich liebe..."

„Ich halte es bald nicht mehr aus."

„Ich auch nicht."

„Ich bin fast gestorben, als das Telegramm kam."

„Sei nicht traurig. Ich bin bald wieder gesund".

Es vergingen einige Augenblicke, in denen keiner etwas sagte.

„Wann kommst Du?", fragte Assunta in das Rauschen der Stille hinein.

„Ich kann es noch nicht sagen. Sie lassen mich noch nicht reisen."

„Ich will zu Dir."

„Assunta…" Das Rauschen in der Leitung löste in ihr ein schmerzhaftes Empfinden der großen Entfernung aus. Und da erschrak sie plötzlich. Sie konnte sich nicht mehr vorstellen, dass sie beide diese Entfernung jemals würden überwinden können.

„Küss Papa von mir", hörte sie ihn sagen.

„Das tue ich." Es klang, als sage sie es durch Watte hindurch.

„Ich küsse Dich."

„Ich küsse Dich."

Es knackte in der Leitung. Die Stille war entsetzlich. Dann kam das Freizeichen. Es war noch unerträglicher als die Stille.

Abschuss

Oberleutnant Schneider hatte kurz vor dem Aufstehen ein ungutes Gefühl. Es war ihm in dem schmalen Bett seines Zimmers im Staffel-Gebäude in seine Bauchhöhle gekrochen und lauerte darinnen wie etwas, das auf dem Sprung ist. Es ging mit einem Druck auf die Magengegend einher. Er glaubte aufstoßen zu müssen, es aber nicht zu können. Dahinter lag das Gefühl, sich auf nüchternen Magen erbrechen zu müssen. Deshalb nahm er im Kasino auch nur eine Tasse Kaffee zu sich und blieb den Anderen gegenüber wortkarg. Als es soweit war, trat er auf das Rollfeld hinaus und ging mit zu Boden gerichtetem Blick in der lockeren Kette der Kameraden, die gleich ihm ihren Maschinen zustrebten, ausgestattet mit Befehlen zum Zerstören und Töten. Ein Mechaniker schloss soeben den Tank. Er hatte ihn bis obenhin gefüllt. Der Pilot kletterte in den Jäger. Er stülpte die Lederkappe mit der Brille über. Er zog den Reißverschluss der pelzgefütterten Jacke hoch und holte das gläserne Dach der Kanzel herab. Dann versicherte er sich mit einem raschen Griff seiner Walther-Pistole. Dann rollte er hinaus in die schwer zu beschreibende Einsamkeit zwischen Himmel und Erde. Rasch gewann die Maschine an Höhe. Der frühe Augustmorgen, in den sie flog, war dunstig. Zu beiden Seiten sah der Oberleutnant, der eigentlich längst hätte Hauptmann sein sollen, es aus irgendwelchen unerfindlichen Gründen aber noch immer nicht war, die stumpffarbenen Jäger seiner Staffelkameraden abfallen. Aus der Entfernung hätte man erkennen können, dass die schmalen Kondensstreifen der todbringenden Maschinen ein zartes, ja direkt lebensbejahendes Bild von einer sich öffnenden Blüte mit langen schmalen Blättern zeichneten.

Längst hasste Schneider diese Nazi-Bande um den morphium-süchtigen Fliegerchef und Feldmarschall; denn es verhielt sich so, dass dem Oberleutnant, 28 Jahre alt, bohrende Zweifel gekommen waren. Schneider war kein Idiot. Er war kein von Hass auf verkrampfte und ver-logene Feindbilder zerfressener Mensch, den man auf andere hetzen konnte. Aber schien hinter diesem verblendeten Ethos des Fliegers und dieser ganzen elitären Sicht der Dinge nicht längst ein bis zum Himmel reichender Berg ausgebleichter Knochen und Totenschädel auf? War man nicht Mörder, selbst wenn ein ganz gewisser Massenverführer sagte, er übernehme vor der Geschichte für alles die Verantwortung?

Und als nährte dieser Zweifel die Phantasie, machte der Oberleutnant in abendlicher Kasino-Runde eine seltsame Wahrnehmung. Er sah vor den eher kühlen und glatten Gesichtsausdruck seines Commodores wie ein zweites Gesicht eine belfernde und hasserfüllte Fratze sich schieben. Es erinnerte an eine etwas unscharfe Fotografie. Dabei war der Chef des Geschwaders in aufgeräumter Stimmung und im Erzählen eines so genannten Herrenwitzes begriffen gewesen, als dieser gespenstische Vorgang sich zu zeigen begann.

Schneider hatte es sich zuerst damit zu erklären versucht, dass Alkohol im Spiel sei. Doch eigentlich hatte er sich mit Champagner und Pilsener Bier, das man unter den Kameraden zu mischen beliebte, zurückgehalten und auch bereits in Erwägung gezogen, die Runde zu verlassen und der Ordonnanz ein Zeichen gegeben, als das Gesicht des Commodores und Ritterkreuzträgers die entstellten Züge eines schlim-men Schwadroneurs annahm. Der junge Offizier nahm dessen Zähne, die sich während des Lachens entblößten, als zubeißend wahr, als ein Gebiss, das sich in etwas schlagen wollte. Was war das? Was sah er da, um Gotteswillen? War er um den Verstand gekommen?

Dieser andere Ausdruck hatte aber schon immer auf dem Gesicht des Flieger-Obersten gelegen. Nur, Schneiders ausgeprägtes und beinahe kindliches Bedürfnis nach Übereinstimmung von Wort und Tat hatte dieses wahre Gesicht nicht zugelassen. Es hatte es verklärt. Es hatte es ausgeblendet. Es hatte die krankhaften Äußerungen des Commodores, die dieser auf packende Weise mit leiser und scharfer Stimme, salonhaft elegant, darzustellen verstand, als bare Münze und seine eigenen Ideale genommen. Zudem wirkte der Staffel-Chef – zumindest auf Schneider – ausgesprochen väterlich. Doch jetzt, da dieses Bild durch rätselhafte Kräfte brüchig zu werden begann, sprangen die Dinge in Scherben wie ein zu Boden fallendes tönernes Gefäß. Aufwühlender noch als zuvor war er vor dem Verlust des Sinnes seines Handelns als Offizier und Flieger erfasst.

„Ich habe meinen Sinn verloren. Hilf mir, Herr, hilf mir …"

In ihm breitete sich eine ungeheure Leere aus. Sie stand dem entgegen, dass in Martin ungeachtet der Demaskierung des Obersten übermächtig noch immer dieses Eingebrannte, diese Schraubzwinge aus Disziplin, Befehl und Gehorsam und Corpsgeist wirkte.

Der Gedanke an Fahnenflucht hatte sich bisher allenfalls als neblige Fetzen gezeigt, wenngleich in dem Flieger die erschreckende Gewissheit Gestalt annahm, dass er diesen Widerspruch auf die Dauer nicht werde niederhalten können. Es war ein entsetzliches Gefühl der Angst und Unsicherheit. Erst mit der Zeit waren diese Gefühle einer unterdrückten Wut gewichen.

Unten lag Apulien. Dem Tagesbefehl nach hatte Martin Schneider gleich allen anderen Zugtransporte und Fabrikanlagen der einstigen Verbündeten zu beschießen. Und der ausdrückliche Zusatz hatte gelautet, dass es völlig gleichgültig sei, ob sich auf Waggons das Rote Kreuz zeige. Er sah auf die Uhr. Es war kurz nach sechs. Die Nebel begannen einem azurblauen Tag zu weichen.

Da erschütterte ein Schlag die Maschine. Es war ein dumpfer, ekelhafter Schlag. Aus dem Motor schossen kleine Flammen. Funken sprühten aus dem Bord-Maschinengewehr und es stank nach verbranntem Kabel, Gummi und Öl. Dieser ekelhafte Schlag war ein Treffer der Partisanen-Flak-Brigade „Gaspare Palma". Ihre Kämpfer, darunter vier Frauen, nannten sich nach einem Studenten, den die SS in Lecce aus dem Vernehmungszimmer heraus an die Wand gestellt hatte, weil er sich weigerte, Namen von Genossen preiszugeben.

Von einem Augenblick auf den andern zeigte sich furchtbarer Schrecken am leuchtend blauen Firmament des Augustmorgens. Die Flammen leckten und knisterten und krochen am Boden der Kanzel entlang, während Schneider unter sich eine Stadt liegen sah. ‚Gott, nicht abstürzen, nicht hier‘, fuhr es ihm durch den Kopf. In seinen Augen brannte der Rauch und verrußte das Gesicht. Fauchende Flammen sengten sein linkes Bein an. ‚Wenn es explodiert, reißt es mich in Stücke‘, griff ihm ein Gedanke mit Eiseskälte ans Herz. Und doch erfasste ihn erst jetzt mit voller Wucht die Tatsache, dass er einen Treffer abbekommen hatte. Er fühlte sich unbeschreiblich verlassen, als dieser Gedanke die Gewalt über ihn bekommen hatte. Gleich darauf erstarb mit einem stotternden Geräusch der Motor. Die Maschine schwebte im Sinkflug auf das wundervoll blaue Meer zu, das tief unten durch den sich lichtenden Nebel leuchtete. ‚Das blaue Meer als Gesicht des Todes‘, irrte es Schneider durch den Kopf. Er hörte den Wind des Gleitfluges um die gläserne Kanzel heulen und zerren. Immerhin, es war ihm gelungen, aufs offene Meer, weg von der Stadt mit den Menschen unter sich, zu gelangen und die abstürzende Maschine von ihnen fernzuhalten. Er vernahm das hartnäckige Knistern der Flammen und war von einem Gefühl erfasst, wie es jene haben mögen, die an einer Wand auf ihre Erschießung warten und bereits in die Gewehrmündungen blicken. ‚In wie viele Stücke wird es mich reißen? Werde ich etwas spüren oder wird es gleich vorbei sein?‘ Er wollte schreien, aber es entrang sich ihm nur ein angsterstickter Laut.

Näher und näher sah Schneider das Meer kommen, weit und glatt. Er löste das Kanzeldach aus seiner Sicherung und schleuderte sich hinaus. Augenblicke später baumelte er am Fallschirm. Der Gleitflug trug den Stuka noch weiter auf das offene Meer hinaus, ehe er aufschlug und explodierte. Das Wasser hatte im Licht des werdenden Morgens das Leuchten eines türkisfarbenen Opals angenommen. Das Schöne schluckte das Grauenvolle.

Seltsam, obwohl er sich seiner lebensbedrohlichen Lage bewusst war, nahm der Oberleutnant all dies dennoch wie etwas Unwirkliches wahr, als stünde er neben allem und schaute zu. Auch hatte er keinen Gedanken daran, dass er Menschen in der Stadt unter sich vor der abstürzenden Maschine hatte bewahren können. Auch sein verbranntes Bein spürte er nicht. In seinen Ohren heulte der Wind. Er kam sich in dem Gehänge des

Fallschirmes wie der einzige Mensch auf der ganzen weiten Welt vor. ‚Was habe ich hier zu suchen? Weshalb spüre ich nichts, nicht einmal mich selbst?‘. Dann kam er auf dem Wasser auf. Es war der 24. August dreiundvierzig, kurz nach halb sieben.

Der Fallschirm begrub ihn unter seidenen Stoffbergen. Martin schluckte Salzwasser und schlug in Todesangst um sich. Er zerrte an seiner schwerer und schwerer werdenden Montur und versuchte sich unter dem Fallschirm freizustrampeln, der in die Tiefe zu drücken begann. ‚Tod … Du … jetzt? Luft … Herz … jagt … und doch wie Blei … Alles eng …‘. Und dann der Schrei eines Kindes: „Mutter … Mutter …“

Da spürte er einen Ruck, und er nahm direkt vor seinem Gesicht die Bordwand eines Bootes wahr. Ein Oberkörper wurde sichtbar. Arme griffen nach den Gurten, in denen der Oberleutnant hing, verstrickt im Geschnüre des Fallschirmes. Es war ein Fischer auf der Heimkehr vom nächtlichen Fang, der ihn mit keuchendem Atem hochzog. Seltsam, dass der Pilot in diesem Moment ganz deutlich den Geruch des Atems wahrnahm. Er roch nach Zigaretten und Wein. Er roch nach Leben. Schneider fiel zwischen Tintenfische, schnalzende Makrelen und glitzernde Sardellen. Er würgte und erbrach das Salzwasser. Und er spürte, wie etwas vollkommen Unbekanntes, dennoch aber sehnlich Erwartetes das Leben zurückkehren, und schaute mit ungläubigem Staunen, als sähe er ihn das erste Mal, in die Endlosigkeit des zu blauen beginnenden Himmels. In dieses unendliche Erblicken hinein schob sich ein unrasiertes Gesicht mit einem störrischen Haarschopf. Große Erregung funkelte in den Augenwinkeln des Fischers, als er den Geretteten mit heiserer Stimme fragte:

„Verstehst Du Italienisch?“

Schneider nickte, noch immer an dem Salzwasser würgend. Er fühlte sich elend und zugleich von einem nicht gekannten Glücksempfinden durchströmt. Und er fühlte zugleich, dass der Moment gekommen war, mit dem Alten zu brechen. Es war soweit, hier in dem Fischerboot, zwischen dem schnalzenden Fang einer Nacht. Es war unumkehrbar.

„Kannst Du mich verstecken?“, würgte der Oberleutnant hervor.

Der Fischer nickte ohne einen Moment des Überlegens. Er wusste, was er damit riskierte, mehr noch, was das gesamte Dorf riskierte, hielt man einen deutschen Deserteur verborgen. In einer Ortschaft, nur wenige Kilometer weiter, hatten die Deutschen vor kurzem neun Männer als Geiseln erschossen, weil man dort einen Fahnenflüchtigen verborgen gehalten hatte. Dennoch wusste der Fischer, dass er es seinen Leuten zumuten konnte, diesen Deutschen mitzubringen.

Der Bootskiel knirschte auf dem Sand. Der Fischer hatte den Motor ausgemacht und das kleine dunkelgrüne Boot auf den Wellen das Ufer erreichen lassen. Am Strand standen Menschen. Sie hatten alles verfolgt. Männer griffen zu. Hinkend und untergehakt erreichte der Verletzte das Haus der Bognutis.

Tage menschlicher Prüfung kamen. Der Arzt der Kreisstadt, den man ins Vertrauen gezogen hatte und der also gleichfalls sein Leben riskierte, sah auf den ersten Blick, dass die Verbrennungen keineswegs harmlos waren. Hohes Fieber stellte sich ein. Der Pilot phantasierte und warf sich auf seinem engen Lager hin und her, das man hinter umgestellten Regalen der Vorratskammer hergerichtet hatte, in der es nach Gewürzen, Wurst, Oliven, Brot und Fisch roch.

Doktor Desilve, der Arzt, genoss hohes Ansehen. Katholik und in seinem Kopf eher konservativ, war er dennoch ein Verbindungsmann zu den Partisanen, deren rückhaltloses Vertrauen er genoss. Sein Wort galt, als er in die Häuser kam. Man solle dichthalten, dies unbedingt. Falle auch nur ein einziger um, seien alle dran. So aber habe man immerhin eine Chance, sollten sie kommen. Und es ist wahr, dass niemand in Ruggiano den Fischer Michele Bognuti dafür verfluchte, dass er etwa Gefahr über die Menschen des Dorfes gebracht hätte.

Und sie kamen.

Einen Tag nach dem Absturz hörte man die Motoren ihrer Fahrzeuge, erst von fern und dann näher und näher kommend. Das Erwachen eines Ungeheuers lag in der Luft.

Die Leute sahen sie kommen. Sie kamen mit einem Kanonenboot vom offenen Meer her und mit einem Kübelwagen die Küstenstraße entlang, der drei Lastwagen mit aufgesessenen SS-Leuten mit Gewehren zwischen den Knien und in der Sonne blinkenden Stahlhelmen voranheulte. Es war eingetroffen, worauf alle sich gefasst gemacht hatten, jeder auf seine Weise, mit bangem Herzen die einen, mit unsäglichem Hass die anderen. Ein italienischer Zivilist im schwarzen Anzug plärrte in den Lautsprecher des im Schritttempo durch das Dorf rollenden Kübelwagens: „Alle haben sich unverzüglich auf dem Marktplatz einzufinden. Wer zu entkommen versucht, wird erschossen."

Die SS umstellte den Ort, dem es bisher vom Himmel geschenkt gewesen war, dass die Zeit in ihm stehenzubleiben schien. Noch niemals hatte es eine auch nur annähernd vergleichbare Heimsuchung zu bestehen gehabt, und es lag mit all seiner Unschuld in der Sonne. Die Fischer besserten am Strand die Netze aus. Ihre Stimmen flogen zwischen den Booten hin und her. Blau, hellgrün und rot angestrichen lagen sie im Sand. Im Dorf holten die Frauen an der Zisterne Wasser und trugen es in Krügen auf ihren Köpfen, aufrecht und schön wie Pinien. Drei, vier Alte saßen vor der Bar und entließen aus ihren zahnlos gewordenen Mündern, die Hände mit den altersschwarzen Adern auf den Griffen ihrer Stöcke zusammengelegt, spärliche Laute. In all dies schlug diese Heimsuchung wie eine Bombe ein und zerstörte die Ruhe der Herzen und der Seelen.

Schreiend trieben die Deutschen alles zusammen, die Gewehre im Anschlag. Die Menschen fühlten, dass bei diesen Uniformierten nichts, absolut nichts dazu gehört hätte, zu schießen, und wäre der Anlass noch so gering gewesen. Einige der Zusammengetriebenen versuchten, ihren Zusammentreibern in die Augen zu schauen. Aber die Augen dieser Menschen, die skrupellos zu töten bereit waren, lagen im Schatten der straff sitzenden und mit Sturmriemen festgeschnallten Stahlhelme und waren nicht zu erkennen.

Die Bewohner von Ruggiano standen, gut zweihundert Menschen, schwarz und gedrängt mit bleichen, verschlossenen, ergebenen, harten Gesichtern, in denen Angst, aber auch die Würde Todesmutiger lagen. Der Kommandant, ein Strich in der Landschaft mit spiegelblanken Schaftstiefeln, ließ den italienischen Zivilisten übersetzen, was dessen Landsleuten widerführe, sollte sich herausstellen, dass sie den abgestürzten Flieger versteckt hielten. Der Pilot werde als erster an die Wand gestellt. Alle müssten zusehen, auch die Kinder. Der Zivilist, ein geckenhafter Wicht, drehte und wendete sich in dem Kübelwagen, in dem er aufrecht stand und seine Übersetzung über die Köpfe der Zusammengetriebenen hinweg rief.

Es war kein Laut zu vernehmen, sah man vom Weinen einiger Kinder ab, denen das Unbekannte jählings Angst machte. Ihr Weinen flatterte wie Vögelchen über den Köpfen der schwarzgedrängten Menge.

Das Verhör erstreckte sich über zwei Tage. Keinem, auch nicht der ältesten Greisin, war es erspart worden, ebensowenig den Kindern. Doch diese waren vor dem Auftauchen des Bootes von Erwachsenen in kluger Voraussicht an eine andere Stelle des Dorfes geführt worden. Wissend, dass die Kinder in der Mauer des Schweigens eine schwache Stelle darstellen würden, war es den Bewohnern gelungen, sie von dem Geschehen abzulenken und nichts davon erfahren zu lassen, dass ein deutscher Pilot versteckt gehalten werde.

Bleiern und qualvoll vergingen diese beiden Tage. Die SS-Leute verlangten Essen und Trinken. Nachts grölten die Männer betrunken am Strand. Unter Missachtung jeglichen Respektes vor der geistlichen Würde nahm die SS sich den Kaplan Don Eosebio vor, dem sie gewaltsam Schnaps einflößte. Die Männer, die ihn im Pfarrhaus angetroffen hatten, an dessen Tor er seine Kletterrosen goss und bezupfte, stießen ihn vor sich her wie einen Schwerverbrecher und machten sich über seine lange und flatternde Soutane lustig. Aber ebenso wie Don Eosebio gaben auch alle anderen ohne mit der Wimper zu zucken an, was man ausgemacht hatte. Die SS sollte zu hören bekommen, man habe vom Strand aus gesehen, wie der Pilot mit der Maschine weit draußen abgestürzt war und dass alle davon ausgingen, er sei ertrunken, nichts weiter. Zwar variierten die Aussagen je nach Naturell des Befragten zwischen Wortkargheit und lebhaftem Beschreiben, doch im Kern blieben alle gleich. Gottlob folterte man nicht. Es war gleichwohl damit gerechnet worden. In Ruggiano fand sich kein Denunziant.

Alle Häuser waren durchsucht. Die Frau des Fischers Bognuti, Adele, stand tausend Tode durch, aber der Oberleutnant war in seinem getarnten Lager mit einem Medikament ruhiggestellt worden, das man mit Hilfe Dr. Desilvas besorgt hatte, damit er sich und alle anderen nicht durch Laute des Schmerzes oder im fiebrigen Rufen verriet.

Am Morgen des dritten Tages zogen die Deutschen mit heulenden Motoren ab. Hass und Flüche verfolgten sie, erst stumm, dann mit lautem Schreien, mit dem man sich von schier unerträglicher Anspannung und zerfressender Angst befreite.

Am Tage der Kapitulation wurde der Deutsche Martin Schneider einer von ihnen. Ruggiano feierte und trug ihn, der vom Zeitpunkt des Verbergens an bei ihnen gelebt hatte, auf den Schultern durch das Dorf. Er blieb fünf weitere Jahre und lebte von deutschen Nähmaschinen, deren Reparatur und Verkauf ihn durch ganz Süditalien führte. Ein junger Mann war es vor allem, der ihn glühend verehrte und kaum mehr von seiner Seite wich. Es war Salvatore Bognuti, der Neffe des Fischers. Als der Oberleutnant fünf Jahre nach Kriegsende nach Schwabgarten zurückkehrte und eine Mechanikerwerkstatt eröffnete, war Salvatore seine rechte Hand. Und jedes Jahr fuhren sie für einige Wochen nach Ruggiano. Nach Hause, wie Schneider sagte.

Antonio verharrte stumm und versunken, als Salvatore mit der Erzählung darüber geendet hatte, wie er nach Schwabgarten gekommen sei. Er spürte den Bildern und Eindrücken nach und wurde sich bewusst, dass mittlerweile zwei deutsche Deserteure entscheidende Rollen in seinem Leben spielten. Er dachte an Fabrizi und er wollte Schneider so bald wie möglich kennenlernen.

„Wo lebt er?", fragte er.

„Wir werden ihn besuchen", sagte Salvatore.

Gestillte Sehnsucht

Die Ängste kehrten nicht wieder, als ihm die Orte entgegenkamen. Es zeigten sich nur noch verblassende Erinnerungen an sie.

Es dunkelte. Ein hauchdünner Regen übersprühte die Scheibe des Abteils, in der Antonio sein Spiegelbild betrachtete. Es gefiel ihm, und auch die Bewegung seiner Hand mit der Zigarette gefiel ihm. Einmal führte er die Bewegung des Rauchens nur deshalb aus, um sie zu sehen. Zuletzt hatte noch eine alte Frau bei ihm gesessen und aus einem rätselhaften Grund hatte er nach einer Weile seinen Blick nicht von dieser Frau nehmen können. Man hatte nicht einmal Belangloses gewechselt. Sie, die um die achtzig Jahre alt gewesen sein mochte, hielt ihre Augen geschlossen, die hinter den blaufein geäderten Lidern unruhig hin und her gingen. Etwas Übelnehmendes ging von ihr aus. Auch mochte zu ihr passen, dass sie in dem Anlehnen des Kopfes eine winzig kleine Schwäche, eine Disziplinlosigkeit gar sähe. Denn sie berührte mit ihrem Kopf das Polster mehr, als dass sie ihn dorthin gebettet hätte. Sie trug ein dunkelblaues, mit weißen Punkten gesprenkeltes Faltenkleid. Um den Hals lag ein schmaler Spitzenkragen, der in ein Revers mit Knöpfen überging. Das Haar war schlohweiß und im Nacken zu einem Knoten gefasst. Dunkle Adern durchzogen die Rücken der Hände, die für das Alter ungewöhnlich glatt im Schoß lagen und deren Fingernägel dort dunkel wurden, wo sie in das Fleisch übergingen. Wie ein schmaler Strich lag der bläuliche Mund in dem Gesicht, dessen Augen in tiefen

Höhlen lagen. Antonio konnte sich nicht des Gefühls erwehren, dass diese Frau von unerbittlichem Wesen sei. Fast gleichzeitig mit dem Auftreten dieser Empfindung war eine unangenehme Kühle von ihr zu ihm herübergeströmt. Als diese Frau ausstieg, atmete er mit klopfendem Herzen auf.

Alles war verheilt, ungewöhnlich gut verheilt. Der Chefarzt hatte den Zusatz ungewöhnlich deshalb verwendet, weil man bei jener komplizierten Knochensplitterung der Ferse nicht unbedingt davon hatte ausgehen können. Doch es war nichts geblieben. Lediglich der Ferse ließ man mittels einer Gehpolsterung noch eine gewisse Schonung angedeihen. Die Ohnmachten Antonios waren den Ärzten freilich nicht unbedenklich erschienen. Man hatte sie ihm hinterher als ein Bedürfnis nach tiefem Schlaf dargestellt, um ihn nicht zu beunruhigen und den Prozess der Heilung dadurch zu erschweren.

In einer dieser Ohnmachten waren Antonios tote Eltern erschienen. Es war ein wunderschönes Bild, das aus tiefem Grund heraufgeschimmert hatte und dann, deutlicher und deutlicher werdend, wie an eine Wasseroberfläche gelangt war. In diesem Bild der Seele blickten Vater und Mutter lächelnd auf ihn herab. Ihre Blicke hatten in die kindlichen Tiefen gefunden und dort eine unbeschreibliche Wonne hinterlassen. Nach der Rückkehr aus der Ohnmacht hatte der Kranke aber keine Erinnerung an diesen Traum gehabt.

Hinter dem dahinjagenden durchsichtigen Gewölk stand bleich und glanzlos der Mond. Der Zug lärmte an einem Bahnhof vorbei, auf dessen menschenleerem Bahnsteig mit einer etwas zu kleinen roten Mütze auf dem kugeligen Kopf nur der Diensthabende stand und kurz die Hand hob. Der Reisende erblickte in dem Abteilfenster schon seit einer Weile nicht mehr sein Spiegelbild, sondern sah vor seinem inneren Auge die Gärtner. Er hörte das Aneinanderklacken der Flaschen beim Zuprosten mit dem spendierten Bier. In den Gesichtern las Antonio die Freude darüber, dass er genesen war.

Sie hatten länger gesessen, als im Schein des Lagerfeuers und zwischen dem immer wieder zu hörenden Aneinanderklacken der Bierflaschen etwas Bedrückendes, Befremdliches geschah. Einer von ihnen hatte an etwas gewürgt, ein junger schwäbischer Mensch. Er hatte zuhause erzählt, in der Gärtnerei sei ein weiterer Italiener eingestellt worden. Mit diesen wenigen Worten hatte er bei seinem Vater ein wüstes Geschimpfe ausgelöst. Die Italiener, begann seine Tirade, hätten im

Krieg die Deutschen verraten und sich im Jahr dreiundvierzig wie Straßenmädchen den Amerikanern an den Hals geworfen.

Ulrich Wacker, soeben als Gärtner ausgelernt, blickte finster, nicht feindselig, sondern eher auf eine gewisse Art ratlos und störrisch. Er vermochte zwei Dinge nicht in Einklang miteinander zu bringen. Es war zum einen die feindselige Bemerkung des Vaters über die Italiener und zum anderen das Ungekünstelte, Freundliche und Hilfsbereite, dieses ungewohnt Offenherzige, das eben diese Italiener kennzeichnete, mit denen er Tag für Tag arbeitete. Ob sie sich am Ende nur verstellten?

Und dann war es ohne erkennbaren Anlass auf eine besserwisserisch-trotzige Art hervorgeschnellt.

„Mei' Vadder hat g'sagt, d' Italiener habet uns im Krieg verrate."

Dieses Nachgeplapperte ließ die anderen, die davon vollkommen überrascht waren, augenblicklich verstummen und betreten zu den Italienern hinschauen.

Antonio hatte in dem starken Dialekt Ulrich Wackers zwar nur Bruchstücke verstehen, aber doch soviel heraushören können, dass es um Italiener ging.

„Was sagt er?", wandte er sich an Salvatore.

„Er sagt, sein Vater hätte ihm gesagt, die Italiener hätten im Krieg die Deutschen verraten."

Durcheinandergeraten hatte Antonio geschwiegen. Was sollte das alles? Was spielte das für eine Rolle nach alledem, was man von diesem grässlichen Abschlachten, Vergasen, diesem viehischen Erhängen und Völkermorden der Deutschen wusste? Verteidigte Wackers Vater und fand es am Ende noch berechtigt, was die Deutschen angerichtet hatten? Stumm hatten alle ihr Bier getrunken.

Nach einer Weile hatte einer der Gärtner, älter an Jahren, Georg Hürner mit Namen, etwas in die Stille hinein gesagt, ohne sich im Besonderen dem jungen Wacker zuzuwenden oder seiner Stimme dabei irgendeine Färbung zu geben. Hürner hatte ein Glasauge. Der Splitter einer Handgranate, die neben ihm explodiert war, hatte das rechte Auge zerfetzt. Er hatte es zu seinem eigenen Erstaunen ruhig und ohne jegliche belehrende Absicht in die Stille hinein gesagt, als ob diese Worte sich von selbst Bahn gebrochen hätten, als ob er sie es im Inneren des Mannes nicht länger ausgehalten hätten, und sie hatten sich wie von selbst aneinandergereiht. Die hochkriminelle Energie der Wirtschaft, deren Gier nach Kriegen mit nationalen Phrasen verbrämt zu werden pflegt, hatte Hürner dabei ausgelassen. Es war ihm um das Grauenvolle gegangen, das sich in jedem abspielt, der eine Waffe einsetzen soll. Es könne nichts Widernatürlicheres für einen Menschen geben, so hatte er begonnen, als wenn er ein Gewehr auf einen anderen Menschen richte, um ihn zu töten. Dieser eine Mensch müsse zuvor durch Hassgerede bearbeitet worden sein, um zu solchen Taten getrieben werden zu können; denn von Natur aus habe er Gewissenszweifel, zu töten und fühle sich alles, nur nicht wohl dabei. Dabei sei es gleichgültig, auf welcher Seite man stehe. Es sei grässlich, einen Menschen am Ende deshalb erschießen zu müssen, um ihm bei der gleichen Absicht zuvorzukommen. Krieg sei nichts anderes als Mord. Daran änderten auch Orden und Ehrenzeichen, Gold und Silber, Dienstgrade und Beförderungen, Befehle und die Erlaubnis zum Töten durch Regierungen nichts. Es bleibe auch dann Mord, wenn die Regierenden sagten, sie übernähmen für dieses Töten die Verantwortung, weil Bestehen und Sicherheit des Vaterlandes dieses Töten erforderten. Sie selbst müssten ja nicht schießen. Sie müssten sich ja nicht in Todesangst in einem Granattrichter zusammenkrümmen. Sie müssten sich ja nicht hinter dem Maschinengewehr oder dem Granatwerfer, beim Erhängen oder Erschießen, mit der Handgranate oder dem Bajonett sündig machen, sondern das überließen sie den Soldaten, diesen abgerichteten Armen mit ihrem schrecklichen Zwist von Befehl und Gehorsam, in den sie durch verlogenes Geschwätz gestürzt würden. Den Regierenden bleibe das Geschwätz, das sie im Grunde aber nichts scherte, über das sie hinten herum sogar lachten. Sie redeten heute auf diese Weise und morgen auf wieder eine andere. Das sei, wenn man schon davon sprechen wolle, ihre Sünde. Aber ein Erschossener sei ein Erschossener. Der werde nicht wieder lebendig. Der könne nicht rufen, hört auf, es muss ein Ende haben. Es muss ein Ende für immer haben. Der könne auch nicht mehr rufen, was hat mir denn dieser andere getan, dass ich auf ihn schießen soll? Nichts hat er mir getan. Warum soll er denn plötzlich mein Feind sein? Und die Toten aus den Trommelfeuern und Granaten-Infernos, jene, die in die Maschinengewehr-Garben gelaufen seien, die unter Panzerketten zermalmt lägen, könnten ja nicht mehr sprechen. Deshalb beginne auch alles immer wieder von vorne.

In dem Lagerfeuer, um das sie gesessen hatten, knisterte und krachte das verbrennende Holz und Funken sprühten aus den Flammen, wenn ein Scheit oder ein Ast in sich zusammenfielen. Abgesehen von diesen Geräuschen des Feuers war eine Stille von der Art um sie gewesen, wie

Beklommenheit sie hervorbringt. Nur Hürner hatte noch gesagt, Begriffe wie Verrat oder Ehre dienten einzig und allein dazu, von diesem unter all dem Unrat lauernden Ermorden abzulenken. Das waren seine Worte gewesen. Dann war er damit fertig, zündete eine Zigarette an und starrte in die Flammen.

Gegen drei Uhr in der Frühe hielt der Zug in Rovereto. Man stieg aus und vertrat sich die Beine oder trank Kaffee und Grappa in der nacht-klammen Restauration des Bahnhofes, an deren Bar man sich wortkarg drängte. Antonio rauchte und war in Gedanken. Sie waren bei der alten Stadt am smaragdgrünen Fluss, wo man den Zug nach Rom zusam-mengestellt hatte. Während des Aufenthaltes hatte es ihn gedrängt, in die Bahnhofsgaststätte zu eilen. Er hatte die Hoffnung gehegt, den Kellner Giovanni überraschen zu können. Doch es hatte ein untersetzter Kellner mit schief sitzender Fliege im Dialekt der Stadt bedient. Stumm hatte Antonio zu dem Tischchen hingeschaut, an dem dieser schwitzende und betrunkene Mann sich hasserfüllt erhoben hatte, und war, als etwas Dumpfes, Bedrückendes ihn ergriff, wieder umgekehrt. Noch immer hatte etwas Bedrohliches über diesem Ort gelegen.

Beim Halt in Verona zog er übernächtigt das Gangfenster herab. Er kaufte von einem Mann mit einem steifen Bein, der einen Karren vorü-berschob und mit heiserer Stimme seine Waren anbot, ein Brötchen und etwas Wurst und Käse, als sich etwas Unheimliches zeigte. Unter dem Gangfenster hastete mit hochgezogenen Schultern und den Händen in den Hosentaschen ein Mann vorüber, der dem desertierten Flieger-Oberleutnant Martin Schneider wie aus dem Gesicht geschnitten ähnlich sah. Er hatte Schneider inzwischen kennengelernt. Unvermittelt er-schauerte Antonio. Es schien die gleiche hochgewachsene Gestalt zu sein, der gleiche schmale Schnitt des Gesichtes. Antonio konnte es sehen, weil der Mann an dem rollenden Kiosk etwas suchte und für einen Moment herschaute. Für diesen einen Moment schien es sogar, als suchten die Augen des Unbekannten diejenigen Antonios. Was narrte Antonio? Was hatte dies zu bedeuten? Gebannt blickte er diesem Men-schen nach, der nach einigen hastigen Schritten wie vom Erdboden verschluckt war.

Der Sizilianer hatte darauf gebrannt, jenen Mann kennen zu lernen, als Salvatore Bognuti davon erzählte, wie dieser sein Leben in die Waag-schale geworfen und sich den Menschen von Ruggiano anvertraut hatte, wie ebenso die Bewohner von Ruggiano ihr Leben im Angesicht der SS riskierten. Es war ein Geschehen menschlicher Größe gewesen. Ohne Zögern hatte Martin Schneider sie zu sich nach Hause eingeladen. In dem kleinen Haus des einstigen Jagdfliegers mit den hellen Birkenholzmöbeln und dem alten Klavier im Wohnzimmer war das Italienische geschwirrt. Schneider sprach akzentfrei. Doch hatte dabei nicht, wie man hätte annehmen können, Ruggiano im Mittelpunkt gestanden, sondern Antonios Auswanderung, von der er freilich niemals von sich aus begonnen hätte. Hierfür war er viel zu bescheiden. Es war der ehemalige Offizier, der nach spärlichen Andeutungen Salvatores mit hellen und neugierig gewordenen Augen davon erfahren wollte. Auf dem Tisch stand der Wein. Immer wieder trank man einander zu, während aus der Küche appetitanregender Geruch fächelte. Antonio begann stockend. Schneider hörte von Malumore und dem Padrone Don Fabrizio. Er hörte von jenem sommerlichen Abend, da nach den Schilderungen eines Ausgewanderten in Antonio der Entschluss gereift war, selbst auch auszuwandern. Längst waren seine Worte in Fluss geraten. Antonio zeichnete ein Bild des Ziehvaters und beschrieb Schneider den Priester Don Carmine mit tiefer Verehrung und Liebe. Der Gastgeber vermochte sich den stummen Gang am Tage des Abschiedes zum Bus nach Scafarello vorzustellen. Sogar die tirilierende Lerche, die mit ihrem zierlichen Flügelschlag über ihm und dem Ziehvater gestanden hatte, malte Antonio mit beinahe zärtlichen Worten aus. Vor allem aber hörte der Ingenieur Martin Schneider immer wieder den Namen Assunta Lamesa. Einmal war Schneider an ein Fenster getreten und hatte es geöffnet. Es führte zum Garten hinaus, der schon in der Dämmerung lag. Er dehnte und streckte sich und atmete tief durch. In diesem Augenblick hatte Antonio eine Zuneigung zu diesem Mann gefasst. Er trat zu ihm. „Das mit Ruggiano ...", sagte Antonio und suchte nach Worten. „Ich bewundere Ihren Mut. Für mich sind Sie ein Held." Die beiden Männer umarmten einander. Der Ingenieur sah ihn ernst an. „Wenn einer ein Held ist, dann bist Du es."

Der Zug durcheilte den Tag. Ohne Schwere verfloss die Zeit und ließ die Bahnhöfe vorüberziehen wie im Flug. Es stellte sich bei Antonio nicht jene Ungeduld ein, mit der man sich dem Ziel nur quälend langsam zu nähern glaubt. Der heimwärts Reisende war von einer stillen und glückhaften Vorfreude erfüllt. Er trank in Salerno auf dem Bahnsteig von dem emporsteigenden kleinen Wasserstrahl, der aus einem runden steinernen Becken gegen die Lippen sprang. Der hohe singende Klang der Stimmen des Südens mutete ihn wie ein Labsal an. Und er nahm das unbeschreibliche Blau dieses Himmels wahr, als sähe er es zum allererstenMal.

Abends standen die Reisenden an der Reling der Fähre, die in Villa San Giovanni abgelegt hatte. In Antonio steckte schwer das Frösteln des Unausgeschlafenen. In der Schwärze des Meeres funkelten die Lichter von Messina. In einer Nacht war es vor Zeiten gewesen, da Antonio die Lichter sich hatte entfernen sehen, als er mit einer Wucht, die ihm den Atem genommen, die Endgültigkeit begriffen hatte. Und in einer sich herabsenkenden Nacht glitt das Schiff mit rauschendem Bug wieder auf die rötliche Lichterkuppe zu. „Wie ein Heiligenschein", dachte er bei sich, als es ihm auch flüsternd über die Lippen kam.

Als sie drüben anlegten, war er wie von Sinnen. ‚Ich liebe Dich', schoss es in ihm hoch, heiß wie Lava. ‚Ich küsse die Erde und möchte den Wein schmecken, die Oliven und die Zitronen … Riecht es nicht schon nach Lavendel? Natürlich riecht es schon nach Lavendel und Orangen. Sowie ich kann, fasse ich die sonnenglühenden Felsen an und streiche über die rissige Lava. Ich möchte die alten Menschen küssen und mein Gesicht in eisiges Wasser tauchen. Ich möchte in der Kirche von Scafarello auf die Knie fallen … Ich lebe … ich bin Sizilianer … Lieber Gott, lass' es mit der Mafia einmal ein Ende haben. Die Menschen leiden so sehr an diesem Geschwür … Was haben sie verbrochen, dass Du sie diesen Bastarden aussetzt?' Wie ein Schauer gingen diese Empfindungen durch ihn hindurch. Er zündete sich eine „Alpha" an, und dabei war es ihm, als ob der Geschmack des groben Tabaks aus dem abgrundtiefen glühenden Rachen der Stadt Messina zu ihm komme.

Im Zug nach Catania war das Abteil vollbesetzt. Der Heimgekehrte erschrak leise, als er sich wie von einer unsichtbaren Haut umgeben fühlte, die ihn von den Anderen abzusondern schien. Er konnte nicht in ihnen aufgehen. Seltsam, er sprach mit ihnen und dachte wie sie. Die Sprache seiner Hände unterlegte die Begriffe auf ein und dieselbe Art und Weise, und dennoch fühlte er sich wie ein Fremder.

‚Es geht vorbei. Es dauert nur etwas', ging es hinter seiner Stirn. ‚Nur Geduld, Du warst lange nicht hier.'

Er sah die Münder sprechen, aber er war in Gedanken bei dem Brief Assuntas, der ihn mit Schwere erfüllte. Er sollte wieder zurückkehren, das kalte Land verlassen und ihre und ihrer Heimat Wärme um sich haben. Er sollte mit Obst und Gemüse handeln und mit dem Dreirad-

Lieferwagen und dem Lautsprecher auf dem Dach über die Dörfer fahren, wünschte sie sich in dem Brief, und seine Ware ausrufen. Und sie, Assunta, würde das Lehrerinnen-Examen bestanden haben. Ihren Eltern sollte es entweder recht sein, wenn sie zusammen waren, oder sie sollten es bleiben lassen. Nur er sollte sie nicht mehr alleine lassen, das nicht. Ohne ihn sei alles nur graues Einerlei. Aus großer Tiefe waren diese Worte des Schmerzes und der Verzweiflung gekommen. Sie fassten ihm ans Herz. Obzwar die Vernunft ihm schwergefallen war, hatte er geschrieben, dass es töricht sei, eine Stelle mit Urlaub, Krankengeld, Weihnachtsgeld und tariflicher Arbeitszeit aufzugeben. „Für einen wie mich, der Don Fabrizio entkommen ist, bedeutet das viel. So viel, wie ein anderer es sich gar nicht vorstellen kann."

Er hatte überlegt. Dann hatte er geschrieben, dass er aber niemals eine Entscheidung ohne sie treffen werde.

„Niemals, mein Herz." Er unterstrich „niemals". Dann, als er auf das unterstrichene Wort blickte, unterstrich er es noch einmal.

Weniger und weniger wurde der Sand, der durch die feine Öffnung der sich nun doch zeigenden Ungeduld rann. Bald würde er Francesco wiedersehen. Die Selbstverständlichkeit wurde in seiner Erinnerung lebendig, mit welcher der Alte seinem Ziehsohn nach dessen Entschluss im Rücken gestanden hatte. Kein Wort des Zauderns war gefallen, kein Wort des Zweifels. Antonio ahnte nichts von dem großen Schmerz des Mannes. Kein zweites Mal hätte dieser mitmachen wollen, wie er sich an diesem Tag im August auf der Piazza von Scafarello gefühlt hatte, als der Bus mit laufendem Motor wartete, als er sich auf dem Rücken der braven Eselin Grigiolina auf den Weg gemacht hatte. Und auf gar keinen Fall hatte er gewollt, dass der Junge das tränennasse Gesicht sähe.

Antonio nahm den hellen Lederkoffer aus der Ablage und den Mantel vom Haken. Mit kreischenden Rädern hielt der Zug. Er trat auf den Bahnsteig hinaus, setzte den Koffer ab und legte den Mantel darüber. Er schloss die Augen und hielt sein Gesicht der gleißenden Sonne entgegen. Er durchquerte die Bahnhofshalle und trat hinaus auf den Platz. Sollte er ein Taxi nehmen, um schneller in Malumore zu sein? Er verwarf den Gedanken ebenso rasch, wie er gekommen war. Er hätte sich nicht vorstellen können, mit dem Taxi ausgerechnet zu den Häusern aus Lavastein zu fahren, als wie aus dem Boden geschossen Oreste vor ihm stand. Sie umarmten einander mit erstickten Schreien. In einiger Entfernung sah

Antonio Gioia Orestes Vater stehen. Sie waren mit dem Wagen gekommen. Rasch ließen sie Siracusa hinter sich.

„Woher wisst Ihr, dass ich komme?", fragte Antonio den Freund.

„Assunta", entgegnete dieser und kurbelte die Fensterscheibe herab. Orestes Vater saß mit regungslosem Gesicht am Steuer. An einer Ampel mussten sie warten und blickten zu einem kleinen Zirkus hin, der auf einer etwas entfernt liegenden vertrockneten Wiese sein Zelt aufgeschlagen hatte. Zwei Dromedare und zwei Pferde standen in einer Umzäunung, ebenso Ponys und Ziegen. Über einem niedrigen Feuer dampfte ein verrußter Kessel. Wäsche flatterte und zwischen der Handvoll buntbemalter Wohnwagen, die im Viereck aufgestellt waren, streunte ein mageres Hündchen. Als der Wagen Fahrt aufnahm, wandte Oreste sich zu Antonio um.

„Assunta ist halb verrückt vor Sehnsucht nach Dir." Orestes Vater blickte teilnahmslos und rauchte. Er wirkte, als höre er all dies gar nicht.

„Sie wartet morgen um drei im Rosengarten."

Heimliche Liebe

Das Auto hielt an. Antonio stieg aus und nahm seinen Koffer aus dem Wagen. Wie betäubt stand er, ehe er auf den abschüssigen und steinigen Eselspfad zuging. Oreste hatte neben dem Vater Platz genommen. „Antonio", rief er dem sich Entfernenden aus dem geöffneten Schlag nach. In der Luft lag das leise Geräusch des laufenden Motors. Antonio wandte sich um. „Lass Dich sehen." Der Wagen fuhr davon. Rasch verlor sich das Motorengeräusch in den Serpentinen. In der Luft lag das gläserne Zirpen der Zikaden.

In einer Art verwirrter Erregung verlangsamte der Heimkehrende immer wieder den Schritt. Er kam sich vor wie in einem Traum, in welchem ihm seine Gegend als unbekanntes Land erscheint, angesichts dessen er nichts verspürt als Beklemmung. Die Kalksteine klirrten unter seinen Schritten. Er spürte nicht mehr das Gewicht seines hellen Koffers mit den Geschenken und den Kleidungsstücken. Es überraschte ihn, die Häuser von Malumore liegen zu sehen. Mit der klaren nachmittäglichen Luft verwob sich der Gesang der Vögel.

Der Alte wusste um die Ankunft durch den Brief. An Assuntas statt hatte Don Carmine ihn überbracht und vorgelesen. Sie saßen auf der Bank neben der Tür, nachdem sie in der Küche den eilends gebrühten Kaffee getrunken hatten. „Wollen Sie einen Millefiori dazu, Hochwürden?" Dankend hatte Carmine verneint. „Ich bin verrückt vor Aufregung", hatte der Alte auf seinem Stuhl gesagt und die emporgehobenen Arme auf die hageren Schenkel fallen lassen, als der Priester den Brief vorgelesen hatte. „Auch mir geht der Junge nahe", hatte der Priester gesagt. Danach waren sie wortkarg geblieben. Sie hatten in die dunstige Weite der Tiefebene hinaus geschaut, die sich zur Ostküste hin erstreckt. Sie konnten das Meer riechen. Die Ebene leuchtete wie ein Aquarell aus zerfließenden Farben. Nach einer Weile hatte der Priester sich erhoben und war gegangen.

Die Kinder erblickten Antonio als erste. Sie riefen ihn beim Namen und kamen ihm entgegen gesprungen und umringten ihn. Mit dem Abstand der Zeit, die er in einer anderen Welt verbracht hatte, nahm er mit schmerzhafter Schärfe die Ärmlichkeit ihrer Kleider wahr. Sie sprang ihn an und ließ ihn ungläubig darauf starren. In seiner Kaufhaus-Kleidung hob er sich ab wie ein wohlhabender Herr. Er zog die Schar der Kinder hinter sich her. Sie fassten ihn bei der freien Hand und wollten den Koffer tragen. Sie riefen ihm Worte zu, die nicht in sein Inneres vordrangen. Mit einem Mal empfand er die Ankunft als anstrengend. Wiewohl er sich danach gesehnt hatte, hätte er sich in diesen Augenblicken der Wiederkehr am liebsten gegenstandslos gemacht. Er ließ sie unendlich müde über sich ergehen. Lästig waren im Moment diese Menschen, die er liebte. Wie Erdplatten, wenn sie ein Beben verursachen, schoben sich die beiden Welten ineinander. Etwas splitterte in ihm. „Lasst mich", hätte er rufen wollen. „Lasst mich ein Weilchen ausruhen. Wir sehen uns doch noch genug." Doch jetzt kamen die Frauen heran mit hellen und an seiner Erscheinung haftenden Blicken. Immer wieder hörte er seinen Namen rufen und „Wie geht es Dir? Wie lange bleibst Du?" Man küsste und befühlte ihn. Es kostete ihn unvorstellbare Kraft, auf seinem Gesicht keine abweisende Miene aufscheinen zu lassen. Dennoch erlaubte dieses Müde, Überdrehte, trügerisch Widerhallende es ihm, die Seinen mit einer Innigkeit, die er nicht gekannt hatte, angesichts ihrer Erbarmungswürdigkeit nur noch umso mehr zu lieben.

Die Alten mit ihren zumeist anthrazitfarbenen Schirmmützen standen abwartend. Über ihre gegerbten Gesichter mit den schmalen und zahnlosen Mündern zog ein verlegenes Lächeln. Es wirkte, als müsse es sich erst noch vergewissern, dass es tatsächlich aufscheinen könne. Vor dem Haus stand angebunden die Eselin. Das Tier sah zu Antonio her und spielte mit den Ohren. Seine Augen waren gottergebenen, wie sie es immer waren.

„Grigiolina", sagte Antonio leise. „Grigiolina." Das Fell spürte sich fremd an. Dann betrat er das Haus. Francesco hatte ihn noch nicht bemerkt. Er hantierte an dem verrußten Ofen. In einer Schüssel lagen Sardellen und daneben das Weißbrot. Als der Eingang sich verdunkelte, wandte Francesco sich um und stieß einen Ruf aus und begann zu weinen. Antonio, im Bann ungekannter Gefühle, stand ihnen hilflos gegenüber und stammelte etwas Namenloses. Eine innere Barriere staute den Fluss seiner Gefühle. Wie erstarrt stand er in der düsteren Küche. Der Alte befühlte mit den Fingerspitzen sein Gesicht, strich über den Stoff des Jacketts und fuhr mit zittrigen Händen die Konturen der knochigen Schultern nach.

„Da bist Du ja." Seine schmalen Lippen zuckten. „Da bist Du ja …"

Diese wenigen Worte waren es, die Antonios Erstarrung lösten und ihn weich werden ließen. Der Ziehvater goss Öl in die schwere Pfanne und stellte sie über das flackernde Feuer des offenen Herdloches. Er legte die in Mehl gewendeten Fische hinein, als das Öl Bläschen trieb. Und das Vergangene war bei ihnen wie etwas, das man nur fühlen kann. Francesco stellte die Flasche und Gläser auf den Tisch. Antonio trank einen Schluck von dem erdigen Wein. Dann erhob er sich und ging durch die Erinnerungen, die das Haus in sich barg. Und ohne dass er es beabsichtigt hätte, stand er im Schlafzimmer vor dem Hochzeitsbild der Eltern. Er blickte darauf, bis Francesco ihn rief. Sie nahmen die Fische mit den Fingern aus der Pfanne und träufelten Zitronensaft darauf und aßen Weißbrot dazu. Und sie redeten. Mehr und mehr wurden die Worte, immer mehr. Eine lange ersehnte Gewissheit drang in ihre Seelen vor. Denn die Dinge waren inzwischen weitaus besser erkennbar. Sie waren dem schwer lastenden Ungewissen abgetrotzt. Immer wieder ergriffen der Alte und der Junge einander bei den Händen.

Antonio lief den Eselspfad hinab, der an dem verwunschenen Garten mit dem Rosenbogen entlangführte, unter den hindurch man ihn betrat. Seine einstigen Besitzer waren ausgewandert und hatten den Garten sich selbst überlassen. Ein Verschlag aus verwitterten Brettern, mit blinden Scheiben, überwuchert von wildem Wein, lehnte an dem verfallenden Zaun. Zur Mitte des Gartens hin lag ein flacher mit rätselhaften Ornamenten verzierter moosbewachsener tischgroßer Stein. Niemand hätte zu sagen gewusst, woher dieser Stein stammte, noch auf welche Weise er dorthin gelangt war.

Und wie eine Skulptur, wie ein Teil des Verwunschenen, stand Assunta vor ihm. Seine Sinne täuschten ihn. Er sah Rosen an ihr emporwachsen. Aber dann löste sich beider Erstarrung. Sie umfingen einander wie von Sinnen und bedeckten ihre Gesichter mit Küssen, atemlos und mit fliegenden Gliedern. Mit unendlicher Zärtlichkeit umfasste Antonio ihre kleinen Brüste, die sich unter dem Stoff des Kleides wölbten. In Assuntas Augen schien hinter dem schier Besinnungslosen tiefer Schmerz auf. „Ich lasse Dich nicht mehr fort", presste sie atemlos hervor.

Da geschah etwas Unheimliches.

In Antonios Ohren klirrten schmerzhaft laut die Steine auf dem Eselspfad. Antonio hielt sich die Ohren zu. Sein Gesicht war verzerrt. Er sah das Erschrecken in Assuntas Augen. Er sah ihren Mund sich bewegen, ohne ihre Worte verstehen zu können. Und erst als er nach dem Erschrecken in die Wirklichkeit zurückgekehrt war, hatte er das Gefühl zu Hause zu sein.

An dieses Klirren, dieses Rätselhafte, würde er sich sein ganzes Leben erinnern. Es war die Kraft des Bodens seiner Wurzeln, die sich geregt hatte. Dieses Klirren der Steine war Ausdruck der Sprache des Bodens. Wir spüren Deine Wurzeln nicht, besagten diese Laute. Wo sind sie?

In der Woche vor Ostern saßen sie auf dem Bänkchen hinter dem Haus. Der Abend fühlte sich weich an in seiner blauen Stille. Antonio rauchte. „Ich werde zu Delcrocce gehen", sagte er nach einer Weile in die blaue Stille hinein, um Festigkeit in der Stimme bemüht.

Bei diesen Worten durchzog Francescos Brust ein leiser Riss.

„Um Gottes willen, was willst Du denn dort?", fragte er und sah den Jungen an. Mit einem Mal empfand er die friedvolle Stille als beklemmend. Noch niemals hatte ein Tagelöhner den Herrensitz von innen gesehen, doch Antonio hatte sich regelrecht ausgemalt, wie er an dem Glockenstrang der schweren dunkelgrünen Eisentür zöge. Die Tür war neben dem breiten schmiedeeisernen Tor der herrschaftlichen Auffahrt in die Mauer eingelassen, die den ausgedehnten Besitz umgab.

„Ich lege ihm meine Arbeitspapiere hin", sagte Antonio mit einem trotzigen Unterton.

„Du kannst tun und lassen, was Du willst, aber was bezweckst Du damit?", fragte Francesco in einer Fassungslosigkeit, die ihm den Atem nahm. „Sie lassen Dich gar nicht erst zu ihm vor." Ihn erschütterte dieses ahnungslose Selbstbewusstsein des Jungen.

„Tu es nicht", beharrte der Ziehvater beinahe flehentlich.

So es je gelänge, zu Don Fabrizio vorgelassen zu werden, ginge dem etwa Folgendes voraus. Auf das Läuten hin erschiene ein Leibwächter, dem man zu sagen hat, was man will. Dieser ginge mit dem Begehr zu einem weiteren Leibwächter, der in einem Vorraum an einem Tisch mit Telefon sitzt und im Schulterhalfter eine Beretta trägt. Erhielte dieser Leibwächter durch Rückruf nach einer Weile die Erlaubnis dazu, den Besuch vorzulassen, durchquerte dieser in Begleitung einer weiteren Person eine weite niedrige Halle, an deren Wänden alte Gemälde hingen, in der Kaminfeuer flackerte und schwere Sessel stünden.

Bei alledem fiele kein Wort. Man hörte die Schritte auf dem Marmorboden des Ganges, der von der mit Teppichen ausgelegten Halle zum geräumigen Arbeitszimmer des Padrones führt, in dessen Tiefe der schwere Schreibtisch steht. Etwa in der Mitte des Ganges, an dessen Wänden Ölbilder der Ahnen hängen, würde ein weiterer Angestellter die Ankommenden erwarten. Vor einer hohen zweiflügeligen Tür aus Eichenholz wartete eine fünfte Person, verschwände daraufhin im Arbeitszimmer und kehrte nach einer genau bemessenen Zeitspanne mit der Erlaubnis zum Eintreten zurück. Noch immer würde nichts gesprochen, sondern es würden lediglich Zeichen gegeben.

Der Leibwächter hielte sich im Hintergrund des Büros Delcrocces auf. Der Besucher stünde verloren im Raum, umgeben von einer nicht in Worte zu kleidenden Bedrohlichkeit. Der Don würde den ungebetenen Besucher mustern und fragen, was er wolle. Dies geschähe kalt und knapp, so dass es einen fröre. Antonio hätte Glück, würfe der Don einen geringschätzigen Blick auf die Papiere, schleuderte sie ihm vor die Füße und gäbe seiner Kreatur einen Wink, den Vorgelassenen zu entfernen. Es könnte sein, dass der Padrone noch geringschätzig sagte, dieses gewerkschaftliche Geschmiere sei ihm keines Blickes wert. Und es könnte sein, dass der Don ein verschlüsseltes Zeichen gäbe, dem Eingetretenen eine Lektion zu erteilen. Natürlich würde er den zur Auswanderung Getriebenen nicht an Ort und Stelle grün und blau schlagen lassen. Aber man verfügte auch sonst über genügend Möglichkeiten, ihn das Fürchten zu lehren.

„Tu es nicht", beharrte Francesco inständig. Dabei nahm Antonio zum ersten Mal an dem Ziehvater etwas Hinfälliges und die Schwierigkeit wahr, deutlich zu sprechen. Sein Mund zitterte. „Du weißt, dass wir Mieter sind. Das Haus gehört einem, der dem Don zuträgt, was die Leute über ihn sagen." Seine Stimme wurde schwächer. „Ein Wink Fabrizios und der Besitzer wirft mich auf die Straße. Und ich könnte von Glück sagen, wenn es nur das wäre."

Antonio erbleichte. Nach einer Weile nahm er die Hände Francescos und streichelte sie. Und in ihm regte sich zum erstenmal der Wille, Geld zu sparen, um dieses Haus später einmal kaufen zu können. Es war eine furchtbare Vorstellung, den Alten in dieser Falle zu wissen. Er war krank und hätte längst mit dem Arbeiten aufhören sollen. Härter und härter schlug sein Herz gegen die Rippen. Ihm wurde übel bei der Vorstellung, dass dieser wehrlose Mann, während er selbst in Deutschland war, von den Kreaturen des Don in aller Gemütsruhe fertiggemacht würde. Ein kleiner Übergriff, kleine Schikanen – es würde genügen, das alte und schwache Herz zu zerreißen.

Weit draußen sahen sie einen Ozeandampfer ziehen. In der Wölbung des Horizontes war nur der Deckaufbau mit dem Schornstein zu erkennen. Sein Rauch verlor sich in Spiralen, wie man sie auf unbekümmerten Kinderbildern sieht. In der Luft lag der Geruch des salzigen Wassers. Schläfrig und fern tönte das Geschrei der Möwen.

Sie gingen wie befreit an der weiten Küste im silbernen Blau des Nachmittages, befreit von der Gefahr des Gesehenwerdens in den Gassen von Scafarello, befreit von dem seltsam bedrückenden Duft des verwunschenen Gartens. Als sie sich dort gesehen hatten, um schließlich ans Meer zu gehen, hatte ein Geruch in der Luft gelegen, wie man ihn von verwelkenden Blumen auf einem Grab an heißen Tagen her kennt.

Sie hielten einander an den Händen. Assunta trug das purpurne ärmellose Kleid, das Antonio so liebte, und Sandalen mit schmalen schwarzen Riemchen an den nackten zierlichen Füßen. Er war in den blauen Sachen aus Deutschland. Das Jackett mit den Seitenschlitzen hatte er über einer Schulter hängen. Sie schlenderten und sahen dabei zu Boden und blickten nur gelegentlich auf.

Assunta blieb stehen. Sie wandte sich Antonio zu. In ratloser Zärtlichkeit glitten ihre Hände über seine Brust. Sie küssten einander. Dann hielten sie einander umfangen und sahen auf das spiegelglatte Meer hinaus.

„An was denkst Du?", fragte Assunta. Sie hatten eine Weile geschwiegen.

„Wie lange Du noch studieren musst."

„Ungefähr ein Jahr."

„Dann bleibe ich so lange noch in Deutschland", sagte er.

„Ich halte es bald nicht mehr aus", sagte sie leise, nachdem sie weitergegangen waren. Es klang, als sage sie es zu sich selbst.

Er sprach sehr leise. „Wir brauchen das Geld, das ich dort verdiene", sagte er. Assunta fuhr ihm mit den Fingerspitzen über die Lippen, um ihn zum Verstummen zu bringen.

„Du musst nichts rechtfertigen", erwiderte sie. „Aber ich verdiene doch dann auch als Lehrerin." Die junge Frau sah auf das Meer hinaus, wo zierliche weiße Segel, hingetupft wie auf einem Ölbild, leuchteten.

Sie gingen weiter und hielten sich wieder bei den Händen. Entfernt hörten sie Lachen und das Rufen nach einem Kind.

„Papa ist furchtbar streng", sagte sie dann. „Er würde mich totschlagen, wenn er es erfahren würde."

Antonio erschrak bei diesen Worten. „Weiß Deine Mutter von uns?"

„Nein." Und als er sie fragend ansah, fügte sie hinzu: „Ich habe kein Vertrauen zu ihr. Ich weiß, dass sie alles wie ihr Mann sieht. Sie scheut Streit mit ihm."

Die flachen Wellen wirbelten wieder kleine Muschelschalen im Sand auf, wie damals. Antonio Gioia blieb stehen und strich ihr über das dichte schwarze Haar.

„Ich komme, so oft ich kann. Auch mit dem Flugzeug. Es ist mir ganz gleich, was es kostet."

Assunta nahm sein Gesicht in ihre Hände. Dabei roch er den zarten Duft einer Creme auf ihrer Haut. Und wieder fuhr sie mit den Fingerkuppen, wie es so oft ihr Bedürfnis war, seine Lippen entlang.

„Nein, spar das Geld auf. Flüge sind teuer ... Ich will Don Carmine bitten, dass Du bei ihm anrufen darfst, oder dass ich von dort aus bei Dir anrufen kann, nur kurz, nur ein paar Sätze, damit man weiß, wie es dem Anderen geht", sagte Assunta.

Über ihnen segelten kreischende Möwen mit ihrem so seltsam hölzern wirkenden Flug. Wieder hörten sie weit draußen eine Schiffssirene.

„Don Carmine ist auf unserer Seite", sagte Assunta Lamesa und sah aufs Meer hinaus, während ein sanfter warmer Wind mit ihrem Haar spielte. „Ohne Wenn und Aber." Nach einigen Schritten blieb sie stehen, hielt sich an Antonios Schulter fest und zog die zierlichen Sandalen aus. Beim Gehen umspülte das Wasser ihre nackten Füße.

„Wie viele Kinder möchtest Du?", fragte sie auf einmal, blickte zu Boden, verlangsamte den Schritt und malte mit ihren Zehen Linien in den Sand.

„So viele, wie Du willst", antwortete Antonio ohne Zögern, hob den Blick und sah in die blaue Weite.

„Fünf", hörte er Assunta sagen.

„Gut, dann fünf", sagte er, „also bekommen wir fünf."

„Ich liebe sie schon jetzt."

Der achteckige Pavillon, an dem sie im vorigen Sommer Zitroneneis gekauft hatten, war noch verbarrikadiert. Im Abfallkorb, der unter der Auflage des Verkaufsfensters angebracht war, lag eine schmutzige durchsichtige Zellophantüte. Als sie durch den hellen Sand näher an den Pavillon herantraten, nahmen sie den altgewordenen Geruch von Kaffee, Staub und warmem Holz wahr, der ihm entströmte. Durch die undichten Fugen der Läden spähten sie ins Innere und erkannten im Halbdunkel aufeinandergestapelte Stühle, Kartons und leere Postkartenständer.

„Ein Gemüsehändler mit Erfahrungen im Ausland und eine Lehrerin."

Sie sah aufs Meer hinaus.

„Was willst Du unterrichten?", fragte Antonio.

„Elementarschule. Die Kleinen", erwiderte sie.

Sie blieben stehen und sahen einander an.

„Als ich Dich in Marani gesehen habe..."

Er küsste sie und sie schmeckte den Geruch der frischen Zigarette auf seinen Lippen. Sie mochte diesen Geruch.

„... habe ich..."

Er fuhr fort, sie mit seinen Küssen zu bedecken.

„... habe ich Dich geliebt ... vom ersten Augenblick an, wie Du da ... mit den anderen so ... an dem Kiosk der Frau Pavone gestanden bist."

Er schob das purpurne Kleid ein wenig nach oben und strich über ihre festen und schlanken Schenkel. Sein Hals war trocken vor Erregung. Er spürte den Rand ihres Miederhöschens und schob seine Hand zwischen ihre Beine. Assunta umschloss seine Handgelenke und hielt sie mit einem sanften Druck fest. Als sie für einen Moment die Augen öffnete und über Antonios Schultern hinweg schaute, sah sie in der Ferne zwei Menschen auf sie zukommen. Sie liefen am Strand entlang und um sie herum sprang ein Hund.

„Da kommen Leute", sagte Assunta leise und löste sich. Sie war nahe daran gewesen, sich dem zärtlichen Drängen hinzugeben. Ihre Augen waren verschleiert. Und noch niemals hatten sie ein solches Begehren wahrgenommen wie jenes, das sich in den Augen Antonios zeigte.

Osterfeier

Die Menschen strömten aus dem orgeldurchbrausten Inneren ins Freie. Der große Platz vor der Kirche der Heiligen Maria der ewigen Rosen, über dem das unvergleichliche Licht des Oster-Sonntages lag, füllte sich mit dem erwartungsfrohen Gelärme der Stimmen. Man umarmte und küsste einander. Rufe kamen aus der Menge und Farben leuchteten in ihr.

„Frohe Ostern!"

„Das wünsche ich Dir auch, frohe Ostern."

„Schön, Euch zu sehen."

„Wie geht es?"

„Im Großen und Ganzen, danke, kann mich nicht beklagen, gottlob."

„Alles gesund?"

„Ja, ein Geschenk."

„Welch ein wunderschöner Tag."

„Ja, das ist wahr. Ein schöner Tag." Sie waren zu ihrem Seelenhirten Don Carmine gekommen, ihn zu sehen und vor allen Dingen zu hören. Und welche Worte er zu wählen verstanden hatte, ihnen die Auferstehung als einen Halt, als einen Fels in der Brandung der Vergänglichkeit und des ewig Wiederkehrenden, vor allem der Unausweichlichkeit des Todes, der einzigen Gewissheit überhaupt, darzulegen. Dieser Geistliche war des Glaubens der Menschen würdig. Er war glaubwürdig, im Sinne des Wortes. Er glaubte selber an das, was er sagte. Vor allem anderen empfand er die Fähigkeit zur Demut als eine Gnade.

„Wen sieht man! Aurelio!"

„Gennaro!"

„Was machen die Kinder?"

„Es geht ihnen gut. Giovanni hat eine Arbeit gefunden. In Siracusa lernt er, in einer Autowerkstatt."

„Alle Achtung! Gibt es was Schöneres?"

„Nein. Wir sind sehr dankbar, und er selbst ist ganz stolz."

„Das glaube ich Dir. Grüße alle zu Hause."

„Das werde ich tun. Tu das gleiche."

Wie hatte er von seiner schmucklosen Kanzel herab gesagt? Sie hatten an seinen Lippen gehangen. Don Fabrizio, der Padrone, als letzter eintretend und mit raumgreifendem und zugleich abweisendem Gehabe seine Familien-Plätze in einer der Bänke aufsuchend, war seiner Wirkung auf die Menschen in dem Gotteshaus mit einem Schlag beraubt gewesen. Neben ihm hatte, unsicher und überfordert und mit erbarmungswürdiger Blasiertheit, sein Sohn Fulvio gesessen, der Kronprinz, noch keine 16 Jahre alt.

Wer in das Gesicht des Padrones blickte – und nicht wenige taten es auch, wenngleich verstohlen und nicht ohne eine gewisse Angst – vermochte unschwer zu erkennen, dass ihm die ganze Richtung der Hochamt-Predigt nicht passte. Er mahlte mit den Kinnladen. Er musste sich anhören, wie Don Carmine, sein furchtloser Widersacher, die Gläubigen nicht mit Floskeln und Sprüchen einseifte, sondern ihnen mit Gedanken, aus denen eine große Kraft kam, Mut zusprach. In den Ohren des Padrones mussten diese Gedanken wie Aufsässigkeiten klingen. Er war alles, nur kein Padrone in des Wortes tiefer Bedeutung.

„Der Ostermorgen", so hatte der Pfarrer gerufen und seine Hände auf die Brüstung der Kanzel gelegt, „erschließt Euch das Geheimnis des Lebens. Ihr müsst wissen, die Auferstehung offenbart, dass es eine Beziehung gibt, die auch der Tod nicht beendet." So waren seine Worte mit klarer, ruhiger und fester Stimme in das düstere und dichtgedrängte Kirchenschiff hinabgedrungen. „Und das ist die Beziehung zu unserem Herrn, der alles erschaffen hat."

Kein Laut war zu vernehmen, sah man von einem gelegentlichen Husten oder heiseren Räuspern oder den Lauten eines Kindes auf dem Schoß seiner Mutter ab. Die Menschen spürten, dass diese Worte Juwelen waren, Juwelen für sie, ausschließlich für sie. Denn Carmine liebte diese einfachen Menschen. Zum Schluss hin sagte er: „Seid gewiss, dass ein jeder von Euch unverwechselbar ist. Und er ist mehr als nur das, was er in der kurzen Spanne seines Lebens aus sich macht oder an scheinbaren Wichtigkeiten hinterlässt." Das waren gewaltige Worte,

Worte, die das Leben in andere als die gewohnten Bezüge setzten, es gleichsam aber auch aus ihnen herauslöste und das Einzigartige an ihm sichtbar machten.

Draußen dann, über dem Platz mit den Palmen und dem Denkmal Garibaldis, wölbte sich der unvorstellbar blaue Himmel, in dessen unendlicher Weite der Hall der Glocken schwang. Das lebensbejahende Gelärme der Stimmen, die Freude darüber, einander zu sehen und einige Worte miteinander wechseln zu können, erfüllte die Herzen und erschien auf den Gesichtern wie ein wundersames Licht.

„Bei unserer Großmutter lassen die Augen nach."

„Oh, das tut mir leid."

„Sie sitzt vor dem Haus und spricht immer wieder mit ihrem verstorbenen Mann. Wenn man sie anspricht, schaut sie einen mit Augen an, die, wie soll ich sagen, von unendlich weit her kommen, gar nicht von dieser Welt. Du kannst sagen, was Du willst, aber es muss doch noch mehr geben, als nur unser Leben, wenn man so etwas sieht. "

„Ja, derlei hört man öfter."

Wie ein Fremdkörper stand in dem freudigen Gewoge die offene schwere Kutsche Delcrocces. Einige hatten noch gesehen, wie das Gefährt auf den Platz fuhr und vor dem hohen Kirchenportal stehen blieb. Bleich und wuchtig hatte Fabrizio darin gesessen, sein Gesicht ohne eine Regung, wenngleich ein angsteinflößender Ausdruck es beherrschte. Die beiden herausgeputzten Pferde in ihrem funkelnden und schimmernden Zaumzeug hatten nervös zu tänzeln begonnen, als man vor dem heranrollenden Prunkstück zurückwich. Die schwarzlackierten Holzspeichen glänzten in der Sonne, desgleichen die vergoldeten Naben. Auf dem Gesicht des Kutschers unter dem schwarzen Stutz-Zylinder lag eine gewisse dümmliche Wichtigkeit.

„Man sagt, der Don hat überall Zuträger."

„Wenn einer nicht den Hut zieht, erfährt er es, wenn er es nicht gleich selber sieht."

„Habe ich auch schon gehört. Man kann keinem trauen."

„Sogar Nachbarn, die sich lange kennen, das muss man sich vorstellen, trauen sich schon nicht mehr."

„Und Du, traust Du mir?"

„Dir gebe ich gleich, Du Schurke."

„Ein Glück, dass ich ohne Hut da bin."

„Und wenn Du einen auf hättest?"

„Ich würde ihn abnehmen."

„Warum?"

„Aus Angst."

Die Ankunft des Padrones war ein absurdes Schauspiel und zugleich voller Bilder der Macht gewesen. Delcrocce hatte sich nicht gescheut, eben diese Macht und die Abhängigkeit der Menschen von ihm sogar am Tag der Auferstehung Christi hemmungslos, um nicht zu sagen schamlos, herauszukehren. Hätte man sich sein Gehabe auf den Feldern noch vorstellen können, so vollzog sich die Demütigung der Leute hier, vor dem Gotteshaus – denn nichts anderes war die Absicht dieses Mannes – mit doppelter Wucht.

„Antonio ist aus Deutschland gekommen."

„Welcher Antonio?"

„Gioia, der aus Malumore. Francesco ist sein Ziehvater. Sein Vater war damals bei den Partisanen und kam durch die Deutschen um."

„Ach … der hat doch auch bei Don Fabrizio gearbeitet, nicht?"

„Ja, der. Und er ist der erste, der mit so jungen Jahren hier fortgegangen ist."

„Wie alt ist er noch gleich?"

„Soll achtzehn sein, sagen sie. So ein junger Kerl. Geht nach Deutschland. Das bewundere ich."

„Und was hört man von ihm?"

„Er sagt, er möchte alles, nur niemals wieder Tagelöhner sein."

„Kann ich mir denken."

„Aber das Schlimmste ist das Heimweh, sagt er."

„Und das Geld?"

„Verdient ordentlich. Da kann sich Don Fabrizio verstecken. Francesco sagt, er wird von dem Jungen unterstützt. Er hat ihm zu Weihnachten Geld für einen Elektro-Ofen geschickt. Du weißt, in den Häusern wird es nie richtig warm. Also, ich muss sagen, Hut ab."

„Tja."

Sie sahen umher.

„Es werden immer mehr, die gehen. Was will man machen?"

„Schrecklich. Ich möchte nicht in diese Lage kommen. Aber hier findest Du doch so gut wie nichts, das wissen wir doch alle. Wer findet denn hier schon eine Arbeit, von der er leben kann?"

„Und wenn Du was findest, dann ist es von der Hand in den Mund, und Du weißt nie, wie lange Du es hast."

„Ja, so ist es. Lass uns gehen. Nehmen wir einen Kaffee?"

„Ja, lass uns gehen, aber ich bezahle."

„Kommt nicht in Frage. Ich bezahle."

In das Gewirr der Stimmen hinein traten der Padrone und sein Sohn. Sie waren die letzten, die aus der Kirche gekommen waren. Die Männer zogen ihre Hüte, selbst jene, die weiter entfernt standen. Als hätte man einen Schalter umgelegt, war beim Erscheinen des alten und des jungen Delcrocce ein Raunen durch die dichtgedrängten Menschen auf dem Platz gegangen. Als sie sich vor dem Don verbeugten und eine Gasse bildeten, damit er zu seiner Kutsche gelange, breitete sich eine erbärmliche Angst in ihren Gesichtern aus. Sie nahm den Menschen ihre Würde. Einige gar stürzten zu Don Fabrizio und küssten ihm die Hand, angesichts dessen der junge Delcrocce sich vorstellen mochte, dass es ihm späterhin einmal ebenso ergehen werde. Und sein Vater nahm entgegen. Er nahm entgegen, nichts als entgegen. Er nahm ein Bad in den gequälten Huldigungen, ja, er genoss es, seine Untergebenen zu Heuchlern werden zu lassen. Er labte sich an der Angst, die er zu verbreiten wusste.

Der albern goldbetresste Kutscher klappte die Stufen aus, woraufhin die beiden Delcrocces das Gefährt bestiegen, dessen Federung leicht nachgab, als sie sich setzten. Nervös tänzelten wieder die Pferde und nickten mit dem reichverzierten Zaumzeug.

Fabrizio hatte sich bereits zurückgelehnt, als er für einen Moment über die Köpfe der Menge hinwegblickte und dann, als er seinen Blick eben wieder geradeaus richten wollte, Antonio sah. Er stand in Rufweite, aufrecht und regungslos, und er war wie gelähmt von dem Anblick, Menschen von einem Moment auf den anderen zu Kriechern werden zu sehen.

‚Sehen wir uns also doch', dachte er bei sich. ‚Welches Schauspiel. Heißt es nicht »Der Don und die Auferstehung«? Wegen Menschen wie Dir werden wir zur Auswanderung gezwungen'.

Eisig waren die herrischen, herablassenden Zügen Delcrocces. Es war eine Sache von Sekunden. Sie genügte, um das Unumkehrbare in beider Augen deutlich werden zu lassen. Antonio und sein einstiger Ausbeuter gehörten zwei unüberbrückbaren Welten an.

Der junge Gioia war, einer inneren Regung folgend, versucht gewesen, sich ebenfalls zu verbeugen, als der Blick des Padrones ihn getroffen hatte, wohl auch deshalb, um den Ziehvater im anderen Falle nicht dem Zorn Delcrocces auszusetzen. Irgendetwas aber hieß ihn diese

Geste der Unterwerfung nicht ausführen. Eine innere Stimme sagte ihm: Lass es sein, ängstige Dich nicht. Es ist richtig so, wie es ist. Und Antonio Gioia durchfloss ein lautloser Schrei. Er verstand.

Don Carmine stieg vom Fahrrad, als er den steinigen und schmalen Eselspfad nach Malumore hinunter vor sich liegen sah. Er ging von der Serpentinenstraße ab, die von Siracusa hochkam und am Landsitz Delcrocces vorbeiführte. Bedachtsam musste man Schritt vor Schritt setzen, noch dazu, wenn man ein Fahrrad schob. Aus der dunstigen Tiefebene wehte ein lauer Wind die Gerüche der sich öffnenden Frühlingserde und die Gerüche all dessen herauf, was zu blühen begann. Es war Ostern. In Malumore traf man sich zur Pasquetta, dem Fest des zweiten Ostertages. Man aß und trank und tanzte und erwartete den Priester, ohne dass er sich hätte ankündigen müssen.

Der Pater stand, auf das Fahrrad gestützt, auf dem steinigen Weg mit den Disteln am Wegessaum – ein Sinnbild – und spürte die Schwere dessen, was er als Prüfung empfand. Doch der Schöpfer aller Dinge liebte ihn, so wie er jeden Menschen liebte. Er wollte ihn gar nicht prüfen, nicht im Entferntesten. Ganz ohne Prüfung liebte er ihn, den er auch gar nicht als Diener sah.

Der Priester war in Gedanken. Was hatten diese Menschen getan, dass sie ihr Leben als Tagelöhner und Analphabeten zu fristen hatten? Was bedeutete dieses Unrecht? War es denn überhaupt eines? Oder, anders herum, hatten diese Menschen etwas getan, das Sühne forderte? War etwa die Notwendigkeit der Sühne nur ein Hirngespinst? Blieb man dem Verstand verhaftet, so war es eine Spirale ohne Ende. Warum war der Weg vom Verstand zum Herzen, dieser halbe Meter, so weit? Unwillkürlich spielte bei diesem Bild ein wehes Lächeln um seinen Mund. Und er fragte sich, ob er Zeichen etwa nicht erkenne und stattdessen in der Vordergründigkeit irdischer Sichtweisen hängenbleibe? Vor allen Dingen aber, war es statthaft, sich dagegen zu empören? War dies Aufgabe eines Priesters? Oder bestand seine Pflicht darin, dieses Geschick als Prüfung zu deuten, quälte er sich weiter.

War Gott überhaupt, so man ihn als einen einzigen Ausdruck der Liebe begriff, als ein Prüfender denkbar? Auf einmal kam ihm in den Sinn, Gott lasse all dies zu, damit er, sein Diener, sein eigenes Herz spüren könne. Ein hoher Preis? Ein verrückter Gedanke? Aber wieso war er plötzlich da? Menschen werden gedemütigt, damit ein Priester sein Herz spüren kann? Und wie, wenn diese Menschen alles gar nicht als Demütigung und Entwürdigung empfänden und es deshalb ohne Aufbegehren hinnähmen? War die Würde eines Menschen nicht ohnehin nur über die Demut möglich?

Er kannte an sich, dass sein Herz zur Ruhe kam, wenn er sich auf der Seite der Armen empfand. Und es ging in Flammen auf, wenn er sich die Latifundisten und ihre Selbstherrlichkeit vor Augen führte. Carmine Tolomeo, Kind armer Eltern, der Vater war Fischer, die Mutter führte den Haushalt und ging als Putzfrau, war Geistlicher geworden, weil es ihm geschenkt worden war, die letztendliche Beschränktheit der Verstandeswelt sehr früh als ebenso unerträglich zu begreifen wie die lächerlichen Versuche, im Leben einen verstandesmäßig begründbaren Sinn zu sehen. In der Schule war ein alter Pater auf ihn aufmerksam geworden, der die Knaben Religion lehrte. Er schlug ihn für das Priesterseminar vor. Die Eltern waren bestürzt und stolz zugleich. Wie kam ihr Sohn zu solchen Fähigkeiten? Woher hatte er seine Klugheit und das frühe Erahnen der Dinge des Lebens?

Don Carmine vermochte späterhin intuitiv zu erfassen, dass gewisse Antworten nicht mit dem Verstand zu geben seien. Die Suche nach ihnen trug also das Scheitern bereits in sich, denn – mehr noch – es gab überhaupt keine Antworten. An ihrer statt war die reine Stille. Alles, was man für Antworten hielt, war ein Selbstbetrug. Die Revolutionäre, so dachte er, zerlegten die Dinge nach festgefügten und dem Anschein nach unwiderlegbaren Erkenntnissen. Sie fügten sie wieder zusammen und glaubten, ihnen dadurch das Wesen der Gerechtigkeit verleihen zu können. Aber war nicht auch dies wieder nur eine Hilfskonstruktion für das Bewältigen des im Grunde gar nicht Bewältigbaren? In einem freilich war er den auf revolutionäre Weise Suchenden verbunden, darin nämlich, dass sie das nach ihren Begriffen Unerträgliche ändern wollten, weil sie es für menschenunwürdig hielten.

In zärtlicher Sorge war er in Gedanken bei Antonio und der Vielfalt seiner Belastungen, als er auf dem Eselspfad immer wieder anhielt, die Augen mit der Hand beschattete und über die dunstige Tiefebene blickte. Antonio war sein besonderer Schützling. Seine Schützlinge waren sie alle, ihn aber hatte er nach der Feldarbeit in dem Studierzimmer mit der bernsteinfarben leuchtenden Stehlampe Lesen und Schreiben gelehrt, so gut es ging, und das einfache Rechnen. Dabei hatte der Geistliche erkannt, dass ein hellwacher Verstand in dem Jungen loderte. Eines erfüllte den Lehrer Antonios in der abgetragenen Soutane dabei mit großer Zufriedenheit, nämlich dass er dazu hatte beitragen können, den Jungen der Allmacht des Padrones zu entreißen.

Don Carmine bückte sich, überprüfte den Druck seiner Pneus und schickte sich in seine von ihm als solche wahrgenommene Prüfung. Die Anfechtungen des Verstandes waren ein Wesensmerkmal dieser Prüfung und würden es immer sein. Dessen war er sicher. Als er sich aufrichtete, konnte er von fern bereits Klarinette, Geige und Akkordeon vernehmen, zu deren Klängen die Menschen feierten. Und gleich würde er auch den Duft des gebratenen Lammfleisches riechen.

Sie kamen zu Fuß, mit dem Rad und mit belfernden und qualmenden Mopeds, auf Esel und Maultier, deren runde Bäuche die Beine der Reitenden abspreizten. Nicht, dass sie nicht selbst auch Pasquetta zu feiern gehabt hätten, in Cisterna und Canaletto, in Cavone oder in Rjssa oder Scafarello. Auch bei ihnen war die Luft erfüllt vom Duft des Gebratenen. Auch bei ihnen erklangen Gitarre oder Akkordeon, die Geige oder die Klarinette und die verbeulte Trompete mit ihrem mattgoldenen Schimmer. Auch bei ihnen sprangen die Kinder umher und kreiste der dunkle Wein ohne Etikett mit einem Fetzen zusammengerollten Papiers als Flaschenverschluss.

In Malumore aber wollte man Antonio sehen. Man war begierig, von ihm zu hören. Er war mit Geschenken gekommen, eine Armbanduhr hatte jetzt auch er, war modisch gekleidet, besaß eine Arbeitsstelle in diesem deutschen Schwabgarten – weiß der Himmel, wo das liegen mochte. Aber auch erkennbar verändert war er schon nach einem halben Jahr.

Alle wussten von dem Elektro-Ofen für das Haus des Ziehvaters, des alternden Francesco Gioia. Dort nistete diese feuchte, ekelhafte Kälte wie ein hämisches Ungeheuer, wie sie es auch bei den anderen tat. Der Junge sorgte für den Alten. Das öffnete die Herzen für ihn noch weiter.

Sie saßen im Kreis, in dessen Mitte man Tarantella und Walzer, irgendeinen Zwei-Takter tanzte oder ungelenk kühn, mit ausladenden Hüften, eine Rumba nachempfand. Der Vater Gaetanos spielte auf der Gitarre, Orestes Vater ließ die Geige erklingen, Eduardos Onkel die Ziehharmonika. Es war ein inniger, zugleich aber seltsam verlorener Klang, der von diesen Instrumenten ausging. Der Klang war derb wie die Hände, Münder und Gesichter, dabei aber ebenso unendlich zärtlich wie das tiefste innere Sizilianische.

Die Pasquetta, dieses uralte Fest nach der Auferstehung, durchzog die Seelen der Menschen wie ein gläubiges Nachbeben. Sie hießen den Gottessohn auf ihre Weise noch einmal im Irdischen willkommen. Sie tanzten, weil er den Tod besiegt hatte, wie ihr Glauben es ihnen verhieß. Sie aßen und tranken und lachten und schwatzten, weil ihnen das Leben aufs Neue geschenkt worden war. Eine ungeheure Symbolik der Bejahung lag darin.

Sie umstanden Antonio mit bewundernder Neugier und er nahm diese bewundernde Neugier mit Bescheidenheit in sich auf. Er hatte ihnen etwas voraus. Aber es ließ ihn nicht überheblich werden. Er blieb einer von ihnen, die ebenso litten wie er. Das machte ihn gefeit gegen jene gewisse Überheblichkeit, die so rasch und leicht von einem Besitz ergreifen kann.

Im großen Kreis saß Francesco auf einem Korbstuhl, den man für ihn herbeigeschafft hatte. Seine Augen waren erfüllt von dem Stolz auf den Heimgekehrten. Doch er blieb zurückhaltend, und wenn man ihn auf den Ziehsohn und seine Arbeit in der Fremde ansprach, so antwortete er freundlich, aber wortkarg und verwies auf ihn. „Sprecht mit ihm. Ich habe nichts zu sagen." Ohnehin war es ihm nicht gegeben, etwas mit Worten darzustellen. Zumindest glaubte er dies so. Dabei besaß die Schlichtheit seiner Sprache etwas ungewohnt Anschauliches. Man stand um ihn herum und war von dieser eigentümlichen Kraft berührt, die aus diesen Worten kam. Einmal sah Antonio zu seinem Ziehvater her. Und da rührte ihn der Anblick des ausgemergelten Mannes, der mit den anderen saß und doch einsam wirkte, derart, dass er mitten im Geplauder zu ihm lief und ihn an sich drückte. Francesco sah zu ihm auf, mit seinen stoppeligen Wangen und den scharfen Falten des Gesichts unter der anthrazitfarbenen Feiertagsmütze, und es bedurfte keines einzigen Wortes irgendeiner Erklärung.

Am Rande des Platzes stand Assunta.

Obschon sie es vereinbart hatten, als sie im verwunschenen Garten auf dem rätselhaften Stein gesessen und einander umfasst gehalten und geküsst hatten, fuhr ihr Anblick dennoch wie ein Blitz durch Antonio. Nach außen hin war sie zu Besuch bei einer Freundin. Sie gab ihm verstohlene Zeichen. Die Pasquetta beschützte ihre heimliche Liebe.

In diesem gleichen Moment ertönten Rufe.

„Don Carmine! Don Carmine ist da!"

Menschen strömten auf den Geistlichen zu und umringten ihn, und

Kinder sprangen um ihn herum, die Fangen und Versteck gespielt hatten. Der Pater lehnte sein Fahrrad an einen Akazienstamm.

„Kommen Sie, Pater, kommen Sie hierher. Das Zicklein ist gar. Sie müssen es probieren ... Ein Glas Wein?"

„Ich danke Euch, sehr gern. Ich danke Euch. Aber Ihr müsst Euch keine Umstände machen."

„Welche Umstände, Pater? Wovon sprechen Sie?"

Die Augen der Feiernden leuchteten. Sie fühlten sich geehrt und gewürdigt durch den geistlichen Besuch.

„Sie kommen zu uns. Sie vergessen uns nicht. Und wie Sie gepredigt haben. Don Fabrizio hatte ein ganz böses Gesicht. Das war sonderbar."

Der Pater lächelte und hielt das Glas wortlos unter die entgegengestreckte Weinflasche. Nach einem Schluck nötigte man ihn an die lange Tafel, an der man bereits zulangte und tat, was man am liebsten tat, einander schreiend zu übertönen und vor Wonne und Behaglichkeit beinahe zu platzen.

Die Männer erhoben sich, als der Pfarrer an die Tafel trat.

„Willkommen ... Prost ... Auf Ihre Gesundheit ... Wie schön ... Frohe Ostern ... Don Carmine, seht, er besucht uns." Die Stimmen schwirrten durcheinander und erhoben sich wie ein Vogelschwarm.

„Rückt zusammen ... Pater, kommen Sie doch hierher ..."

Es war in seinem Sinne, dass die Seele des Festes sich bei seinem Erscheinen weiter und weiter zu entfalten begann. Freudig aufgenommen, war er rasch Teil der Feiernden.

Mit hellem Gesicht verfolgte Antonio die Ankunft. Im Begriff, an den langen Tisch zu treten und Don Carmine zu grüßen, den er vor Tagen in seinem Studierzimmer aufgesucht hatte, berührte ihn jemand am Arm.

Es war Oreste.

„Assunta...", begann Oreste.

Immer dann, wenn er von Assunta hörte, begann Antonios Herz rascher zu schlagen. Und es war ihm, als setzte es aus.

„Was ist mit ihr?"

„Sei morgen um vier am Bahnhof in Siracusa. Eine Freundin von ihr hat Geburtstag, Elena. Sie gibt eine Party. Assunta wünscht sich, dass Du mit ihr hingehst."

Antonio blickte umher in der vagen Hoffnung, sie zu sehen. Sie musste noch auf der Pasquetta sein, zumindest war sie es eben noch gewesen. Untergehakt war sie in einiger Entfernung mit einer Freundin auf und ab gegangen. Dann sah er sie. Regungslos sah sie zu ihm her. Sie wusste, dass er die Nachricht erhalten hatte und schien auf ein Zeichen zu warten. Als Antonio nickte, wandte sie sich ab und war wie vom Erdboden verschluckt.

Party bei Tancredi

Die Villa in der Via Manzoni Nummer 97 war im Stil der Jahrhundertwende erbaut. Von Anfang an befand sich dieses gerade seiner Schlichtheit wegen so schöne Haus im Besitz der Tancredis. Als sie an der wuchtigen dunkelgrünen Tür mit der schmiedeeisernen Verzierung vor einem ovalen Glaseinsatz geläutet hatten, kämpfte Antonio damit umzukehren. Beim Anblick des Hauses des Notars fühlte er sich klein und nichtig. Doch schon zeigte sich in dem Glas-Oval das Hausmädchen. Es trug ein weißes Häubchen und eine Rüschenschürze über dem schwarzen gefältelten Kleid und ging Antonio und Assunta mit freundlichem Lächeln voran.

Am Ende der Halle öffnete das Hausmädchen eine weißlackierte Flügeltür mit Jugendstil-Glasfüllungen. Ein Schwall von Stimmen drang heraus. Elena stand unmittelbar am Eingang. Freudig umarmte sie Assunta, während alles in Antonio sich zusammenzog. Eine elegant gekleidete Gesellschaft wandte sich den Hinzugekommenen mit einem Anflug freundlicher Blasiertheit zu. Er fühlte sich von Augenpaaren abgetastet und als irgendwo ein Lachen aufstieg, nahm er an, es sei seinetwegen. Dieses Lachen war aber aus nichtigem Anlass aus einer Gruppe von Party-Gästen emporgestiegen, die am Flügel lehnten, auf dem leise eine beinahe unerträglich gutaussehende Frau ein paar Takte Jazz spielte.

„Elena, das ist Antonio", sagte Assunta, die zu ihm zurückgekehrt war, sich bei ihm eingehängt hatte und ihn nun der Gastgeberin vorstellte. Elena war eine brünette Schönheit mit hochgestecktem Haar. In ihren grünen Augen in dem schmalen Gesicht irisierte ein rätselhaftes Licht. Sie trug ein dunkelgrünes knielanges und ärmelloses Brokatkleid und eine schlichte Perlenkette, ein Erbstück der Großmutter.

„Ah, Antonio, Du bist das also", lächelte sie. Er verbeugte sich linkisch und sah Elenas feine und feste Hand in seiner rauen mit den nachlässig geschnittenen Fingernägeln liegen. Als er von dem Duft der Parfüms, dem Gewirr der temperierten Stimmen, der Klaviermusik, dem Salon, von dem aus eine weit geöffnete Flügeltür auf die Terrasse hinausführte, die wiederum in einen Park überging, als er angesichts alldessen vollends verwirrt zu werden drohte, hörte er Assunta ganz nah an seinem Ohr.

„Komm, Liebster."

Allmählich begannen sich seine in Aufruhr geratenen Sinne wieder zu glätten und er vermochte zu erkennen, dass es fast ausschließlich Gäste in seinem und Assuntas Alter waren. Es waren die Söhne und Töchter der einflussreichen Kreise Siracusas. Nichts war unmöglich für einen, der dazugehörte. Antonio fing Gespräche auf, deren Wortwahl ihm fremd war.

Eine Hand legte sich auf seinen Arm.

„Kennen wir uns?"

„Nein."

„Du bist …"

„Antonio."

„Ah, nett. Ich bin Claudio. Ich habe Dich bei Elena stehen sehen. Und – was machst Du so?"

Wie auf einem Bild, das von einem Schlaglicht erhellt wird, erstand eines der Felder des Padrones mit den gebeugten Rücken der Tagelöhner vor Antonio. Er sah den Schaum vor dem Mund des Arbeiters, den eine Viper gebissen hatte und der vor aller Augen mitten auf dem Karottenfeld verreckte. Er sah das hilflos-arrogante Gesicht des jungen Delcrocce am Ostersonntag vor der Kirche an sich vorüberziehen. Dann sagte er in das, wie ihm schien, gelangweilt-höfliche Abwarten des Fragenden hinein: „Ich bin mit Assunta hier."

„Ah, Elenas Freundin."

„Ich bin ausgewandert", hörte Antonio sich sagen. Er wunderte sich darüber. Er hatte überhaupt nicht die Absicht gehabt, davon anzufangen. Auch hatte er noch niemals das Wort ausgewandert benutzt. Aber war es nicht das gewesen, wonach Claudio gefragt hatte? Alles war von selbst gekommen, wie etwas, das sich Luft verschaffen will. „Ich arbeite in Deutschland. Ich bin aus Malumore und war Tagelöhner." Ganz ruhig sagte er das, wobei es sich vollkommen selbstverständlich anhörte. Claudio hatte eine überraschte Aufmerksamkeit angenommen, als Assunta aus dem Gemenge der Gäste auftauchte.

„Habt Ihr Euch schon gefunden." Sie lächelte Claudio zu. Dann schaute sie Antonio – für einen Moment – nachdenklich in die Augen.

„Lass uns etwas trinken", sagte sie. „Ich verdurste. Entschuldige, Claudio. Auf einen Augenblick nur."

Claudio hob die Arme und lächelte und sah ihnen nach. Sie blieben vor einem Serviermädchen stehen, das sich mit einem Tablett zwischen den Gästen bewegte und Champagner anbot. Assunta küsste Antonio und fuhr mit der Zungenspitze leicht zwischen seine Lippen. Er befand sich immer noch in einer starken Verlegenheit und zuckte dabei ein wenig zurück. Aber sie mussten sich vor nichts und niemandem in Acht nehmen.

„Elena wartet mit Kaffee. Es sind noch einige vom Seminar gekommen", sagte Assunta nach einer Weile. „Ich gehe nur einen Sprung zu ihnen. Aber ich musste Dich küssen."

Sie küssten einander noch einmal. Antonio sah ihr nach. Seine Augen umfingen ihre zierliche Figur, die so außerordentlich erregend war. Er wollte sich zögernd dem Flügel nähern, als Claudio wieder neben ihm stand. Antonio hatte den knochigen jungen Burschen mit seinem Scheitel im dichten schwarzen Haar von Anfang an gemocht. Sie nahmen sich Sekt von dem Silbertablett des Hausmädchens. Antonio verspürte das starke Bedürfnis nach einer Zigarette.

„Alpha!", sagte Claudio mit Kennermiene auf der weitläufigen Terrasse, die von einer großzügig geschwungenen Balustrade gesäumt war. „Seitdem ich rauche", erwiderte Antonio und bot dem anderen eine an.

Sie standen an der kniehohen Brüstung, wo die Geräusche der Party sich mit den Düften des Parks vermischten. Über das dunkelnde Gelände begann sich ein durchsichtiges Blau zu legen.

„Das mit Deutschland beeindruckt mich", begann Claudio unvermittelt. Er war an die Balustrade getreten, hatte die Zigarette in einem Aschenbecher ausgedrückt und war zu Antonio zurückgekehrt.

„Du bist der erste Tagelöhner, den ich kenne."

Antonio sah ihn schweigend an. Er war gespannt darauf, was kommen würde.

„Es ist nicht gut, wie diese Menschen arbeiten müssen", sagte Claudio leise. „Das auf gar keinen Fall. Manchmal habe ich welche gesehen, von fern. Ein Aufseher ritt zwischen ihnen herum und schrie die Leute an."

„Wo?"

„Südlich von Palermo. Ich bin Landvermesser." Jetzt war es Antonio, in dessen Augen sich eine überraschte Aufmerksamkeit zeigte.

„Wofür hast Du mich gehalten?", fragte Claudio.

„Für niemand Bestimmtes. Wie sieht jemand schon aus, der dies oder das ist? Aber ist es nicht seltsam? Du vermisst Land, ich habe auf ihm gearbeitet. Da haben wir was Gemeinsames." In beider Gesicht schien ein kurzes Lächeln auf.

In der Nähe der Terrasse schlug ein Pfau ein leuchtendes türkisfarbenes Rad. Wundersam gravitätisch stolzierte er umher und stieß dabei durchdringende Schreie aus.

„Du kommst sicher aus diesen Kreisen", sagte Antonio.

„Kann man nicht sagen. Mein Vater ist Schreiner."

„Und was machst Du hier?"

„Ich bin Elenas Verlobter."

Das Klingen der Gläser und die anschwellende Unterhaltung drangen zu ihnen auf die Terrasse heraus. Es war Abend geworden. Im Salon brannten alle Lichter. Aus der Gesellschaft ragte die imposante Erscheinung des Notars mit seinem Grauschopf und den schweren Tränensäcken unter den Augen heraus. Er hatte sich zu Ehren seiner Tochter unter die Feiernden begeben. Mit glänzenden Augen hatte sie sich bei ihrem Vater eingehängt. Dr. Paolo Tancredi war seit zwei Jahren Witwer. Seine Frau war von einem betrunkenen Autofahrer im Zentrum Siracusas am helllichten Tag erfasst und getötet worden. Seitdem saß er zuweilen spätabends in der Bibliothek, den Marsala in Reichweite, und sprach leise mit der Toten. Durch einen Zufall war seine Tochter Zeugin eines dieser Zwiegespräche geworden. Die Tür zur Bibliothek hatte gegen Mitternacht einen Spalt offen gestanden, aus dem gedämpftes Licht gedrungen war. Im Begriff einzutreten, um den Vater zu fragen, ob er vor dem Zubettgehen noch etwas wünsche, hatte sie seine leise Stimme vernommen und war vor der Tür stehen geblieben. Sie hatte nicht lauschen wollen, dennoch hatte etwas ihre Schritte gebannt. Wahrscheinlich war es die Annahme gewesen, es sei noch jemand bei dem Vater, dessen Ankunft ihr entgangen war. Aber da drang die Stimme des Notars mit einemmal deutlich vernehmbar zu ihr heraus.

„ … nur Dich. Solange ich lebe, liebe ich nur Dich. Und wenn ich tot bin, bin ich ja wieder mit Dir vereint", hörte Elena den Vater leise sprechen, und es klang, als plaudere er auf ganz normale Weise mit einem Gegenüber. Elena erschauerte. Sie konnte sich nicht dagegen wehren zuzuhören. Wie erstarrt hatte sie dagestanden.

„Elena geht es gut. Unser Kind. Ich liebe es. Es ist mein Augenstern. Du weißt es doch ohnehin, meine Carla … meine Carla … mein Alles."

Elena hörte den Wein in das Glas fließen und das Leder des schweren Sessels leise knarzen.

„Sieh mich an", hörte sie den Vater wieder, „Mir geht es auch gut."

Eine Angst griff Elena ans Herz. Sie wich von der Tür zurück und hielt sich die Hand vor den Mund. Der Vater sprach mit der toten Mutter. In dem Mädchen war eine starke Unruhe. Sollte es den Vater wissen lassen, dass es davon wusste? Oder sollte es die Dinge dort lassen, wo sie hingehörten, in die Welt des Vaters? Als dieser Gedanke in ihr war, spürte sie, dass es die Sache des Vaters sei, die Liebe zu seiner toten Frau in den Gesprächen in der nächtlichen Bibliothek weiterleben zu lassen. Mit Mühe war Elena dem Bedürfnis Herr geworden, hineinzugehen und sich über die Knie des Vaters zu werfen.

Die spaltbreit geöffnete Tür wiederholte sich nicht. Fortan war sie geschlossen, und es war, als habe sie nur dieses eine Mal offen gestanden, um Elena von diesen Dingen wissen zu lassen. Ein einziges Mal noch war sie in der Folgezeit versucht gewesen, zu ihm hineinzugehen, vor ihm niederzusinken und ihren Kopf auf seine Knie zu legen. Es war an einem Abend, da sie von einem Theaterbesuch zurückkehrte und Licht in der Bibliothek gesehen hatte, während sie aus dem Taxi stieg. Sie war schließlich an der Tür vorüber gegangen, aber ihr Herz hatte dabei wie wild geschlagen.

„Man verdient sicher gut", ließ Antonio sich vernehmen. „Ich meine, in Deinem Beruf."

„Ja, das ist wahr", sagte Claudio dumpf.

„Das klingt nicht freudig."

„Es wäre schön, aber seit dem Examen bin ich arbeitslos."

„Was sagst Du da? Du als …"

„Seit drei Jahren, ja."

„Das verstehe ich nicht."

„Man kommt in Behördendienste nur mit Beziehungen hinein. Mein Vater ist ein Handwerker. Er hat keinerlei Einfluss."

„Elenas Vater könnte Dir mit Leichtigkeit helfen."

„Vielleicht ist es dumm, aber ich bin zu stolz dazu."

„Es ist nicht dumm", entfuhr es Antonio, wobei er nicht wusste, woher er diese Gewissheit nahm. Sie schauten den Party-Gästen zu, die zu tanzen begonnen hatten. Die hell erleuchteten Fenster warfen Licht in die Dunkelheit des Parks.

„Wovon lebst Du also?"

„Ich gebe Nachhilfestunden in Mathematik und Geometrie."

„Reicht Dir das denn?"

„Besser Du fragst nicht."

„Was willst Du tun?"

Claudio zuckte mit den Schultern und inhalierte tief den Rauch der Zigarette. Sie plauderten wie zwei Freunde, die einander lange kannten. Im Rahmen der hellerleuchteten Tür lehnte Elena. Sie hatte ihnen zugehört. „Kommt doch tanzen. Vater fragt, wo Du bist, Claudio." Sie hakte sich bei beiden Männern unter und betrat mit ihnen den Salon. Der Notar winkte ihnen zu und hob sein Glas.

Erinnerung und Gefühle

Im Gedränge der Bahnhofshalle schlug sein Herz hart vor Erregung. Wie aus einem Hinterhalt hatte der Gedanke ihn angesprungen. Sein Mund war trocken, als er es sich vorzustellen begann. Zugleich wusste er, dass er es nicht würde umgehen können, wenn er seine Ruhe wiedererlangen wollte. An einer Espresso-Bar wechselte Antonio einen Schein in Münzen und suchte nach einer Telefonkabine, holte den Zettel mit der Nummer hervor, nahm den Hörer ab und wählte das Pädagogische Institut in Siracusa an. Es läutete lange. Antonio war nahe daran, wieder aufzulegen, als eine Frauenstimme sich meldete und die Telefonmünzen durchzurasseln begannen.

„Guten Tag, können Sie mich mit der Halle verbinden?"

Er wusste, dass um diese Zeit Vorlesungspause war und Gespräche nach dorthin durchgestellt werden konnten, wo das Licht des Tages durch große Fenster hereinflutete und das Telefon an der gedrungenen runden Säule mit dem dorischen Kapitell in der Mitte der Halle angebracht war.

„Wer sind Sie?"

„Ich bin der Freund einer Studentin", antwortete Antonio.

„Wie heißt sie?"

„Lamesa, Assunta Lamesa."

„Fräulein Lamesa hat heute keine Vorlesung", sagte die Frauenstimme unbeteiligt.

„Das muss ein Irrtum sein."

„Assunta Lamesa, sagen Sie?"

„Ja. Hören Sie, ich rufe von auswärts an", entfuhr es Antonio. „Ich …"
Ein langgezogener Laut ertönte. Die Verbindung war unterbrochen.
Antonio eilte in eine Bar zurück, um weitere Münzen, sogenannte
Gettoni, zu kaufen. Als er mit kaum bezähmter Unruhe zurückgekehrt
war, sprach dort inzwischen eine dickliche Frau mit stark gerötetem
Gesicht aufgeregt in den Hörer. Antonio roch den frischen Schweiß, als
er nach dieser Frau die Zelle betrat und erneut die Nummer wählte. Es
meldete sich ein wenig gereizt die gleiche Frauenstimme.

„Ich bin es noch einmal. Es ist wegen Assunta Lamesa. Ich…."

„Ah! Gut. Es war eine Verwechslung", klang die Stimme der Telefo-
nistin plötzlich freundlich und entgegenkommend. „Sie hatten recht,
Assunta ist da. Ich habe sie mit einer anderen Assunta verwechselt. Es tut
mir leid, dass Sie Umstände hatten." Es knackte. Nach einigem Läuten
nahm jemand den Hörer ab. Antonio hörte Stimmengewirr.

„Hallo!"

„Bitte geben Sie mir Assunta Lamesa."

„Einen Moment."

Antonio hörte, wie jemand Assuntas Namen rief. Schritte näherten
sich, und in dieser Stille der Sekunden, die entsteht, wenn jemand einen
Hörer in die Hand nimmt und sich zu melden anschickt, versank alles um
Antonio her.

„Hallo!"

„Assunta, ich bin es."

„Antonio", rief sie, und die Überraschung war ihrer Stimme anzu-
hören. „Wo bist Du?"

„In Neapel im Bahnhof."

„Was ist passiert?"

„Nichts. Ich musste Dich hören."

„Du …". Dann war Schweigen. Das Telefon rauschte und knackte.

„Assunta! Bist Du noch da?"

„Ja … Ich kann nicht denken … Es überrascht mich so dermaßen …
Verrückter."

Jemand klopfte kurz und knapp mit einer Münze an die Kabine. Nicht
laut und ungehalten, sondern eher auf eine beiläufige Art. Antonio sah

einen Soldaten lächeln und mit dem Zeigefinger auf die Armbanduhr tippen. Es entstand eine kurze Stille, in der sich eine diffuse Angst in ihm ausbreitete, deren Ursprung ihm unbekannt war, ehe er wieder Assuntas Stimme hörte.

„Sie bewundern die Halskette mit der Madonna, die Du mir geschenkt hast."

„Hat Dein Vater etwas gesagt?"

„Nein. Er hat nichts bemerkt. Ich kann sie auch so tragen, dass man sie nicht sehen kann."

Der Korporal hatte der Telefonkabine den Rücken zugekehrt und verfolgte mit dem Anflug eines amüsierten Blickes das Leben in der Halle. Über seinem olivfarbenen Käppi kräuselte sich der Rauch seiner Zigarette und er hatte die linke Hand leger in der Hosentasche stecken. Antonios Augen hatten hell geleuchtet, als er zu dem Soldaten hinschaute. Und um die Mundwinkel des Korporals hatte ein Lächeln gespielt. ‚Na was denn sonst? Was soll er schon anderes tun? Er telefoniert mit seiner Kleinen'.

In seiner Aufregung schoss Antonio die Statue durch den Kopf. „Ich bin erst jetzt auf die Madonnina im Hafen von Messina aufmerksam geworden", sagte er, während sein Herz jagte. „Obwohl ich doch schon zwei Mal daran vorbeigefahren bin."

„Weißt Du was, für mich wirkt sie, als ob sie einen davon abhalten wollte, fortzugehen", sagte Assunta. Im Hintergrund ertönte ein Gong.

„Ich denke daran, wie wir in Siracusa spazieren gegangen sind und wie Du nach der arabischen Bar gerade noch den letzten Bus erreicht hast", sagte Antonio. Er spürte seine Handflächen nass werden. Und als er Schluchzen vernahm: „Weine doch nicht, hörst Du? Weine doch nicht."

„Ich muss Schluss machen. Es geht weiter. Ich küsse Dich."

„Ich küsse Dich auch", erwiderte Antonio.

„Ich lege auf."

„Ja, leg Du auf."

„Ohne Abschiedswort?"

„Ja."

Es knackte in der Leitung. Antonio fühlte sich müde und leer und von einer lähmenden Traurigkeit erfüllt. Er hatte das Empfinden, als sei Assunta gar nicht wirklich, sondern ein Traum, aus dem zu erwachen er Angst habe. Er ging zu seinem Zug auf Bahnsteig 14 und fiel erschlagen in eine Ecke der Sitzbänke. In einer qualvollen Verzerrung seines Inneren sah er draußen ein weiteres Mal den Süden zurückbleiben. Er nahm das Geräusch der Räder auf den Schienen stärker und härter wahr, als es für gewöhnlich geschah. Nur ganz allmählich traten Bilder des Erinnerns an die Stelle dieser namenlosen Verzweiflung. Wie unverändert alles gewesen war im Studierzimmer Don Carmines. Er hatte einen Krug Wasser mit gesüßtem Zitronensaft auf den Tisch gestellt, ihnen eingeschenkt und die Liebenden mit schlichten Worten, die sehr tief gingen, in allem bestärkt. Mit keinem einzigen Wort hatte dieser Mann Zweifel am Gelingen ihrer Absichten gesät oder sie gar für unsinnig erklärt. In dem Zimmer hatte eine hauchdünne Staubschicht über allem gelegen. Antonio hatte es mit einemmal geschienen, als wolle der Geistliche mit Absicht alles unberührt lassen. Woher kam dieser Gedanke? Was hatte ihn geformt? Sie küssten dem Pater die Hand. Er ließ es wieder mit jener Art schmerzlich-milden Lächelns geschehen. Er fand sich mit jeglicher Überhöhung seiner Person nur schwer zurecht. Er legte seine Hände auf die schmalen und abfallenden Schultern Antonios, der nach Assunta vor den Priester hingetreten war.

„Ich werde nach Deinem Pflegevater sehen, so oft es mir möglich ist", sagte er leise und ganz ohne Besorgnis in der Stimme.

„Nimm es ruhig an. Ich tue es gern", hatte Carmine gesagt und sah ihm in die Augen. Große Erleichterung stand darin. Je näher die Abreise gekommen war, desto mehr hatte Antonio der qualvolle Zwist des alten Mannes bedrückt. Dieser hätte ihn in einer schmerzlichen Aufwallung am liebsten nicht ein weiteres Mal ziehen lassen, ihm andererseits aber nicht im Wege stehen wollen. Der Junge sah das ausgemergelte Gesicht mit den Bartstoppeln vor sich, die spitze Nase und den schmallippigen und nahezu zahnlosen, eingefallenen Mund und die Furchen in den Wangen des kranken Mannes, über die Tränen sickerten.

Antonio hatte mit Assunta bereits in der Tür gestanden, über der das schlichte Kreuz hing, als er noch einmal zurückkehrte, um sein Gesicht an die Brust des Paters zu legen. Mit geschlossenen Augen roch er den Stoff der Soutane. Wie damals, als er bei ihm gewesen war, um sich zu verabschieden, als er die Hand des Priesters geküsst und für einen Moment befürchtet hatte, er werde sie ihm entziehen, war diese Befürchtung auch diesmal wieder aufgeflackert. Aber Don Carmine hatte seinen Arm über Schulter und Rücken Antonios gelegt. In dieser Haltung verharrten sie für einige Augenblicke. Mit zu Boden gerichtetem Blick hatte Assunta an der Tür gestanden. Ein Fenster war geöffnet und ließ das Gezwitscher der Vögel aus dem verwilderten Pfarrgarten herein; die einzigen Laute in dieser kostbaren Stille.

Ein anderes Bild zeigte sich. Es war das Bild der hochträchtigen Eselin, die sich auf der Streu des Verschlages in Malumore mit großen Augen in Schmerzen gestreckt hatte, an allen Gliedern zitterte und sich zu erheben versuchte. Das Tier hatte durchdringend geschrien. Francesco hatte neben ihm gekniet und ihm hilflos die Ohren und den aufgeblähten Bauch gestreichelt. Grigiolina fraß seit Tagen nichts und hatte immer wieder Schaum vor dem Maul. Wortlos hatte Antonio das Rad genommen und den Tierarzt geholt, der so rasch wie möglich kam, den Bauch abtastete und dem Tier eine Spritze setzte.

„Mach Dir keine Sorgen, Gioia", hatte er den Blick des Ziehvaters beschieden, ehe er wieder in sein Auto gestiegen war. „Das Junge erleidet keinen Schaden. Es ist alles ganz normal, auch wenn es schrecklich aussieht. Es ist eine Blähung. Das kann geschehen, wenn die Organe durch die Trächtigkeit durcheinanderkommen." Die Spritze hatte rasch gewirkt. Grigiolina hatte mit erschöpftem Schnauben und jener eigentümlichen Ergebenheit in den Augen gelegen, die diese Kreaturen an sich haben.

In diese Bilder hinein zerrte ein Mann mittleren Alters mit großen hellen Augen, wuchtig in einem beigen und etwas knapp sitzenden Anzug steckend, die Abteiltür zurück. Unwirsch blickte er sich um, setzte sich und griff nach einer Sportzeitung, die auf den Polstern zurückgelassen worden war. Er überblätterte sie oberflächlich, ehe er sie achtlos neben sich warf, um sie dann aber noch einmal zur Hand zu nehmen. Und noch einmal, als sei er der Zeitung diesmal vollends überdrüssig, warf er sie neben sich und schloss die Augen.

Antonio betrachtete das Gesicht des Mannes. Der Mund, schön geschwungen und sinnlich im Ausdruck, war leicht geöffnet, während das Unwirsche einem beinahe kindlichen Ausdruck gewichen war. ‚Schlafe Du nur, Du Paradiesvogel', richtete Antonio die stumme Anrede an ihn.

Sie hatten sich in der Gegend von Florenz befunden. Es war früher Abend, als Assuntas Gesicht auf schier schmerzhafte Weise wiederkehrte. Er hörte den Klang ihrer Stimme. Es war im verwunschenen Garten gewesen. Sie hatte geweint und war dabei mit den Fingerkuppen über seine Lippen, über die Augenlider, die klare Stirn und die Ohren gefahren. Antonio hielt die Augen geschlossen und spürte den zärtlichen

Berührungen nach.

„Hast Du schon mit einer Frau geschlafen?"

„Nein", hatte er geantwortet und war dabei in einem Anflug von Scham ein wenig errötet.

Das Geräusch der Abteiltür, die in ihrem Rahmen etwas klemmte, ließ ihn leise zusammenfahren.

„Die Fahrkarten bitte", sagte der Kondukteur mit rasselndem Atem, in der Hand mit nikotingelben Fingerspitzen die Kneifzange. Er berührte den Schlafenden an der Schulter, woraufhin dieser hochfuhr und sich umsah, als müsse er sich erst wieder darauf besinnen, wo er sich befinde.

„Ihre Fahrkarte."

Der Schaffner warf einen Blick darauf und sagte, der Mann könne mit der Karte doch erster Klasse reisen. Nun begann der Mann zu gestikulieren und wies mit drei zusammengelegten Fingerspitzen auf seinen Mund. Dann machte er eine wegwerfende Geste, als sei es ihm einerlei, in welcher Klasse er sich während dieser Reise befinde. Er bewegte tonlos seine Lippen, dabei das, was er sagen wollte, bei genauem Hinsehen ablesbar machend. Der Mann konnte nicht sprechen.

„Ah", sagte der Schaffner mit einem Laut des Erkennens. „In Bologna aussteigen und mit dem Bus 67 weiter." Als der Schaffner das Abteil verlassen hatte, bewegte Antonios Gegenüber, wohl um ihm zu erklären, was er sei, seine Finger, die feingliedrig und zugleich kraftvoll ausgeformt waren und sich in Kontrast zu seiner übrigen massigen Erscheinung befanden. Er bewegte sie wie auf einer Tastatur, so dass der Pianist erkennbar wurde, ehe er mit fragender Miene auf den Sizilianer deutete.

„Ich fahre nach Deutschland. Ich war zu Hause in Urlaub."

Rasch und in zierlichem Fluss schrieb der Stumme etwas auf den Rand der Zeitung, riss das Stück ab und reichte es Antonio hinüber. „Solltest Du mal in Rom sein", las er, „so besuche mich. Bar Tivoli, Telefon 17 34 284, 20 bis 3 Uhr. Gaspare."

Der Zug hielt. Der stumme Musiker trat auf den Bahnsteig hinaus und winkte zu Antonio hoch, der das Gangfenster herabgezogen hatte. Was tat er in Bologna? Eine Frau? Spielte er hier irgendwo? Er las den Zettel noch einmal und bemerkte dabei, daß die Straße fehlte, in der die Bar sich befand. Andererseits, er würde ja, so es sich jemals ergäbe, dort anrufen können. Plötzlich sah er diesen stummen Gaspare anstelle des anderen Pianisten am Flügel der arabischen Bar in Siracusa sitzen, in die er und

Assunta nach der Party bei Elena noch gegangen waren. Sie kannte sie und ihre samtbezogenen Separees vom Hörensagen. An den Wänden, die mit dicken dunkelroten orientalischen Teppichen bespannt waren, die rätselhafte Muster trugen, flackerten Kerzen. Der Kellner hatte sich diskret zurückgezogen, als der Prosecco serviert war. Der Vorhang schwang mit seinen schweren Falten noch ein wenig nach, als der Kellner ihn hinter sich geschlossen hatte. Silberfein erklangen die Gläser, als sie anstießen.

Sie hatten einander im Arm gehalten, wobei eine pulsierende Erregtheit durch sie hindurchfloss. Zärtlich wie vor zwei Wochen am menschenleeren Strand hatte Antonio die Brüste Assuntas gestreichelt, während das Mädchen zwei Knöpfe seines Hemdes aufgenestelt hatte und tastend über die muskulöse Brust gefahren war, deren Warzen durch die Berührung vor Erregung zu schmerzen begannen. Ein unverdorbenes Verlangen führte ihre Hände. Sie sahen einander in die Augen und erkannten darin, dass sie verschworene Liebende waren.

„Wir stehen alles durch", hallte Assuntas Stimme in der Erinnerung wider. „Liebst Du mich? Sag' es mir."

„Ich liebe Dich." Und er ließ nicht „Das weißt Du doch" folgen, diesen unsäglichen, entwertenden Zusatz.

In der Bar hatte der Pianist leise mit einem Foxtrott eingesetzt. Assunta erhob sich, strich ihr Kleid glatt, nahm Antonios Hand, wand sich mit ihm durch den Vorhangspalt und führte ihn auf die kleine Tanzfläche, auf der schon zwei, drei Paare waren. Assuntas Lippen lagen an Antonios Ohr. Oh, wie gerne sie auf seiner Haut diese Mischung aus frischem Schweiß, Rasierwasser und Zigaretten roch.

Immer neue Bilder förderte die Erinnerung zutage, den Geruch von Assuntas Haaren, den Geschmack des eiskalten weißen Martini, der dem Prosecco gefolgt war, das wissende Lächeln des Kellners oder Assuntas aufmerksamer Blick, als Antonio ihr die in Schmerzen liegende Grigiolina beschrieb. Oder die Erinnerung daran, wie sehr er sich seiner geringen schulischen Bildung wegen im Hof des Lehrerseminars geschämt hatte, als er vor Tagen inmitten ihrer Studienfreunde mit ihren fremden und geschliffenen Worten auf Assunta gewartet hatte.

Auf dem Gang des Zuges schoben sich zwei Soldaten vorüber, einander umhalsend und etwas singend. Sie schienen getrunken zu haben. Als sie Antonio erblickten, blieben sie stehen und schnitten Grimassen. Einer zog seine Ohren vom Kopf weg, so dass sie wie Segelohren aussahen. Der andere rollte seine Augen, zog mit seinen Daumen die Mundwinkel auseinander und wackelte mit den Ohren, indem er sie mit den Zeigefingern nach vorne drückte. Das Gesicht desjenigen mit den vom Kopf weggezogenen Ohren, angesichts derer Antonio zu lachen begonnen hatte, erinnerte ihn an den Matrosen auf der Fähre von Messina nach Villa San Giovanni.

„Ist es Deine erste Überfahrt?" hatte der Matrose ihn an der Reling angesprochen, als das Schiff sich anschickte, die Meerenge zu überqueren.

„Nein, meine dritte."

„Und, Du hast die Madonnina gegrüßt, nicht?"

„Welche Madonnina?"

„Ach nee, welche Madonnina. Er fragt, welche Madonnina. Na, Du bist gut. Die an der Hafenausfahrt von Messina. Ist fast 20 Meter hoch. Nicht zu übersehen."

„Sie ist mir nicht aufgefallen", bekannte Antonio.

„Merke Dir, jeder Sizilianer, der die Insel verlässt, grüßt die Madonnina und vergisst sie niemals", sagte der Matrose mit einer seltsam ernsthaften Nachdrücklichkeit und boxte ihn leicht vor die Brust. „Kapiert?"

Draußen lag Mailand. Er hatte mehr als eine Stunde Aufenthalt. Antonio zündete sich eine Zigarette an und fröstelte etwas, während die Erinnerungen dieser erneut aufkeimenden Unruhe wichen. Diese Unruhezustände waren ihm nicht mehr fremd. Es war dieses Gefühl der Unumkehrbarkeit, der Reise ins Fremde, Kalte, Unverständliche der anderen Welt. Es würde immer so sein, und stünde er noch so oft vor der Reise. Er setzte sich im Wartesaal auf eine der Holzbänke mit den unzähligen Ritzereien Rücken an Rücken mit drei anderen. Einer von ihnen drehte sich nach einer Weile zu Antonio her.

„Wohin?", fragte er ohne Umschweife mit dem Instinkt des Schicksalsgefährten, der gleich zur Sache kam.

Antonio sagte es ihm.

Nun hatten sich auch die beiden anderen Antonio zugewandt. Über ihren scharf gezeichneten jungen Gesichtern spannte sich die hellbraune Haut des Südens.

„Woher kommst Du? Bist doch sicher auch von unten."

„Ich bin Sizilianer."

„Und woher da?", fragte der etwas Dickliche in ihrer Mitte mit einem gewissen Interesse in der Stimme. Er schien gleichfalls Sizilianer zu sein.

„Das kennst Du nicht. Das ist zu klein."

„Sag' schon."

„Malumore."

„Welche größere Stadt liegt in der Nähe?"

„Siracusa."

„Klingt schon besser."

„Und Du? Woher bist Du?"

„Palermo."

Die beiden anderen stammten aus Lecce. Alle drei waren sie so um die Mitte der zwanzig.

„Du glaubst es nicht", begann der eine nach einer Weile. Er hatte durchdringende hellblaue Augen. „Du kannst Dir nicht vorstellen, wie die uns im Autowerk behandeln, nur weil wir aus dem Süden sind. Er und ich." Dabei wies er auf den neben ihm Sitzenden mit einem breiten Gesicht unter einem sich zu lichten beginnenden niedrigen Haaransatz. „Wir sind in Turin. Die behandeln uns wie den letzten Dreck, richtig von oben herab, besonders die Facharbeiter, sowas Hochnäsiges. Ich vertrage ja einiges, aber Italiener gegen Italiener …", sagte er mit Verbitterung in der Stimme.

Der Palermitaner erzählte, indes man einander Zigaretten angeboten hatte, er werde noch bis September bei einer Mailänder Baufirma arbeiten.

„Sie zahlen gut. Mein Sohn kann studieren. Wir brauchten nicht aus Italien weg, um was zu finden, wie Du. Aber ich bin bei denen genauso ein Haufen Scheiße, wie es die hier sind."

Er legte eine Hand in die andere und besah seine rissigen Fingernägel.

„Ich habe nur einen einzigen Wunsch."

„Und was?", fragte Antonio und reichte die Schachtel mit den „Alpha" herum, aus der sie jeder eine nahmen und sich hinters Ohr steckten.

„Taxifahrer in Palermo. Ich mache mich im Herbst selbständig. Dann können die mich alle kreuzweise."

Sie saßen und rauchten und sannen darüber nach, ein Häuflein Menschen der verbrannten Erde, wer von ihnen am meisten vom Regen in die Traufe geraten sei. Antonio erhob sich, als die Lautsprecher den Zug ausriefen, und nahm sein Gepäck auf. Sie reichten einander die Hände. Am Ausgang des Wartesaales drehte Antonio sich noch einmal nach ihnen um. Sie schauten ihm nach und winkten ihm zu, tapfer und verloren.

Er stand auf dem Bahnsteig mit den schwäbischen Durchsagen, das Gewimmel der Reisenden um sich her. Er schloss die Augen vor Angst. Diese Angst, die ihm nicht unbekannt war, hatte ihn begleitet, seit der Zug die Alpen hinter sich gelassen hatte. Sie zeigte sich bedrückender als die Male davor. Es war die Angst davor, der unendliche Strom von Bildern und Empfindungen der in Sizilien verbrachten Zeit könnte Antonio Gioia die Rückkehr nur noch schwer erträglich, wenn nicht unerträglich machen.

In der Helligkeit des Frühlingsnachmittages leuchteten die Weinberge und die Hänge mit den schönen alten Häusern in den noch schöneren Gärten herüber. Er fühlte, wie er davor zurückscheute, eine aus der Tiefe emporschimmernde weiche und einverständige Ruhe gelten zu lassen. Denn er fürchtete immer noch, dass sie sich in Nichts auflösen könnte. Und wie würde er mit dieser qualvollen Furcht vor dem Ungewissen zurechtkommen, die an ihre Stelle treten würde?

Doch diese Ruhe hielt.

An dem Tag seiner Rückkehr, einem Samstag, vermischten sich die hastenden Wochenend-Reisenden mit jenen, die der Fernzug aus dem Süden hergeführt hatte. Antonio ging in Richtung der großen Bahnhofshalle, als sie schon mit ihren hellen Gesichtern geflogen kamen. Er hielt Mario und Lucia im Arm und herzte sie wie Geschwister. Für sie war er der zurückgekehrte große Bruder. Am liebsten hätten die Bognuti-Kinder es gehabt, dass Antonio ihnen auf der Stelle zu erzählen begänne. Sie hingen an ihm, so dass er Mühe hatte, den Koffer zu schleppen und im Gleichgewicht zu bleiben. Lächelnd ließ er sie an sich hängen und an ihm zerren und auf Antworten drängen.

Etwas entfernt standen Salvatore und Ursula und winkten. Salvatore trug einen hellgrauen Hut mit dunkelgrauem Band zu seinem Pfeffer- und Salz-Zweireiher, dessen Hosen weit und elegant mit scharfer Bügelfalte auf einen feinen Stulp herabfielen und mit einem Knick auf den Schuhen lagen. Ursula ging in einem lindgrünen Kostüm, das ihre Figur umspielte, und trug ein helles Hütchen mit kurzem Schleier. Es sah hinreißend aus.

Die Kinder hüpften um Antonio herum. In einem der kleinen Geschäfte in den Hallen-Arkaden kaufte er ihnen Himbeer- und Zitronendrops. Seine bleierne Müdigkeit, die in ihm genistet und ihn jeden Knochen einzeln hatte spüren lassen, war wie verflogen. Der hellblaue Elfhundert fuhr die Serpentinen hoch, wie damals, als Salvatore und

Antonio aus der alten Stadt am smaragdgrünen Fluss angekommen waren. Wieder saß er zwischen den Kindern, deren Neugier jetzt freilich eine ganz andere war. Antonio unterhielt sie mit der Schilderung der Qualen der trächtigen Grigiolina. Er ließ nichts aus, auch nicht ihre großen und ergebenen Augen. Als er das Schnauben des Tieres nachahmte, wäre es den Kindern nicht eingefallen, darüber zu lachen. Allerdings lachten sie, als Antonio das Wiehern nachmachte. „Nochmal", bettelten sie und hingen an seinem Mund. „Wie macht der Esel?", fragte der Imitator. „Hm, wie macht der Esel?"

Salvatore hielt sich zurück. Nicht jetzt, dachte er, während er an der Zigarette zog und den Freund im Rückspiegel betrachtete. Er sah gut aus, sah man von den Zeichnungen der Reiseanstrengungen ab. Mehrfach hatten die Gärtner sich nach ihm erkundigt, insbesondere der Unfall-Traktorfahrer Schubert, den er nicht angeschwärzt hatte. Und die Betriebsgruppe der Gewerkschaft hatte ihn für eine Schulung vorgeschlagen. Doch all dies hatte Zeit.

Im stillen Bronnerschen Haus übermannte Antonio, wie schon einmal, der Schlaf, als er sich entkleiden wollte. Salvatore fand ihn, wieder rücklings auf dem Bett liegend, wieder die Füße auf dem Boden, wieder die herabgerutschte Röhrenhose um die Knöchel, die ersichtlich einige Tage alte Unterwäsche noch am Leib. Die Schuhe lagen umher. Der etwas strenge Geruch der Socken erfüllte das Zimmer. Der Koffer stand, wie er beim Eintreten abgestellt worden war. Die große Anstrengung beherrschte noch im Schlaf die Züge Antonios. Unschwer war aus ihnen auch die in Aufruhr befindliche Seele herauszulesen.

Die Geschenke waren rührend ausgesucht. Für Salvatore waren es die drei Schiffe des Kolumbus in gusseiserner Miniatur, für Ursula ein türkisfarbener Schal aus einem arabischen Laden in Catania, für Lucia eine Puppe in sizilianischer Tracht bis in die kleinste Einzelheit hinein getreu den wirklichen Kleidern, und für Mario der zweirädrige Karren mit dem Maultier.

Tage später öffnete Antonio mit fahrigen Fingern einen Brief Assuntas und begann atemlos, die Sätze immer und immer wieder zu lesen, einen nach dem anderen, zwei- dreimal von vorne, ehe er zu begreifen vermochte. Anfangs hatten die Wörter vor seinen Augen getanzt, ohne dass er ihren Sinn hätte erfassen können. „... dich zu sehen und zu küssen und mit Dir zu sprechen und unserem Ziel schon so sehr nahe zu sein ..." Er las weiter. Seine Brust hob und senkte sich heftig: „Die Tage mit Dir waren wie ein Balsam für meine Seele. Sie haben mich gestärkt. Doch ich habe immer noch große Angst davor, dass der Vater es erfährt. Meine einzigen Vertrauten sind Elena und Don Carmine. Ich wende mich aber nur an sie, wenn meine Not groß ist."

Antonio legte den Brief und das Foto, auf dem ihn eine junge Frau mit ernstem und schönem Gesicht anschaute, auf den Tisch, um sich eine Zigarette anzuzünden. Er nahm das Foto noch einmal zur Hand, als die Zigarette brannte, und schaute lange in Assuntas Augen. Dabei kam es ihm vor, als blicke er in zwei grundverschiedene Augen, entschlossen das eine, kindlich und zaghaft und dennoch von großem Verlangen erfüllt das andere, das durch irgendeinen Grund aber nicht an die Erfüllung dieser Sehnsucht zu glauben vermochte. Erneut ließ er den Brief für einen Augenblick sinken, ehe er ihn zu Ende las. „Viele Partygäste Elenas lassen Dich grüßen. Es hat sie beeindruckt, wie Du Dein Schicksal meisterst. Alles das ist ihnen natürlich fremd. Sie kennen ja doch weder Armut noch Abhängigkeit von der Willkür eines Padrones. Ich will sie nicht dafür schmähen. Immerhin fühlen sie mit Dir. Liebster, wenn Du nur endlich für immer da bist."

Es sollte anders kommen.

Alles.

Zuweilen regten sich Kräfte in Antonio Gioia, die Dinge seines Lebens in Beziehung zueinander zu setzen. Es waren immergleiche Fragen. Steht ein Leben in diesem eisigen Land für das Leben ohne Assunta? Steht es für den Verzicht auf Carmine, die Freunde, den Ziehvater, die gewaltige Kraft der Landschaft, gegen die das schäbige Gebaren eines Padrones nur eine weitere Unsäglichkeit in einem noch unsäglicheren Leben war? Doch jedes Mal zeigte sich als Antwort ein und dasselbe Bild. Es waren die Felder mit den versteinerten Gesichtern der Tagelöhner, in sengender Sonne tagaus und tagein, in nackter Angst gehalten. Schwer wogen die gnädig fallen gelassenen Almosen, die trotz aller Schinderei nicht für beide reichten, für ihn und den Ziehvater.

Was wäre ihm anstelle des Auswanderns geblieben? Was hätte anderes an die Stelle der Wehrlosigkeit, des Ausgeliefertseins und der ausweglosen Armut treten können? So war es gekommen, dass dieses Bild der versteinerten Gesichter auf den Feldern, in denen die Angst sich für immer eingegraben hatte, Maß und Gewicht geworden war.

Antonio wusste, dass das Leben dieser armen Menschen in den Augen des Padrones eine schwächlich flackernde Kerze war. Wie schwach bräuchte ein Wind nur zu sein, der ein solches nichtswürdiges Leben auslöschte? Wie rücksichtslos bräuchte welcher Stiefel nur benutzt zu werden, um zu zertreten?

Schon ein einziges Jahr in diesem anderen Land hatte genügt, fremde Kräfte tief in Antonio vordringen zu lassen und ihn zu beschädigen. Beim Sprachunterricht hatten sie einmal mit einem Mann zu tun gehabt. Dieser Mann stand „am Rande der Straße", so seine Beschreibung, und hätte hingehen können, wohin er hätte wollen. Er war frei wie eine Möwe im Wind. „Aber wer ist frei, wenn er nicht bestimmen kann, wohin der Flug geht?" Beschrieben diese Worte nicht trefflich dieses aufzehrende Gefühl einer grenzenlosen Verlassenheit, welches das Leben in dem fremden Land ihm eingab?

Aus den Briefen Assuntas flossen Ungeduld und Sehnsucht. In etwas größeren Abständen trafen die des alten Francesco ein, dem Don Carmine für das Abfassen sogar einen Ministranten zur Seite gegeben hatte, der bald auf die Realschule kommen würde. Der Priester hatte dem Jungen untersagt, auch nur das Allergeringste als Gegenleistung von dem Tagelöhner anzunehmen. Einmal beschrieb der Alte die Geburt des Eselchens im Bretterverschlag von Malumore. Und bei jedem einzelnen dieser Worte roch der Lesende den Stall, das Tier, den Verschlag. Er sah das verwitterte Gesicht Francescos und seine verarbeiteten Hände mit der ledernen Haut. „Grigiolina musste nicht leiden", schrieb er. „Ich habe keinen Laut gehört in der Nacht, als das Eselchen kam. Alles ist gutgegangen. Am Morgen lag das Kleine auf der Streu. Ich habe die Nabelschnur durchgebissen und es mit der Streu trockengewischt. Es steht nun schon mit seinen großen Augen auf seinen steifen Beinchen. Es ist ein Junge. Er hat das gleiche weiche Fell und beinahe aufs Haar die gleichen Zeichnung wie seine Mutter." Unbekümmert hatte der Alte die Bezeichnung „Junge" aus der Menschenwelt in die Welt der Esel übertragen. „Wirst Dich in den Kleinen verlieben. Willst nicht Du es sein, der einen Namen für ihn findet?" Er wurde gefunden. Nach Abenden im Bronnerschen Haus, nach vielem Hin und Her, nach Lachen, Ausdenken und Verwerfen, sollte das Fohlen in Sizilien „Feli" heißen, von felice, fröhlich.

Er trug im Übrigen schwer an dem Entschluss, Weihnachten und Ostern nicht nach Malumore zu reisen. Ja, er litt darunter. Aber er wollte Geld für das spätere Leben mit Assunta sparen. Das ging vor, stand weit über allem. Was er sich noch hätte vorstellen können, wäre eine Reise im August gewesen, um das Lehrerinnen-Examen zu feiern und den Jahrestag des eigenen Aufbruches, den Dreizehnten. Dies aber durchkreuzte der Dienstplan. Man würde für einen auf längere Zeit erkrankten Fahrer einspringen müssen.

Allmählich auch wurde er sich bewusst, dass das Geheime ihrer Liebe auch ihn bedrückte. Manchmal hätte er am liebsten alles auf der Piazza von Marani herausschreien wollen. In seiner Phantasie rebellierte er gegen die Wirklichkeit. Sie rollten in der offenen Kutsche durch die Straßen und saßen festlich gekleidet und mit leuchtenden Gesichtern in dem gemieteten Gefährt. Alle sollten es sehen, zum Teufel, alle. Er war dieser Geheimniskrämerei überdrüssig. Gründlich hatte er sie satt, gründlich. Bunte Bänder flatterten und Blumen leuchteten, und er zahlte dem Kutscher einen Extralohn dafür, dass er immer wieder laut und schräg auf der Trompete blies, um nur ja aller Aufmerksamkeit auf sich zu ziehen. Und zwischendurch weinte Assunta immer wieder ein wenig, vielleicht aus Glück, vielleicht auch, weil der Vater im Begriff war, sich von ihr abzuwenden, vielleicht wegen beider Dinge zugleich. Doch Antonio würde ihre Tränen wegküssen.

Einmal schrieb Assunta, Elenas Verlobter Claudio sei durch die Beziehungen des Notars in einem Vermessungsbüro untergekommen. Die Hochzeit sei in greifbare Nähe gerückt. Mit einem stechenden Schmerz starrte Antonio ins Leere. Klein und nichtig kam er sich dabei vor, den eigenen Plänen nicht gewachsen, vom Glück übersehen. ‚Warum nicht auch wir, warum immer die anderen?‘ quälte er sich. Er vermochte nicht die vollkommen unterschiedlichen Lebensumstände Elenas und Claudios auf der einen und die seinen und Assuntas auf der anderen Seite zu erkennen. Er sah nur das vermeintliche Versagen.

Manchmal konnte er nicht schlafen und glaubte ersticken zu müssen. Wiewohl in den Dingen der Seele nicht zuhause, spürte er etwas, das lange eingesperrt gewesen war und nicht mehr zurückgehalten werden konnte. Einmal ließ ihn eine eisige innere Kälte aus flachem Schlaf hochfahren und er begann wie ein verlorenes Kind zu weinen, hoch und mit klagenden Lauten. Es war ein uralter Schmerz. Und endlich hörte er sich rufen, leise zuerst, dann wimmernd. Und schließlich schrie er in seinem Zimmer im Bronnerschen Haus nach seiner Mutter. Und draußen fuhr ein leiser Nachtwind durch die Lindenbäume. Diese Schreie versetzten ihn in ein fassungsloses Erstaunen. Schlagartig verstummten die klagenden Laute darüber. Seine suchende Seele war bei der abgrundtief verborgenen Sehnsucht angelangt.

Und das Unterbewusste sandte noch weitere Zeichen aus. An einem Nachmittag im Garten, im Schatten eines weitausladenden Apfelbaumes. Er hatte auf einer Decke gelegen und war beim Rauschen der Blätter und im Hauch des Sommerwindes eingeschlafen und hatte im Traum seine Eltern in Hochzeitskleidern gesehen. Sie waren auf ihn zugekommen und hatten ihre Arme ausgebreitet, einen unbeschreiblichen inneren Glanz auf ihren Gesichtern. Dieses Bild wirkte in ihm fort wie eine Blüte, die nicht verwelkte.

Erregung und Streit

Die gefällig intonierten Schlager waren verklungen. Die Paare klatschten und begaben sich, eingehängt zumeist, an ihre Tische zurück. Das Quartett – ein Schlagzeuger, ein Trompeter, ein Akkordeonspieler und ein Kontrabassist – zündete sich Zigaretten an und griff zu den Biergläsern. Die Herren hatten wieder einfühlsam gespielt, und der „Caruso" unter ihnen, wie sie ihn nannten, der Akkordeonspieler, hatte die Schlagertexte auf jene wohltuend kitschige Weise gesungen, die Paare zum engumschlungenen Tanz animiert.

Im Saal des Gasthauses „Roter Hahn" mit seinen hohen schmalen Fenstern und dem Parkettboden und der rührenden kleinen Bühne mit den weinroten Vorhängen, neckisch gerafft mit einer Schlaufe, tanzte man in den Mai. Unter den Gästen waren auch vier Italiener, die ihre Damen soeben zurückbrachten. Die Südlichen stachen mit ihren besonders engen Hosen, den spitzen schwarzen Schuhen und ihren Jacketts mit den flotten Mustern hervor.

Die Freunde Antonios arbeiteten auf Baustellen und wohnten am Rande dieser Baustellen, aber auch mittendrin, in Baracken. Es waren bessere Bretterverschläge, in denen ein Deutscher höchstens Gerümpel und Gerätschaften untergebracht hätte. Sie kannten einander von den Zusammenkünften mit Don Battista im Saal von St. Christophorus. Diese Treffen erleichterten ihre Gemüter. Wie Verdurstende sogen sie samstags einen italienischen Film in sich auf, blätterten, so sie lesen konnten, in Zeitungen oder saßen neben einem, der ihnen Briefe nach

Hause schrieb oder ihnen von dort angekommene vorlas. Oder sie spielten Karten, Stunde um Stunde Karten. Sie fühlten sich dadurch herausgenommen aus dem Lauf der Dinge ihres elendigen Lebens. Ihre inständige Hoffnung war es, dass diese hässlichen Dinge an ihnen vorbeizögen, sie übersähen oder vergäßen und in Ruhe ließen. Don Battista Mutti war jener Priester, der einst überraschend am Krankenbett Antonios erschienen war und ihn getröstet hatte.

Sie gehörten zu den besonders Mutigen unter Ihresgleichen. Man brauchte Mut dazu, eine solche Tanzveranstaltung zu besuchen, wie sie deutscher nicht hätte sein können. Und ebenso mutig wie zielstrebig waren sie vorhin an einen der Tische getreten, an dem vier junge Damen in Petticoats, eine hübscher als die andere, saßen.

„Was haben wir zu verlieren", hatte Matteo leise gesagt, als sie vorhin über die leere Tanzfläche geradewegs auf die hübschen Mädchen in ihren Petticoats zugegangen waren. „Mehr als nein sagen können sie nicht", hatte Gennaro beigepflichtet und seine feuchten Handflächen am Jackett abgerieben. „Und wenn sie was gegen Italiener haben?", hatte Romano eingeworfen, als sie sich anschickten, sich zu verbeugen. „Mehr als nein sagen können sie nicht", warf auch Antonio trocken ein. Ihm hatte das Herz aus noch einem anderen Grund bis in den Hals geschlagen. In ihm jagte es, weil er nicht damit umzugehen wusste, dass ihm andere Mädchen gefielen. Durfte er das? Immer wieder sah er Assuntas Gesicht und hörte den Klang ihrer Stimme. Er quälte sich damit, ihr untreu zu sein. Dennoch aber hatte er getanzt. Alles hatte sich wie ein leichtes Fieber angespürt.

Dieses Mädchen mit dem geblümten ärmellosen Kleid, das kurz über den Knien endete, hatte einen bezaubernden Pagenschnitt und funkelnde Augen und auf eine Art und Weise getanzt, die ihre beiden Körper immer wieder leicht hatte aneinanderstoßen lassen. Antonio hatte ihre festen Rundungen gespürt. Es erregte ihn, weshalb er etwas Abstand zwischen sich und das Mädchen zu bringen trachtete. Und schließlich war seine Männlichkeit ihm sogar lästig gewesen. Eine Wut hatte er auf sie bekommen. Mit einer Not, die ihm das Vergnügen nahm, hatte er den Foxtrott zu Ende gebracht. Die Erregung füllte seinen Bauch. Alle Empfindungen waren nach dort gerutscht. Die umherirrenden Gefühle drängten ihn zur Toilette. Dort tat er hastig, was Männer mitunter tun, wenn sie erregt sind. Danach fühlte er sich müde und leer und verlassen. Es war rasch gegangen. Er lehnte mit herabgelassener Hose an dem Rohr des Wasserkastens und fühlte sein Herz jagen wie nach einem Wettlauf. Nach einer Weile erhob er sich, ordnete seine Kleider und hielt Augen und heiße Wangen unter das Wasser. Dann kehrte er an den Tisch zurück. Die anderen schauten nicht zu ihm her. Sie blickten auf die Tanzfläche. Später tranken und erzählten sie. Seitdem er den Führerschein hatte, wurden Antonio noch mehr Überstunden angedient. Ein Dienstfahrzeug stand bereit. Und er erlernte das Gabelstaplerfahren. Alles zusätzliche Geld sollte der Erfüllung dieses sizilianischen Traumes vom Gemüsehandel dienen. Matteo seinerseits erzählte von Don Battista, der an einem Samstag unerwartet mit einem Kofferradio im Pfarrsaal aufgetaucht war, um das sie sich sogleich geschart hatten, Nachrichten aus der Heimat zu hören. Einige hatten geweint, als die vertraute und schnell gesprochene Sprache im Radio rauschte.

Etwas Bedrohliches schob sich zusammen.

Zwei Männer kamen an den Tisch der Italiener geschlendert. Es waren welche von denen, mit denen die Mädchen geschäkert hatten. Ein Aufgeschossener im Pepita-Anzug und einer mit einem hochmütigen, verschlossenen Gesicht und kleinen abstehenden Ohren sahen auf die Plaudernden herab.

„Na … Makkeroni." Antonio erstarrte.

Die Italiener blickten überrascht und ungläubig.

„Was soll das?", gab Gennaro zurück.

„Stimmt es, dass alle Italiener beim Tanzen stinken?", fuhr der Aufgeschossene mit einer eiskalten Stimme fort zu stänkern, die klang, als komme sie aus einem Sprechautomaten.

Matteo schob seinen Stuhl zurück und erhob sich.

„Lass ihn, er will provozieren", sagte Antonio verhalten.

„Hier wird Deutsch gesprochen", quäkte der Pepita-Anzug, während der Hochmütige an ein Bierglas stieß, so dass es umfiel und die Tischdecke überschwemmte.

„Oh, Verzeihung", rief er, triefend vor Hohn. „Oh, Verzeihung, die Herren." Er betonte das Wort „Herren".

Einige Gäste sahen zu ihnen her, setzten ihr Geplauder aber fort. Auch hatten die Musiker wieder eingesetzt, allerdings früher als geplant. Sie sollten das Peinliche überspielen und davon ablenken. Der Wirt war aufs Podium gekommen und hatte knappe Worte mit ihnen gewechselt und dabei zu dem Tisch der Italiener hergesehen. Aber er griff nicht ein, obwohl auf der Hand lag, was dort vonstatten ging.

Die Italiener erhoben sich und riefen nach dem Kellner.

„Wir waschen uns, wenn wir tanzen", höhnte der Pepita-Anzug mit einer näselnden Schärfe, aus der die Gier nach Beleidigung und Demütigung herauszuhören war. Plötzlich kroch in Antonio wieder diese Angst hoch, die er seit der Bahnhofsgaststätte in der alten Stadt am smaragdgrünen Fluss kannte. Einzig der Kellner blickte ihnen mit einem gewissen stummen Bedauern nach, als sie gingen, das schrille Lachen eines der Mädchen im Ohr. Antonio war es schlecht vor Angst.

„Bitte nach Ihnen", sagte der Apotheker und hielt die Tür des Ausflugslokals im Tal der Tempel nahe Siracusa auf, ihm, dem Bahnarbeiter Ignazio Lamesa, er, Dr. Giaccomo Parisi, Inhaber einer florierenden Apotheke in Marani.

Draußen, als man wandelte und die Tempel besah, sich mit dem Taschentuch den Schweiß von der Stirn tupfte, die Jacketts über der Armbeuge trug und Lust auf einen kühlen Schluck verspürte – Granita di Caffè oder Bier, nein, ein Bier vielleicht weniger, das würde bei der Hitze nur noch mehr ermüden – draußen hatte der Apotheker Assuntas Vater ange-sprochen, obwohl man einander nur flüchtig kannte. Es war jener Mai-Feiertag, an dessen Vorabend die vier Italiener in dem Tanzlokal auf diese üble Weise angegangen worden waren.

Die beiden Herren, weit vom Anliegen des Kampftages der Arbeiter entfernt, waren als Teilnehmer einer unternehmungslustigen Gesellschaft von Ausflüglern im Bus der Vereinigung katholischer Arbeiter Italiens, Sektion Marani, ins Tal der Tempel gefahren.

„Mein Lieber", setzte Dr. Parisi an, als man an einem Tischchen in der Nähe eines weit geöffneten Fensters der Restauration Platz genommen hatte, „mein Lieber, nicht wahr, Sie werden sich über mich wundern, wo wir uns doch nur flüchtig kennen."

„Nur ein wenig, Doktor, nur ein wenig", erwiderte Lamesa mit irritiertem, aber bereits ins Geschmeichelte hinübergleitendem Lächeln, „aber gewiss haben Sie Ihre Gründe." Ignazio Lamesa war ein einfacher Mann. Die Gunstbezeigung des Apothekers und Honoratioren der Stadt hatte ihn geblendet. Anfangs begriff er gar nicht richtig, was dieser eigentlich sagte. Er blickte weder rechts noch links, sondern nur geradewegs und mit weit geöffneten Augen in das Gesicht Dr. Parisis. Es dauerte, ehe er auch verstehen konnte, was aus diesem rundlichen und ein kleinwenig hochmütigen Mündchen kam.

„… hat, wie man so sagt, ein Auge auf Ihr Fräulein Tochter geworfen, und kurzum, da man ja weiß, dass die junge Dame noch ungebunden ist, würde sie meinem Sohn wirklich sehr gefallen … wirklich sehr." Der Apotheker fächelte sich mit einem Taschentuch Luft zu.

„Ich darf offen sein?"

„Bitte, bitte, natürlich." In Ignazios Kopf begannen sich die Gedanken zu überschlagen, während dieses Geblendetsein von der Gunst des Augenblicks sich allmählich auflöste. Das Unglaubliche begann sich abzuzeichnen: Der Sohn des Apothekers – Gott, er hatte einen Sprachfehler, er blieb bei Wörtern hängen, die mit einem Selbstlaut begannen - würde sich freuen, wenn Assunta seine Gefühle erwiderte. Und dies mit durchaus ernsten Absichten, Herr im Himmel, mit durchaus ernsten.

Als er halbwegs zu sich gekommen war, beherrschte ihn nur ein einziger Gedanke. Dieser Gedanke raubte ihm jede Besonnenheit. Er war nicht mehr bei Trost: Eine glänzende Partie. Meine Assunta als Schwiegertochter eines der reichsten und einflussreichsten Männer Maranis und darüber hinaus. Ich erlebe es, frohlockte es in ihm, ich erlebe es, dass wir noch vorwärts kommen.

Wie er mit einem Mal sprechen konnte, der geschmeichelte Vater. Eine große Ehre, Herr Doktor, ja, die jungen Menschen und die Wege der Liebe, plapperte er, als sei es Assunta gewesen, die um die Hand des Apothekersohnes angehalten habe, und die Tochter werde ja Lehrerin. Das Examen stehe ins Haus. Der künftige Ehemann werde sich ihrer also nicht zu schämen brauchen. Und was ihn anbetreffe, so sei es von jeher sein Bestreben gewesen, der Tochter ein Leben ohne schwere Arbeit zu ermöglichen. Niemals, bei seiner Ehre, hätte er von ihr, seinem Augenstern, verlangt, arbeiten zu gehen, lediglich zu dem Zwecke, Geld nach Hause zu bringen. Aber die Wege des Schicksals, wie sie sich nun zeigten, sprengten denn doch alle Vorstellungen – er hielt die Hand ans Herz – des glücklichen und stolzen Vaters. Kurzum, er war nicht bei Trost.

Für einen Augenblick war Dr. Parisi das Geschwätzige seines Gegenübers – man trank zum Granita di Caffè ein befeuerndes Kognäkchen – lästig. Für den Bruchteil einer Sekunde verzog er geringschätzig sein Mündchen, ehe es sich wieder, erdbeerrot leuchtend und wohlwollend, in die gepflegten Falten seines Gesichtes bettete.

Ignazio Lamesa war all dies entgangen. Denn so ausgeprägt war es um sein Wahrnehmungsvermögen nun doch nicht bestellt. Stattdessen hatte er sich gegenüber Parisi die Unsäglichkeit geleistet, an einer günstigen

Antwort seiner Tochter schon zum jetzigen Zeitpunkt nicht den Anflug eines Zweifels aufkommen zu lassen.

„Es sollte mich freuen", ließ der Apotheker sich mit leiser Reserviertheit in der Stimme vernehmen. Dieses Angebiedere war trotz alledem seine Sache nicht.

Der Bus stand abfahrbereit. Dr. Parisi erhob sich, bezahlte beider Getränke und ließ dem Bahnarbeiter Lamesa sodann eine Lektion in Lebensstil gehobener Kreise zuteil werden.

„Wie gesagt, mein Lieber, ich würde mich freuen, und natürlich auch meine Frau", sagte er und dachte dabei an etwas ganz anderes. Er dachte daran, dass er seine Stellung nun auch noch dafür verwenden müsse, dem glücklosen Sohn, als Bankkaufmann untergebracht, weil der Direktor eben dieser Bank immer wieder einmal um etwas Morphium nachsuchte, auch noch ein Mädchen zuzuführen.

„Kommen Sie, nehmen wir doch nebeneinander Platz", rief Assuntas Vater, nach alledem um einiges mutiger geworden.

„Leider nicht", beschied aber der Apotheker diesen Wunsch, „meine Frau wartet mit dem Wagen. Ich fahre nicht mit dem Bus zurück."

Ignazio Lamesa erstarrte. Was denn, Dr. Parisi lud ihn nicht dazu ein, in dessen Limousine mit nach Marani zurückzufahren? Wie ein Schuljunge stand er, in seine Schranken gewiesen. Aber er schluckte es. So waren sie nun eben, diese Herrschaften. Derlei war man ja gewohnt. Noch immer und stärker als anfangs aber spukte in seinem Kopf: „Glänzend! Glänzende Partie. Wir kommen in gehobene Kreise."

Assuntas Vater war ein typischer Vertreter seiner Klasse. Er schielte neidisch nach oben und verachtete nach unten. Und dafür, nach oben zu kommen, wie er es nannte, war ihm selbst die eigene Tochter als Mittel nicht zu schade. In seiner Verblendung vermochte er sich gar nicht vorzustellen, dass Assunta mit einer solchen Chance vor Augen, nach Ansicht ihres Vaters begünstigt vom Schicksal, darüber anders dächte. Und was diese Demütigung mit der ausbleibenden Einladung zur Heimfahrt im schwarzen Mercedes 220 SE des Apothekers betraf – geschenkt. Diese Menschen waren eben anders als man selbst, dachte Ignazio Lamesa bei sich, als er den stickigen Bus erklomm, der die plappernde Ausflugsgesellschaft nach Marani zurückbrachte. Einer gewissen leisen und im Übrigen durchaus nicht ungefährlichen Wut aber, die in ihm zu wühlen begann, konnte er sich nicht erwehren. „Die Nase mal nur nicht so hoch, Herr Apotheker", presste er zwischen den Zähnen hervor, unhörbar für die anderen, während der Bus Fahrt aufnahm und die sommerliche Landschaft an Lamesa vorüberzog. „Dein stotternder Sohn will meine Tochter, nicht umgekehrt. Vergiss das nicht."

Assunta sank auf einen Stuhl nieder und blickte den Vater mit einem Ausdruck ungläubigen Entsetzens an. „Papa", kam es tonlos über ihre Lippen, „das ist nicht wahr. Ich erkenne Dich nicht mehr wieder."

„Kenne Dich nicht mehr wieder, kenne Dich nicht mehr wieder", äffte Lamesa das Gesagte im aufbrausenden Ärger nach. „Was denn, was denn", stieß er hierauf hervor, überrascht von der Reaktion auf die vermeintlich freudige Nachricht.

„Ignazio", sagte seine Frau leise, aber eindringlich. Sie fühlte, dass ihr Mann mit der Verfügung über Assunta als einer Art gesellschaftlicher Manövriermasse zu weit gegangen war. Die Tochter war tief verletzt.

„Fang Du auch noch an", schrie er. „Ich rackere und schufte und jetzt haben wir eine Chance, eine riesengroße Chance, und Ihr? Fallt mir in den Rücken." Sein Gesicht war so kreidebleich und verzerrt wie damals, als er Assunta die Freundschaft mit Antonio als unterhalb ihres Standes untersagt hatte.

„Ich habe Dich studieren lassen. Ist das der Dank? Alles für die Katz'. Alles." Es war unerträglich, ihn so zu hören und vor allen Dingen zu sehen.

Assunta erhob sich und ging auf ihr Zimmer, wo sie, am ganzen Körper zitternd, in Tränen ausbrach. Die Anspannung zwischen dem Geheimhalten ihrer Liebe zu Antonio und der Zurückweisung des stotternden Giuseppe mit dem beklemmenden Geschrei des Vaters, der seine Felle davonschwimmen sah, war entsetzlich. Er fragt mich nicht einmal, er bestimmt, als gehe es um eine Geschäftsverbindung. Was interessiert mich dieser Giuseppe? Mich stört nicht, dass er stottert, aber ich liebe Antonio.

Bei dem Gedanken an Antonio spürte sie überraschend eine Kraft in sich, die sie aufrichtete. Sogar die Vorstellung von ihrem zeternden Vater verlor an Kraft. Beinahe lächerlich wirkte er mit seinem unstillbaren Verlangen, zu den so genannten besseren Kreisen zu gehören und der eigenen Tochter zu versagen, auf die Stimme ihres Herzens zu hören.

In Assunta fiel etwas in sich zusammen. Wie Stromschnellen schossen und wirbelten Empfindungen. ‚Ich fahre zu ihm. Ich reiße aus. Ich halte es nicht mehr aus. Was hält mich eigentlich noch? Ich löse mein Sparkonto auf. Lieber illegal in Deutschland. Es ist Zeit für uns. Wenn ich erst warte, bis die Eltern ihre Zustimmung geben, gute Nacht ...'. Sie hörte Antonios Stimme. Sie hörte, womit er sie stets tröstete: ‚Lass' Dich nicht verwirren. Auch für Deinen Papa kommt einmal der Tag, an dem er auf unsere Familie stolz ist.'

Dann wurde es still in ihr.

Sie trat ans Fenster, sah in den herrlichen Maientag hinaus und verspürte das Bedürfnis nach Laufen, endlosem Laufen. Auf der Straße hing sie dem Trappeln eines Esels und dem Knirschen der hohen Räder eines Karrens nach. Es waren Laute des zurückkehrenden Lebens. Von der Balustrade der Piazza Bellavista aus sah sie das Meer leuchten.

Aber noch zerschellte alles immer wieder an dem erschütternden Erlebnis mit dem Vater. Zwar wollte sie nicht von Herzlosigkeit sprechen, die sie doch bei ihm gespürt hatte. Wohl aber war es seine lächerliche und im Grunde demütigende Berechnung, die sie ratlos machte. So war er nicht immer gewesen. Was hatte ihn verändert? Was war in ihn gefahren? Was raubte seine Einsichten? ‚Papa, Papa, was ist mit Dir?', jagten die Gedanken in ihr. Die Gewissheit darüber verließ sie nicht mehr, dass er imstande sein würde, sie eines erbärmlichen gesellschaftlichen Ansehens wegen an einen Mann, an eine Partie, zu verschachern.

Sie vermisste einen Menschen, dem sie sich würde anvertrauen können. Am liebsten wäre sie in die Kirche gegangen, fürchtete aber, in Tränen aufgelöst gesehen zu werden. Sie erwog, mit dem Fahrrad Francesco aufzusuchen. Ihm vertraute sie blind. Von ihm würde auch eine tröstliche Nähe zu Antonio ausgehen. Aber sie scheute davor zurück, den Kranken zu behelligen. Sie hätte es sich nicht verziehen, läge er erneut mit stechendem Herzen darnieder.

Wie ein Lichtstrahl kam Elena ihr in den Sinn. Warum erst jetzt? Elena, die Freundin, nicht geschwätzig, klug und leise, vor der Erfahrung der Ehe stehend. Wie wohltuend der Gedanke war.

„Ja, komm'. Warte nicht."

„Kann ich zwei, drei Tage bei Dir bleiben?"

„Bist Du noch nicht da?", fragte sie am anderen Ende der Leitung.

„Was wird Dein Papa sagen?"

„Freuen wird er sich."

„Das sagst Du nur so."

„Was redest Du denn, hm, was redest Du? Komm nach Siracusa." Das Gästezimmer in der Via Manzoni führte zum Park hinaus, verfügte aber über ein Badezimmer, durch dessen Fenster man Siracusa zu seinen Füßen liegen sehen konnte. Assuntas Schleusen öffneten sich unter dem gewaltigen Druck dessen, was sie gewohnt war zurückzuhalten. Sie erzählte der Freundin alles. Diese hörte zu, ohne zu unterbrechen und machte Bemerkungen immer erst dann, wenn Assunta selbst verstummt war. Einmal hörten sie den Notar unendlich weich und zärtlich und fern auf seinem Steinway spielen. Abends lud der Doktor die jungen Damen in ein Restaurant ein, ging untergehakt zwischen ihnen und sonnte sich in beider jugendlicher Schönheit.

Auch der Notar erfuhr, wenngleich durch Zufall, was Ignazio Lamesa mit seiner Tochter im Schilde führte. Die Tür des Arbeitszimmers war am Nachmittag eines der Tage nur angelehnt. Die Mädchen waren von einem Spaziergang zurückgekehrt und auf dem Flur stehengeblieben, um dort noch weiterzusprechen. Und so wurde der Notar, der am Schreibtisch saß, Zeuge der Unterhaltung und trat auf den Flur hinaus.

„Assunta, verzeihen Sie, ich habe alles gehört. Wenn Sie es wünschen – möchten Sie meine Meinung dazu hören?"

Elenas Freundin, maßlos überrascht, trat nach einer kurzen Verwirrung auf ihn zu.

„Herr Doktor … das wäre wundervoll … ich bin so … ratlos und … traurig."

Dieser Mann von Welt, Vater und Witwer, der nach wie vor spätabends beim Schein der Stehlampe bisweilen mit seiner toten Frau halblaut Zwiesprache zu halten pflegte, sagte nicht viel.

„Ich würde das Studium beenden. Wissen Sie, mein Kind, Sie haben schon soviel Wertvolles investiert. Das wäre dann alles verschenkt."

Klar und einfach fiel das Wenige, das er sagte. Vor allem sagte er nicht: Sie müssen. Er sagte: Ich würde. „Ich würde mein Herz sprechen lassen und danach handeln. Ich weiß aus Erfahrung, dass Liebe siegen wird. Sie ist die stärkste Macht. Gegen sie kommt nichts an."

Welche Worte das waren. Gewichte, die nicht erdrückten.

Es war still auf dem Flur, sah man von dem schweren Pendelschlag der englischen Standuhr ab. Der Notar hatte nicht in sein Zimmer gebeten, sondern man war so beieinander stehen geblieben, wie man aufeinandergetroffen war.

„Übrigens, Sie sind jederzeit willkommen. Nicht nur jetzt. Kommen

Sie, wann immer Ihnen danach ist."

Er sah in Assuntas Augen, die halb ungläubig, halb freudig blickten.

„Wenn Sie telefonieren wollen, bitte."

„Auch nach Deutschland?", entfuhr es ihr.

„Wohin Sie möchten."

Sogleich aber schämte sie sich wegen dieses atemlos vorgebrachten Wunsches. Aber das Verlangen danach war übermächtig gewesen, mit Antonio sprechen zu können. Sie hielt sich die Hand vor den Mund. Zu ihrer eigenen Überraschung warf sie sich an die Brust Tancredis. Zärtlich drückte der Doktor sie an sich.

„Bitte, Herr Doktor, ich weiß, dass Antonio jetzt zu erreichen ist. Bitte, nur dieses eine Mal."

Dr. Tancredi hielt Assunta etwas von sich, um ihr ins Gesicht schauen zu können: „Ein Apparat steht in meinem Arbeitszimmer, der andere bei Elena. Suchen Sie es sich aus."

Es läutete vier Mal, ehe Salvatore Bognuti abhob. Er rief sofort Antonio. Und er klang so nah, als wohnte er nur ein paar Straßen weiter. Beide waren zu durcheinander, um länger miteinander zu sprechen. Sie sagten einander, dass sie sich liebten. Die Tancredis hatten sich in den Salon zurückgezogen. Er lag kühl und abgedunkelt. Das Hausmädchen hatte die Blendläden zugezogen.

Sie sahen einander an, der Notar und seine Tochter. Sanft strich er seinem Kind über das Haar. „Wie sehr Du Deiner Mutter ähnlich siehst", sagte er. „Aber mache Dir keine Gedanken", setzte er nach einem Moment hinzu. „Du musst in gar keiner Weise versuchen, sie mir zu ersetzen. Du musst nichts tragen. Du bist mein Kind und nur das. Du bist wundervoll. Und ich liebe Dich." Elena nahm die Hand ihres Vaters und drückte sie an ihre Wange.

Unten fuhr ein Auto vorüber, was selten der Fall war, denn die Villa lag abgeschieden.

„Papa?"

„Ja."

„Spielst Du etwas für mich?"

Der Notar setzte sich an den Flügel, sann ein paar Augenblicke, ehe seine Hände sich auf die Tasten legten, wo sie noch einen Moment verharrten. Dann spielte er ein Stück von Satie. Es klang wie die Kühle und die Dunkelheit des Zimmers.

Nur mit Dir

Antonio stand auf einem Felsplateau. Um ihn her peitschte, höher und höher steigend, das grünlich-braune Wasser des Meeres. Schon züngelte die Gischt um seine Füße. Der Sturm zerrte an den Kleidern. Wie rasend überschlugen sich die Wasser an dem Felsen und plötzlich glaubte er hinter sich Rufe zu hören, die, obwohl sie hoch und fein und weit entfernt klangen, mit Leichtigkeit durch das tobende Element drangen. Als er sich umwandte, sah er in einem hellblauen Licht Assunta auf sich zukommen. Hinter ihr, eingehängt und strahlend, sah er seine Eltern mit den Gesichtern aus jener Zeit, da sie einander kennengelernt hatten.

Ein Schrei kam aus der Tiefe empor. Er klang, als schreie Antonio in einem Verlies, ohne jeden Hall, dumpf und entsetzlich. Mit einer Eisenstange schlug er gegen Panzerglas. Aus einem feinen Sprung des Glases rieselte Sand. Aber er wusste nicht, ob er von außen auf das Glas einschlug, um an irgendetwas heranzukommen, das dahinter lag, oder von innen, um als Eingekerkerter auf sich aufmerksam zu machen.

Er fuhr aus dem Traum hoch. Das Haus lag totenstill. Benommen erhob er sich und trat ans Fenster und sah hinaus. Es fiel Schnee.

In der zurückliegenden Zeit hatte ihn ein unerklärliches Unbeteiligtsein befallen. Oftmals spürte er keinerlei Regung in sich. Wie ausgehöhlt hatte er an Heiligabend in Zweidelfingen zwischen den andern in der Christmette gesessen. Er nahm das Krippenspiel mit Mario als einem der Hirten wahr, als schaue er durch ein umgedrehtes Fernglas. In der eiskalten Neujahrsnacht stand er mit Nachbarn, den Bronners, mit Salvatore, Ursula und den Kindern auf der verschneiten Straße. Unter ihren Schritten knirschte der Schnee. Ursula allerdings, die Feinfühlige, beobachtete ihn nicht erst in dieser Nacht mit leiser Beunruhigung und sprach zu ihrem Mann davon. „Ich habe es bemerkt", sagte er, legte den Arm um seine Frau, während die Kinder Knallfrösche zündeten und im Schnee tollten, und sah zu Antonio hin.

Besonders das Krachen und Knallen der Silvesterraketen war Antonio unerträglich, kaum zu ertragen die körperliche Berührung, als man einander Glück wünschte und umarmte. Er fühlte sich fremder und verlassener als jemals davor. Einzig die Telefonate mit Assunta hinterließen noch so etwas wie einen Widerhall.

In Antonios Seele begann sich die Entwurzelung zu rühren. Mit schmerzhafter Schärfe spürte er den Verlust der Eltern. Es verlangte ihn unstillbar nach ihnen. Es hatte sich Bahn gebrochen, was lange verschüttet gewesen war. Was hätte er darum gegeben, mit Francesco in Malumore beim Herdfeuer zu sitzen und ihn erzählen zu hören, was dieser über Antonios Vater und Mutter wusste! Ihr Hochzeitsbild war das einzige Foto von ihnen. Arme Leute hatten keine Zeit dazu, vom Geld zu schweigen. Was hätte er darum gegeben, das Foto betrachten zu können, in den Gesichtern jener zu forschen und aus ihnen herauszulesen, die ihm das Leben gegeben hatten! Aber die einander lächelnd zugeneigten Gesichter standen in Francescos Haus in Malumore, Sterne entfernt, auf dem Nachtkasten. Er erschrak vor der Heftigkeit dieser Sehnsucht.

In dieses Aufbrechende hinein kam der Brief Assuntas. Anfangs zogen die Worte wie Fetzen an seinen Augen vorüber. Er musste, wie schon einmal, vor Aufregung mehrmals von vorne beginnen, um den Zusammenhang erfassen zu können. Er erbleichte und musste sich setzen. Die Worte Assuntas waren eindringlicher und kündeten, wie ihm schien, von einer stärkeren Bedrohlichkeit ihrer Lage. „Ich liebe Dich … Komm zurück. Oder ich komme nach Deutschland … Einerlei … Nur mit Dir … alles andere ist sinnlos … schreckliche Angst vor dem Vater …" Diese Sätze warfen ihn nieder.

Nach einiger Zeit, die er, irgendeines klaren Gedankens unfähig, auf dem Bett gelegen hatte, klopfte es, und Salvatore trat ein. Er sah den Brief neben der niedergesunkenen Hand liegen. Antonio richtete sich auf und fuhr sich mit der Hand über das totenbleiche Gesicht, als kehrte er von weither zurück. Als Salvatore dies sah, rückte er einen Stuhl in die Nähe Antonios, setzte sich darauf und schaute aus dem Fenster. Er fragte nichts. Er wollte nichts wissen. Er ahnte es. So saßen sie beinahe eine Stunde, ohne dass ein Wort gefallen wäre.

Der Padrone

Gianbattista Maria Foderà, Chef einer Obst- und Gemüsehandel-Aktiengesellschaft, sah sie an, als komme sie von einem fremden Stern. Breit von Wuchs und gedrungen, knochig das Gesicht, saß er hinter seinem Schreibtisch. Ein großes Fenster führte zum Hof des Firmensitzes, der am Rande Maranis lag. Lieferwagen trafen ein und fuhren wieder weg, Arbeiter eilten zwischen ihnen hin und her. Angestellte im weißen Mantel wedelten mit den Lieferscheinen. Foderà belieferte Italien und das Ausland.

Das Büro entbehrte jeglichen Komforts. In ihm sah man lediglich Dinge, die für den reibungslosen Ablauf der Geschäfte unabdingbar waren, Telefone etwa, Aktenschränke, Registraturen, nebenan ein Fernschreibraum. Auch im Vorzimmer, in dem sich zwei angewelkte Sekretärinnen angifteten, sah man nur das Allernotwendigste an Ausstattung.

„Bei mir gibt es keinen Schnickschnack, kein überflüssiges Zeug", pflegte Foderà zu sagen – eigentlich ein sympathischer Zug, wäre da nicht alles andere, das diese Attitüde in den Schatten stellte. Und seltsam, gerade aus dem Vorhandensein des Allernotwendigsten spürte man Geld heraus, viel Geld.

Die Redewendung vom Schnickschnack konnte man aber ohne Mühe auf den sozialen Bereich des Unternehmens ausdehnen.

An den Wänden hing kein einziges Bild, ein Kruzifix, das wohl, sowie ein Kalender der Bank Foderàs und ein kaputtes Thermometer, um das sich eine Begebenheit rankte. Es hing dort, um an jene Auseinandersetzung des Firmenchefs mit dem Sekretär der kommunistischen Gewerkschaft vor Jahren zu erinnern. Er hatte ihm den – bis heute andauernden – tariflosen Zustand der Firma vorgehalten. Ursache hierfür war gewesen, dass Arbeiter der Gemüsehallen einen Betriebsrat hatten wählen wollen, was ihnen aber nicht gut bekommen war. Sie lagen noch heute auf der Straße. Ihre Namen standen seither auf der schwarzen Liste der Arbeitgeber, die einander aus Konkurrenzgründen zwar Ärger an den Hals wünschten, bei der Bekämpfung der Gewerkschaft und ganz besonders dieser lästigen Kommunisten aber wie ein Mann standen.

Am Ende der Auseinandersetzung hatten die Männer einander angeschrien. Foderà hatte den Mann bei den Rockaufschlägen gepackt und ihn, der selbst nicht der Stärksten einer war, an die Wand geschleudert. Dabei war das Thermometer herabgefallen. Das Quecksilber lief aus und als Foderà den Gewerkschaftssekretär durch einen Leibwächter hatte hinauswerfen lassen, bückte er sich, hob das Thermometer auf und hängte es wieder an seinen Platz. Es blieb für ihn die Erinnerung daran, wie er einem dieser Schweinehunde, als die er Gewerkschafter mit Vorliebe bezeichnete, „die Hitze aus dem Leib getrieben" hatte.

Um völlig korrekt zu sein, sei noch auf eine Straßenkarte von Italien als Wandschmuck hingewiesen, die hinter dem Schreibtisch hing. Sie war gespickt mit roten Stecknadelköpfen für Orte, in denen Foderà kurz davor stand, einem Kleinhändler den Garaus zu machen und ihm sein Geschäft abzupressen, sowie mit grünen, in denen die Schlacht bereits entschieden war. Auf dieser Karte des „marktbereinigten" Italiens fanden sich – es ist beinahe überflüssig darauf hinzuweisen – nur noch wenige rote Stecknadeln.

Nahm man allerdings an, dieses wuchernde Unternehmen weise ein korrekt geführtes Innenleben auf, so irrte man beträchtlich. Ohne Übertreibung darf gesagt werden, dass es in einer Räuberhöhle gerechter zuging als bei Foderà. Räuber pflegten immerhin noch einen Ehrenkodex.

Das Wesen, das Foderà als von einem fremden Stern kommend ansah, war Assunta Lamesa. Sie hatte sich hübsch zurechtgemacht, ihr dunkelblaues Kostüm angezogen, die Haare hochgesteckt und die Lippen ein wenig nachgezogen. Die mit besten Noten examinierte Lehrerin war bei der Stellenzuweisung des Kultusministeriums nicht berücksichtigt worden. Unberücksichtigt geblieben war sie auch als Ferienlager-Helferin, wofür sie sich ebenfalls beworben hatte. Leider könnten keine Kräfte zum Einsatz kommen, denen Erfahrung mit Ferienlagern fehle, heuchelte die Zentrale für die Vergabe dieser Tätigkeiten. Denn Italien liege das Wohlergehen der Jugend am Herzen.

Das Schmerzhafteste aber war, was sie beim Tee mit ihrer einstigen Volksschullehrerin hatte zur Kenntnis nehmen müssen. Die alte Dame entzauberte den Beruf mit dem Hinweis darauf, dass man keine Aussicht auf eine Stelle habe, wenn der Vater oder die Familie nicht über Beziehungen oder dickes Schmiergeld verfügten. „Da kannst Du ewig warten, mein Kind", hatte die weißhaarige Lehrerin gesagt. „Die lassen Dich am ausgestreckten Arm verhungern." Für Siracusa und Umgebung suchte man zweihundertfünfzig Lehrer, und mehr als dreitausend fertige Lehrer – viele von ihnen seit Jahren in Wartestellung und mittlerweile am Rande der Verzweiflung – hatten sich auf diese zweihundertfünfzig Stellen beworben. Assunta wurde übel, als sie es hörte. Warum hatte man sie darüber bei Studienbeginn im Unklaren gelassen? Warum ließ man junge Menschen im Zustand der Blauäugigkeit oder der Illusion, mit guten Examen eine Stelle zu bekommen? Warum war diese offenkundige Demütigung Teil des staatlichen Verfahrens? Warum kam man nur durch Bestechung und Beziehungen vorwärts? Welche Lehrer bekamen diese armen Kinder vorgesetzt? Konnten sie den Schülern reinen Herzens gegenübertreten? Durften sie ihnen überhaupt gewisse

Wahrheiten sagen, wenn sie selbst ebenfalls nur durch Beziehungen zu ihren Stellen gekommen waren?

Assunta also trug bei Foderà ihre Haut zu Markte. Sie hatte gehört, dass man Kräfte für Korrespondenz, Büro und Buchhaltung suche. Sie hatte Foderà aufgesucht, einen feisten Widerling, weil sie am Ende sogar bei der Zentrale der Hausaufgabenhilfe noch abschlägig beschieden worden war. Sie war mit dem Hinweis hinauskomplimentiert worden, es stünden viel zu viele Lehrer danach an und es hätten viel zu wenige Eltern das Geld für diese Hausaufgabenhilfe. Es war wie ein böser Traum, in dem sich alles ewig im Kreis drehte.

In ihrer Not, da sie nicht mehr ein noch aus wusste und selbst eine Stelle als Bedienung in einem der Strandcafés in Betracht zog, hatte sie sich am Ende zu Don Carmine geflüchtet. Mit der Last des elterlichen Rates, als Kellnerin verbaue sie sich sämtliche Möglichkeiten für ihren erlernten Beruf oder wenigstens für ein Büro, weil ihr als Kellnerin das Stigma der Hilfsarbeiterin auf die Stirn geschrieben stehe, hatte sie mit großer Ermattung im Studierzimmer gesessen, dessen beide Fenster wieder weit geöffnet waren. Sie ließen den Sommer des Jahres sechzig herein, den Duft des verwilderten Gartens und den Gesang der Vögel, so wie es schon bei Antonio gewesen war, als er sich verabschiedet und der Priester ihm das Kreuz auf die Stirn gezeichnet hatte.

Leise und nachdenklich waren die Worte des Priesters gefallen, mit Pausen dazwischen, nachdem er Assunta mit aufmerksamem Gesicht zugehört hatte. Wie schön war es, dass für ihn immer gerade jener Mensch der wichtigste auf der Welt war, mit dem er sprach.

„Du bist mit dem Studium fertig", hatte er zu bedenken gegeben. „Gönne es Dir und Deiner Seele, erst einmal zur Ruhe zu kommen, so schwer es im Moment auch zu sein scheint", war er fortgefahren. „Nimm Dir Zeit. Schau über den Tellerrand." Er sah aus dem Fenster, und sein Blick war in eine unendlich weite Ferne gerichtet, ehe der Priester sich wieder Assunta zuwandte. „Habe keine Angst. Vertraue auf den Herrgott."

Schlicht klang dies, völlig unerwartet, kindlich beinahe, ohne jeden praktischen Rat. Doch dabei war es keineswegs so, dass Assunta sich durch die Worte des Priesters etwa damit abgespeist gefühlt hätte, auf Gott zu vertrauen. War es nicht ohnehin das, wonach sie sich gesehnt hatte, ohne dass es ihr bewusst gewesen wäre?

Am Abend dieses Tages hatte es geläutet. Gleich darauf rief ihre

Mutter sie an die Haustür und trat beiseite. Draußen hatte Elena mit einer langstieligen tiefroten Rose gestanden.

„Von Antonio", sagte sie und lächelte. „Er hat angerufen. Wegen Deines Examens war er außer sich. Tausendmal soll ich Dich grüßen und ich sollte Dir eine Rose kaufen." Diese Rose, die stille Beständigkeit dieser wundervollen Farbe und die zaubervoll zarte Anordnung der Blätter, strömte eine große Kraft aus. War es nicht schon etwas von dem, was der Pater meinte, als er von Vertrauen in Gott gesprochen hatte? Schickte er durch den Liebsten am fernen Ort nicht bereits ein Zeichen? Elena.

Ebenso wie Assunta erfolgreich im Examen, hatte sie binnen kürzester Frist eine Schwangerschaftsvertretung als Lehrerin bekommen, dies auch noch in Siracusa. Der Einfluss des Vaters war nicht gering. Der Notar Dr. Tancredi kannte die Herren im Provinz-Kulturministerium. Einer von ihnen war einst in Palermo Studienkollege gewesen.

Es tröstete Assunta nur schwach, dass nicht wenige Lehramtsanwärter seit Jahren auf den Ruf aus der Schulbehörde warteten. Es war dies ein junges Leben ohne Aufgabe und es war daher zermürbend. Ein Examen mit Auszeichnung und keine Anstellung – dieser Widerspruch zog sie in eine tiefe Verzweiflung hinab. Sie hatte am Ende dazu geführt, dass sie sich nicht einmal mehr ein bescheidenes Ausgehen gönnte. Sie verkroch sich vor Scham. In zunehmendem Maße empfand sie sich als Versagerin und suchte daher die Ursachen für die Ablehnung durch die Schulbehörde bei sich selbst. Mehr und mehr hatte sie sich auch nicht von der Vorstellung befreien können, dass jeder Espresso, jeder Martini im zarten Kelch, jedes Bällchen Eis, jede Kinokarte, an ein Kleidungsstück war schon gar nicht zu denken, auf Kosten des Vaters als dem alleinigen Verdiener in der Familie gehe.

Ohnehin hatte der Bahnarbeiter Lamesa seine eigene Lektion zu verkraften. Er konnte eben nicht auf Beziehungen zurückgreifen. Er war eben ein Niemand im gesellschaftlichen Gefüge und seinen Wertvorstellungen. Ohnmächtig ballte er die Fäuste. Er brauste auf, er fluchte, er wetterte gegen jene „hohen Herrschaften", in deren Nähe er sich andererseits aber doch so gerne sähe. Dann, eines Tages, wurde er stiller und stiller, der Bahnarbeiter Ignazio Lamesa, der nichts galt. Zumindest redete er es sich ein, nichts zu gelten.

Jetzt also Foderà.

Lamesas Tochter bekam den Rest an Demütigung, Aussichtslosigkeit,

Ernüchterung und nackter Wirklichkeit, an Willkür und Ausgeliefertsein. Eine der beiden angewelkten Sekretärinnen kam mit der Unterschriftenmappe herein. Sie trug sie wie ein Ordenskissen vor sich her und warf der jungen Frau einen herablassenden Blick zu: Du denkst, weil Du auf Lehrerin studiert hast, bist Du was Besseres? Da täuscht Du Dich, mein Täubchen. Er wird es Dir zeigen und recht geschieht Dir. Es ist eine gute Schule des Lebens. Uns ist ebenfalls nichts geschenkt worden. Wir waren auch ganz unten, ehe wir hochkamen. Du weißt nicht, welches Schwein Foderà ist, als Mensch und im Bett. All dies lag in diesem geringschätzigen Blick der angewelkten Sekretärin mit einem säuerlichen Zug um die Mundwinkel.

Die Sekretärin hatte das Büro verlassen und die Tür geräuschlos hinter sich zugezogen, als Gianbattista Maria, der Herr über Obst und Gemüse, ausgepresste und zum Verstummen gebrachte Kleinhändler, die Katze aus dem Sack ließ. Es verschlug Assunta die Sprache. Versicherung? Anmelden? Lächerlich! „Du", sagte Foderà, als kenne er Assunta schon von Kindesbeinen an, „Du arbeitest nicht offiziell, verstanden? Entweder ohne Papiere oder gar nicht. Pass gut auf, was ich Dir sage, denn Du lernst was fürs Leben, und zwar kostenlos." Foderà lachte bei dieser doppelten Bedeutung kurz auf. In seinen Mundwinkeln erschien etwas Speichel.

„Die ganze schöne Lehrer-Ausbildung nützt Dir einen Dreck, wenn Du keine Anstellung bekommst. Also schön vorsichtig. Das zum einen." Die Stimme wurde leiser und scharf. „Ich brauche Dich nur stundenweise, auf Abruf. Hast Du Telefon? Nein? Schlecht. Schon schlecht. Nun, wird man Dich eben anders benachrichtigen müssen." Seine Stimme nahm einen nebensächlichen Tonfall an. „Du bekommst 100 Lire die Stunde als Hilfskraft." Assunta erbleichte. Ihr Mund wurde trocken. Der Tarif lag bei 180. Aber bei Foderà herrschten keine Tarife. Diejenigen, die einst versucht hatten, ihnen mit der Gründung eines Betriebsrates Geltung zu verschaffen, lagen bekanntlich noch immer auf der Straße.

„Wenn eine Kontrolle des Arbeitsamtes kommt", ließ Foderà sich wiederum vernehmen, indes er aus dem Fenster schaute, „sagst Du, Du bist nur zu Besuch da und tust uns mit Deiner Arbeit eine kleine Gefälligkeit. Kein Wort von den 100 Lire, verstanden?" Das sagte er besonders gerne, dieses „Verstanden?" Seine Unverfrorenheit ließ Assunta vollends erstarren. Ja, das hatte sie, die junge Lehrerin ohne Anstellung.

Sie hatte es verstanden.

Seltsam dabei war, dass sie nach den Worten des Großhändlers, die an Unmissverständlichkeit nichts zu wünschen übrig gelassen hatten, ganz ruhig wurde. Assunta hatte begriffen, dass dies die Wirklichkeit war und ihr damit keineswegs ein ungewöhnliches Missgeschick widerfahren sei. Seltsam war aber auch, dass mit einem Mal, als solle ihr daraus Kraft für all diese Unsäglichkeiten zufließen, Bilder aus der Kindheit vor dem Auge ihrer Seele aufschienen. Diese Bilder hatten etwas Tröstliches. ‚Die kannst Du mir nicht nehmen, Du Schwein' – ja, sie dachte Schwein und war überhaupt nicht mehr verwundert darüber. Solche Worte waren ihr früher nicht über die Lippen gekommen. Sie sah die Gesichter der Eltern mit einem Ausdruck von Liebe in ihren Augen. Sie erinnerte sich an das Fangen und Versteckspielen mit Nachbarskindern in Marani unter Palmen und mit leuchtenden Blumen in der Nähe der Aussichtsterrasse mit Fernblick auf das vom Blau ins Smaragdgrüne wechselnde Meer.

Was lag zwischen damals und heute? Was war es, das alles so sehr verändert hatte, die Liebe der Eltern, die Unbeschwertheit, die Freude des Lebens? Was war es, das den Vater außerstande setzte, die Tochter nach dem Besuch bei diesem Foderà aufzurichten und zu trösten und ihr zu sagen, dass man einen Weg finden werde? Denn schließlich habe sie ein erstklassiges Examen und der Vater sei stolz auf seine Tochter. Nein, er sagte etwas anderes, etwas, das Assunta noch verzweifelter werden ließ. Mit einer gewissen Ungehaltenheit in der Stimme sagte er:

„Es sähe anders aus", und in die gewisse Ungehaltenheit mengte sich noch ein lamentierender Ton, „wenn Du, anstatt hochnäsig zu sein, auf Giovannis Antrag eingegangen wärest." Bei diesen Worten verschloss sich auch das Gesicht der Mutter. Solche Vorhaltungen mussten noch zerstörerischer auf ihre Tochter wirken, als es die demütigende Situation ohnehin schon getan hatte. Ungerührt und völlig unempfindlich dafür, was seine Worte anrichteten, fügte der Vater hinzu, sie, Assunta, sei gewiss nicht die Einzige, die sich mit solchen Gegebenheiten abzufinden habe und nun eben Zugeständnisse machen müsse. Im Übrigen bestehe das ganze Leben aus Zugeständnissen.

Seiner Tochter war es in schmerzhafter Weise aufgegangen, dass sie von ihrem Vater keinerlei Verständnis würde erwarten können. Wie dieser Mann sich in seinen Widersprüchen verfangen hatte und im Kreise drehte wie ein am Nasenring herumgeführter Tanzbär, war er nur schwer anzusehen, angeschlagen in seinem lächerlichen Stolz, nicht in der Lage oder willens, Dinge zur Kenntnis zu nehmen, die eine Veränderung einiger seiner Sichtweisen hätten zur Folge haben müssen. Es war noch nicht alles.

Da die Zeit heranreifte, in der Pläne für den Gemüsehandel Antonios näher rückten, erkundigte Assunta sich bei den Arbeitern Foderàs unter der Hand nach den Bedingungen für eine Zulassung. Einige der Arbeiter, von denen etliche selber Kleinhändler gewesen waren, machten Pause. Sie hatten gegessen und sich eine Zigarette angezündet, als Assunta – mittlerweile nun doch stundenweise in Foderàs Diensten – an sie herantrat. Sie wollte wissen, wie diese Arbeiter über Antonios Pläne dachten. Einer von ihnen ließ sich vernehmen, kaum dass sie mit ihren Schilderungen begonnen hatte: „Ist Dein Freund ein Schwein?" Assunta blickte den Mann überrascht an.

„Ist er ein Schwein?", wiederholte der Arbeiter seine Frage leise und ohne irgendeine Wertung im Ton.

„Nein", erwiderte Assunta ohne Zögern.

„Dann hat er keine Chance."

„Wie kommen Sie darauf? Ich verstehe nicht …"

„Er muss bei den anderen Händlern mitmachen." Der Arbeiter zog an seiner Zigarette und ließ den Rauch durch die Zähne entweichen. Die Anderen standen stumm dabei und schienen dadurch jedes der Worte ihres Arbeitskameraden zu bestätigen.

„Preisabsprachen, ohne Rechnung, krumme Sachen mit abgelaufenen Produkten. Wir kennen einen, der es nicht mitgemacht hat. Er wird einfach weggeputzt."

Assunta verfärbte sich bei diesen Schilderungen.

„Was heißt das, weggeputzt?", fragte sie voller Bestürzung.

„Ich sage Dir nur, sie sind nicht zimperlich", antwortete der Arbeiter und sah sich um, ehe er fortfuhr:

„Durch die Konkurrenz Foderàs sind die Händler zu allem entschlossen, was ihre Existenz sichert. Und wenn es kriminell ist. Deshalb sind sie auch entschlossen, all das zu beseitigen, was dem im Wege steht, beispielsweise einen Händler, der nicht mitmacht. Wer ausschert", fuhr der Arbeiter leise und klaglos fort, „bekommt kein Bein auf die Erde. Die Händler sind auch noch so blöde und prahlen damit, wenn sie wieder einen fertiggemacht haben. Wir bekommen das hier mit, aber wir stellen uns natürlich taub."

Alles schwamm davon. Was hatte noch Bestand von ihren Plänen?

Assunta arbeitslos, Antonio zwischen den Fronten der Gemüsehändler. All dies wollte sie ihm am Telefon von einer Bar aus umreißen. Aber zu mehr als zur Begrüßung reichten die Telefonmünzen nicht. Der Verdienst von vier Tagen bei Foderà rauschte durch den Apparat wie nichts. Sie schrieben einander. Sie trösteten einander und fühlten sich durch die Umstände einander nur noch inniger zugehörig. Der Moment war unumkehrbar geworden, da Assunta ernsthaft erwog, endlich bei Antonio zu sein.

Eines Tages lag ein Brief Elenas im Kasten. In ihm brachte sie zur Sprache, was Assunta nicht minder gequält hatte. Es war die bisweilen klein, gehässig und böse aufflackernde Missgunst gegenüber der Freundin und ihrer sorglosen Situation, die ihr durch den Einfluss des Vaters erwachsen war. Gegen diesen Neid war Assunta machtlos. Er war über sie gekommen, etwas Böses, von weither. Hielt eine Freundschaft dies aus? Elena empfand doch sicherlich ebenfalls das Ungleichgewicht der Chancen. Wie ging sie selber damit um? Ignorierte sie dieses Ungleichgewicht, so war sie keine Freundin. Sie missachtete es aber keinesfalls. Sie schrieb.

„Wie kann ich Dich trösten, Du? Kann ich meinem Vater vorwerfen, dass er Beziehungen hat, die er für mich nutzt? Er weiß, dass Du nicht in den Schuldienst übernommen worden bist. Er sagt, dass er natürlich die Möglichkeit besäße, auch Dich unterzubringen. Aber weißt Du, was er noch gesagt hat? Er hat gesagt, er will nicht den lieben Gott spielen. Und er hat gesagt, es fällt ihm schwer genug, selbst bei der eigenen Tochter, dieses Spiel mit den Beziehungen mitzumachen. Er hat gesagt, jemand wie Du findet seinen Weg ohne Beziehungen. Und er konnte sich vorstellen, dass Du nicht glücklich darüber wärest, ihn als meinen einflussreichen Vater in Dein Schicksal eingreifen zu lassen, nur weil wir Freundinnen sind. Er lässt Dich durch mich grüßen. Du bist immer willkommen."

Assunta ließ den Brief sinken. Nach einer Weile las sie ihn noch einmal. Sie spürte, dass jedes Wort ehrlich war. Die Tancredis zogen sich nicht mit Heuchelei aus der Affäre.

Augen der Liebe

Die verbrannte Erde erhielt immer wieder einmal ihre Söhne zurück, die sie unter ebensolchen Schmerzen hatte ziehen lassen müssen, wie sie sie geboren hatte. Es war die Woche vor Weihnachten. Aneinandergedrängt, erfüllt von einer nur ihnen zugänglichen Gemeinsamkeit, saßen sie in den Zügen, an die Sonderwaggons angehängt waren. Sie lärmten durcheinander. Schleusen öffneten sich wieder. Andere Reisende sahen mit Staunen, auch mit einem Gefühl von Bedrängtheit, etliche ganz sicher auch mit Abneigung die durcheinander schreienden Fremden sitzen. Deutschland fiel von den Söhnen der verbrannten Erde ab. Es blieb zurück. Es versank in einem Nebel des Vergessens, wenn auch nur für eine kurze Zeit.

In Antonios Abteil, in dem man zu acht saß, hatte einer zur Gitarre gegriffen und zu singen begonnen, obwohl es noch weit dorthin war, wovon das Lied handelte: „Napule, tu..." Fotos gingen von Hand zu Hand. Auf dem Gang herrschte drangvolle Enge, Zigaretten qualmten, Schnaps und Bier kreisten. Die Gepäcknetze quollen von Koffern, von Mänteln und Jacken und verpackten Geschenken über. Etliche dieser Ausgewanderten hatten die lähmende Erkenntnis bereits hinter sich gebracht, dass sie nicht mehr dieselben sein würden, wenn sie zu den Ihren auf Besuch kämen. Sie waren davon zutiefst verstört.

Je weiter sie den Stiefel hinab rollten, desto bevölkerter waren die Bahnsteige von den Angekommenen und jenen, die sie erwartet hatten. In Neapel stiegen beinahe fünfzig aus, erwartet von mindestens der gleichen Anzahl. Gewiss, emigriert war man zu allen Zeiten, aber nicht in diesem industriell organisierten Ausmaß. Und da geschah es, dass Antonio eine lodernde Wut auf die Verursacher in sich aufkeimen spürte. Er sah die durcheinander eilenden, aufgewühlten, aus ihrer Ruhe und Mitte vertriebenen Arbeiter und ihre Familien. Für einige Tage würden sie vereint sein und dabei gnadenlos die Entfremdung spüren. Und unaufhaltsam würde sie voranschreiten. Sie würde einhergehen mit Zerstörung und Leid, mit Liebe, die den Belastungen des Getrenntseins nicht hatte standhalten können, mit Kindern ohne Väter und Frauen ohne Männer.

Im Leben der Verursacher all dieses Leides, die wie eine Monstranz die Behauptung vor sich hertrugen, die Fürsorge für eben jene Menschen sei ihnen innerstes Anliegen, blieb alles wie es war. Nach wie vor standen ihnen genug Rechtlose zur Verfügung. Mochten andere gehen, wieder andere taten es eben nicht. Anstatt diese Ausbeuterbrut mit der Kraft der Politik und der Gesetze, mit der Kraft des Glaubens in die Schranken zu weisen und ihr die Instrumente ihrer Menschenverachtung aus den Händen zu winden, schloss man Verträge mit dem Ausland und zerstörte Familien und ließ die Besitzenden gewähren. Alles, nur keinen von ihnen antasten. Denn sie hatten ja das Geld, mochte die Energie, mit der sie es sich zu eigen machten, noch so kriminell sein. Außerdem, wusch nicht längst eine Hand die andre?

Der Zug hielt in Salerno. Antonio lehnte sich im Sitzpolster zurück. Assunta schien vor ihm auf. Ihr schönes Gesicht war dabei ohne jeden Ausdruck. In ihrem jüngsten Brief, durch Tränen verwischt und stellenweise kaum lesbar, war die Aussichtslosigkeit der Zukunft als Lehrerin beschrieben – ein einziger Hilferuf, vom Ausmaß einer Verzweiflung, die Antonio aufgewühlt hatte. Er war im Begriff gewesen, im Vertrauen darauf, dass Assunta die Anmeldung seines Geschäftes vorbereitet haben würde, vor Weihnachten zu kündigen. Die Beschreibung der Gaunereien aber, die auf ihn warteten, so er an eine Lizenz kommen wollte, riss ihm den Boden unter den Füßen weg. Unter keinerlei Umständen war daran zu denken. Wie blauäugig und ehrlich, wie grundsolide und hoffnungsvoll waren die Pläne gewesen, wie brutal stand die Wirklichkeit dagegen! Antonio schalt sich einen Narren. Aber eine Stimme in ihm sagte: „Sprich nicht so mit Dir. Mach Dich nicht schlecht. Du bist nicht naiv. Du bist grundanständig. Ist das verwerflich? Woher hättest Du es denn wissen sollen? Es spricht doch für Dich und nur für Dich, von dem Guten ausgegangen zu sein." Welche Stimme war das, so milde und kraftspendend zugleich?

Hatte Umberto auch in solchem Gewühl gestanden? Ganz sicher. Antonio schaute hinaus. Die Nacht hatte sich herabgesenkt, als der Zug in den Bauch der Fähre nach Messina geschoben wurde.

Umberto Poliseno.

Wie einen Bruder hatte ihn dieser in der Mission in Schwabgarten umarmt und geküsst, als sie an einem Samstag bei Don Battista einen Film gesehen hatten. „Danke" hatte er immer wieder gesagt, „danke". In einem Brief hatte der Vater seines Freundes Tomaso nachgefragt, ob Antonio dem Poliseno Umberto bei der Suche nach Arbeit bei den Deutschen behilflich sein könne. Bei den Polisenos fehlte seit dem Tod des Großvaters das Geld, das mit der Rente hereingekommen war. Allesamt Analphabeten, hatten sie sich an ihn gewandt. Und alles hatte sich gefügt wie durch ein Wunder. Antonio hatte sich an einen der Freunde aus der Mission gewandt, der beim Autobahnbau nahe Löwenberg arbeitete. Dieser wiederum wusste davon, dass seine Firma Arbeiter suche, und zwar händeringend. Ohne Zögern hatte der Firmenchef ein Ferngespräch mit der Anwerbe-Kommission in Neapel angemeldet, als Antonios Freund ihm die Sache mit Umberto Poliseno vorgetragen hatte. Binnen weniger Stunden hatte der Vertrag unterschriftsreif im Büro in Neapel gelegen und zu Beginn des Oktobers war Umberto in eine dieser zugigen und primitiven Wohnbaracken inmitten des Baugebietes eingezogen. Bis zu den Knöcheln versank er mit seinen Halbschuhen im Schlamm. Was er sah, versetzte selbst ihm, dem Anspruchslosen, einen schweren Schlag. Und nun war Antonio es, der zur Seite stand wie einst Salvatore ihm, den Ankömmling im Arm hielt, als Umberto vor Erschöpfung und Ernüchterung wie ein Kind heulte. Nun war er es, der dem Erschütterten aus Canaletto, einem Kind der Lavasteine, den Rotwein hinstellte und zwei Decken um die Schultern legte und tröstete und an den Kanonenofen rückte, bis er still wurde und mit einem versteinerten Gesicht, leise zu fluchen begann, unendlich zu fluchen.

In Siracusa schien eine grelle Dezember-Sonne, als die Heimkehrenden aus dem Zug quollen. Der Bahnsteig war schwarz vor Menschen. Denn der Zug leerte sich dort nahezu vollständig. Antonios Blicke suchten in dem Gestoße und Gedränge, Gewoge und Geschrei seiner Brüder, denn das waren sie allesamt, seine Brüder. Die Schreie der Frauen im Angesicht der sehnlich Erwarteten gingen ihm durch Mark und Bein. Er sah Frauen an ihren Männern hängen, mit Augen wie von Sinnen, manche mit starren Gesichtern, in denen es sich noch nicht gelöst hatte, ihre Männer befühlend, ihnen mit den Fingerkuppen die Gesichtszüge nachfahrend, wie um zu prüfen, ob sie es auch tatsächlich seien.

Manche Väter sahen zum ersten Mal ihr Kind. Sie hielten es mit herzzerreißender Unbeholfenheit von sich, ehe sie es schüchtern küssten oder streichelten. Die Kinder erschraken vor den Fremden und weinten auf dem Arm ihrer Mütter. Sie konnten mit ihrem erst kurzen Leben nicht verstehen, was ihre Augen sahen, auch wenn man ihnen sagte: „Das ist Dein Papa." Es waren biblische Bilder. Noch niemals davor waren die meisten dieser Menschen für so lange Zeit voneinander getrennt gewesen.

Als erstes sah er Elena winken.

Hinter ihr kam totenblass Assunta zum Vorschein. Sie überließ sich dem Gedränge, das sie schließlich zueinander spülte wie starke Wellen. Mit aufgerissenen Augen standen sie wortlos voreinander. So vieles war inzwischen geschehen, das Jugendliche, Unwissende längst brutaler Wirklichkeit gewichen. Andererseits waren sie einander niemals näher gewesen als in diesem Augenblick, da sie in dem Gedränge des Bahnsteiges vier von Siracusa spürten, dass es ernst geworden war.

Vor dem Bahnhofsgebäude stand der Wagen des Notars. Der Doktor hatte ihn den Mädchen zur Verfügung gestellt. Es hatte eine Überraschung sein sollen, Überraschung und Geschenk. Sie verließen die Stadt und hielten erst an der Abzweigung des Eselsweges, wo Antonio ausstieg. Die Fahrt war stumm verlaufen. Sie hatten einander auf dem großen und bequemen Rücksitz der schweren Limousine im Arm gehalten und immer wieder angeschaut. Die fremde Blässe wollte nicht aus Assuntas Gesicht weichen. Elena hatte das Auto gesteuert, dabei ihre Memphis geraucht und im Radio nach Musik gesucht.

Antonio stand mit geschlossenen Augen, ehe er den Pfad hinab lief. Er wollte das Meer hören und er konnte es hören.

Auch wenn es Winter war, saßen sie auf dem Bänkchen vor dem Haus in der Sonne. Der Alte wusste bereits alles. Vor allem wusste er, dass die Pläne im Begriff waren, sich in Nichts aufzulösen. Und er wusste um die Folgen. Er hatte die Verbindung vom ersten Herzschlag an gutgeheißen. Nun trug Francesco Gioia die sich ergebenden Schritte gleichfalls mit – in Schmerzen, aber die behielt er für sich. Er erhob sich.

„Wohin willst Du?", fragte Antonio und schaute zu ihm auf.

„In den Stall. Sie brauchen zu fressen", entgegnete er. Grigiolina spielte mit den Ohren, als sie zu ihr kamen. Der Kleine, Feli, schwänzelte und schnaubte leise. Es war entzückend anzuschauen, wie er zwischen den Vorderläufen und den Ohren die Zeichnungen seiner Mutter trug. Francesco gab den Tieren Karotten zu fressen, die er ihnen einzeln und bedachtsam in ihre hungrigen Mäuler schob. „Also, Du bleibst in Deutschland?", fragte er und nahm Karotten aus einem Trog.

Antonio nickte. Francesco strich Grigiolina über den Rücken. Es waren nur die mahlenden Geräusche der beiden Esel zu hören.

„Geht Assunta mit?"

„Wir werden es bereden. Ich treffe sie."

Es verging eine Weile, ehe Francesco sich wieder vernehmen ließ. „Wir müssen uns anziehen. Cesare kommt jeden Moment." Antonio war Francesco in der Schlafkammer noch flüchtig mit der Kleiderbürste über das dunkle Jackett gefahren, als der beige Fiat 600 vor dem Haus hielt. Cesare, der Nachbar, würde sie nach Marani chauffieren. In dem vornehmen Restaurant „Da Pirandello", das Tagelöhner für gewöhnlich höchstens von weitem sahen, gingen sie essen. Es war das Geschenk Antonios an den Ziehvater. Als sie eintraten, tuschelten einige Dummköpfe unter den Gästen darüber, dass man schon bald nirgendwo mehr unter sich sein könne.

An der Bar nahmen sie einen Fernet, ehe Cesare wieder fuhr. Der alte Gioia trank in winzigen Schlucken, bedächtig, man könnte beinahe sagen andächtig, einen Sambuca.

„Ich danke Dir", wandte Antonio sich an Cesare und hielt ihm die Packung mit den ‚Alpha' hin.

„Nichts zu danken. Für Euch immer", erwiderte der Nachbar und nahm eine Zigarette aus der Packung. Francesco sah sich mit Unbehagen um. Was für Ideen der Junge hat, überlegte er, war aber doch stolz darauf, während er an dem Sambuca nippte und zum ersten Mal die schwieligen Hände mit den rissigen Fingernägeln auf eine andere Weise wahrnahm. Wie etwas Unbekanntes lagen sie neben dem Sambuca-Glas auf der Marmorplatte der Theke. Das Glänzende und Geschliffene ließ sie umso deutlicher hervortreten. Er drehte und wendete sie unauffällig und betrachtete sie, während Antonio und Cesare, der um einiges älter war als Antonio, ihre Blicke durch das Restaurant wandern ließen. Noch niemals hatte er seine Hände als etwas außerhalb seiner selbst empfunden. ‚Damit hast Du Dein Lebtag gearbeitet, die meiste Zeit für diesen Schuft. Aber, lieber Gott' – er fuhr sich in Gedanken mit der Hand vor den Mund – ‚ich will mich nicht versündigen. Du hast es mir bestimmt', führte er stumme Zwiesprache in dem dezenten Geklirr des Silberbesteckes und dem Klingen der Gläser an den Tischen der Speisenden.

Sie aßen sehr fein. Der Alte fühlte sich über die Maßen von dem Jungen wertgeschätzt. Mit einem Mal sah er ihn wieder als Vierjährigen vor sich, wie er ihn damals zu sich nach Malumore genommen hatte. ‚Und jetzt lädt er mich so vornehm ein und ist so weit fort', gingen Francescos einfache Gedanken. Und wie er den Ziehvater daran gehindert hatte, das Billigste aus der Karte zu bestellen. Es würgte ihn, als die Erinnerung daran auftauchte, wie das Kind sich einst wortlos an ihn schmiegte, nachdem er ihm zu verstehen gegeben hatte, dass sie jetzt alle beide zum Padrone müssten. Francescos Herz begann wieder leise zu stechen. Noch immer warf er sich vor, dem Jungen die Kindheit gestohlen zu haben. Es war nicht aus seinem alten Herzen zu verbannen. Für den Heimweg bestellte Antonio ein Taxi. Als der Kellner den Wagen herbei telefonierte, tuschelten die Hohlköpfe wieder.

Sie trafen sich im Heim der Katholischen Jugend von Scafarello, zu dem eine kleine Cafeteria gehörte. Sie war weihnachtlich geschmückt. Einige Mädchen saßen an einem großen runden Tisch und besprachen das Theaterstück für Silvester. Diesmal hieß es „Der betrunkene Großvater" und stammte aus der Feder eines pensionierten Lehrers. Lachend und albernd waren sie mit dem Studium ihrer Rollenbücher befasst.

Antonio und Assunta hatten Kaffee vor sich stehen und sprachen leise miteinander, mit großen Pausen dazwischen. Sie fühlten sich einander zugehörig. Kein Zweifel trübte dieses Gefühl. Längst hatten sie die Zeit des Verliebtseins durchschritten und waren im Ernst der Dinge des Lebens angekommen. Vor einer Stunde noch war Antonio bei Don Carmine gewesen. Manches hatte ihm keine Ruhe gelassen. Hierzu gehörten der Gedanke an die Bildung Assuntas und die Befürchtung des Ziehvaters, Antonio könne Assunta möglicherweise nicht, wie er sich ausdrückte, glücklich machen, wenn er ihr als ungebildeter Klotz am Bein hänge. Antonio hatte diese Möglichkeit nie in Betracht gezogen. Dennoch aber hatten ihn die Worte Francescos, in der allerbesten Absicht dargetan, unsicher werden lassen.

Der Pater nun war es, der dieser aufflackernden Unsicherheit auf ganz wunderbare Weise begegnete.

„Was redest Du", hatte er die bedrückt vorgebrachten Befürchtungen zu zerstreuen begonnen. „Du bist ein kluger junger Mann. Du hast Deutsch gelernt, Du hast sogar den Führerschein in dieser Sprache gemacht. Du bist mit achtzehn ausgewandert, wofür Dich alle bewundern", sagte er. „Assunta ist eine kluge junge Frau und nicht eingebildet. Ich weiß, dass sie Dich liebt, wie ein Mensch einen anderen nur lieben kann", hatte der Priester hinzugefügt. „Ihr seid zwei hochanständige junge Menschen. Da können Euch viele, sehr viele nicht das Wasser reichen, ohne dass ich diese Menschen damit abwerten oder geringschätzen möchte", war der Pater auf seinem Stuhl fortgefahren, den er neben den Antonios geschoben hatte. Er hatte nicht doziert. Er war nicht mit auf dem Rücken verschränkten Händen vor diesem unsicheren jungen Menschen auf und ab gegangen. Manch Anderer hätte es in dieser Lage ganz sicher getan. Diese Worte hatten Antonio wieder ins Lot gebracht. Nach und nach gerieten seine Gedanken wieder in einen ruhigen Fluss. Er war aus dem Studierzimmer des Paters, dem er in unendlicher Erleichterung die Hand geküsst hatte, zur Verabredung geeilt.

„Ich liebe Dich", sagte Antonio leise, als sie eine Weile in der Cafeteria gesessen waren. Die Mädchen an dem runden Tisch hatten damit begonnen, prustend, albern und kichernd Passagen aus ihren Rollen zu memorieren. „Ich liebe Dich auch", entgegnete Assunta und strich ihm über das Haar.

„Hier ist schiefgegangen, was nur schiefgehen konnte."

„Ja, das ist es. Alles." Sie sahen einander lange an und hielten sich bei den Händen. Dann sahen sie fort und dann sahen sie einander wieder in die Augen.

„Warum hattest Du mir davon abgeraten, nach Deutschland zu kommen?"

„Es ist die Entwurzelung", sagte Antonio leise und sah Assunta dabei in die Augen. Drüben lachten die Mädchen auf, als zwei von ihnen sich verhaspelt hatten und schließlich steckengeblieben waren.

„Ich möchte es Dir ersparen … Aber jetzt, lieber heute als morgen … Aber um eines bitte ich Dich. Ich bitte es Dich aus Liebe. Schlaf darüber. Ich bin nur glücklich, wenn Du es wirklich möchtest. Zwing Dich zu nichts." Er staunte über seine Worte, aber sie waren in ihm gewesen. Sein Herz hatte sie nur zu rufen brauchen.

Sie saßen vor dem Haus. Er war für den Nachmittag mit Assunta verabredet. Er hatte sich eine Zigarette angezündet, nach der er die Spaghetti hatte kochen wollen, als sie gegangen kam. Er traute seinen Augen nicht. Sie war nach Malumore gekommen. Dort lief sie. Mit ungläubigem Staunen erhob er sich, um ihr entgegenzugehen. Auch Francesco hatte sich erhoben, verharrte aber bei seinem Hocker. Stumm bewegten sich seine Lippen in dem unrasierten ledernen Gesicht.

Sie sahen einander an. „Wie bist Du hierher gekommen?"

„Elena wartet oben, sie hat mich hergefahren."

„Ich koche Spaghetti. Bleibt doch zum Essen", entfuhr es Antonio.

„Es geht nicht, so gern ich es möchte. Ihr Vater braucht in einer halben Stunde den Wagen."

Dann sah sie zu dem Alten hin, winkte zuerst, um dann aber doch rasch zu ihm zu treten und ihn auf beide Wangen zu küssen.

„Was ist passiert?", fragte Antonio, als sie einander bei den Händen hielten.

„Ich hätte Dir schon gestern sagen können, dass ich mit Dir gehe."

Francesco sah die Liebenden. Fast augenblicklich begriff er, dass seine Aufgabe, die er selber als solche empfunden hatte, erfüllt war. Er sah etwas Graues Gestalt annehmen. Diese Gestalt hatte kein Gesicht. Es war das Altwerden.

Endlich Antonio

Über dem Tag lag ein leuchtendes Blau, hart wie Glas. Sie waren aus der Stadt heraus und ein Stück gefahren, als Ignazio Lamesa den Wagen an der Einmündung zu einem Feldweg ausrollen ließ und seine Tochter ansah. Seine schiefergrauen Augen irrlichterten. Er sah alles davonschwimmen. Assunta saß neben dem Vater mit ineinander verknäulten Händen und erloschenem Gesicht. Sie schaute aus dem Fenster, das heruntergekurbelt war. Hinten saß Graziella Lamesa, die Mutter, und hielt die Hand mit einem Taschentuch an den Mund, als fürchte sie sich vor dem Schrei, der gleich kommen würde.

„Tu es mir nicht an, fahr nicht fort."

Die Stimme des Vaters klang gepresst, so als ob ihm etwas die Luft abschnürte. Eine zum Zerreißen gespannte Stimmung hatte sie alle schmal und fahrig werden lassen. Nur noch weg, wiederholte sich der Gedanke in Assunta, nur noch weg. Alles andere würde sich finden. Ganz bestimmt würde es sich finden. Es war kaum mehr zu ertragen. Einzig Roberto, der Mann von Assuntas Schwester Daniela, befürwortete den Entschluss auf eine gewisse diplomatische Weise. Er teilte einerseits die Sorgen der Eltern, während er andererseits Ehrlichkeit und Aufrichtigkeit Assuntas herausstellte, so dass die Lamesas am Ende schier nicht anders konnten, als auf die eigenwillige Tochter nun doch stolz zu sein. Dennoch hielten sie für starrköpfig, was in Wirklichkeit die Weigerung war, abscheuliche Praktiken des Großhändlers Gianbattista Foderà mitzutragen, das Schmiergeld, die giftigen Konservierungsmittel für das Obst, Steuerhinterziehung, die Nasführung der Arbeitsbehörde, der Einsatz gekaufter Elemente zur Einschüchterung der Kleinhändler. Zu Letzterem hatte man seine Mittel. Sie reichten von Zusammenschlagen bei Nacht und Nebel, gelösten Autorädern und durchtrennten Bremsschläuchen bis zu Beschuldigungen, die an den Haaren herbeigezogen waren. Aber diese gekauften Elemente waren auch perfide Meister im Streuen von Gerüchten, die sich derart hartnäckig hielten, dass die Betroffenen sich davon nicht erholten und in ihren kleinen Läden die Kundschaft ausblieb.

„Ich bitte Dich, fahr nicht fort", wiederholte der Vater. Eine wächserne Blässe lag in seinem verzerrten Gesicht. In diesem Augenblick drängte die Mutter nach vorne. Assunta kam nicht mehr dazu, vom Sitz zu rutschen. Graziella Lamesa schrie auf, lief in ein nahes Feld und riss sich im Laufen Haare aus. Ihre Tochter, zu Tode erschrocken, lief der Mutter nach. Nach einer Weile gelang es ihr, sie zum Wagen zurückzubringen. Totenblass saß Lamesa hinter dem Steuer. Er hatte gar nicht wahrgenommen, dass während alledem der Motor weiterlief, so sehr war er in Anspannung und Erregung versetzt.

Also war es nicht mehr zu ändern. Sie brachten ihre Tochter zum Zug nach Siracusa. Nicht auszudenken, was geschehen wäre, hätte Assunta den Eltern die ganze Wahrheit gesagt. Sie bestand darin, dass sie in die große deutsche Stadt am Fluss fahren würde, um endlich bei Antonio sein zu können, endlich. Die geschminkte Erklärung lautete, sie fahre zu einer Freundin nach Mailand, wo sie Arbeit als Näherin gefunden habe. In der Tat hatte sie sich eine Fähigkeit als Näherin bei Daniela erworben, die zu Hause für eine Fabrik nähte. Es waren allein Antonio, Elena, Don Carmine und der alternde Francesco, welche die volle Wahrheit kannten. Zu sehr befürchtete Assunta, dass der Vater sich nicht mehr kennen würde, wenn er erst alles erführe.

Ignazio und Graziella ahnten nichts, als sie Waggons auf dem Bahnhof von Siracusa stehen sahen, an denen Streckentafeln mit der Aufschrift der deutschen Stadt angebracht waren. Auch wussten sie nicht, dass junge Frauen, die in die Waggons einstiegen, in Neapel von einer Textilfabrik eingekauft worden waren. Und schon gar nicht ahnten sie, dass ein gewisser Salvatore Bognuti die Arbeitsstelle Assuntas über einen gewerkschaftlichen Vertrauensmann eingefädelt hatte. Und schließlich auch ahnten sie nicht, dass Assunta an vielen Abenden vom Telefon der Tancredis aus Antonio angerufen hatte. Haarfein hatten die Liebenden ihre allerkleinsten Schritte abgestimmt.

Assunta bestieg einen Waggon, der von denen mit der Bestimmung in die große Stadt am Fluss etwas entfernt stand. Sie wollte keinerlei Verdacht irgendeine Nahrung geben. Um die wahre Absicht vollends zu verschleiern, hatte sie die Fahrkarte fürs erste sogar nur bis Mailand gelöst, für den Fall, dass der Vater sie hätte sehen wollen. Als die Geschwister nach der Mailänder Adresse fragten, redete Assunta sich darauf hinaus, sie wisse sie nicht auswendig und werde dort von der Freundin abgeholt. Und sie werde die Adresse mit dem ersten Brief schicken.

Jedwedes Risiko wollte sie ausschalten, und sei es auch nur das aberwitzige wie ein Sehenwollen der Fahrkarte. So tief saßen Angst und Verzweiflung in ihr. War der Grund dafür früher die Angst vor einem Zornesausbruch des Vaters gewesen, so war es jetzt der, dass sie das Ausmaß eines möglichen Schmerzes nicht ermessen konnte und deshalb davor zurückschreckte, den Eltern reinen Wein einzuschenken. Ebenso stark war das Verlangen danach, die Dinge endlich in Fluss zu bringen. Was sie wollte, war, in jedem wie auch immer gearteten Leben an Antonios Seite zu sein.

Beinahe unerträglich wurden ihr der Abschied auf dem Bahnsteig und die endlos scheinenden Minuten am Abteilfenster. Nur mit Mühe ertrug sie die schmerzvollen Gesichter der Eltern. Wie um sie zu beruhigen, rief sie ihnen noch zu, sie werde zurückkehren, träten auch nur die allergeringsten Schwierigkeiten auf.

Die Stellen mit den ausgerissenen Haarbüscheln, die blutig waren, ließen die Mutter wie von einer Krankheit gezeichnet erscheinen. Sie hatte die Wunden mit einem Papiertaschentuch abgetupft, wobei Fetzen auf der Wunde haften geblieben waren. Es sah gespenstisch aus.

Jetzt also auch Assunta.

Die ausgezeichnete Lehrerin, voller Herzenswärme und Wissen um die Dinge der Erziehung und Bildung, Tochter der verbrannten Erde, tat es Antonio gleich, weil sie keine andere Lösung sah. In welches Leben war sie hineingeboren worden? Was tat man ihnen an? Ihnen, den Kindern des Südens? Was hätte Assunta darum gegeben, vor einer Klasse stehen und Jungen und Mädchen Liebe zum Leben und zum Nächsten nahe-zubringen und sie mit Wissen auszustatten, mit Hilfe dessen sie ihr Leben würden einrichten können?

Der Zug verließ Siracusa.

Aus den Abteil- und Gangfenstern flatterten die Tücher zu den zurückbleibenden Angehörigen, die ihrerseits winkten und schrien. Viele von ihnen weinten. Wie betäubt sank Assunta in eine Abteilecke. Aber schon bevor der Zug in Catania weitere Arbeiterinnen aufnahm, war sie unter die anderen gegangen. Alle redeten derart durcheinander, dass man nur mit Mühe etwas verstehen konnte. Ihre Gefühle glühten und rasten. Sie waren völlig aus ihrer Mitte geraten.

In Neapel stiegen die letzten dieser Armen ein, zwischen zwanzig und fünfundzwanzig Jahre alt und aus dem Boden gerissen wie junge Pflänzchen. Je weiter sie nach Norden kamen, desto mehr rückten sie zusammen. In gelegentlich sich einstellenden Hochgefühlen – Ergebnis überdrehter Nerven und des Eingeständnisses des Unumkehrbaren – sangen sie Schlager. Vor allem war es „Volare", immer wieder „Volare". Und es flogen die armen Seelen dahin. Einmal sogar erhielten sie für ihren Gesang Beifall von Reisenden, die irgendwo in der Schweiz auf dem Bahnsteig standen.

Immer wieder fingen welche unvermittelt zu schluchzen an, als die Gewissheit, jede von ihnen auf ihre Weise, sie ergriff. Andere bekamen harte Gesichter mit schmalen Mündern und brennenden Augen. Diese jungen Frauen besaßen immerhin noch genug Kraft, die Weinenden zu trösten oder sie im Arm zu halten, bis sie sich einigermaßen gefasst hatten.

Die Mädchen hatten einander die Schicksale erzählt, immer wieder, die Umstände, die zur Auswanderung geführt hatten. Sie hatten sie gedreht und gewendet. Sie hatten sie beschimpft und verflucht. Sie hatten Speisen aus ihren Gegenden miteinander geteilt. Spärlicher und spärlicher wurde der Redefluss und versiegte schließlich ganz. Eines der Mädchen wand sich in Magenkrämpfen und würgte auf dem Klosett Galle hervor, als der Zug die deutsche Grenze passiert hatte. Draußen lag das fremde Land in einem blässlichen spätnachmittäglichen Septemberblau. Die Angekommenen drückten ihre Taschentücher an die Münder oder zerknäulten sie oder sahen hinaus mit Blicken, die unsicher und ängstlich waren.

Deutschland.

Das ist Deutschland, dachte Assunta müde und kraftlos. Hier ist Antonio. Und das schon bald zwei Jahre. Wie lange habe ich darauf gewartet, bei ihm zu sein? Entrückt war das Bild der verzweifelten Eltern am Bahnsteig, in weiter Ferne lagen die Wutausbrüche des Vaters, die Angst, von der Assunta beherrscht war, seit sie und Antonio miteinander gingen. So weit weg war es und verblasst und ohne Belang, und auch dieses Manöver mit der falschen Adresse und der Fahrkarte bis Mailand – beinahe lächerlich. Einzig das Bild von der Mutter und den blutigen Stellen ihrer Kopfhaut ergriff sie unvermindert schmerzhaft.

Die Aussicht darauf, Antonio umarmen zu können und nicht mehr von ihm gehen zu müssen, war stärker als alles andere. Es war so lange herbeigesehnt. Es hatte Zeit gehabt zu reifen, und sie hatte Zeit gehabt, unter der Ungeduld zu leiden, ebenso wie sie das schließlich Gereifte mit einer nicht gekannten Stille in sich hatte aufnehmen können. Deshalb zerrte jetzt auch keinerlei Ungeduld mehr in ihr. Mein Antonio, dachte sie, mein Antonio. Sein Gesicht stand vor ihr, mit diesem Hauch von heller Bräune und diesen sinnlichen Lippen eines im Anflug immer leicht spöttischen Mundes.

Eine glutrote Sonne versank hinter der Silhouette der großen Stadt am Fluss. Aneinandergedrängt standen die Italienerinnen mit ihren ärmlichen Sachen auf dem Bahnsteig, umtönt von Lautsprecherdurchsagen der fremden Welt. Manche von ihnen hätten einfach nur schreien wollen. In einigen der übermüdeten, welken und apathischen Gesichter standen gefrorene Lächeln, Zeichen einer inneren Erstarrung. Da waren sie. Kam in sehnsüchtigen Schüben das Zuhause hoch, das hinter ungezählten Welten lag, so hatten sie das Empfinden, es in ihrem Leben nicht mehr wieder zu sehen. Dies hier würde sie gefangen halten, dieser Moloch, dieses alles Verschlingende.

„Willkommen, liebe Freundinnen", rief eine helle, singende Stimme auf Italienisch. Die Aneinandergedrängten sahen zwei Frauen wie Ihresgleichen auf sich zukommen, Gisella und Filomena, die es schon seit einem Jahr hinter sich hatten. Die Italienerinnen waren von der Leitung der Textilfabrik mit dem Übersetzen beauftragt worden. In Gisellas und Filomenas Begleitung befanden sich zwei Herren, der Personalchef Reinhold Meier und der Leiter der Zuschneiderei, Sigurd Neumann, beide Kavaliere der alten Schule, die nett wirkten, sich möglicherweise auch in die völlig verschüchterten Angekommenen versetzen konnten und lächelten und übersetzen ließen, dass man sich über die eingetroffenen Damen – sie sagten tatsächlich Damen – sehr freue, die doch gewiss müde und hungrig seien. Freilich vermochte diese gutgemeinte Freundlichkeit der Herren nicht das Ängstliche und Angespannte, das unbeschreiblich Lähmende von den Ankömmlingen zu nehmen. Immerhin, die beiden Herren hatten zur Begrüßung ihre Hüte abgenommen. Mit kühler, taxierender Sachlichkeit glitten die Blicke der Repräsentanten der Textilfabrik über das Menschenmaterial. Nur notdürftig verbarg die Freundlichkeit dieses Abschätzen. Verhielt es sich aber nicht überall in der Welt so, wo vollkommen fremde Menschen mit vollkommen gegensätzlichen Interessen aufeinander trafen? Es waren Geschäftsleute. Sie hatten dafür bezahlt, dass man ihnen dreißig junge und unverbrauchte Frauen aus Süd-Italien zuführte, andernfalls sie mit den Aufträgen nicht mehr nachgekommen wären. Und diese Arbeiterinnen waren billig, selbst noch unter tariflichen Bedingungen.

Immerhin, wie gesagt, die Herren hatten ihre Hüte vor den Mädchen abgenommen und machten im Übrigen stattliche Figur in ihren zweireihigen Anzügen, Pfeffer und Salz der des Herrn Meier, taubenblau der des Herrn Neumann. In Italien hätte man „bella figura" dazu gesagt.

Vor dem Nordausgang des Hauptbahnhofes wartete der Bus. Er brachte die Bauernmädchen aus dem Süden Italiens in den Vorort Gartenhausen, wo Textilfabrik und Unterkünfte lagen. Das Abendessen – Wurstaufschnitt, Käsescheiben und Vollkornbrot –, an dem die Arbeiterinnen ratlos herumknabberten und wozu sie Tee aus großen Zinnkannen gossen, nahm man in einem Raum ein, der früher als Magazin und Abstellplatz für landwirtschaftliche Maschinen gedient hatte. An der Decke zuckten Neonröhren. Der Raum besaß ein einziges niedriges, breites und hoch gelegenes Oberlicht und hallte fürchterlich. Aber was erwartete man? Ein Festbankett? Es war die Ankunft für Hilfsarbeiterinnen, die noch vor Kurzem zu wenig zum Leben und zu viel zum Sterben besessen hatten. Ihre männlichen Schicksalsgenossen hausten in umgebauten Ställen oder zugigen Baracken in lärmenden Baugebieten.

„Herr Meier sagt, morgen früh, acht Uhr, soll alles im Personalbüro sein, wegen der Formalitäten", übersetzte Filomena in die Bedrücktheit hinein. Natürlich hatte er sich gewählt ausgedrückt. Aber Filomena hatte die Anweisung von sich aus auf ihren sachlichen Kern beschränkt. Herr Meier hatte gefragt, ob Filomena wohl die Freundlichkeit besäße, den Damen mitzuteilen, dass man sie morgen früh im Personalbüro erwarte. Gleichzeitig aber wünsche man einen guten Appetit und, wie der Personalchef Meier in forscher Betonung hinzufügte, einen „guten Hunger".

Die Herren verließen den Raum, nachdem sie noch einmal ihre Blicke über den „Zugang", wie sie es nannten, hatten schweifen lassen. Irgendwie klang es, als seien die Arbeiterinnen aus Süditalien der Textilfabrik zugelaufen.

Kaum waren Meier und Neumann verschwunden, als ein stetig anschwellendes Durcheinander und Lärmen den unwirtlichen Raum zu füllen begann. „Ihr lebt in Zimmern mit vier Betten", rief eine Kleine aus der Nähe von Bari, Ornella mit Namen, die sich eine vorwitzige Haarsträhne aus der Stirne strich. „Macht Euch auf Gemeinschaftsklos und eine große Küche gefasst. Da steht Ihr Euch anfangs öfter mal gegenseitig auf den Füßen." Die Stimmen der Frauen schwollen noch mehr an. Es war wie bei einem Ventil, das geöffnet worden war.

„Ihr müsst pünktlich zur Arbeit erscheinen, hört ihr, absolut pünktlich. Eure Ankunft wird kontrolliert. Danach wird Eure Arbeitszeit berechnet. Die verstehen hier keinen Spaß. Das ist eine Fabrik, kapiert?", rief Ornella. Einige nickten ernüchtert. Andere wiederum waren innerlich noch lange nicht aus ihrer bäuerlichen Umgebung im kalten Land angekommen, so dass die Erläuterungen an ihnen abprallten. Die Augen einiger dieser Frauen starrten blicklos vor Verzweiflung.

„Aber eines muss man sagen", ließ sich die bedächtige Zuschneiderin Giaccoma aus der Nähe von Cosenza vernehmen. „Sie zahlen jeden Samstag pünktlich den Lohn aus. Ihr bekommt mit dem Geld in der Tüte auch einen schmalen Lohnstreifen, wie das hier heißt. Zählt nach! Aber Ihr könnt Euch darauf verlassen, dass es immer stimmt. Hier sind die Deutschen nicht zu schlagen. Auf dem Streifen stehen auch die Abzüge. Das ist das, was für Rente und Krankenkasse abgeht. Fragt uns nur. Keine Angst, wir haben es auch kapiert."

Einige der Frauen lachten. Für einen Augenblick klangen ihre Stimmen, als verlören sie sich nicht unter einer Last von Gram.

„Wegen der Pünktlichkeit ein Hinweis", rief wieder Ornella. „Stellt Euch die Wecker. Bedenkt den Andrang vor dem Klo und in der Küche. Das ist Gewöhnungssache. Auch wir haben uns am Anfang furchtbar ungeschickt angestellt. Aber wie Ihr waren wir ja auch noch nie mit einem Wecker geweckt worden, nicht."

Wieder lachten welche. Einigen wurde es ein wenig leichter. Allmählich schienen die Frauen nun doch zu sich zu kommen. Sie spürten, dass nicht eine jede nur auf sich gestellt war. Das wärmte innerlich. Nach und nach begann die Angst zwar nicht zu schwinden, aber erträglich zu werden. „Das werdet Ihr mit der Zeit alles schaffen", beschloss Ornella ihre Hinweise. Merkwürdigerweise klang es tröstlich. Zudem wussten die Frauen, dass jemand von Ihresgleichen redete und ihnen keine Märchen erzählte. Darüber war es Mitternacht geworden. Sie verteilten sich auf ihre Vier-Bett-Zimmer, wo die meisten von ihnen aber trotz der bleiernen

Müdigkeit nicht einschlafen konnten. Das Überdrehtsein von der langen Reise und das Karge der Zimmer griffen sie noch mitten in der Nacht an. In dieser Nacht wirkten diese Zimmer, als blieben sie für alle Ewigkeit nackt, schrecklich und zweckgebunden. Concetta Telese aus einem Dorf bei Eboli, gerade achtzehn Jahre alt geworden, weinte sich vor Heimweh in den Schlaf.

Am Morgen war es wie nicht anders zu erwarten. Mehrere Wecker klingelten. Vor den Toiletten und in der Küche drängten sich die Frauen. Etliche hatten keine Zeit mehr, etwas zu essen. In der Fabrik wurde nicht lange gefackelt. Die jungen Frauen fanden sich nach einer halbstündigen Einweisung im Räderwerk der Produktion, fernab ihrer archaischen Heimat, wo man ihnen im Beisein der des Deutschen bereits mächtigen Kolleginnen stumpfe und immer wiederkehrende Handgriffe erklärte. Es roch nach Staub und Kunstfaser. Wie erstarrt standen sie während der tariflich vorgeschriebenen Zehn-Minuten-Pausen an ihren Zuschneidetischen und wussten nicht, wie ihnen geschah. Manche waren vor Heimweh so blind, dass ihre Hände mehrmals um Haaresbreite in die Maschinen geraten wären. Die Seelen schrien auf. Der Schock saß tief. Von Entkommen war keine Spur.

Assunta schnitt die Rückenpartien ärmelloser Kleider mit Blümchenmuster zu, Stunde um Stunde, anstatt daheim Kinder auf das Leben vorzubereiten. Doch es war kein Klagen in ihr. Vielmehr hatte sich schon während der Zugfahrt ein nicht gekanntes Gefühl in ihr ausgebreitet. Es war das Gefühl der Schicksalsgemeinschaft. Zum ersten Mal fühlte sie sich nicht alleine.

Gleich würde die Glocke schrillen und in den Feierabend entlassen. Die Frauen wollten einkaufen gehen. Ihnen schwebten Blumenstöcke zur Verschönerung der Zimmer und Spaghetti vor, Rotwein und Oliven, Seifen und Strümpfe, Postkarten und Schokolade, Briefmarken und Bleistifte, Lippenstift und Heftpflaster, ein Stadtplan und Tomatenkonserven. Jede hatte einen Vorschuss von einhundert Mark erhalten, der mit dem ersten Lohn verrechnet werden würde. In jeder Gruppe würde eine Arbeiterin mitgehen, die Deutsch sprach.

Und ganz allmählich begann Leben in die Frauen zurückzukehren. Sie spürten jetzt den ungeheuren Druck, dem sie ausgesetzt waren. Erst hatte das Ungewisse alles in ihnen gelähmt, die Kraft, das Frauliche, die Wahrnehmung dessen, was um sie herum vorging, das Zeitgefühl, kurzum die Wirklichkeit. Doch an irgendeinem der Feierabende begann

Aufgestautes wieder zu fließen. Viele von ihnen begannen wieder in der gewohnten Schnelligkeit zu sprechen. Die Hände vollführten ihren uralten raschen Lauf. In die Augen kehrte wieder der Glanz zurück. Und Appetit stellte sich ein, unbeschreiblicher Appetit.

Die Frauen ermutigten einander dazu, das Unabänderliche anzunehmen, je eher desto besser. Plappernd räumten sie ihre Spinde um und öffneten die Fenster und ließen den herbstlichen Geruch herein und blickten hinaus. Sie sahen Gärten und Fabrikmauern, rauchende Schlote und Bohnenstangen. Sie sahen Radelnde und sahen Kinder auf einer kahlgemähten Wiese Fußball spielen.

Am Münztelefon auf dem Gang wählte Assunta die Nummer in Zweidelfingen, und wieder schlug ihr Herz dabei, als sei es das erste Mal. Und wieder war der Himmel rot von der untergehenden Sonne, und die Wolken hatten goldene Ränder.

Schatten des Krieges

In dem olivfarbenen Jeep am Flussufer saßen zwei Militärpolizisten mit weißen Helmen und kurzärmeligen Khaki-Uniformen, etwas verfettet um die Hüften der eine, stämmig und muskulös mit kurzen Beinen der andere. Sie hatten, jeder auf seiner Seite, einen Fuß auf den Fahrzeugrahmen gestellt, während sie den Blick schweifen ließen. Nach einer Weile krächzte das Funkgerät. Der Soldat mit den etwas verfetteten Hüften sprach in die Muschel und sah dabei den Soldaten neben sich an, der sogleich den Rückwärtsgang einlegte. Der Jeep mit dem weißen fünfzackigen Stern auf der Motorhaube wendete und verließ das Ufer. Kess schwang die hohe Antenne hin und her.

Auch oben, auf den frühabendlichen Kais des schimmernden Flusses, sah man die Amerikaner in ihren flott geschnittenen Ausgehuniformen, deren Hosenbeine stets um jene ganz gewisse drollige Kleinigkeit zu kurz geraten schienen, sowohl zu mehreren als auch einzeln spazieren, mitunter ein Mädchen neben sich. Beharrlich hielten die Uniformen die Erinnerung an die höllische Heimsuchung wach. Das Inferno der Bombardements mit Tod und Grauen und Verwüstung und noch niemals geschauten Bildern lag gar nicht lange zurück. Nach wie vor sah man in der Stadt die Spuren der Bomben. Noch immer sprachen die Menschen davon, wie sie – das Taschentuch vor Mund und Nase – die Leichen in langen Reihen an den Rändern der Straßen und entlang der bis zur Unkenntlichkeit zerbombten Häuserzeilen hatten liegen sehen, damit diese Toten identifiziert würden. Das heißt, damit der Versuch unternommen werden konnte, festzustellen, um wen es sich handeln mochte. Dazwischen lagen Klumpen aus verschmortem Fleisch, angesichts derer Menschen über Nacht grau geworden und oftmals nah daran waren, ihren Glauben an einen gütigen Gott zu verlieren. Nicht ohne Verbitterung und Ungläubigkeit erfuhren sie, dass etliche der frechsten, großmäuligsten und gefährlichsten Herausschreier der Durchhalteparolen bei Stadtverwaltung, Justiz oder den Schaltstellen der Industrie untergekommen waren. Dort gingen sie umher mit den Leichenbittermienen und lammfrommen Stimmen derer, die verblendet einem verbrecherischen System hinterhergelaufen seien und alles zutiefst bereuten. Waren sie hingegen unter sich, so bestärkten sie einander mit feisten Gesichtern und herausgedrückter Brust darin, dass ihr Kampf nicht zu Ende war.

Sie standen auf der Brücke und blickten, an die Brüstung gelehnt, auf das dunkle Wasser des Flusses hinab. Antonio hatte seinen Arm um Assuntas Schultern gelegt. Im September-Dunst stand die Silhouette des Domes. Auf dem Fluss glitten die Lastkähne und die kleinen weißen Ausflugsdampfer dahin, von denen Akkordeonmusik und Lachen zu ihnen heraufgeweht kamen. In endloser Ferne schien jener Sommerabend verblasst, da mit jenem Blick Assuntas auf der Piazza von Marani alles seinen Anfang genommen hatte. Wie war es noch gewesen? Ohne nennbaren Anlass hatte sie noch einmal umhergesehen und war dabei an Antonios Augen haften geblieben.

Als Assunta vom Wohnheim aus in Zweidelfingen angerufen und der wuchtige Herzschlag der ersten Erregung abgeklungen, als Antonio außer sich vor Erwartung war, hatte sich alles rasch gefügt. Salvatore Bognuti telefonierte mit Ricardo, einem Arbeiter in der Farben-Fabrik in der Nachbarschaft der großen Stadt am Fluss, und kündigte Besuch an.

Der Hilfsgärtner Gioia hatte die liebliche Landschaft, wie sie sich zeigt, wenn das Württembergische ins Hessische übergeht, nur oberflächlich wahrgenommen. Es nahm ihn gefangen, was Salvatore von Ricardo berichtet bekommen hatte. In der Stadt der stinkenden Farben-Fabrik waren vier Illegale von heute auf morgen ausgewiesen worden.

Irgendwer musste sie verpfiffen haben, und es war keinesfalls auszuschließen, dass diese Allerärmsten von Ihresgleichen verpfiffen worden waren. In aller Herrgottsfrühe hatte die Ausländerpolizei vor ihren Nachtlagern gestanden. Vielleicht hatte sich ein armer Teufel auf Kosten noch ärmerer Teufel einen Vorteil aus seinem Verrat erhofft.

Die beiden Italiener hatten geraucht und auf das vor ihnen liegende Band der Autobahn geblickt. Hinter Antonios Stirn waren wieder diese Bilder von den Karottenfeldern des Don Fabrizio mit den gebückten Leibern gestanden, welche von Weitem so sonderbar an große graue Steine erinnerten. Es drängten sich Bilder von dem Gemeindesekretär von Scafarello mit seinem unheilvollen Gesicht dazwischen. „Denkt Euch dafür gefälligst was aus", hatte der Padrone diese Kreaturen angeherrscht und eingeschüchtert. Sollten diese undankbaren Bastarde doch sehen, wo sie blieben, wenn sie die Gnade des Padrones in den Wind schrieben. Und vor allem, ein Zurück war ausgeschlossen. „Schreibt Euch das hinter die Ohren", hatte der Padrone gesagt. Kein Zurück. Tatsächlich empfanden Menschen wie Don Fabrizio diese Befreiungsschläge aus tiefster Not heraus als Undankbarkeit. Deshalb sollten diese Undankbaren auch noch damit bestraft werden, dass man ihnen Steine in den Weg legte und, sollten sie jemals wieder um Arbeit nachkommen, davonjagte.

„Das wühlt mich auf", hatte Antonio den Blick zu Salvatore gewandt. „Ich war doch auch illegal. Es hätte leicht passieren können, dass sie auch mich kriegen …" Ein Bus mit Touristen aus der Schweiz überholte sie. Daran erkannte er, wie langsam sie fuhren. Bognuti beschleunigte den hellblauen Millecento.

Antonio hatte seine Stimme nicht gehoben. Er sprach ruhig, dennoch aber mit einer zähen Gefasstheit, so als handle es sich dabei um etwas, an dessen Unabänderlichkeit man nicht vorbeikomme. „Ich konnte mir nicht durch Beziehungen oder Schmiergeld die Papiere beschaffen", sagte er und schaute aus dem Fenster auf die vorüberziehende Landschaft hinaus. „Bin ich also ein Krimineller?" Kaum merklich schüttelte der Freund den Kopf. „Was redest Du da?"

Antonio zündete sich eine Zigarette an. „Wenn ein Krimineller mit gefälschten Papieren hierher kommt, dann könnte ich den Staat noch verstehen", hatte er das Gespräch wieder aufgenommen. „Aber was habe ich verbrochen? Ich habe aus Not gehandelt. Ich habe meinen kranken Ziehvater zurückgelassen. Wenn man genau hinschaut, ist der Illegale eigentlich derjenige, der die Hilfe des Staates braucht."

„Du verlangst viel", hatte Salvatore erwidert. „Die würden Dir schön helfen, die Deutschen."

Sie waren verstummt und hatten die große Stadt am Fluss hinter sich gelassen. Bald sahen sie die chemische Fabrik liegen und den Wegweiser „Gartenhausen 3 km" auftauchen, als sich in Antonio Gioia von einem Augenblick auf den anderen eine unerklärliche Furcht davor ausbreitete, es sei alles nicht wahr. „Niemand wartet auf mich. Wer wartet auf einen wie mich?", hatte eine lähmende Furcht ihm eingegeben.

Dann hatte er am Straßenrand Assunta stehen sehen.

Unfähig, sich in Geduld zu fassen, war die junge Frau ihm entgegengelaufen. Und sie begann zu rennen, wie sie noch niemals gerannt war, als sie das Auto herankommen sah. Ihre Beine flogen. Der Rock wehte um die Schenkel. Dieses Bild von Assunta brannte sich für immer in seine Seele ein.

„Halt an", sagte er leise zu Salvatore und sah ihr entgegen.

Salvatore hatte den Wagen ausrollen lassen. Noch im Ausrollen öffnete Antonio die Tür. Er hatte noch keinen Fuß auf die Erde gesetzt, als sie schon an ihm hing wie eine Ertrinkende.

„Geh nicht mehr fort", hatte sie, außer Atem von dem Rennen, in seiner Umarmung geflüstert. „Es tut so weh." Ihr Körper bebte von dem Schluchzen. Salvatore war ausgestiegen, hatte sich abgewandt, gestreckt und gedehnt und eine Zigarette angezündet. Aus den Augenwinkeln bemerkte er, wie die italienischen Arbeiterinnen aus den Fenstern des Wohnheimes lehnten und zu ihnen hersahen. Etliche von ihnen wussten um die Bedeutung dessen, was sich vor ihren Augen abspielte.

„Antonio, eh, Antonio", hatten einige der Frauen und Mädchen gerufen und ihm entgegen gelacht. „Du Beneidenswerter." Durch die Rufe des Erkennens in eine gewisse überraschte Verlegenheit versetzt, winkte ihnen der Angekommene linkisch zu. Und doch, es war ein eindringlicher Moment, als sie einander wahrnahmen und mit dem nächsten Atemzug das Besondere ihres Schicksals fühlten, das wildfremde Menschen augenblicklich zu Vertrauten werden lässt. Es war das gemeinsame Wissen um die verbrannte Erde, die Schmerzen des Anderen und die Tränen und das Ausweglose des Südens.

„Ich fahre zu Ricardo", hatte Salvatore gesagt, der einige Schritte tat, nachdem er und die junge Frau, deren Schönheit ihn überraschte, einander begrüßt hatten.

„Wir haben es jetzt fünf. Wollen wir uns um acht im Hauptbahnhof in der großen Halle treffen?" Der hellblaue Fiat wendete und fuhr davon.

„Wie wohnst Du? Zeige es mir", hatte Antonio begehrt, nachdem sie einander lange im Arm gehalten, angesehen und gestreichelt und geküsst hatten.

„Männerbesuche im Wohnheim sind nicht erlaubt."

„Du scherzt. Auch nicht am Tag?"

Da mussten sie beide lachen.

„Weißt Du, was ich mir grade vorstelle?", fragte Antonio.

„Sag!"

„Wie es sein wird, wenn uns niemand mehr etwas verbieten kann, wenn wir nichts mehr geheim halten müssen, wenn wir tun können …" Assunta brachte ihn zum Verstummen, indem sie ihm mit der Hand über die Lippen fuhr.

„Ich koche uns Kaffee und bringe ihn zum Eingang. Dort steht ein Tischchen mit Stühlen", sagte sie und eilte ins Wohnheim. Die Gesichter an den Fenstern waren verschwunden.

Später hatten sie den Bus genommen und waren in die Straßenbahn zur Innenstadt umgestiegen. Auf einer Flaniermeile ließen sie sich vom Menschenstrom erfassen und an Schaufenstern und Geschäften entlangtreiben.

„Es ist so ein anderer Lärm als bei uns", meinte Assunta, als sie lange gegangen waren. An einem Stehimbiss hatten sie Würstchen mit Senf gegessen und Apfelwein getrunken. Antonio schmeckte ihm hinterher, wie er spritzig die Kehle hinabfloss.

Dann hatten sie den riesigen Hauptbahnhof betreten.

In der Halle hatte es vor Italienern gewimmelt. Wie aus dem Boden gewachsen war Salvatore vor ihnen gestanden, Ricardo neben sich, ein ungewöhnlicher Sizilianer. Er wartete immer erst einige Augenblicke, ehe er etwas sagte. Und wenn er etwas sagte, so klang es geschliffen, so, als wäre die Sprache etwas viel zu Kostbares, als dass man sie mit Undeutlichkeit vergeude. Und ohne dass sie sich hätten besprechen müssen, ließen die beiden Männer die Liebenden nach ein paar Worten wieder für sich, während der sie inmitten des Stimmengewirrs der Ihren geschlendert waren.

Die Halle, kühn geschwungen, hoch und weit, war Treffpunkt derer aus dem Süden. Ihre Stimmen verwoben sich über ihren Häuptern zu einer Wolke. Assunta ging bei Antonio eingehängt und mit geschlossenen Augen unter den Landsleuten umher, um nicht von dem Klang der Stimmen abgelenkt zu werden. Der Zigarettenqualm fächelte empor. Die sorgfältig gepflegte Kleidung machte aus den Arbeitern der langen Wochentage feierabendliche Flaneure mit Pomade im Haar und Krawattennadeln und dem Duft des Rasierwassers. Welch ein Gefühl, den Lohn ausgezahlt bekommen zu haben, das Geld in der Tasche zu spüren, es zu betasten und knistern zu hören und darüber verfügen zu können, nachdem vorher ein großer Teil nach Hause geschickt worden war. Und es war, als ob die Halle, die sich über den Enden der Gleise wölbte, Symbol des weit Entfernten ebenso wie einer durch Not entstandenen ganz wunderbaren Nähe sei.

Bruchstückhaft waren die Sätze an ihr Ohr gedrungen.

„… Alles in allem nicht schlecht … haben ihn beschissen … Der ist bekannt dafür, traue ihm nicht … Willst Du mich auf den Arm nehmen? … Also, sag' schon … nein, niemals, eher umgekehrt … von der Gewerkschaft … Giovese? Geh' mir weg mit dem. Der hat den bösen Blick. Wenn der 'reinkommt, verliere ich im Kartenspiel … Gib mir mal Feuer … Das interessiert mich einen Scheiß … Aber die Deutschen … bis die mal 'ne Fahne in die Hand nehmen … Die erste Zeit war ich völlig fertig … Gestern noch gesehen … Konto eröffnet, aber … Karten spielen … Sette Bello … eine Kneipe … gleich draußen, zwei Ecken weiter, ein Neapolitaner hat sie, Franco … Sind wir blöde oder was? … Haben einen Fußballverein gegründet … Was will man machen? … Auto verkauft … 200 000 Kilometer drauf … nein, Fiat … der repariert ganz billig Autos … Luigi in Bornheim. Willst Du seine Adresse? Nein, Hinterhof … Kalabrese … Meine Frau ist krank … Guter Pfarrer, wenn der predigt, fängt man zu heulen an, sage ich Dir … Lass mich mit dem in Frieden … Ich bitte dich … Der durfte zur Beerdigung von seinem Vater nicht heimfahren … Ach, was für eine Scheiße … Willst Du einen Posten Fisch, wirklich ganz frisch? … Was soll ich damit, lebe alleine … wer soll das essen?"

Einmal standen sie reglos inmitten der Ansammlung. Antonio hielt Assuntas Hand und drückte sie ab und zu wie um sich zu vergewissern, dass sie auch wirklich neben ihm sei.

„… Ist Mist, der hat seinen Lohn in einer halben Stunde verzockt … Was sagt der zu Hause? … Zwei Wochen Urlaub. Nein, ich ziehe um … Familie erst zu Weihnachten … Kannst Du schon etwas Deutsch? Will mir nicht über die Zunge … Musst Du zwei verschiedene Anträge ausfüllen … Verkehren nur Nutten … ist auch viel Razzia … Will ich nichts damit zu tun haben … Hier, mein Sohn mit seiner Mutter … Tizio … wie? 14. Wird Autoschlosser in Cosenza … Liegt mir im Magen wie ein Stein … Zeigen sie sonntags um elf italienische Filme … Das zahlt die Krankenkasse, musst aber einen internationalen Krankenschein haben … Bist Du legal oder illegal? … Glaube mir, richtig heiß hat die den gemacht … führe uns nicht in Versuchung, aber was hilft das, wenn Du was brauchst … Du steigst in die Straßenbahn zwölf … Nimm Dir einen Anwalt … kann Dir die Caritas besorgen … Über die Gewerkschaft … Bin ich nicht drin … Nicht drin? Schlecht, da stehst Du allein auf weiter Flur … Keine Chance … Du glaubst es nicht? Wirst sehen … Damit kommst Du zuhause durch, aber nicht hier. Ein Deutscher versteht das niemals … Armando, schon länger in der Abteilung, der übersetzt … Lass' mich in Frieden damit … Wir sind alle arme Sterbliche … Seine Frau will nicht nachkommen … scheiße, so was … Was willst Du damit sagen? … Schreibt Briefe. Er verlangt zehn Mark … hier, seine Nummer, warte mal … berät auch in Lohnsteuer … Herr Rossaro … Hat für mich keinen Zweck, da bin ich ja einen halben Tag lang unterwegs … Ich nehme an, dass … Nein, im Gegenteil, der mag die Italiener … Kannst sofort anfangen … hast Du Papiere? … Marina, Marina, Marina (einer singt leise die Melodie) … Dem seinen Espresso kann man nicht trinken. Da musst Du kotzen … Der Kleinen gucke ich schon eine ganze Weile nach, die hat einen herrlichen Arsch, die macht mir Augen … wie die im Bett ist? … Ich könnte es gebrauchen … sind wir die Verarschten … Hängt davon ab, ich meine … der ist doch ein Idiot. Was ärgerst Du Dich mit dem herum? … Selbständig gemacht als Tapezierer und Anstreicher. Hat drei Leute … Der ist beklaut worden. Üble Sache … es ist ein Landsmann, der es gemacht hat … Den haben sie gleich rausgeschmissen … Mit zwei Spritzen im Rücken zur Arbeit. Aber es tut noch immer verflucht weh … Frag' nach Bastiano … der ist schwer in Ordnung … Sagt sie, komm rein, mein Mann ist nicht zu Hause … Ach was, was redest Du … ich sage Dir, Rom kannst Du vergessen … einmal Sizilianer, immer Sizilianer … Nein, lass mich ausreden … Kippe, willst Du eine? … "

Der Abend hatte sie mit Milde empfangen, als sie aus dem Hauptbahnhof getreten waren. Und so waren sie schließlich an die Lebensader der großen Stadt gelangt, von deren Brücke aus sie den Fluss hinauf blickten. Sie fühlten sich wie in einem köstlich leichten und zugleich prickelnden Fieber. Das Wasser schimmerte wie Blei, ehe es dieses schwärzliche Grün annahm.

Hätte Assunta ihm in die Augen gesehen, ihr wäre nicht entgangen, dass sie tiefdunkel und von einer Erregung umflort waren. Antonio und Salvatore hatten Quartier bei Ricardo, weil beide erst am späten Nachmittag des Sonntages zurückfahren wollten. Sie hatten eine lange Nacht vor sich. Der Gedanke daran, neben Assunta zu liegen, nahm Antonio Gioia den Atem. „Wir könnten uns streicheln und nebeneinander einschlafen. Wir brauchten gar nicht miteinander zu schlafen." Ungeordnet und fiebrig irrten die Gedanken hinter seiner Stirn. Er spürte den leichten Druck ihres schlanken Körpers an seinem. Drüben zuckten die Lichtreklamen. Das Tosen der großen Stadt am Fluss erhob sich in die Luft und blieb dort wie ein Säuseln. Es drang aus den Straßenschluchten empor, wo die Autos rollten und die Straßenbahnen klingelten und in ihren Schienen kreischten und die Menschen auf den breiten Trottoirs strömten und ihr Leben fühlten.

„Ich möchte es genauso." Sie sah zu ihm her. Ihre Augen waren nicht weniger umflort als die seinen. Anfangs glaubte er sich in der Erregung seiner Sinne getäuscht zu haben, aber da wiederholte sie es.

„Ich möchte es genauso … mit Dir zusammen sein."

„Wie kannst Du wissen … ?"

„Ich spüre es."

„Komm mit zu Ricardo", hörte sie Antonios belegte Stimme. „Wir können dort die Nacht verbringen." Beider Gesichter waren ganz nah beieinander und in Antonios fragendes und beinahe flehendes Abwarten hinein küsste sie ihn und sah ihm in die Augen.

„Lass uns noch warten." Und nach einigen Augenblicken: „Bitte." Und dann noch einmal und beinahe unhörbar: „Bitte."

„Wir könnten uns streicheln." Er war schier außer sich vor Erregung. Er hatte durch den engen dunkelblauen Rock hindurch ihre Strumpfhalter ertastet, als sie sich aneinander pressten, und er war mit den Fingerspitzen den Saum ihres Höschens nachgefahren, der sich gleichfalls durch den Stoff hindurch abdrückte.

„Es würde doch nicht dabei bleiben. Ich könnte mich genauso wenig beherrschen wie Du. Es geht mir wie Dir. Ich brenne vor Sehnsucht", sagte Assunta leise.

Unter ihnen schob sich einer dieser Passagierdampfer aus dem Dunkel des Brückenbogens hervor. Rechtschaffen spielte auf dem Oberdeck eine kleine Musikkapelle. Eng umschlungen tanzten die Paare. Lichtergirlanden mit farbigen Glühbirnen schmückten den Aufbau und die Reling. Gemächlich teilte der Bug das dunkle Wasser, auf dessen matt rauschenden Wellen sich der Schaum kräuselte. Es wurde dunkler und dunkler. Ihre Umrisse verschmolzen ineinander. Spätabends, als sie in einem Lokal gegessen und getrunken hatten, brachte Antonio sie im Bus zum Wohnheim. Einige der Mädchen saßen noch beieinander. Es roch nach Espresso. Assunta zog sich gleich zurück. Als sie alleine war, brach sie in Tränen aus, entkleidete sich in der Dunkelheit schluchzend und legte sich nieder. Sie hörte die Stimmen der Freundinnen ein paar Zimmer weiter. Und da, an der Grenze zum Schlaf, dachte sie an die Postkarte, die sie aus Mailand nach Marani geschickt hatte. Ihr unwahrer Inhalt hatte die Familie in ein Hochgefühl versetzt. Mit zittriger Stimme und Tränen in den Augen hatte Ignazio Lamesa die Seinen zusammengerufen. „Ich bin gut angekommen", las er vor. „Bis ich ein Zimmer gefunden habe, kann ich bei meiner Freundin wohnen. Mir geht es gut. Sorgt Euch nicht. Grüße und Küsse von Assunta."

Lediglich aufgeschoben war die endgültige Ernüchterung, mit der die Lamesas über kurz oder lang würden leben müssen. Die Tochter hatte es noch immer nicht gewagt, sich auszumalen, was geschähe, erführen die Eltern schließlich die Wahrheit. Noch hatte ihr die Kraft zu diesem letzten Schritt gefehlt, war die seelische Nabelschnur nicht durchtrennt. Über diesen Gedanken und den leiser und leiser werdenden Stimmen der Beieinandersitzenden schlief sie ein. Es war gegen zwei Uhr. Vor dem Fenster stand silbern und klar der Mond.

Filomena, eine der Vorarbeiterinnen, trat zu Assunta an den Arbeitsplatz. Es war der Montag nach Antonios und Salvatores Rückkehr.

„Du sollst gleich zu Meier kommen."

Etwas griff Assunta ans Herz und fuhr in die Magengrube. In aller Regel bedeutete derlei nichts Gutes. Zumindest zeigten es die Erfahrungen. Hatte sie etwas falsch gemacht? War man mit ihrer Arbeit nicht zufrieden? Fieberhaft durchforschte sie ihre Erinnerung nach möglichen Gründen.

„Hast Du eine Ahnung, was er von mir will?"

Filomena zuckte wortlos die Schultern und sah die Freundin ängstlich an. Assunta Lamesa, die Lehrerin mit dem ausgezeichneten Examen, stellte die Zuschneidemaschine ab. Dann gab sie sich einen Ruck und fasste sich und sah in den kleinen ovalen Taschenspiegel. Es war wie ein Reflex, sehen zu wollen, wie man vor den Chef trat. Sie sah gut aus, aber in ihren Augen saß die Angst.

Die Anderen blickten ihr nach, als sie den Gang zwischen Zuschneiderei und Verwaltung überquerte und an der Vorzimmertür klopfte, ehe sie wieder die Köpfe über ihrer Arbeit senkten.

Reinhold Meier, der Personalchef, erhob sich hinter seinem Schreibtisch, kam lächelnd und mit ausgestreckter Hand auf die junge Frau zu und begrüßte sie auf Französisch, die so perplex denn doch nicht war, um nicht sogleich auf Französisch zu antworten. Wie ein gleißend helles Licht begann sich in ihrem Inneren die Erleichterung auszubreiten. Dies konnte nur Gutes bedeuten. Allerdings wagte sie es nicht, von sich aus die Rede zu führen und zu fragen, was es mit dem Parlieren auf sich habe, wenngleich sie es natürlich wusste. Meier hatte es eigentlich nur aus der Personalakte ersehen können.

„Da haben wir ja eine kluge junge Dame engagiert", blickte er sie mit ersichtlich wohlwollendem Lächeln an. „Sie sind Lehrerin und haben Französisch studiert, alle Achtung." Meier wies mit dem ausgestreckten Arm zu einer Sesselgruppe mit Nierentisch, schenkte Kaffee ein und bot Gebäck an.

„Ich habe es während der Kriegsgefangenschaft bei den Franzosen erlernt und in der Volkshochschule damit weitergemacht", sagte er, schob seinen Sessel ein wenig zurück und schlug die Beine übereinander. „Ich spreche das Französische heute wie meine Muttersprache."

Assunta, die sich mit einemmal federleicht fühlte, kreuzte die Füße, legte die Hände in den Schoß und lächelte den Personalchef an. Rasch überlegte sie, ob das, was sie diesem Mann gegenüber andeuten wollte, nicht vielleicht anbiedernd klänge. Aber dann war es schon heraus: „Darf ich Ihnen sagen, dass es für meine Ohren sehr gut klingt, so wie Sie sprechen?"

„Das kann ich nur zurückgeben", revanchierte sich angetan der Personalchef, und es klang keinesfalls wie eine Floskel. Er lächelte. Seine Augen hatten einen seltsam trägen Ausdruck angenommen.

„Sagen Sie, Fräulein Lamesa, wie wäre es, wenn Sie für mich als Dolmetscherin arbeiten?"

Noch immer ungläubig, hörte sie Meier fortfahren, er werde in diesem Falle umgehend den Arbeitsvertrag ändern. Und Herr Neumann, der Werkstattleiter, werde sich eben damit abfinden müssen, eine gute Kraft zu verlieren. Alles hatte Assunta sich vorstellen können, nur nicht Schlag auf Schlag Komplimente.

„Das überrascht mich über die Maßen", brachte Assunta hervor. Meier lächelte wieder. Sie erhoben sich. Der Personalchef brachte Assunta zur Tür und küsste ihr die Hand. „Sagen Sie mir bald Bescheid." Es war der erste Handkuss im Leben der Assunta Lamesa. Und er war formvollendet. Der sorgfältig gestutzte Schnurrbart des Personalchefs berührte ihre Hand dabei nicht.

Am Abend rauschten die Münzen durch den Telefonapparat des Wohnheimes. „Und dann hat er gesagt, er will mich als Dolmetscherin und Sekretärin."

„Was sagst Du da? Ich werde verrückt."

„Ja ... Antonio, ich ..."

Und da spürte sie, dass der Moment gekommen sei. Im Anschluss daran – gegen ihre Gewohnheit hatte sie sich von Filomena eine Zigarette geben lassen – ging Assunta still und mit einer nicht gekannten Entschlossenheit in ihr Zimmer, wo sie alleine war, holte einen Briefbogen hervor, setzte sich an den Tisch mit dem Strauß Astern und schrieb die Wahrheit nach Hause, während die Zigarette, auf dem Rand des Aschenbechers liegend, nach einigen hastigen und oberflächlichen Zügen erkaltete.

„Ich war nie in Mailand bei meiner Freundin", floss es ihr aus dem Bauch heraus. „Ich habe Euch in dem Glauben gelassen, weil ich Angst hatte, am meisten vor Dir, Papa. Die Wahrheit ist, dass ich nach Deutschland gefahren bin, um mit Antonio zusammen zu sein. Wir wollen bald heiraten."

Immer und immer wieder las sie diesen Satz durch, so, als ob sie sich vergewissern wollte, dass wirklich sie selbst es gewesen sei, die ihn zu Papier gebracht habe. Aber er gehört dazu, dachte sie bei sich. Um ihn dreht sich ja alles. „Er hat das Glück, bei einer deutschen Familie wohnen zu können", fuhr sie fort. „Der Schwiegersohn ist sein Freund. Er ist aus Apulien. Dieser Freund heißt Salvatore. Antonio ist dort kein Untermieter, sondern er gehört zur Familie. Er ist seit zwei Jahren in Deutschland und beherrscht die Sprache schon gut und wird an seinem Arbeitsplatz geschätzt."

Mit jedem Wort, mit dem Assunta in ihrem tiefsten Inneren doch nur hatte erreichen wollen, dem einstigen Tagelöhner Antonio Gioia den Weg als Ehemann zu ebnen, wurde ihr Herz ruhiger. Und schließlich war es überhaupt nicht mehr zu spüren, während es anfangs so hart gegen die Rippen geschlagen hatte, dass sie nicht in der Lage gewesen war, beim Schreiben ihre Gedanken zusammenzuhalten. Und doch vermochte sie sich nicht dagegen zu wehren, mit einem Rest von Bangigkeit um gutes Wetter anzuhalten und vor den Eltern in die Knie zu gehen. „Bitte, kauft", so schrieb sie zum Schluss, „den Kleinen vom nächsten Geld, das ich Euch überweisen werde, die Fahrräder. Was immer kommen mag, ich bleibe Eure treue und Euch liebende Tochter."

Es war geschafft. Es war endlich geschafft. Sie hatte es sich von der Seele geschrieben. Noch in der Nacht brachte sie mit eiligen Schritten den Brief weg. Unter ihrer leichten schwarzen Strickjacke hielt sie ihn an sich gedrückt. „Lieber Gott, hilf mir", flüsterte sie, ehe sie das Luftpostkuvert küsste und einwarf. Doch dieser Brief blieb unbeantwortet. Über eine gewisse Dauer hinweg war dieser Umstand beinahe noch schlimmer als alles Vorherige. Aber es war endlich heraus.

Und es war damit unumkehrbar geworden.

Lebende Tote

Nicht alle von ihnen waren so stark, die Veränderungen in ihrem Leben zu meistern. Die zierliche Concetta litt furchtbar unter dem Heimweh, nicht minder die anfangs so sehr tapfere Rosa. Es bedrückte die Frauen in dem Wohnheim, sie leiden zu sehen. Einige der Arbeiterinnen, ähnlich heimgesucht, gelang es, diese Anfechtungen mit ungeheuren inneren Kämpfen niederzuhalten. Anders Concetta und ebenso ihre Freundin Rosa. Litt Concetta unter Appetitlosigkeit, so saß Rosa regungslos auf einem Stuhl am Fenster und schaute hinaus, ohne etwas wahrzunehmen.

Als die anderen Frauen einmal von der Post zurückkehrten, wo sie Geld nach Hause geschickt hatten, war Rosa auf ihrem Stuhl zusammengesunken und hatte einen Blick in ihren Augen, der die Italienerinnen ängstigte. Sie reagierte nicht, als sie sie ansprachen. Die Frauen bekamen Angst. Wie eine Puppe saß sie auf ihrem Stuhl. Manchmal sang sie etwas Unverständliches mit einer hohen und kindlichen Stimme, die immer wieder abbrach. Das Schreckliche aber waren vor allem diese starren und erloschenen Augen.

Der Arzt schrieb Rosa krank und ließ Concetta nur noch eingeschränkt arbeiten. Und merkwürdig, wie Furien hatten die beiden Frauen sich anfangs gegen den Arzt zur Wehr gesetzt. Die Ankündigung seines Besuches hatte für kurze Zeit sogar Rosas Schwermütigkeit durchbrochen und ihr inneres Dunkel erhellt. Sie bäumte sich auf wie eine Gefesselte. Es war die Angst davor, wieder zurückgeschickt zu werden, wonach sie sich im tiefsten Grunde ihres Herzens aber doch gerade sehnte – eine seelische Wirrnis ohnegleichen.

Concetta, von deren lebhaftem Wesen nichts mehr zu erkennen war, magerte ab, weinte nachts in ihr Kissen und fand keinen Schlaf. Sie wollte nicht, dass die anderen etwas von dem Schluchzen hörten und zog die Decke über den Kopf. Aber die anderen Mädchen bekamen es mit. Dann lagen sie ratlos, stumm und beklommen in den Stockbetten, schliefen nur wenige Stunden und gingen morgens wie gerädert zur Arbeit.

Was konnte man tun? Vor allem anderen waren die Auswirkungen auf die Übrigen ins Auge zu fassen. Meier sah eine Weile aus dem Fenster, als Assunta die sich verschlimmernde Sache mit den Frauen und ihren krank gewordenen Seelen vorgetragen hatte. Seit der „französischen Offenbarung" verstanden sie einander ausgezeichnet. Assunta, die auch in einem Deutsch-Kurs erstaunliche Fortschritte machte, regelte die Dinge mit den Behörden und der Krankenkasse und hielt Meier den Rücken frei. Als Meier Assuntas Vorwärtskommen bei einer Betriebsversammlung bekannt gab und – von ihr verlegen übersetzt – es auch noch um ein Lob für seine, wie er sagte, einsatzfreudige und kluge italienische Sekretärin bereicherte, war Beifall aufgebraust. Einige der Mädchen hatten sich erhoben. Es war erfrischend, zu sehen, wie diese Regung Farbe in die Eintönigkeit der Zusammenkunft brachte.

„Bravo, Assunta", riefen sie, „Kompliment", riefen die anderen. Und ihre Augen leuchteten. Missgunst war ihnen fremd. Eine von ihnen hatte es so weit gebracht. Das zählte.

Meier war in Gedanken, während Assunta ihm gegenübersaß. Gewiss, so ging es dem Personalchef durch den Kopf, während er an einer Virginia zog, einen Hennessy vor sich, da es auf fünf Uhr zuging, gewiss, man war kein Wohltätigkeitsverein, sondern man war ein Unternehmen. Andererseits prosperierte man. Dies war ohne Frage ein Verdienst der fleißigen und anstelligen Frauen. In wenigen Tagen würden weitere fünfunddreißig eintreffen, keine einzige von ihnen nördlicher beheimatet als in Neapel.

Meiers Blick kehrte zu der Sekretärin zurück.

„Wie ist Ihre Meinung zu alledem, Assunta?"

„Sie sind dem nicht gewachsen", kam Assunta zögerlich der Frage nach, überrascht davon, um ihre Meinung gefragt zu werden. „Sie leiden furchtbar unter Heimweh. Wenn man bedenkt, dass Rosa und Concetta unter denjenigen mit dem größten Eifer waren."

„Was könnte man tun?"

„Herr Meier, ich bin eine Ihrer Gastarbeiterinnen. Ich …"

„Nein, sagen Sie es frei heraus."

Beide, wie gesagt, pflegten ein ausgesprochen apartes Verhältnis zueinander. Eine Italienerin, die mit ihrem deutschen Chef ausschließlich Französisch sprach, so, als ob sie beide dadurch eine Sphäre besonderer persönlicher Nähe pflegten wollten – wo gab es das? Der Personalchef schätzte die Art der jungen Lehrerin aus Marani, ihm rasch, klug und verschwiegen, unaufdringlich und zuverlässig zur Hand zu gehen.

„Ich muss Ihnen sagen, dass ich mich befangen fühle." Sie sah rasch zu Boden, dann auf ihre zusammengelegten Hände und dann in Meiers Gesicht. „Herr Direktor, ich fühle mich nach wie vor den Mädchen zugehörig."

Diese Antwort gefiel dem Direktor. Er lehnte sich zurück und sah Assunta wieder mit Augen an, die in gewissen Situationen einen trägen Ausdruck anzunehmen pflegten, so, wie sie es jetzt taten.

„Wir haben die Möglichkeit", sagte er ohne Umschweife, „die Mädchen ohne Konventionalstrafe aus dem Arbeitsvertrag zu entlassen. Rosa und Concetta könnten noch vor Ostern wieder nach Hause zurückkehren."

Abends versammelten sich die Arbeiterinnen, Rosa und Concetta, die Erlösten, als welche sie angesehen wurden, in ihrer Mitte. Alle sahen in der Rückkehr ein Geschenk, keinesfalls etwa eine Folge von Versagen. Sie spürten, dass nicht viel dazu gehörte, um vor Heimweh ebenfalls krank zu werden. Wundersamerweise war die Angst davor verflogen, zurückgeschickt zu werden. Eine unbeschreibliche Erleichterung war an ihre Stelle getreten, als Assunta Meiers Vorschlag überbracht hatte. Rosa, am Rande der Schwermut dahindämmernd, erfasste es noch nicht gleich. Concetta aber brach in Tränen aus. Sie fiel der Sekretärin um den Hals und stieß einen Schrei aus, dem eines Tieres nicht unähnlich. Er fuhr der Freundin durch Mark und Bein.

Sie sammelten Geld für die Heimreise, für Meier ein gänzlich unbekanntes Verhalten, das ihn außerordentlich berührte. Und zwar derart, dass die Firma die Kosten für die Fahrkarten Erster Klasse übernahm. Keine der Arbeiterinnen fehlte, als Rosa und Concetta am Zug nach Mailand standen. Hätte jemand sie alle bei der Ankunft vor noch nicht sieben Monaten gesehen, er hätte unschwer erkennen können, wie sehr sie sich im Vergleich zu damals bereits verändert hatten, als sie, herantransportiert aus dem Süden, eingeschüchtert und benommen auf dem gleichen Bahnsteig standen. Längst waren die Gesichter gezeichnet. Insbesondere um die Augen und die Münder herum hatten die Linien an Schärfe zugenommen. Und das Unbekümmerte der Stimmen war eingeebnet.

Die Frauen sahen die Heimkehrenden als Sendbotinnen dafür an, was einem widerfahren konnte, wenn einem alles zum Schmerz wurde. Manch eine der Frauen hätte am liebsten gerufen: „Nehmt mein Leid mit. Nehmt es mit nach dorthin, wohin es gehört, damit ich es ertragen kann." Es war die vollkommene Andersartigkeit, die zum Schmerz wurde, Milch, Brot und Zeitungen vor den Haustüren der Gartenhausener, das Schwere ihres Redens, das Fehlen jeglicher Lautstärke, jeglichen Gestikulierens und jedweder Lebhaftigkeit. Man fiel einander nicht ins Wort, ebenso wie man kaum Freude am Unterbrechen hatte. Man stand mit verschränkten Armen beieinander und hörte einander bei endlosen Auslassungen zu. Noch nicht ein einziges Mal hatten sich am Frauenwohnheim junge einheimische Männer blicken lassen, ganz zu schweigen davon, dass jemand den Italienerinnen anerkennende Pfiffe hinterhergeschickt hätte, was sie ja, wie man weiß, keineswegs als Belästigung oder Demütigung auffassten. Und es war die abgezirkelte Anordnung der Häuser mit Gardinen und Geranien. Zuweilen ähnelten sie einander bis in die Details, bis in die Vorgärten mit albernen Gartenzwergen und kläffenden Pinschern am Zaun. Es war für die Arbeiterinnen ein unentwirrbares Rätsel, wo alle diese Menschen ihre Gefühle ließen.

„Auf Wiedersehen … gute Reise … habt Ihr zu essen mit? … schreibt uns … ihr werdet uns fehlen … Du findest daheim immer noch was Besseres, als hier vor die Hunde zu gehen, glaub' mir … Lass Dich drücken, Rosa … Seid nicht traurig, ist doch besser so … Nett von Meier, nicht wahr? … Schau' doch nur, in zwei Tagen bist Du wieder zu Hause … Concetta … achte noch etwas auf Rosa … ich beneide Dich … hast Du vergessen? … Schicke ich Dir gleich nach … singt ‚Volare', vielleicht hilft das … Ja, ist wahr, zu zweit klingt es nicht so gut … Versuche zu schlafen …"

Still und bedrückt kehrten die Töchter der verbrannten Erde nach der Verabschiedung in das Wohnheim zurück, wo Linoleumbeläge auf dem Flur, Milchglasscheiben in der unteren Hälfte der Fenster und anrührende Topfpflanzen auf grotesken Gestellen auf sie warteten. Nur schwer war es zu ertragen gewesen, die winkend Davonfahrenden kleiner und kleiner werden zu sehen. Sie waren durch die ganze Hilflosigkeit und Gottergebenheit ein Sinnbild des Verlassenseins und des Ausgeliefertseins an ein gigantisches Schicksal.

In Rom, wo es etwas nieselte, setzte sich morgens gegen drei Uhr ein Zug in entgegengesetzter Richtung in Bewegung, als Concetta und Rosa auf der gegenüberliegenden Seite des Bahnsteiges eintrafen. Wären sie nicht eingenickt gewesen, es wäre es ihnen gewiss nicht entgangen, dass in diesem Zug die neuen Arbeiterinnen der Gartenhausener Textilfabrik saßen, diffuse Hoffnungen in ihren Herzen. Auch sie stiller und stiller werdend und sich aneinander drängend, je weiter sie nach Norden kämen, um die Anzahl der italienischen Arbeiterinnen bei Personalchef Reinhold Meier auf einhundertvierzehn zu erhöhen.

Sie standen auf der Aussichtsplattform des Turmes. Der Wind heulte leise in den Ohren. Antonio legte einen Arm um ihre Schultern, deutete auf die Stadt, die unter ihnen lag. Er wies nach Süden, wo wieder, wie damals, die Schwäbische Alb verblaute.

„Dort ist Italien." In diesem Moment erinnerte Antonio sich daran, dass es damals, an jenem Sonntagnachmittag, Salvatore gewesen war, der es ausgerufen und damit eine unermessliche Sehnsucht in ihm ausgelöst hatte.

Assunta folgte der Richtung seines Armes und strich sich dabei das windverwehte Haar ein wenig aus dem Gesicht. Flüchtig streifte Antonios Blick das Gesicht und gewahrte selbst in dieser Flüchtigkeit auf eine völlig neue Weise, wie schön sie war, wie diese Schönheit aus ihrer Tiefe leuchtete.

Von Mal zu Mal musste sie den Geliebten in größerer Niedergeschlagenheit zurücklassen. Es war ihnen damit ernst auf diese ganz bestimmte Art, die in einem sein kann, wenn man aus dem Süden kommt. Stärker war das Archaische, stärker als alle Verlockungen des Eros. Assunta übernachtete auf der Ausziehcouch der Bronners. Für sie lag in dem Aufheben des Begehrens aller Sinn.

„Ich kann schon bald einziehen", sagte Assunta und blickte auf die Stadt, die unten säuselte.

„Wie hast Du sie gefunden?"

„Eine Frau aus der Buchhaltung hat Zwillinge bekommen. Jetzt sind es vier Kinder, und dafür ist die Wohnung zu klein. Ich kann sie haben."

Wieder schwiegen sie eine Weile. Hinter ihnen kamen amerikanische Touristen auf die Plattform gequollen. Frauen mit wundersam geformten Sonnenbrillen hielten ihre Hütchen fest.

„Ist sie teuer?"

„Nein. Und ich brauche nur neue Tapeten. Welche von der Fabrik helfen mir dabei, die alten abzumachen und die neuen dranzukleben."

„Und die Möbel?"

„Die kann ich übernehmen."

„Bekommst Du sie denn geschenkt?"

„Nein, aber sie wollen für alles nur hundert Mark haben. Es sind zwei kleine Zimmer mit Küche und Bad", sagte sie, während sie noch einmal die Plattform umrundeten, ehe sie das Turmrestaurant betraten. Der Ober brachte den Kaffee. Er servierte ihn mit feinem Klirren des Geschirrs und rückte die silberne Zuckerdose zwischen ihre Tassen. Er hatte gelächelt, als er Antonio wiedererkannte, und sie mit seinem vorzüglichen Italienisch an einen Tisch dirigiert.

„Du warst hier schon mal", sagte sie leise, als der Ober, an dem der Schwalbenschwanz wie damals in unnachahmlicher Eleganz hinabfloss, gegangen war.

„Ja, mit den Bronners und mit Salvatore und Ursula und den Kindern." Da sickerte eine Erleichterung durch sie hindurch. Sie lehnte sich ein wenig an ihn. Denn sie hatte sich einen bangen Moment lang auch vorstellen können, dass ein anderes Mädchen an Antonios Seite gewesen wäre.

„Ist der Kellner Italiener?"

„Österreicher."

„Hört man nicht."

Assunta rührte die Sahne und den Zucker in den Kaffee, zog das Löffelchen durch die Lippen, legte es auf die Untertasse und trank einen Schluck. Als sie die Tasse absetzte, zeigte sich ein schmaler hellbrauner Streifen auf ihrer Oberlippe, über den sie mit ihrer Zunge fuhr, noch bevor Antonio ihn hätte wegküssen können.

„Wie denkst Du darüber?"

„Worüber?"

„Über die Wohnung."

„Es ist schöner dort zu wohnen als in dem Wohnheim", erwiderte er leise und eine Spur zu rasch, als dass man dahinter nicht eine gewisse ratlose Traurigkeit hätte erfühlen können. Er ließ sich Zeit mit der Überraschung.

„Sie haben alles?", ließ der Ober sich leise vernehmen, der hinter sie getreten war und mit den Fingerspitzen die Lehnen ihrer Stühle berührte. Antonio blickte zu ihm hoch.

„Bringen Sie mir doch bitte einen Kognak, Herr Hutfles. Und Du?"

„Vielleicht ein Glas Sekt."

„Bitte sehr, die Herrschaften", beeilte sich der Ober, der elegante Tage im Budapester „Ritz" zu Zeiten gesehen hatte, da Italiens Außenminister Ciani hieß. Sie saßen eng umschlungen. Antonio küsste sie zärtlich auf die Wange, wobei Assunta ein wenig errötete, denn das Turmrestaurant war gut besucht.

„Mir blieb schier der Atem stehen, als Du das mit der Wohnung erzählt hast", nahm Antonio den Faden wieder auf.

„Warum?"

„Du ziehst in eine Wohnung. Und ich habe Arbeit in Frankfurt gefunden."

Groß und rund und noch dunkler wurden Assuntas Augen. Sie hielt eine Hand vor den Mund. Ihr Inneres wirbelte durcheinander wie Herbstblätter, in die ein Windstoß fährt. Ausgelöst hatte es das scheinbar Groteske der Wohnung, in der sie allein leben würde. Sie sah den Strandspaziergang vor sich, den heimlichen Kinobesuch in Marani, den Moment des Aufeinandertreffens im Jugendheim, die Taube, die sich in die Kirche verflogen hatte und an einem der hohen hellen Fenster flatterte, als sie sich Don Carmine anvertraute. Sie sah das Gesicht des maßlos wütenden Vaters bei der arglosen Eröffnung der Freundschaft mit Antonio – all dies sah sie in dem Moment des Erkennens, dass Antonio ihr so nahe sein würde, wie er es noch niemals gewesen war.

Und zugleich noch immer so unendlich weit entfernt.

In der Metallfabrik mit mehr als viertausend Beschäftigten würde er Lastwagen und Gabelstapler fahren und dabei gut das Doppelte dessen verdienen, was man in der Stadtgärtnerei bezahlt. Aber wog es das Opfer auf? Er hatte Freunde und Bekannte dafür zurücklassen müssen, vielerlei

Gewohntes zweier Jahre, vor allem die Behaglichkeit des Bronnerschen Hauses. Die Kinder hatten um ihn geweint und wollten ihn nicht ziehen lassen. Antonio hatte ein Würgen im Hals, als Ursula ihn umarmte. Wie hatte sie gesagt? „Das, was wir füreinander spüren, wird nicht verlöschen wie eine Kerze."

Salvatore und er stellten die Trennung hintan so gut es ging. Sie verabredeten sich für das nächste Seminar in der italienischen Mission der großen Stadt am Fluss. Vom Bahnhof zurück, wohin er Antonio an jenem Tage gebracht hatte, setzte Salvatore sich im Garten zu den summenden Bienen und den traumverloren schaukelnden Schmetterlingen unter den Apfelbaum und schloss die Augen. Bilder der gemeinsamen Zeit zogen durch ihn hindurch wie ein warmer Strom. Freilich war er von Anfang an darauf gefasst gewesen, dass es einmal so würde kommen müssen. Dadurch aber, dass Antonio seine, Salvatores, eigene Geschichte wiedererstehen und sie ihn ein zweites Mal hatte durchleben lassen, waren ihre Seelen eng miteinander verbunden.

„Wann?", fragte Assunta, die mit einem Schlag blass geworden war.

„In sechs Wochen."

„Wo wirst Du wohnen?"

„In einem Wohnheim."

Sie hatte begriffen, wie all dies Antonios Leben verändern würde. Hätte sie zu ihm ziehen sollen? Wäre ihr Opfer weniger groß als das Antonios? Andererseits, ließ man eine solche Stellung fahren, wenn man aus dem Süden fortgegangen war? Sie wünschte es keinem anderen, sich vor solche Entscheidungen gestellt sehen zu müssen.

Sie sah ihm in die Augen.

„Ich weiß, was Du auf Dich nimmst."

Mordversuch

Diese Samstagnachmittage in der Katholischen Mission im Osten der Stadt, der der hünenhafte und daher sehr unitalienisch wirkende Don Battista Mutti vorstand, ähnelten einander bis in kleinste Bilder hinein. Einige der Männer blätterten oberflächlich in italienischen Zeitungen, die auf einem Tisch auslagen. Andere redeten, am großen Fenster stehend, oder um den Nierentisch herum auf kleinen neckischen Polstersesseln und der länglichen Couch sitzend, durcheinander. Die Terrassentür zum Garten hinaus stand weit offen, in dem die Blüten leuchteten und der dünne Strahl eines Springbrunnens in einem Becken plätscherte, das mit Muschelschalen ausgelegt war. Draußen saß man gestikulierend auf Bänken oder umrundete die glitzernde Fontäne, in deren Wasser sich die Sonnenstrahlen brachen, in den uralten Bewegungen des Stehenbleibens und Weitergehens, als befinde man sich auf einer Piazza.

Doch an diesem Nachmittag lauerte in einem Winkel das Grauen.

Renato suchte in dem klobigen Radio-Apparat mit dem grünen magischen Auge, einem Geschenk des Katholischen Frauenkreises, die Senderskala ab. Er fing das Tanzorchester Mantovani ein. Doch er hörte nur mit einem halben Ohr zu. Seine Sinne konzentrierten sich bereits auf das Kartenspiel, mit dem die anderen in einem angrenzenden Raum – sie nannten ihn Salon – auf ihn warteten.

„Wo bleibst Du?"

„Ich komme."

Sie nahmen das Spiel auf, stumm zunächst und mit Blicken, in denen aber bereits jenes ganz bestimmte Angespanntsein aufglomm. Allerdings spielten sie so, als wärmten sie sich damit lediglich für Kommendes auf. Eher noch beiläufig schleuderten sie ihre Karten aus dem Handgelenk auf den Tisch. Aber dann begann das, was die Karten bereithielten, die Spielenden zu packen, von Partie zu Partie schärfer und mit jener stummen und rätselhaften Ernsthaftigkeit ausgetragen, die nichts Spielerisches mehr an sich hatte. Und als es vorüber war, als die letzten Karten der Partie bereits in dieses explodierende Angespanntsein hineinfielen, schien es, als sei dieses Geschrei und Gezeter der eigentliche Genuss. Obwohl die Entladung vor sich gegangen war, beherrschte die Konzentration die Spielenden noch einige Zeit, ehe sie sich zurücklehnten und ihre Gesichter wieder so etwas wie einen gelösten Ausdruck annahmen. Aber auch dann mussten die Laute noch immer erst durch mehrere Schichten zu ihnen vordringen, wenn man einen von ihnen ansprach.

Sie stammten aus Weilern der Kommune von Marani, wo die Luft ihre Ärmlichkeit in etwas Samtenes hüllte. Zwei von ihnen, Renato und Italo, hatten Canaletto verlassen müssen, während Franco und Vincenzo aus Cisterna stammten und auch dort keinen anderen Weg mehr gesehen hatten. Üblicherweise nahm man mit Bekannten Verbindung auf, die ausgewandert waren, so man für sich selbst ebenfalls nur noch das

Verlassen der Heimat als Lösung sah. Bei Italo, Franco und Vincenzo war es Antonio Gioia gewesen, der ihnen hatte helfen können.

„Was hast Du gespielt, hm, was hast Du gespielt? Ich denke, Du kannst spielen", wandte Renato sich aufgebracht an Vincenzo, während Italo noch Trümpfe auf die Tischplatte hieb und dabei triumphierend ausrief: „Und sticht … und sticht … und sticht …"

„Ich gebe Euch. Ihr könnt doch alle nicht Karten spielen", zeterte einer. „Da spielen ja meine Kinder besser."

In dem Lärm, der sich nach der Partie erhob und über den Köpfen der Spielenden stehen blieb wie eine Gewitterwolke, saß Franco seltsam teilnahmslos. Zwar hatte er mitgetan, seine Karten dabei aber seltsam lustlos in das Spannungsfeld geworfen, was den Anderen durch das eigene Gepacktsein anfangs gar nicht auffiel. Aber jetzt bemerkte es Italo, als er mit einem Blick, in dem das Weiß seiner Augen hervorgetreten war, seine Trümpfe ausgespielt hatte.

„Eh, was ist mit Dir?", sagte er mit einer leisen Aufmerksamkeit in der Stimme, während seine Augen sich auf ihn zu konzentrieren begannen. „Heute spielst Du wie ein Anfänger. Hast die Schöne Sieben nicht beachtet. Der Stich war hin."

Der Angesprochene hatte die Hände im Schoß liegen und sah starr geradeaus. Auch sprach er seine Erwiderung nur leise, so dass sie nicht alles verstanden. Aber dieses letzte Wort bekamen sie sehr wohl mit:

„… umbringen."

Es lag erst nur wie ein beliebiger Laut in der Luft, ohne Konturen, noch immer bereit zu zerfließen und sich nicht zu einem schauerlichen Begriff auszuwachsen. Doch dann, als sie dieses eine Wort als das wahrnahmen, was es bedeutete, sahen sie wie auf Kommando zu ihm her. Und jetzt erst bemerkten sie auch, dass Franco fahl und eingefallen wirkte. Man konnte ihm ansehen, dass eine Angst in ihm nistete, die ein helles und brüchig wirkendes Grau unter seiner Haut aufscheinen ließ. Aus dem großen Zimmer drang Lachen. Es roch nach frischem Kaffee.

„Umbringen, was heißt das, umbringen?", fragte Vincenzo in die Stille hinein, die sich über dem Tisch auszubreiten begonnen hatte, jetzt, da das Ungeheuerliche unter ihnen war.

„Mich wollte einer umbringen", erwiderte Franco tonlos.

„Mach keine Witze. Wer?"

„Ein Meister in der Fabrik." Franco hustete heiser und trocken. Dann hob er seinen Blick und schaute den anderen der Reihe nach in die

Augen. Die Italiener erfuhren von Ihresgleichen viele Begebenheiten, die man einander mitteilte, um sie ertragen zu können. Aber dass einer damit gekommen wäre, er hätte bei der Arbeit umgebracht werden sollen, das wusste man denn doch noch von nirgendwo her. Keiner sagte etwas.

Mit stockender Stimme erzählte Franco das Vorgefallene. Reglos saßen die anderen auf ihren Stühlen. Am Freitag der vergangenen Woche hatte dieser Meister, Otto Eckert mit Namen, Franco mit einem seltsam bedrohlich wirkenden Unterton in der Stimme zu verstehen gegeben, er solle noch dableiben. Es gebe noch einiges zu erledigen. Wie ein Faustschlag war Franco diese merkwürdige Anweisung in die Magengrube gefahren. Er hatte nicht den Mut gehabt, sich zu weigern, und selbst wenn, seine wenigen Worte, die er auf Deutsch aussprechen konnte, hätten nicht ausgereicht, die Weigerung zu begründen.

Als alle anderen nach Hause gegangen waren, bekam er Arbeiten aufgetragen, deren Notwendigkeit sich ihm in gar keiner Weise erschloss. Eckert wies ihn an, Kisten von da nach dort zu tragen, Eisenmatten auf einen Stoß zu schichten, einen Haufen Kies woandershin zu schaufeln. Die Angst in Franco verstärkte sich, als sein Vorgesetzter keinerlei Anstalten traf, dem schmächtigen Sizilianer das Ende dieser Arbeiten in Aussicht zu stellen. Und Franco tat mit einem würgenden Gefühl der Angst, was Eckert verlangte. Er hatte mit dem Mann bisher kaum etwas zu tun gehabt. Er kannte keinerlei Eigenschaften von ihm, auch nichts, was andere über ihn erzählt hätten. Dieser Mann war, wenn man so wollte, der Mann ohne Eigenschaften, ein stämmiger, untersetzter Maschinenschlosser mit einem stechenden und seltsam unbeweglichen Blick. Er ließ ihn bisweilen wirken, als stehe er unter irgendeiner Droge. Keiner sprach mit ihm, wenn er es nicht unbedingt musste.

Auf dem Werksgelände gehörte es zu den Gewohnheiten, Arbeiter von einem Einsatz zum nächsten bisweilen mit dem Kranhaken zu befördern, lagen diese Plätze weiter voneinander entfernt – eine Spielerei. Der Betreffende ergriff den Haken. Der Kranführer schwenkte ihn zum nächsten Ort. Eckert bedeutete es ihm. Franco ergriff den Haken. Eckert zog ihn höher und höher, bis auf eine Höhe von sechzehn Metern. Franco wurde schwindelig. Er musste sich übergeben. Es war nicht üblich, jemanden bis in eine solche Höhe zu ziehen. Von alledem war er derart benommen, dass ihm gar nicht der Gedanke an eine Gefahr und daran gekommen war, sich rasch noch fallenzulassen, bevor es zu spät wäre.

Dann ereignete sich das ganz und gar Entsetzliche. Eckert ließ Franco dort oben hängen, stieg ins Auto, verließ das Werksgelände, hielt noch einmal an, um das Tor zu verschließen, und verschwand.

Franco sah hinab. Unten lag der brüchige Betonboden des Werksgeländes. Seine Arme begannen zu schmerzen, seine Handflächen brannten. Er wollte schreien, aber er konnte es nicht. Es hätte auch gar keinen Zweck gehabt. Niemand hätte etwas gehört. Das Gelände lag abseits. In der Nachbarschaft befand sich eine Kiesgrube. Dahinter schoss der Fluss dahin, aus dem man den Kies baggerte. Auch dort war längst Feierabend. Den Arbeiter befiel Todesangst. Es war zum ersten Mal in seinem Leben, dass er diese Angst spürte. Wenn ich mich nicht mehr halten kann, dachte er, knalle ich auf den Beton und es ist vorbei. Er hörte sich beten. Wie seltsam das war, sich beten zu hören, so, als sei man gar nicht selbst der Betende. Der Arbeiter blickte an dem Stahlseil entlang nach oben. Über dem Ausleger sausten kleine zerfetzte weiße Wolken dahin. Und mit einem Mal floss ihm in dieser Todesangst eine Kraft zu, die es ihm ermöglichte, sich Griff für Griff an dem Stahlseil bis zu dem Ausleger hochzuziehen. In seinen rasch gehenden Atem mischten sich Laute des Weinens. Er winselte um diese schmale Hoffnung. Er riss sich die Hände auf. Es gelang ihm, sich auf den Ausleger zu ziehen und unendlich langsam zum Turm des Krancs zurück zu kriechen. Er machte sich in die Hose. Es würgte etwas in ihm. Er sah das Gesicht seiner Frau vor sich und das Gesicht seines vier Jahre alten Jungen. Er blickte nicht in die Tiefe. Mit zitterndem Körper hangelte er sich Sprosse für Sprosse über die Leiter des Kranturmes hinunter. Unten angekommen, bekam er weiche Knie und setzte sich auf einige aufgeschichtete Hohlblocksteine. Nach einer Weile konnte er sich erheben. Dann ging er mit schlotternden Knien zu dem Werkstor und kletterte darüber.

Eckert, ein Schlesier, der lange arbeitslos gewesen und über dieses Schicksal zur SA gelangt war, die ihm einst eine Uniform und zu essen gegeben hatte, hasste Ausländer wie die Pest. Mehr als die Pest aber hasste er die Italiener. Sie gehörten schon zweimal nicht hierher. Sollten sie zuhause bleiben. Wer arbeiten wollte, der fand auch was. Was drückten sie sich hier herum, mit ihren kommunistischen Parteibüchern und mit ihrer Gewerkschaftszugehörigkeit? Außerdem, das waren schon die richtigen Verbündeten im Krieg. Zu den Amis laufen, jawohl, das konnten sie. Davonrennen, wenn es brenzlig wurde. Diese Bagage. Man hätte noch viel mehr von ihnen, die letzten Endes ja doch alle Partisanen waren, an die Wand stellen sollen. Das war das Weltbild des Otto Eckert. Verschlossen wie in einem Tresor trug er es in sich. Es war nicht wieder die Zeit, dachte er, den Tresor zu öffnen. Noch nicht wieder.

Ums Haar ein Mörder, hatte er sich ausgerechnet, dass keinerlei Zeugen vorhanden wären, ferner, dass dieser beschissene Itaker abstürzte und tot wäre, mithin also nichts würde aussagen können. Ein rätselhafter Unfall, fertig. Niemand hatte gesehen, dass Eckert am Freitag später als sonst das Werksgelände verließ. Und überhaupt, wer würde sich schon viel um einen dieser dahergelaufenen und toten Spaghetti-Fresser scheren? So hatte es sich der SA-Mann Eckert ausgerechnet, der er ohne den geringsten Abstrich geblieben war.

Dieser Mordversuch wurde nicht ruchbar.

Mit ungläubigem Staunen und am Ende sprachlos, hatten sie zugehört. Einem war darüber die Zigarette ausgegangen. In wirrem Haufen, als seien sie das Bedeutungsloseste auf der Welt und für alle Zeiten vergessen, lagen die Karten auf der Mitte des Tisches.

„Was willst Du tun? Zeig das Schwein an. Ein Mörder", ließ Vincenzo sich vernehmen.

„Mir hört doch gar nicht erst einer zu", sagte Franco. „Ich kann doch kein Deutsch. Die halten mich für besoffen, wenn ich sowas andeute. Es sind keine Zeugen da."

„Nimm Dir einen Anwalt", riet Renato ihm.

„Ich habe kein Geld."

Sie rieten ihm zur Gewerkschaft und dazu, die Mission zu verständigen. Denn über etwas derart Ungeheuerlichem dürfe man nicht zur Tagesordnung übergehen. Aber sie fanden keinen Zugang zu ihm. Es war die blanke Angst, die ihn lähmte. Er bat die Freunde am Kartentisch sogar flehentlich darum, nichts verlauten zu lassen. So sehr fürchtete er die Rache des Otto Eckert, der sich skrupellos beinahe zum Mörder gemacht hatte. Franco Pavone wollte nur eines. Er wollte nach Hause, lieber heute als morgen, am besten gleich. So sehr hatte der feige Anschlag dem schwachen Selbstwertgefühl des einstigen Tagelöhners mitgespielt. Also hatte dieser Ausländerhasser letztlich doch erreicht, was er wollte.

Franco kehrte nach Sizilien zurück. Es hätte nicht viel gefehlt, und es wäre seine letzte Reise gewesen – im Zinksarg. Die Fahrtkosten und das Geld für die Konventionalstrafe, die verhängt wurde, weil er den Arbeitsvertrag vorzeitig beendete, brachte man durch eine Sammlung auf.

Nicht ohne Antonio

Antonio schaute an Assunta vorbei hinaus. Sie lehnte mit geschlossenen Augen an einem der ovalen Fenster der Alitalia-Maschine in ihrem Sitz. Von Zeit zu Zeit griff ihre Hand hinüber, um seine zu streicheln und in der ihren zu halten.

„Spürst Du es?", fragte sie leise.

Anstelle einer Antwort drückte Antonio ihre Hand.

Er hatte die Ärmel seines weißen Hemdes hochgekrempelt und trug eine beige Hose mit einem hellbraunen Ledergürtel und messerscharfer Bügelfalte und Slipper aus geflochtenem hellbraunem Leder. Assunta reiste in einem dunkelgrünen knielangen Sommerkleid und glänzenden anthrazitfarbenen Strümpfen und in dunkelbraunen Sandaletten mit feinen Riemchen. Es war früher Nachmittag. Sie schwebten über den Wolken, die gerade einen Blick auf die Alpen freigaben.

In zwei Tagen würden sie von der Oberschicht Siracusas umwogt sein. Es würde alle Vorstellungen sprengen, die Antonio sich von diesem Fest machen mochte. Vor allem würde er eine unüberbrückbar scheinende Kluft zwischen sich und den Anderen spüren, weitaus größer noch, als bei Elenas Party. Wieder würde er alle Blicke auf sich gerichtet wähnen. Wieder würde er annehmen, Getuschel entstände seinetwegen. Einer, dem auf den Feldern des Padrones Selbstvertrauen hatte gar nicht erst erwachsen können, würde für immer nach einem inneren Winkel suchen, in den er sich mit seiner Scham verkriechen konnte.

Der Kapitän vermeldete über Bordlautsprecher, dass man Rom überfliege. Viele der Passagiere reckten ihre Köpfe zu den Fenstern hin, einen Blick auf das helle Häusermeer der Metropole zu erhaschen, die sich unten scheinbar unendlich als Ausdruck eines bizarren Lebensgefühls über die sieben Hügel dehnte. Doch Rom ließ alles zu, nur nicht das Bild, ein Moloch zu sein.

Antonios Blick auf die uralte Stadt der Menschheitsgeschichte war flüchtig. Seine Gedanken waren bei den Veränderungen, die er durchlebte. Er vermisste bei seiner neuen Arbeit in der großen Stadt am Fluss den freien Himmel über sich. In der Gärtnerei hatte er sich über ihm gedehnt. Auf dem Gabelstapler umdröhnte ihn der Lärm einer düsteren Fabrikhalle. Salvatore, Ursula, die alten Bronners, Mario und Lucia schimmerten auf als Bilder unbeschwerter Tage. Er sah sie durch das Geborgenheit verströmende Zweidelfinger Haus gehen. Diese Erinnerungen waren besonders schmerzhaft. Er musste sich in einem Wohnheim engen Schlafraum mit drei Anderen teilen. In den Spinden lag die ungewaschene Wäsche neben Salami und Tomaten. Einer schnarchte unerträglich. Die Luft war schlecht. Wie schön war es dagegen in Zweidelfingen gewesen, als das Fenster der Dachgaube in der Nacht offen gestanden war und klare Luft hereingelassen hatte und einschläfernd die Bäume rauschten. War dieser Schnarcher einmal weg, so war er mit Sicherheit unter lärmend anrückenden Nachtschwärmern. Rücksichtslos kam er hereingepoltert und weckte die anderen, die in drei Stunden würden aufstehen müssen. Antonio hätte ihn am liebsten geschüttelt und angebrüllt, er solle leise sein; denn man brauche seinen Schlaf.

Bedrückend waren aufflackernde Streitereien in der Küche. Ein Trüppchen aus einem bettelarmen Dorf im Hunsrück, fünf Mann hoch, verschlagen stichelnd, hatte die Italiener aufs Korn genommen. Sie stänkerten. „Spaghetti, Spaghetti", zischelten sie halblaut und dumm und feixend, „ficki, ficki, Weiber ficki". Die Italiener bekamen verschlossene und verzweifelte Gesichter. Freilich musste manchmal einer den anderen daran hindern, vor Wut kochend eben doch diesen Fehler zu machen und auf die Deutschen loszugehen. Wie gerne hätten sie in Harmonie gelebt, wie gerne für die Anderen einmal Spaghetti gekocht und Rotwein aufgetischt und Fotos von ihren Familien herumgezeigt. Die Lust dazu verging ihnen bei all diesen Spannungen und Reibereien und schwülen Niederträchtigkeiten.

Der Schichtbetrieb ließ weder Ruhe noch Entspannung einkehren. Mehr als tausend Arbeiter waren in diesem Männerwohnheim der Metallfabrik untergebracht, Deutsche zumeist. Diese konnten am Wochenende zu ihren Familien im Odenwald, im Spessart oder in der Eifel fahren.

„Wie geht es Dir?", hatte Salvatore am Telefon gefragt.

„Wie soll ich sagen? Ich komme mir vor wie ein Fisch, der von den Wellen an den Strand geworfen und von der Welt vergessen ist", hatte Antonio geantwortet.

Assunta machte sich Vorwürfe, dass er all dies auf sich genommen hatte, um in ihrer Nähe zu sein. Als sie mit ihm darüber sprach, dass es sie bedrücke, nahm Antonio sie in die Arme. Mehr wollte er gar nicht, als dass Assunta sich dessen bewusst war.

Hoch und unübersichtlich stapelten sich die Paletten mit den Metallteilen in der Fabrikhalle. Es waren bedrohliche Ungetüme. Wie ein Kind wirkte Antonio, das an etwas zu Großes geraten war. Morgen für Morgen bereitete es ihm aufs Neue eine Qual, den Stapler in Gang zu setzen. Wer weiß, wie es mit ihm ausgefallen wäre, hätte er nicht Assunta gehabt. Anfangs hatte er große Schwierigkeiten damit, die Lasten in der Enge der Halle richtig abzusetzen, weshalb er erst einmal nur auf dem Hof fuhr. Nach drei Wochen war er zuverlässig.

Die Betriebsgruppe der Gewerkschaft, der Antonio aus einem Instinkt heraus ganz selbstverständlich beigetreten war, traf sich im Neben-zimmer der nahegelegenen Gastwirtschaft „Zum grünen Baum". Bil-dungsabende wechselten einander mit hitzigen Debatten über betrieb-liche Dinge ab. An vorderster Stelle war es das Wohnheim. Allmählich begannen die Männer aufzumucken. Als an einem dieser Abende die Vertrauensleute gewählt wurden, schlug man auch Antonio vor. Er wurde einstimmig gewählt. Mitmenschlichkeit und Wärme fingen ihn auf. Es war die Mitmenschlichkeit derer, die sich in der gleichen Lage befanden, in der Abhängigkeit ein und desselben Brotgebers, einerlei, ob man Arbeiter oder Angestellter war. Denn beide hatten nur ihre Arbeits-kraft, von deren Verkauf man lebte.

Das war es, was allen gemeinsam war. Dem Wissen darum wohnte eine große Kraft inne.

Zuweilen drängte es mit Macht an die Oberfläche wie ein sprudelnder Quell. Ich war Tagelöhner, ging es dann hinter seiner Stirn. Sie haben auf mich geschissen. Sie haben mit mir gemacht, was sie wollten. Ich war nichts, ein Haufen Dreck. Wie weit das alles weg ist, und dabei ist es noch gar nicht lange her. Da hätten sie mich verprügelt, wenn ich mit der Ge-werkschaft gekommen wäre, und vielleicht hätten sie mir noch Schlim-meres angetan. Solche wie der Padrone scheuen auch nicht davor zurück, Organisierte beseitigen zu lassen. Und jetzt bin ich Vertrauensmann der Gewerkschaft in einer deutschen Fabrik …

„Wollen Sie Kaffee?", fragte die Stewardess leise und holte Antonio aus seinen Gedanken zurück. In einer halben Stunde würde man in Palermo landen. Neben ihm schlief Assunta.

Ende April war der Brief gekommen. Er hatte sie beide in eine sonder-bare Erregung versetzt, welche nicht wieder abflaute. Elena und Claudio schrieben, dass sie Ende Mai Hochzeit feierten und Assunta Trauzeugin sein solle. „Papa freut sich sehr auf Euer Kommen", stand darin. „Er wird die Flugscheine schicken." Es verhielt sich in der Tat so, dass Dr. Tancredi – er hätte sich nicht erklären können, aus welcher Tiefe all dies aufzuschimmern begann – die Anwesenheit der beiden Ausgewanderten als ein gutes Zeichen für die Ehe der eigenen Tochter galt. Es war für ihn, als wirkte in die eigene Familie segensreich die Kraft einer Liebe hinein, die vielfachen Prüfungen ausgesetzt war.

Aber man stand vor einer Erschwernis. Zum vorgesehenen Zeitpunkt hätte Antonio bei der Hochzeit nicht dabei sein können. Er war noch keine sechs Monate an seinem neuen Arbeitsplatz und hätte deshalb keinen Anspruch auf Urlaub gehabt. Assunta hätte ohne ihn fliegen müssen. Es geschah das Großartige. Die Tancredis und Claudio verlegten das Fest um zwei Monate. Dann würde die Frist kein Hindernis mehr sein. Hatte die Anwesenheit des Paares insbesondere für Dr. Tancredi eine besondere Bedeutung, so hatte die Hochzeit in Siracusa sie für Antonio und Assunta nicht minder. Sie wollten sich verloben.

Zwischen den Gästen im prachtvollen Spiegelsaal des Hotels „Aquarium", das direkt am Meer gelegen war, schwirrten die Stimmen. Das Hotel galt als mondänstes am Platze. Seine riesengroße Terrasse reichte bis an den Strand heran, wo ausladende und von unten angeleuchtete Marmorstufen ans Wasser führten. Strandkörbe standen zur Verfügung der Hotelgäste dort, welche zu jeder Tages- und Nachtzeit davon Gebrauch machen konnten. Erstklassige Architekten hatten dem Hotel mit einem Entwurf, in dem Glas vorherrschte, seine Prägung gegeben.

Über dem hellen und erwartungsfrohen Stimmengewirr schwebte Klaviermusik. Siracusa gab sich die Ehre in Gestalt seiner gehobenen Kreise. Man sah Bankiers und Firmenchefs, Großgrundbesitzer ebenso wie Steuerberater, Immobilien- und Versicherungskaufleute, die Geistlichkeit der bischöflichen Ebene ebenso wie Berufskollegen des Brautvaters im Stande von Rechtsanwälten und Vorsitzenden Richtern des Justizpalastes, hohe Offiziere von Polizei und Militär. Ein Dutzend Kellner umschwirrte die farbenprächtige Gesellschaft mit silbernen Tabletts, auf denen Champagner in zarten Kelchen perlte.

Rührend ungewohnt, ein wenig so, als wisse sie nicht recht, wie ihr geschah, nahm sich die ehemalige Volksschullehrerin Elenas aus, das zarte und kleine und silberhaarige Fräulein Eleonora Buccheri. In einem ältlich wirkenden schlichten schwarzen Brokatkleid mit weißem Spitzenkrägelchen stand die Pensionärin etwas verlegen in dem Gedränge und schien sich an ihrem Champagnerglas festzuhalten. Gleich würde man ins Restaurant zum Abendessen gebeten, wo lange Tafeln mit

Blumen geschmückt und mit gestärktem Leinen bedeckt waren, und hernach zu den Klängen eines der bekanntesten Unterhaltungsorchester Siziliens bis in den Morgen hinein tanzen. Sicherlich würde es in allererster Linie die Jugend sein, die davon Gebrauch machte. Auf ausdrücklichen Wunsch des Brautvaters waren sämtliche Angehörige des Studien-Semesters seiner Tochter erschienen, eine bunte Schar, die den bisweilen etwas gravitätisch wirkenden Honoratioren ein heiteres Unbeschwertsein entgegensetzen konnte.

Der Notar selbst würde beim Essen neben den Eltern seines Schwiegersohnes sitzen. Beide untersetzt von Gestalt, ein wenig zum Rundlichen neigend, blickten sie stolz auf ihren Sohn von stattlicher Figur und Größe. Nicola Cimarosa, ein Schreiner mit rechtschaffenem Gesicht und zurückweichendem Haaransatz, fühlte sich in dem schwarzen Zweireiher etwas unwohl. Aus seiner Brusttasche quoll ein mit ungeübter Hand gestecktes Tuch. Er tupfte damit Schweißperlen von der Stirn, während sich auf dem Gesicht seiner Frau Ida, die ein einfaches schwarzes Kleid trug und ihre Hände über einem kleinen runden Bäuchlein zusammengelegt hatte, um die Augenwinkel herum haarfeine Lachfalten zeigten.

Zwei Welten prosteten einander zu, die verschiedener nicht sein könnten, als man Platz genommen hatte.

„Nicola, mein Lieber, auf Dein Wohl", sagte der Notar, sich ein wenig vorbeugend, um das Glas auch gen Ida, Claudios Mutter, heben zu können. „Und auf das unserer Kinder."

„Auf Deine Gesundheit, ... Paolo", kam es noch immer ein wenig unsicher über die Lippen des Schreiners, wobei Cimarosa, als er das Glas mit dem Champagner hob, den kleinen Finger abspreizte. „Ja, sie sollen leben, ganz gewiss."

„Und weißt Du was noch?", fügte der Notar hinzu, nachdem man getrunken und er sich wohlig ächzend zurückgelehnt hatte, eine Bequemlichkeit, die er sich normalerweise unter keinen Umständen erlaubt hätte. „Auch unsere Enkelkinder sollen leben."

Cimarosas Gesicht erstrahlte mit einem Schlag. Seine Frau gab bei den Worten des Notars einen leisen Aufschrei von sich und hielt sich die Hand vor den Mund, ehe sie mit ihr eine Bewegung machte, die so viel heißen mochte wie: „So wird es wohl kommen. Das ist der Lauf der Dinge, so Gott will."

Wie angegossen saß der Smoking. Es war eine Augenweide, den Doktor unter den Gästen stehen zu sehen. Er hatte ihn lange nicht getragen. Zu spärlich waren in der Vergangenheit die Anlässe gewesen, bei denen der Stil es geboten hätte. Ausladend lagen die seidenen Aufschläge der zweireihigen Jacke auf der Brust. In gerader Linie fielen die Schultern abwärts, aber nur ein wenig. Sie legten einen athletischen Anflug nahe, aber auch dies nicht zu sehr. Die Hüften waren betont, aber auch sie wiederum nicht zu sehr. In leiser Besorgnis hatte der Notar eine Woche vor der Hochzeit vor dem Spiegel seines Schlafzimmers Anprobe genommen. Bedurfte die Jacke nach all dieser Zeit nicht doch der Korrektur durch den Schneider? Allein, mit größter Zufriedenheit stellte er fest, dass sie nach wie vor makellos saß. Und nicht einmal die Hose mit den seidenen Streifen an der Seite erforderte irgendwelche Kunstkniffe. Es machte sich bemerkbar, dass er auf sich hielt. Dr. Tancredi vereinte ohnehin alles, was man gemeinhin als bella figura bezeichnete, auf seine Erscheinung. Und es schien, als seien heute sogar die Tränensäcke nicht ganz so ausgeprägt unter den schwermütigen Augen zu erkennen. Allerdings, er war ständig den Tränen nahe. Dies deshalb, weil ihm durch die Vermählung zum einen der Verlust des Liebsten, zum anderen die eigene Vergänglichkeit mehr als sonst zu Bewusstsein kam. Außerdem glaubte er immer wieder seine Carla unter den Gästen stehen und ihm zulächeln zu sehen.

Und nun also ging das Kind.

Es verließ ihn nicht, aber es ging.

Zurück blieb der alte Mann in seiner Bibliothek, der in seiner goldbestickten Hausjacke aus dunkelgrünem Samt beim Wein saß und im Schein der bernsteinfarbenes Licht verbreitenden Leselampe Gespräche mit seiner toten Frau führte oder während der kalten Monate mit einer Wolldecke über den Knien am Kaminfeuer in die Flammen starrte. Was kommt noch groß, ließ der Notar diesen Gedanken immer häufiger zu, bald bin ich dran. In seinem tiefsten Innern sehnte er sich nämlich schon lange danach, für immer mit Carla vereint zu sein. Lange schon war die Unabänderlichkeit des Todes in die Gedanken Dr. Tancredis eingekehrt wie etwas Wehmütiges und Tröstliches zugleich – der Tod, ohne Gesicht und Gestalt, und doch in jedem Gesicht und in jeder Gestalt.

Apropos Smoking: Außer Elena wusste niemand, dass der Schwiegersohn des Notars sich den Smoking von einem einstigen Studienkollegen der Universität Palermo ausgeliehen hatte, der als Architekt Karriere gemacht hatte.

Und Elena selbst! Welch ein Bild hatte sie abgegeben, als sie am Arm des Vaters in einem schneeweißen Brautkleid aus reiner Seide und mit einem spanischen Schleier vor dem erregten zartrosafarbenen Gesicht in der Kirche Santa Maddalena auf Claudio zuging, der in höchster Anspannung vor dem Altar auf seine Frau gewartet hatte. Unter Beifall waren die Tancredis mit eindrucksvoller Verspätung aus dem schweren Wagen gestiegen. Natürlich wusste jedermann, dass die Verspätung vor allem dazu gedient hatte, die Vermählung noch glanzvoller erscheinen zu lassen. Claudio selbst erfasste in diesem Augenblick der Anflug einer Ahnung davon, was es bedeuten mochte, der Schwiegersohn des Notars Dr. Paolo Tancredi zu sein, den er jetzt beim Gebrause der Orgel mit einem seltsamen Glanz im Gesicht und seiner Tochter am Arm auf sich zuschreiten sah. Die Brautleute küssten einander lange und zärtlich. Es versteht sich von selbst, dass eine gewaltige Wagenkolonne sich im Anschluss an die Trauung mit einem ohrenbetäubenden Hupkonzert durch die Straßen von Siracusa zum Hotel „Aquarium" bewegte. Und bis in den Morgen hinein sah man livrierte Chauffeure bei ihren schweren dunklen Limousinen stehen und sich mit Gesprächen und Zigaretten die Wartezeit vertreiben.

Drinnen nahm soeben – der nach der Ankündigung sich erhebende Beifall war verrauscht und hatte einer gespannten Stille Platz gemacht – der Notar am Flügel Platz, um seiner Tochter einen sehnlich gehegten Wunsch zu erfüllen. Sie hatte ihn, als sie mit ihrem Vater den Eröffnungswalzer tanzte, um diese Freude gebeten. Unverzüglich erhob sich der Pianist der Kapelle und Tancredi spielte wieder jenes Stück von Satie, wie er es damals in der Bibliothek getan hatte, mit einer ins Zerbrechliche gehenden und beinahe schmerzhaften Zärtlichkeit.

Hörte dieses Martyrium niemals auf? Assunta, in ihrer tiefen Zerschlagenheit und Gequältheit darüber, bemerkte dabei anfangs gar nicht, dass die Angst vor dem Vater verflogen war. Ja, sie war verflogen, ausgelöscht. Wie konnte das sein? Ignazio Lamesa hatte wieder seine Tiraden losgelassen, als die Tochter am Tag nach der Hochzeit, die sie in begeisterter Ausführlichkeit geschildert hatte, die Verlobung mit Antonio ankündigte. Voller Stolz und Freude hatten die jüngeren Geschwister Giovanni und Maria die Fahrräder vorgeführt, die man von einer Überweisung der großen Schwester gekauft hatte. Aber mit einem Schlag war diese Harmonie, freilich ohnehin brüchig, zu Ende. Eine eisige Stille folgte ihr. Der Vater erhob sich, umrundete leichenblass und dann schreiend den Tisch. An ihm saß wie gelähmt und mit einem seltsam teigigen Gesicht die Mutter zwischen Daniela und Roberto. Es schmerzte Assunta, dass auch Schwester und Schwager ihr in den Rücken fielen. Mit sonderbar eiferndem Vorwurfston rieten sie davon ab, indem sie einander gegenseitig unterbrachen, der Liebe diese allzu große Bedeutung beizumessen. Etwas viel zu Schwerwiegendes sei ein Konflikt mit dem Vater, als dass man sich darüber hinwegsetzen könne. Ausführlich und schwärmerisch hatte Assunta das freundschaftliche Verhältnis zwischen Dr. Tancredi und Claudios Eltern geschildert. Damit hatte sie insbesondere ihrem Vater den Gedanken nahe legen wollen, dass es nichts Verwerfliches sei, wenn Liebe sich nicht um gesellschaftliche Schranken schere. Ignazio Lamesa aber blieb giftig und abweisend. Niemand wusste, am allerwenigsten wusste er selbst es, dass es die blanke Eifersucht auf Antonio Gioia war, die ihn sich derart vergessen ließ. Wenn es schon unumgänglich sei, sein Schmuckstück zu verlieren, dann wenigstens an etwas Höheres, Besseres. Aber an einen Tagelöhner ohne Familie – niemals. Er ließ seine Tochter nicht ausreden, ja, er ließ sie gar nicht zu Wort kommen.

Und da war es ihr, als ob sie aus einem tiefen Schlaf erwachte. Assunta fand das Gezeter und Lamentieren des Vaters und die Kraftlosigkeit der Mutter mit einem Mal unerträglich. Wortlos stand sie auf, ging aus dem Haus, rief von einer Telefonzelle aus bei den Trancredis an und bat um Hilfe. Ihre Worte fielen ohne jegliche Erregung. Alles in ihr stand unerschütterlich fest, und der Notar zögerte nicht – ein Glücksfall für Assunta und Antonio, einen solchen Menschen zum Freund zu haben. Ohne Umschweife war er bereit, die junge Frau abzuholen und aufzunehmen. Mit einer seltsamen inneren Leere kehrte sie ins Elternhaus zurück und packte einen Koffer. Auch diese ungewohnte Ruhe in ihr blieb, ebenso diese abgrundtiefe Traurigkeit anstelle der einstmals verzehrenden Angst vor den Wutausbrüchen des Vaters.

„Wo willst Du hin?" Bebend vor Wut stand Ignazio Lamesa vor seiner Tochter.

„Ich gehe zu Elena und zu Dr. Tancredi."

„Das wirst Du nicht tun. Ich verbiete es Dir", schrie er. Und wie schon einmal dachte Assunta, als sie ihn so vollkommen außer sich sah, Papa, ich liebe Dich doch, was hast Du nur, was ist in Dir, was quält Dich so? So ließ sie also den Koffer stehen und ging an dem maßlos verblüfften Vater vorbei aus dem Haus. Draußen wartete die schwere Limousine des Notars. Als Assunta auf den gepolsterten Rücksitz sank, wich eine ungeheure Spannung von ihr und sie begann zu weinen.

Die Foiuta trat auf den Plan. Sie ist ein uraltes sizilianisches Ritual. Verlobte suchen Zuflucht bei jemandem, dessen Meinung in der Bevölkerung geachtet ist und der über ein natürliches Ansehen verfügt. Diese einflussreiche Person beherbergt die in Not Befindlichen und tritt gegenüber der zerstrittenen Familie als Schlichter auf.

Der Notar und Elena kamen Assunta in der Halle entgegen. Dr. Tancredi trug einen leicht zerknitterten Leinenanzug, ein beigefarbenes Seidenhemd und eine hellbraune Krawatte mit Oxford-Knoten. Man war leger. Elena war mit einem hellen Hosenanzug mit weiten Beinen bekleidet. Sie blühte.

„Wo ist der Koffer?", fragte der Notar als erstes.

„Papa hat mir untersagt, ihn mitzunehmen."

Dr. Tancredi spitzte die Lippen zu unhörbaren Pfiffen und überlegte.

„Ich werde den Koffer holen", sagte er sodann. Die Lamesas hatten kein Telefon. Also rief Assunta bei Daniela an, welche zu den Eltern eilte, um das Eintreffen des Notars für den späteren Nachmittag des nächsten Tages anzukündigen. Die Eltern verstummten vor Schreck, als sie hinzufügte, der Doktor Tancredi persönlich werde den Koffer Assuntas abholen. Ein gewaltiger Aufruhr entstand in ihren verschränkten Gehirnen. Der angesehenste Notar im weiten Umkreis kam in die bescheidene Welt des Bahnarbeiters Lamesa, um einen Koffer abzuholen. Kurze Zeit später läutete bei Trancredis das Telefon. Lamesa war am Apparat und bat darum, bereits halbwegs aufgelöst, der Herr Notar möge es bitte so einrichten, erst nach fünf Uhr zu kommen, da der Familienvorstand nicht früher von der Arbeit zurück sein könne.

Das Format des Notars zeigte sich auch darin, dass er, als sie im Salon saßen, Tee tranken, holländische Kekse aßen und die junge Lehrerin sich zu beruhigen begann, nicht gegen den Vater sprach. Er weckte im Gegenteil sogar noch Verständnis für dessen Lage. Er legte dar, dass nach dem Weltbild des Vaters ein Mädchen, werde es allein mit einem Mann gesehen, diesen heiraten müsse oder, andernfalls, keinen Mann mehr „abbekomme". Werde das Mädchen schwanger, so finde eine Trauung nicht in der Kirche statt, sondern ohne weißes Kleid und lediglich in der Sakristei und ohne Feier – für einen Sizilianer wie den Vater eine Schmach ohnegleichen.

„Für ihn ist keiner dieser Wege ein glücklicher", sagte der Notar. „Zwinge Dich zu nichts. Lass es Dir in Ruhe durch den Kopf gehen."

Sie saßen vor dem Haus auf dem Bänkchen, wie sie es immer taten. Es war der Tag nach der Hochzeit. Francesco Gioia vermochte gar nicht zu fassen, was Antonio ihm von diesem Glanz, dieser Herrlichkeit des Festes erzählt hatte. Er hatte die Worte vernommen, nicht aber zu begreifen vermocht, was sie beschrieben. Danach schwiegen sie lange und sahen über die Landschaft hin. Die Gerüche in der Luft waren von ungeahnter Vielfalt. Durch das blässliche Grün des frühen Abendhimmels, in dem sich noch ein wenig von dem Licht des Tages hielt, zogen sich orangefarbene und hellblaue Maserungen. Die Männer hatten die Esel gefüttert und im Garten ein wenig Erde umgestochen.

„Wenn sie es sagt, das mit der Verlobung, ist die Hölle los", ließ Antonio sich endlich vernehmen.

„Mein Gott", sagte der Ziehvater und mahlte mit dem dünnlippigen Mund. „Das arme Mädchen." Er ließ es Antonio nicht wissen, dass er wütend auf diesen Furz von Lamesa geworden war, als welchen er ihn empfand. Er war machtlos gegen diese aufkeimende Wut, die ja doch so ganz gegen seine Natur war. Was bildete dieser Mann sich ein? War man ein Dreck, weil man Tagelöhner war? Zugleich betete er stumm zu seinem Herrn, dass er es vorübergehen lassen möge. Er fühlte sich nicht wohl mit dieser Wut, die in Schüben kam, ganz und gar nicht wohl.

Andererseits würde er niemals solche dummen Sachen sagen wie „Hast Du es Dir auch gut überlegt?" oder „Meinst Du, dass sie die Richtige für Dich ist?". Das war nicht seine Sache, Unsicherheit in das Herz seines Ziehsohnes zu säen. Er wünschte sich nur eines, nämlich, dass Antonio und diese ganz außergewöhnlich starke Assunta, die ihn spürbar aus tiefstem Herzen liebte, glücklich miteinander würden. Oft betete er nachts für sie beide. Er betete ganz innig. Wie ein Kind betete er.

Antonio zündete sich eine Zigarette an und fragte sich, ob er dem Alten davon erzählen sollte, dass mit der Zeit – unter anderen Umständen hätte man über diese Gleichheit der Befindlichkeit geschmunzelt – auch bei ihm eine Wut auf Lamesa aufgekeimt war. Ihn ärgerte dessen beschränkte Verachtung. Als ob es nichts wäre, was man im Ausland durchmachte, als ob es nichts wäre, dass man diesen Schritt überhaupt getan hatte, ohne Hilfe, nur auf sich gestellt. Es ließ ihn aber auch deshalb wütend werden, weil er gesehen hatte, wie sehr Assunta unter diesem lächerlichen Eingebildetsein ihres Vaters litt. Sie hatte in einer Falle gesteckt. Sie konnte als Tochter, die den Vater liebte und ehrte, nicht dessen Willen missachten.

Einiges konnte Antonio sich durchaus vorstellen. Unter gar keinen Umständen aber hielt er es für möglich, dass Assunta sich zur Foiuta durchringen würde.

Ignazio Lamesa bat den Besucher in das Wohnzimmer, das man nur zu seltenen Gelegenheiten zu nutzen pflegte. Es roch etwas klamm.

„Einen Kognak, Herr Notar?"

„Danke, mein Lieber, nicht jetzt."

Dr. Tancredi begann übergangslos von der Foiuta zu sprechen und gab zu bedenken, es zeitigten sich noch weitaus größere Probleme, spitze sich die Situation der beiden Liebenden zu. Lamesa selbst war den Tränen nah. Er empfand das Gespräch als eine lang ersehnte Erlösung, noch dazu, wo er sogar von allerhöchster gesellschaftlicher Stelle ein offenes Ohr für seine quälenden Sorgen erhielt.

„Sie und Ihre Frau haben viel Liebe gegeben und Assunta Werte vermittelt, die ihr heute zum Allerbesten gereichen." Lamesa rang die Hände. Seine Lippen bebten. Er hing am Mund des Notars, als ströme eine Verheißung aus ihm. Wie er es aufsog, wie er sich labte, als Dr. Tancredi sagte, Professoren und Dozenten des Pädagogischen Seminars hätten seine Tochter über die Maßen geschätzt. Er seinerseits sei stolz darauf, Assunta zur Trauzeugin seiner Tochter gehabt zu haben.

Diese Worte drangen in Lamesas Innerstes vor.

„Ja, alles ist wahr, was Sie sagen", brach es aus ihm hervor. „Und gerade, weil Assunta so gut ist, verdient sie einen guten Mann und nicht Antonio, einen Tagelöhner ohne Familie." Der Notar schwieg und besah in die Stille hinein die Fingernägel seiner linken Hand, die er in die rechte gelegt hielt.

„Mein Lieber", sagte er, „Antonio ist anständig. Er ist mutig, intelligent und von gutem und starkem Charakter. Glauben Sie, anders hätte er im Ausland bestehen können?" Lamesa sah aus dem Fenster. Dann schaute er unter sich. Dann sah er wieder beinahe flehentlich den Notar an. Und dieser fuhr fort: „Nicht von ungefähr hat Assunta sich doch gerade in ihn verliebt. Wir sorgen uns darum, dass unsere Kinder es besser haben sollen, nicht wahr? Was wollen Sie eigentlich noch?" Bei diesen Worten wand Lamesa sich in einer zwar einverständigen, zugleich aber ratlos sorgenvollen Bewegung. „Dabei vergessen wir solche Werte, nicht wahr, die die Menschen glücklich machen", sagte der Notar. „Schauen Sie, Herr Cimarosa, Claudios Vater ist ein Schreiner. Nach Ihrer Logik, Ignazio, müsste ich die Hände über dem Kopf zusammenschlagen und schreiend davonrennen. Ist es nicht so? Aber wissen Sie was? Sie allesamt können von ehrlicher Arbeit leben. Darauf bin ich stolz. Elena ist glücklich, und das ist das höchste Gut."

Hier nun geschah etwas Unerwartetes. Waren es diese einfachen und treffenden Worte, war es der ruhige Klang der Stimme, war es die reine Anwesenheit einer solch geschätzten Persönlichkeit? Waren es alle diese Dinge zusammen? Das halsstarrige Bild des Eisenbahnarbeiters Lamesa von der Familienehre fiel in sich zusammen. Aller Widerstand begann zu weichen. Er ließ ihn nur allzu gerne weichen. Wie unsagbar wohl dies tat. Er öffnete die Tür, rief nach seiner Frau, die in der Küche gewartet hatte und nun herbeigelaufen kam. Für sie gänzlich unerwartet umarmte Ignazio Lamesa seine Frau, was er ohnehin selten tat. Diese Umarmung löste die Anspannungen in ihnen auf. Die beiden Lamesas erkannten die Hindernisse als das, was sie in Wirklichkeit waren. Sie waren Verleumdung und Geschwätz. Wie in einem Film liefen sie vor ihnen ab. In ihrem tiefsten Inneren waren nichts als Angst und Hilflosigkeit gewesen, mit denen sie gekämpft hatten.

„Ich bringe Assunta den Koffer. Es muss sein. Ich fahre Ihnen nach, Herr Notar."

Im Haus des Notars in der Via Manzoni in Siracusa umarmten Vater und Tochter einander. Man konnte die Liebe zwischen ihnen spüren. Nach ihrer langen Umarmung, der einige hilflos gestammelte Worte folgten, küssten beide den Notar. Die Dinge begannen sich zu fügen. Die Liebe konnte endlich fließen. Sie konnte ihrer ureigenen Bestimmung nachkommen.

Wie von Sinnen radelte Assunta nach Malumore. Immer wieder schrie sie unverständliche Laute heraus. In ihr rauschte eine Sturzflut, die alles mit sich riss, was Angst und Qualen und schmerzhafte Ungewissheit und die abgrundtiefe Verzweiflung über die Haltung der Eltern zu ihrer Liebe hinterlassen hatten. Es war überstanden. Der Weg war frei. Es hatte sich gelohnt, standhaft zu bleiben. Elenas Angebot, sie mit dem Wagen hinzubringen, schlug sie, die Freundin umarmend und küssend, aus. Sie wollte die Luft um sich spüren, das Freie, das Unbegrenzte, so wie es ihrem Inneren entsprach. Sie schob das Rad den Eselspfad hinab und trat die kleine Strecke zum Haus des Francesco Gioia noch einmal in die Pedale. Sie stellte das Rad ab und klopfte an die Tür. Niemand zeigte sich. Sie lief um das Haus herum und sah Antonio und den Ziehvater im Garten stehen und Bohnen zupfen. Als Antonio ganz gegen seine Befürchtungen ihr leuchtendes Gesicht sah, wusste er alles. Assunta erzählte, außer Atem und außer sich vor Glück. Der Alte stand dabei und hörte es und spürte in seinem alten Herzen plötzlich eine Frische.

„Sie warten alle schon", sagte Assunta in die Küsse hinein.

Ignazio Lamesa ging auf Antonio zu und küsste ihn auf beide Wangen, kaum dass dieser vom Fahrrad gestiegen war. Er wirkte sehr unsicher, ungelenk und unvermittelt. Antonio stand in großer Verlegenheit. Es wäre vermessen gewesen, anzunehmen, all das Demütigende und Herabwürdigende habe mit einem Schlag seine Wirkung verloren. Aber Antonio hegte keinen Groll. Er sann dem nach, wie leicht sich alles plötzlich anfühlte, wie unsagbar leicht. Eine jahrelange Anspannung war gewichen.

Zwei Tage später feierte man die Verlobung.

Über und über war der Hof der Lamesas mit Blumen geschmückt. Der Hausherr hatte Spumante kaltgestellt. Käse und Schinken waren aufgetischt. Über dem offenen Feuer brieten Schweinebauch und dutzendweise die kleinen silbrigen Sardellen, die man in die Hand nahm und mit Kopf und Schwanz verschlang. Man trank den schwarzen blutigen Rotwein. Der Nachbar Nicola spielte auf dem Akkordeon und jener Nachbar, der Antonio und den Ziehvater einst in das vornehme Restaurant mit den dummkopfigen Gästen in Marani gefahren hatte, chauffierte sie mit seinem Fiat 600 auch zum Fest.

In der Welt des Francesco Gioia war kein Stein mehr auf dem anderen geblieben. Er hatte die Spanne zwischen seinem lehmverschmierten Eselstall und dem Spiegelsaal des Hotels „Aquarium" zu verkraften. Immer wieder sah er das Kind Antonio an seiner Seite auf den Feldern des Padrones. Dann schaute er auf ihn als den erwachsenen jungen Mann und baldigen Ehemann. Also ist mein Leben doch zu etwas gut, dachte der Alte bei sich. Er saß an der langen Tafel neben dem Akkordeonspieler Nicola. Die beiden Männer prosteten einander zu. Die Gäste lachten und speisten und redeten durcheinander. Kinder sprangen lärmend umher und das Leben war, wie es war. Bisweilen konnte es wunderbar sein.

Ehrengast war Don Carmine. Er verlas, indem er sich erhob, die Telegramme. Eines der ersten war jenes des Notars Dr. Tancredi. Es war an Assunta gerichtet. „Es ist bedauernswert", stand darin zu lesen, „dass wir solche Kräfte an das Ausland verlieren. Denn das sind in Wahrheit unsere Perlen."

Im übrigen war es verblüffend, mit welcher Geschwindigkeit die Nachricht von der Verlobungsfeier sich verbreitete. Im Handumdrehen erhoben die uralten Vorurteile ihr Haupt. Waren die einen der Auffassung, Antonio hätte besser die Finger von dieser gebildeten jungen Lehrerin gelassen, das tue gar nicht gut, so vertraten die anderen den Standpunkt, man wisse doch, dass die Habenichtse nähmen, was sie kriegen könnten. Antonio und sein Ziehvater hätten sich verhoben. Für sie sei es doch nun wirklich einige Nummern zu groß, Zugang zu höheren Kreisen zu finden. Sie hätten ja nicht einmal eine Familie. Wieder andere entrüsteten sich darüber, dass das Familienoberhaupt Ignazio Lamesa sich wohl für etwas Besseres halte. Selbstverständlich wurde der irrige Verdacht des Schwangerseins betratscht, womit die Chancen auf eine „anständige kirchliche Trauung" wohl dahin sei.

Durchweg mit Hochachtung sprach man von der vornehmen Haltung des Notars bei der Foiuta. Ein Mann von Welt, jawohl, er habe Frieden gestiftet, er habe eben Format, hieß es. Der stehe über allem, während der kleine Mann sich hier wohl besser versteckt halte. Ja, solche wie den Notar könne es ruhig mehr geben. Vor allem könne man dem Doktor auch glauben, was er sage, ein Mann von Ehre eben, der die kleinen Leute nicht geringschätze.

Die Menschen pflegten den in überreichem Maße sprudelnden Gesprächsstoff wie eine Kostbarkeit. Derlei geschah nicht alle Tage, dass einer von ganz unten, aus Malumore, wo man in Häusern aus zusammengesuchtem Lavagestein lebte und Tagelöhner war, und eine Lehrerin heiraten wollen. Es war eine faszinierende Liebesgeschichte. Begreiflicherweise hatte sie freilich nicht die Kraft, bei dem steinalten Denken etwas zu bewirken. Zu tief war es in den Menschen verankert.

Dem Hausherrn bereitete es zum Erstaunen seiner Ehefrau sichtliches Vergnügen, die Gäste fortwährend zum Essen und Trinken zu nötigen. Mit hochrotem Kopf und stolzgeschwellt lief er umher und machte überall seine Honneurs, die Sektflasche zum Nachschenken in der Hand, was ihm dafür, dass es durchaus nicht zu den lässigen Gewohnheiten eines Bahnarbeiters gehört, erstaunlich gut gelang.

Bescheiden standen am Rande der Gästeschar außer dem Ziehvater Francesco, dem Assuntas Vater zwar mit feuchten Augen, aber durchaus nicht schleimerisch, das Du angetragen hatte, noch drei weitere Tagelöhner. Es waren Mariano, Carlo und Guido. Für Antonio, der größten Wert auf ihre Anwesenheit gelegt hatte, waren sie wie Brüder. Das traf in besonderem Maße auf Mariano zu. Er war derjenige gewesen, der zu dem fünfjährigen Kind auf den Feldern des Padrone einst gesagt hatte: „Spiel nur mit Deinen Murmeln, ich mache Deine Arbeit mit."

Erfolg

Sie trauten ihren Augen nicht. An einem Abend verlor Donato Capaccio, der als belastbar und geduldig wie ein Esel galt, die Beherrschung. Er hatte in seinem schmalen Schrank nach einer Packung Rasierklingen gesucht. Er suchte und suchte. Er durchwühlte die dreckige, muffige Wäsche, die mit Spaghetti und Rigatoni und anderen Konserven und dem Weißbrot in ein Fach gestopft war. Und er durchwühlte den ganzen Wust noch einmal. Dann lief sein Gesicht rot an. Er begann zu fluchen, leise zuerst, dann immer lauter. Schließlich riss er die Wäsche aus dem Fach und warf sie ins Zimmer und die Konserven hinterher. Gläser mit eingemachtem Knoblauch, mit eingelegten Pepperoncini und Tomatenmark zerschellten. Auf dem Boden breiteten sich schmierige Pfützen aus.

Nachdem er ein paar Augenblicke keuchend auf die Schweinerei geschaut hatte, trat Donato, in der Nähe von Marina di Modica auf Sizilien zu Hause, nach dem Wäscheberg und schleuderte ihn mit den Füßen in die Pfützen, ehe er auch noch auf den Glasscherben und dem Geschmiere und der verdreckten Wäsche herumtrampelte. Sein Gesicht war weiß und seine Lippen waren wie ein Strich. „Verfluchte Scheiße", rief er erst gepresst und dann mit sich überschlagender Stimme und voll unterdrückter Wut. „Scheiße … Verfluchter Mist. Hier ist es wie in einem Hühnerstall. Fehlt nur noch die Kacke." Dann setzte er sich auf einen Stuhl, zündete sich mit zittrigen Fingern eine Zigarette an und begann zu heulen.

Die meisten hatten die Zustände meckernd in sich hineinzufressen begonnen. Aber diesem Sizilianer war es ans Gemüt gegangen. Zusammengepfercht, schlechte Luft in den viel zu kleinen Zimmern, nächtliche Störungen, dünne Wände, die primitive Küche und die nicht minder primitiven und viel zu wenigen Klosetts auf den Stockwerken – die Aussicht darauf, dass sich daran auf lange Sicht nichts änderte, waren für ihn zuviel geworden. Ratlos hatten die anderen zugesehen, wie die Wut hervorgebrochen war. Schließlich raffte sich einer auf und goss dem Heulenden ein Glas Kognak ein und legte ihm eine Hand auf die bebende Schulter und stammelte etwas daher. Der ehemalige Straßenbauarbeiter Fritz Zippel aus dem Spessart, ein in sich gekehrter Vater von fünf Kindern, mühte sich um einen beruhigenden Ton: „Hilft doch nichts", sagte er. „Sei doch vernünftig. Du bringst uns noch alle in Schwierigkeiten."

Mehrfach hatte Antonio im Büro des Betriebsrates diese unerträgliche Enge angeprangert. Die Vertretung der Belegschaft aber, bis auf eines seiner Mitglieder mit, sagen wir, konfliktscheuen Sozialdemokraten besetzt, war untätig geblieben. Das gute Einvernehmen mit der Geschäftsleitung war wichtiger. Man war im Betriebsrat von der Überzeugung getragen, ein gutgelauntes Direktorium sei eher bereit, auf irgendeine Forderung einzugehen als ein verstimmtes. Von Auseinandersetzungen hielt man nichts, wusste aber, dass diese Zustände in dem Wohnheim herrschten und im Grunde unhaltbar waren.

In diese Ratlosigkeit der Arbeiter hinein, was man tun solle oder könne, war die angestaute Wut Donato Capaccios geplatzt.

In diese Zeit fiel ein sehr hässliches Geschehen. Assunta hatte im Garten ein Grillfest arrangiert, weil Virginio zu Besuch gekommen war. Er war ein Freund Antonios und arbeitete auf dem Bau. Auch der Hausherr war eingeladen. Aber er hatte mit einer sonderbar dürren Zurückhaltung mitten in das arglose und freundliche Gesicht Assuntas hinein abgelehnt. Sie hätte dem Mann gelegentlich des Festes eigentlich gerne gesagt, wie wohl sie sich in der Wohnung fühlte.

Das eigentlich Bestürzende aber war noch etwas anderes. Es war aus heiterem Himmel über sie hereingebrochen. Tage nach dem Fest fand Assunta einen Zettel im Briefkasten. „Bleiben Sie uns vom Leib mit Ihrem Knoblauchgestank und mit Ihrem Lärm", stand auf ihm in Druckbuchstaben. Sie hatten ein paar Schallplatten mit italienischen Schlagern abgespielt. Das war schon alles an „Lärm" gewesen. Unterschrieben, wenn man so wollte, war der Zettel, der aus einem Spiralblock stammte, mit „Jemand, der es (noch) gut mit Ihnen meint."

Draußen leuchtete die späte Sonne des Septembers. Die Farben des Herbstes begannen sich in den Abend hinein zu verdunkeln. Sie lagen umschlungen auf der Couch. Sie waren am Nachmittag im Tropen-Garten und anschließend im Café Krenzauer gewesen. Sie mochten den Pianisten an dem weißen und ein klein wenig verstimmten Flügel. Sie hatten sich ihre Hochzeit auszumalen begonnen. Sie würde im Mai des kommenden Jahres sein, des Jahres einundsechzig. Assunta erzählte, wie Personalchef Meier ihr stehenden Fußes ein zinsloses Darlehen ange-boten hatte.

„Es hat mich so gerührt, dass ich ihn umarmt und gesagt habe, er wäre wie ein Vater zu mir." Antonio lächelte. Sie hatten die Augen geschlossen und streichelten einander und rochen Haare und Haut des anderen. Und dabei fühlte Antonio, dass etwas mit Assunta war.

„Was hast Du?", fragte er leise und schaute sie an. Sie küsste ihn, löste sich aus seinen Armen, stand auf, ging an das Bücherregal und zog den ekelhaften Zettel hervor, den sie zwischen die Buchrücken gesteckt hatte. Erst hatte sie ihn damit nicht behelligen wollen. Antonio las ihn mehrmals. Die krakelige Schrift bannte ihn. Wie war es möglich, dass ein primitives Geschmiere derart bedrohlich wirken konnte? Assunta hatte sich wieder neben ihn gelegt. „Er lag nach dem Grillfest im Briefkasten."

Antonio legte den Zettel auf die Lehne der Couch. Dann sah er die Geliebte lange an, und er dachte an das Viele, das sie schon miteinander durchgestanden hatten und daran, wie unvorstellbar nahe sie sich bei alledem gekommen waren. Er streichelte ihr Gesicht.

„Viele unter den Deutschen mögen uns nicht", sagte er ohne jegliche Betonung. Aber er lag angespannt neben ihr. Sein Herz schlug schnell und hart. Etwas zwischen Angst und Wut und Traurigkeit wühlte in ihm. Seine Augen glühten.

Wäre Donato Capaccio nicht außer sich geraten, es wäre alles, zumin-dest auf absehbare Zeit, unverändert geblieben. Doch die herausge-schleuderte Wäsche, die zerschlagenen Gläser, der weinende Arbeiter mit Zigarette und Kognak in der Hand blieben nicht folgenlos. Das Geschrei bei der Versammlung der Metaller-Betriebsgruppe war un-gewöhnlich laut. Alle saßen sie im Nebenzimmer der Gastwirtschaft „Grüner Baum" mit den Fußballpokalen und Urkunden gewonnener Turniere und den Traditionsfahnen des Gesangvereins „Liederkranz". Auf der Tagesordnung stand nur das Wohnheim.

„Bitte um Ruhe, bitte um Ruhe", rief der Vorsitzende immer wieder in den tumultartigen Lärm hinein. „Bitte um Ruhe, Kollegen, seid doch vernünftig. So geht es doch nicht. Jeder kommt dran." Aber es kehrte keine Ruhe ein.

„Wir müssen Druck machen", rief einer und erhob sich dabei.

„Den Betriebsrat kannst Du vergessen. Das sind Schnarchnasen", war ein anderer zu hören.

„Die wollen Händchenhalten mit der Geschäftsleitung", hörte man rufen. Viele lachten und schickten „Sehr richtig, genau" und „So ist es" und „Die muss man erst zum Jagen tragen" hinterher.

Die Zeit schritt voran. Noch immer war keine Einigkeit über das Vorgehen erzielt worden, als einer sich meldete: „Kollegen, ich bitte ums Wort." Schlagartig trat Stille ein. Ulrich Zenker, genannt Ulze, ein Arbeiter aus der Gießerei, genoss hohes Ansehen. Wenn er etwas auf seine ruhige Art sagte, blieb es nicht ohne Wirkung. Bedächtig begann er eine Überlegung zu entwickeln. Es sei bekannt, dass die Fabrik in nicht allzu langer Zeit mit den Arbeiten für einen riesigen Auftrag eines niederländischen Gasleitungs-Konzerns beginnen werde. Es sollten einhundert Stahlröhren hergestellt werden. Wie es wäre, verfassten die Vertrauensleute Flugblätter und lüden den scharfen Gewerkschaftssekretär Achim Schulze zu einer Betriebsversammlung ein? Ein großes Unternehmen, das mehr als tausend Arbeiter wie Hühner im Käfig hielt, ein großes Unternehmen, das andererseits ausländische Aufträge annahm und nach außen hin auf seinen guten Ruf bedacht war? Peinlich, sehr peinlich. Der Beifall rauschte.

Der Knoten war geplatzt.

Wie wäre es denn, wenn man mitten in diese Auftragssituation hinein eben mal ein bisschen die Arbeit niederlegte? Und war es nicht ein glücklicher Zufall, dass der harte Kern der Arbeiter, die für den riesigen Auftrag vorgesehen waren, Bewohner des Heimes waren?

Dies alles sagte der Kommunist Zenker mit leiser Stimme in die Versammlung hinein. Danach erhob sich wieder tumultartiges Geschrei, ehe man über den Vorschlag abstimmte. Er wurde einstimmig angenommen.

Nach einer nicht minder tumultartigen Betriebsversammlung, in deren Verlauf der Gewerkschaftssekretär Schulze die Geduld der Wohnheim-Insassen als lange genug strapaziert und schamlos ausgenutzt bezeichnet hatte, den zum Jagen getragenen Betriebsratsvorsitzenden mit puterrotem Gesicht und den blasiert dreinguckenden Geschäftsführer neben sich, traten die Herren der Firmenleitung zur Beratung zusammen. Natürlich unbeeinflusst, sagten sie, völlig unbeeinflusst von der tumultartigen Versammlung. Man lasse sich nicht unter Druck setzen. In Wirklichkeit reagierten sie sehr wohl auf die Unzufriedenheit. Die Herren waren nicht auf den Kopf gefallen, sondern sie rechneten kühl mit ihm. Das Risiko war groß, mit dem Auftrag in Verzug zu geraten, geschehe nichts mit „diesem Scheiß-Wohnheim", wie es der Assistent der Geschäftsleitung ausdrückte. Er war Jurist und als Assessor zur Industrie gewechselt. Er hasste den Gewerkschaftssekretär Schulze und mit ihm alle Organisierten bis aufs Blut. Sein Weltbild war einfach. Die Gewerkschaften störten mit überzogenen Forderungen den Betriebsfrieden und schmälerten die Chancen des Unternehmens im Konkurrenzkampf. Sie seien die Schuldigen, wenn man entlassen müsse.

„Aber unter uns, meine Herren, von diesen Nasen von Betriebsrat möchte auch ich nicht vertreten werden", sagte Assessor Spangenberg verächtlich, woraufhin die Herren kurz stutzten, ehe sie in ein kaltes, glattes Lachen ausbrachen.

Nach drei Wochen lag die Vereinbarung zwischen Betriebsrat und Geschäftsleitung auf dem Tisch. In fünf Monaten würde mit dem Bau dreier mehrstöckiger Blöcke begonnen werden. Eine Kommission aus Gewerkschaft, Betriebsrat und Direktion würde den Verlauf über-wachen. Der alte Verhau, eine abenteuerliche Aneinanderreihung ein-fachster Blocks und barackenartiger Ergänzungsbauten, würde nach dem Einzug in die neuen Gebäude abgerissen werden. Vorgesehen waren Zimmer für zwei, allerhöchstens drei Bewohner in Einzelbetten und höchstens ein einziges doppelstöckiges Bett, besser ausgestattete Küchen auf allen Stockwerken, ebenso Klosetts und Duschen.

Die Herren lächelten eisig. Sie wussten, dass die Kosten für die Neu-bauten – die Arbeiter, die sich gerührt hatten, staunten über ihren Erfolg, an dessen Zustandekommen sie anfangs selbst nicht geglaubt hatten – aus der Portokasse beglichen werden konnten.

Dicke Luft

Das Geschrei und verworrene Getöse war schon von weitem zu hören. Antonio, der den Flur des Wohnheimes entlang gegangen kam, verlangsamte den Schritt. Er wusste nicht, was ihn veranlasste, zunächst vor der Tür stehen zu bleiben und zu lauschen. Er kannte jene helle und harte, dabei ein wenig spröde klingende Stimme, die sich über das Gelärme dieses späten Nachmittages im Aufenthaltsraum erhoben hatte. Es war die Stimme des Kommunisten Roberto. Die Arbeiter gaben etwas auf seine Fähigkeit, politische Ereignisse zu zerlegen und wieder zusammenzubauen und Schlüsse daraus zu ziehen. Sie schätzten seine beißende und witzige Wortwahl, auch wenn sie keine Kommunisten waren. Seine Wortwahl konnte sich zwar von der Parteisprache entfernen. Doch niemals verlor er mit ihr den so genannten Klassenstandpunkt aus dem Auge, das „Allerheiligste" der Kommunisten. Was er soeben rief und Andere für Geschwätz halten mochten, löste zustimmendes Gemurmel aus: „Die Kapitalisten", rief er mit einem gewissen Pathos, „leben von unserer Arbeit."

„Schön und gut, und weiter, was jetzt?", rief einer, der erregt aufgesprungen war, als Antonio eintrat. Einige sahen rasch zu ihm her, ehe sie sich wieder ihrer Auseinandersetzung zuwandten. In Rede stand die noch immer nur mündliche Vereinbarung zwischen Betriebsrat und Geschäftsleitung über den Neubau des Wohnheimes. Nicht wenige der Arbeiter trauten der Sache nicht über den Weg. Sie hielten es sogar für möglich, dass der Bau am Ende nicht zustande komme, Vereinbarung hin, Vereinbarung her. Mit Heftigkeit vertrat Roberto diese Auffassung. Er sagte, man wisse ja, dass diese Herren noch ganz andere Dinge nicht einzuhalten gewohnt seien. Es war Anfang Oktober. Der Baubeginn war auf den kommenden Februar festgelegt.

„Italien", erhob er wieder seine Stimme, um die Dinge ein weiteres Mal grundsätzlich zu fassen, „Italien hat uns für einen Sack Kohlen verkauft und den Rattenschwanz von Soziallasten gleich hinterher. Die hat der Staat jetzt vom Hals, Kindergärten, Schulen, alles inklusive. Und die Deutschen machen viel Geld mit uns. Das wird mir keiner ausreden." Die Wogen gingen hoch und es war ausgerechnet Marco, Robertos Genosse, der sie glätten wollte, da es sich ja bei der Zusammenkunft nun doch um etwas sehr Greifbares handelte.

„Wenn die Firmenleitung ihr Wort hält", so war seine stets nicht sonderlich laute Stimme zu vernehmen, „und wenn das neue Wohnheim gebaut wird, ist das für uns eine spürbare Verbesserung. Was man hat, das hat man, auch wenn man ausgebeutet wird."

Es entstand wieder dieses verworrene Getöse, ehe einer aufsprang und rief: „Natürlich nehmen sie uns aus wie die Weihnachtsgänse, aber im neuen Wohnheim könnte ich wenigstens besser schlafen", rief er. Das saß. Gelächter flackerte auf. Einige hieben auf den Tisch, und einer machte sich über die Tische hinweg noch mit dem wehleidig unterlegten Ausruf bemerkbar, dem ebenfalls Gelächter folgte. „Giovanni, Du Schnarchsack, wegen Dir mache ich keine Nacht ein Auge zu. Zieh bloß in ein anderes Zimmer, wenn das Heim steht, sonst vergesse ich mich noch."

Vor einer halben Stunde war der Missionar aus der großen Stadt gegangen, Don Benedetto. Er kannte die erniedrigenden Bedingungen im Wohnheim und kam seine Landsleute deshalb von Zeit zu Zeit besuchen. Donato, er wiederum Sozialist, rief nach dem Gewirre und Gelächter die Meinung des Paters in Erinnerung. Sie deckte sich mit derjenigen Marcos, was Roberto veranlasst hatte, Benedetto einen Zwischenruf entgegenzuschleudern, der sie alle für einen Moment hatte verstummen lassen.

„Auch die Priester und die Kirche stecken mit den Kapitalisten unter einer Decke", hatte er gerufen, sich dabei erhoben und die Faust auf den Tisch fallen lassen, dass die Aschenbecher tanzten. Dem war eine kurze, aber betretene Stille gefolgt. Ein Priester war angegriffen worden. Ein Witzbold rief daraufhin in Verkennung des Vorwurfes „Don Camillo und Peppone" dazwischen, wodurch die Betretenheit sich, wenn schon nicht in Wohlgefallen auflöste, so aber doch wieder langsam verflüchtigte. Beschwichtigend und mit einer plötzlichen Blässe im Gesicht hatte der Pater die Hand erhoben. Doch der Kommunist war noch nicht fertig gewesen. Der Pater hatte die Hand wieder gesenkt und sich ihm zugewandt. „Ich habe bei der Baufirma Negri in Campobasso gearbeitet", hatte Roberto zu einem sachlichen Ton zurückgefunden und seine Blicke über die Versammelten geschickt. „Zwei Tage, nachdem ich mein Parteibuch erhalten habe, bin ich auf die Straße geflogen." Das hatte weitgehend ungeteiltes Missfallen hervorgerufen, erkennbar auch bei dem Pater, woraufhin Roberto die Hand gehoben hatte, um zu weiterem Zuhören zu veranlassen.

„Als Vater von vier Kindern zwischen neun Jahren und einem Jahr. Ich war auf Gelegenheitsarbeit angewiesen. Keiner stellte mich doch mehr ein. Sie haben eine schwarze Liste. So spinnefeind sie sich auf dem Markt sind, als Konkurrenten, so halten sie doch zusammen wie Pech und Schwefel, wenn es um uns geht."

„Schweinerei", riefen welche. Die Stimmung schlug Funken.

„Kann mir einer sagen, was das mit dem Wohnheim zu tun hat?", hatte sich ein anderer zu Wort gemeldet. „Kommt zur Sache." Er war damit aber im Gelärme untergegangen.

„Nach drei Jahren", war Roberto fortgefahren, „bin ich nach Deutschland ausgewandert. Mir blieb nichts anders mehr übrig. Und jetzt kommt das Allerschönste. Es geht nicht gegen Sie persönlich, Don Benedetto, keinesfalls. Wir alle mögen Sie. Aber ich muss es sagen."

Gemurmel und Gepolter, Füßescharren und Stühlerücken hatten mit einem Schlag aufgehört. Aller Augen waren auf Roberto gerichtet gewesen.

„Dieser Herr Negri sitzt fast jeden Sonntag fromm in der Kirche. Das fuchst mich am meisten. Beim Patronatsfest gehört er zu denen, die den Himmel tragen. Gläubig der Blick nach oben, und unten wirft er einen Familienvater auf die Straße. Ich werfe diesem Mann nicht vor, dass er gegen Kommunisten ist. Aber ich werfe ihm vor, dass er zwei Gesichter hat." Starker Beifall war auf diese Worte gefolgt. Es waren fast einhundert Arbeiter im Raum.

„Nur zwei?", hatte ein Spötter mit keck überdrehter Stimme dazwischen geworfen. Doch anderen fuhren ihn an: „Halt doch mal Dein Maul."

In diesen Tumult hinein hatte sich der Pater erhoben und ums Wort gebeten. Wieder war es von einem Augenblick auf den anderen still gewesen. Der Priester schaute ihnen in die Augen, ehe er begann, was keinesfalls theatralisch wirkte. Don Benedetto lag an diesen Menschen. Sie schmerzten ihn. Er wusste genau, dass sie eines schnöden wirtschaftlichen Vorteils wegen um ihr kleines Glück eines überschaubaren Daseins betrogen worden waren.

„Ich kann Euren Zorn verstehen, meine Söhne, wenngleich ich die Ursachen dafür anders bewerte. Ich wünsche Euch von Herzen den Erfolg mit dem neuen Wohnheim. Ich wünsche mir, dass Ihr mich auf dem Laufenden haltet. Denn auch das Wort der Kirche ist nicht wertlos." Da hatte man geklatscht, „Bravo" gerufen und „Bravo, Don Benedetto" und „Sie sind einer von uns" und „Solche wie Sie bräuchten wir mehr" und

„Respekt, Pater". Einer von ihnen hatten ihn an die Tür gebracht, von wo aus er sich noch einmal zu den Versammelten umgewandt und bescheiden grüßend die Hand gehoben hatte, während auf seinem Gesicht ein Lächeln voller Güte erschienen war, ehe er auf den Flur hinaustrat. Man hatte sich nicht gegen eine gewisse Betroffenheit wehren können, hervorgerufen durch die Stille, die nach dem Geräusch der sich leise schließenden Tür eingetreten war. Die feine Art dieses Priesters hatte einen starken Eindruck hinterlassen, zumal man sich hätte vorstellen können, dass Benedetto nach den Vorwürfen des Kommunisten verärgert den Aufenthaltsraum verlassen werde. Doch nichts dergleichen war geschehen, auch nicht andeutungsweise.

Dies, wie gesagt, hatte sich vor einer halben Stunde zugetragen. Unvermittelt begann Antonios Herz heftig zu schlagen. Es drängte ihn, etwas zu sagen. Es war das erste Mal, dass er vor vielen Menschen sprach. Aber die Nervosität war mit einem Mal verflogen, und er, immerhin der Jüngste von allen, überließ sich diesem inneren Drängen. In seinen Ohren rauschte es.

„Kollegen, ich möchte sagen, dass ich die Diskussion für etwas unsachlich halte." Und dann floss das, was in ihm war, glatt und ruhig. Er musste gar nicht überlegen.

„Ich teile die Meinung von Marco und Don Benedetto. Lasst uns doch noch abwarten, wie sich die Sache entwickelt. Warum immer gleich misstrauen? Gebt der Gegenseite doch eine Chance. Die muss uns ja nicht unbedingt von vorneherein an der Nase herumführen."

„Abwarten und Tee trinken", warf einer ein. „Und dann ziehen sie uns über den Tisch..."

„In ein paar Monaten", fuhr Antonio ungeachtet des Zwischenrufes fort, „werden wir sehen, ob das neue Heim gebaut wird oder nicht." Er hielt kurz inne, ehe er hinzufügte: „Falls wir nur hingehalten werden sollten, werden wir mit dem Betriebsrat und unserer Gewerkschaft bei der Firmenleitung antanzen und auf den Tisch hauen. Verlasst Euch drauf. Veralbern lassen wir uns nicht."

Sein Blick fiel auf Roberto, dies nicht etwa, weil er vorgehabt hätte, auf dessen Argumente einzugehen, sondern weil er Zuneigung für ihn hegte und die Art und Weise, mit der man ihm bei Negri zugesetzt hatte, ebenso bedauerte, wie er sie verurteilte.

„Was es Roberto und seine Familie gekostet hat, Mitglied seiner Partei zu sein, ist die Tragik unserer Heimat. Ich will es nicht herunterspielen,

Roberto, glaube das nicht. Ich halte solch ein Vorgehen für falsch. Aber ich kann mich Deinen Verallgemeinerungen nicht anschließen." Keiner sagte etwas. Dem Jüngsten unter ihnen, dem gewerkschaftlichen Vertrauensmann Antonio Gioia, galt die ungeteilte Aufmerksamkeit. Sie mochten ihn, weil er seinen schweren Weg, den sie ebenso hatten gehen müssen, schon mit so jungen Jahren gegangen war. Die meisten wussten von Malumore und den Feldern des Don Fabrizio.

„Ich war dabei, als im Juli in Schwabgarten die Mission durch Kardinal Puri eingeweiht wurde, der dafür sogar aus dem Vatikan angereist ist", sagte Antonio. „Puri hat gesagt, ich habe es noch im Ohr: Wir haben mit unseren deutschen Mitbrüdern gesprochen. Ich verspreche Euch, es werden in allen deutschen Städten, in denen viele Italiener leben, Missionen eingerichtet."

Alle hielten den Atem an.

„Und er hat gesagt, dass Beratungsstellen eingerichtet werden. Und dann hat er ausdrücklich gesagt: Wir werden Euch nicht alleine lassen. Einer ist dann zu dem Kardinal hin und hat ihm unter Tränen die Hand geküsst. Der Kardinal musste ihn erst wieder beruhigen, so sehr war der Mann aufgebracht. Er war vor Verzweiflung ganz aus dem Häuschen."

Roberto saß zurückgelehnt und hatte den Blick gesenkt und drehte seine Zigarettenschachtel zwischen den Fingern. Er wusste, dass dies kein Blech war.

„Ihr könnt es doch auch selber beurteilen", sagte er und räusperte sich, weil sein Hals trocken geworden war. Er hatte geredet, als ob er nie etwas anderes getan hätte. Die Gesichter waren keine verschwommene Masse, sondern jedes einzelne stand gestochen scharf vor seinem Auge. „Es vergeht kein Monat, ohne dass wir im Radio hören oder in der Zeitung lesen, dass wieder eine Mission oder Caritas-Stelle eröffnet werden wird. Das ist eine gute Sache, für die wir meiner Meinung nach dankbar sein können." Aus dem zustimmenden Gemurmel stieg das Händeklatschen empor.

Am Abend erzählte er Assunta davon, kaum dass sie in der kleinen Wohnung am Tisch saßen. Assunta hatte Kaninchenfleisch mit Kartoffeln und Gemüse aus dem Herd geholt. Es duftete überall in der Wohnung danach. Antonio öffnete die Flasche Rotwein. Es war eine dieser ganz gewissen Flaschen, eine ohne Etikett, ein Geschenk von Natalizia Licitra aus der Nähe von Pozzallo auf Sizilien, Arbeiterin in der Textilfabrik. Sie wiederum hatte den Wein von ihrem Vetter Rosario, der zwei

Wochen zu Hause gewesen war, seit einem halben Jahr in Buchtal auf einer Baustelle arbeitete und seiner Cousine auf geradezu verblüffende Weise ähnlich sah.

Noch immer war Antonio von der Aufmerksamkeit ergriffen, die man ihm entgegengebracht hatte. Das Schöne daran war, dass er dabei das Gefühl gehabt hatte, den Seinen mit diesem Gesagten auch etwas geben zu können. Assunta hörte zu und strich von Zeit zu Zeit über seine erhitzten Wangen.

Als er vor sich hinstarrte, um etwas zu überlegen, hörte er die Stimme Assuntas mit etwas ganz anderem. Sie hatte dem in großer Erregung Gesagten nachgespürt, es durch Bemerkungen aber nicht noch einmal vertiefen wollen. Er begriff erst gar nicht, wovon sie sprach und glaubte, sie habe ihm nicht richtig zugehört.

„Was ist? Was sagst Du da?"

„Ich habe mein Telefon bekommen. Wir telefonieren gleich nach Hause." Assunta überraschte zuerst Daniela und im Anschluss daran Elena. Assunta sah das Tischchen mit der gehäkelten Decke im Flur mit dem schwarzen Telefonapparat Danielas und Robertos stehen.

„Beschreibe mir ganz rasch, was Du siehst, wenn Du aus dem Fenster schaust. Nur einen Blick. Einen sizilianischen Blick", bat Assunta, nachdem sie erfahren hatte, dass sie allesamt gesund und munter seien.

„Es ist dunkel, die Motorroller knattern, und die Autos hupen, und die Leute laufen hin und her, und jetzt", Assunta hörte, wie das Fenster geöffnet wurde, „kann ich die Kandelaber der Piazza brennen sehen." Da durchfuhr es Assunta. Piazza. Marani, der Abend einst im Sommer, Antonio an den Pavillon gelehnt und mit einer Zigarette im Mund. Wie etwas unendlich Kostbares nahm sie die Schilderung in sich auf.

„Was für ein wunderschönes Bild. Du glaubst nicht, wie gut mir das tut."

„Ja, aber spare doch jetzt Dein Geld. Es wird doch zu teuer", hörte sie Daniela sagen. Konnte man es ihr verdenken, dass sie sich nicht vorzustellen vermochte, was es bedeutete, das Zuhause auf einmal ganz nahe bei sich zu haben?

Im Hause Tancredi läutete das Telefon sehr lange, ehe der Notar abhob. „Assunta, welche Überraschung. Wie schön. Ich notiere mir gleich Ihre Nummer. Elena wird Sie zurückrufen. Sie ist noch unterwegs."

„Ich danke Ihnen, Herr Doktor. Antonio und ich können Ihnen nicht genug danken."

„Aber Kind, was reden Sie denn? Das ist doch selbstverständlich. Rufen Sie an, wann immer Sie wollen. Es stört nicht." Es war rührend von dem Notar, Assunta Kind zu nennen. Sie fühlte sich dabei nicht etwa verniedlicht, sondern es lag eine väterliche Wärme in der Stimme Dr. Tancredis. Assunta legte auf und kehrte zu Antonio zurück. Vor den aneinandergerückten Sesseln stand ein Nierentischchen mit zwei dicken roten brennenden Kerzen und bernsteinfarbenen Gerbera darauf. Assunta hatte das Licht gelöscht. Bis auf den Schein der Kerzen lag die Wohnung im Dunkel. Sie schauten in die Nacht hinaus. Antonio tastete nach Assuntas Hand und streichelte sie und sah den Pater vor sich stehen und hörte ihn seine schlichten Worte sprechen. Er sah den Kommunisten Roberto, wie er die Faust auf den Tisch fallen ließ. Er sah das Gewoge der Köpfe und hörte die Zwischenrufe und roch den Zigarettenqualm und den Kaffee. Es waren die ewig-gleichen und klassischen Gerüche einer italienischen Versammlung. Vor allem, er hatte das beinahe berauschende Gefühl, dass er es könne – reden. Und er erkannte, dass Robertos impulsive Art und die eher besorgten und bedächtigen Äußerungen Don Benedettos zusammengehörten wie zwei Seiten einer Medaille. Das unbarmherzige Schicksal der Kinder der verbrannten Erde bewegte die beiden gegensätzlichen Italiener, den Missionar mit durchaus bangem Herzen und den Kommunisten mit der Wut und Ungeduld dessen, dem es nicht rasch genug damit ging, in die Köpfe der Menschen und ihr Handeln vordringen zu können.

Antonio zündete sich eine Zigarette an. In die Stille hinein, in der sie nach den beiden Telefonaten gesessen hatten, erfuhr er von dem Frauenwohnheim in Gartenhausen. Es quälte Assunta.

„Wenn ich von einem Besuch zurück bin, brauche ich den ganzen Abend, um wieder zur Ruhe zu kommen. Seitdem ich von dort weg bin und in einer Wohnung lebe..."

Er wandte sich ihr zu, äußerte aber nichts.

„Es ist nicht anders als bei Euch. Ich möchte die Frauen von Zeit zu Zeit herausholen. Wenn ich wüsste, auf welche Weise dies geschehen könnte, wäre mir schon wohler."

Antonio zog an seiner Zigarette. „Ich wüsste vielleicht was", sagte er mit veränderter Stimme. „Es ist nur so eine Idee..."

„Sag' doch."

„Nicht weit von Gartenhausen sind andere Italienerinnen. Die könnte man doch besuchen. Die sind auch alle aus dem Süden."

„Wo ist das?"

„In Windau. Das ist eine Kreisstadt, zwanzig Kilometer weg von hier. Die Frauen arbeiten dort in einer Konservenfabrik."

„Du, das wäre was für die freien Tage um Weihnachten herum. Man könnte sogar mit den Rädern hinfahren. Es liegt noch kaum Schnee", spann Assunta den Gedanken fort, von dem sie sich unverzüglich vorstellen konnte, dass er verwirklichbar sei und, dies vor allem, die ersehnte Abwechslung bringe.

Die jungen Frauen waren Feuer und Flamme, als Assunta damit zu ihnen kam. Sie hatte sich darin nicht getäuscht. Schon allein die Aussicht darauf belebte ihr graues Einerlei. Sie freuten sich auf den Ausflug wie auf einen Feiertag.

Es war ein Samstag. Die Mädchen des Wohnheimes schliefen etwas länger. Die zierliche Rita Telese mit den lebhaften Augen, deren kleiner Finger der rechten Hand verkrüppelt war, war von einem Gefühl im Bauch erwacht, das sie nicht kannte. Es schien ihr, als sei ihr Bauch größer. Er pochte leise. Durch die Vorhänge drang ein eigenartig helles Licht. Sie erhob sich, legte einen Schal um, zog fröstelnd die Schultern ein wenig hoch, trat ans Fenster, wohin es sie wie magisch gezogen hatte, und schob die Vorhänge zurück.

Draußen war alles weiß.

Es schneite in dicken Flocken. Sie fielen kerzengerade auf die Erde herab, weil es windstill war. Etwas entfernt ging ein vermummter Mann mit Atemwölkchen vor dem Mund und führte einen Spitz an der Leine, der sich gegen den Schnee kaum abhob.

Rita stand wie verzaubert. Sie hatte noch niemals Schnee erlebt. Andere kannten ihn bereits. Mit großen Augen sah sie die weiße Decke, die über allem lag und Umrisse weich werden ließ. Als die anderen den über Nacht gefallenen Schnee sahen, wollten sie so schnell es ging hinaus. Im Nu flogen die Schneebälle und zerplatzten auf den dick eingepackten Gestalten, die wie Kinder lachten und tollten. Es tat ihnen gut. Der Schnee war unendlich. Es war mehr als genug für alle da. Immer und immer wieder tauchten die Hände hinein, bis sie vor Kälte schmerzten. Die Luft war rein und klar und kalt und roch belebend. In Ritas Gemüt hinterließ sie das Bild eines hellblauen Kristalls.

Am Nachmittag sahen die Arbeiterinnen Kinder aus der Nachbarschaft mit bunten Mützen und Schals und Handschuhen bekleidet in einem Garten, in dem das bizarre Geäst kahler Apfelbäume sich schwarz gegen das Weiße abhob, einen Schneemann bauen. Er sah aus wie in einem Malbuch. Die Kinder hatten ihm eine Karotte als Nase ins Gesicht gesteckt. Sie hatten einen ausrangierten Blechnapf auf seinen Kopf gesetzt und Kohlenstückchen als Knöpfe in den gewaltigen Bauch gedrückt.

In Zweidelfingen spazierten sie auf Streuobstwiesen und auf schmalen Wegen zwischen den Feldern. Pfosten halbzerfallener Zäune trugen dicke Häubchen. Die Luft war erfüllt vom Krächzen hungriger Raben, die von verfaulenden Kohlköpfen aufgeflattert waren. Ein Stück voraus machten Mario und Lucia, auf dem Rücken im Schnee liegend, „Engelchen". Sie hatten sich fallen lassen, wo sie gerade standen und jauchzten und riefen unverständliche Worte und prusteten lachend ihre Atemwölkchen in die Luft der Hochebene.

Assunta hatte sich bei Antonio eingehängt. Sie hatten die Kinder auf ihren Spaziergang mitgenommen. Sie waren zu Weihnachten und über den Jahreswechsel bei Salvatore und Ursula und den alten Bronners eingeladen. Die Tage waren erfüllt davon, dass jeder das tat, wozu er Lust hatte, ohne zu fragen, ob es den anderen recht sei oder auch nicht. Die stillen Tage taten gut und waren erfüllt von tiefer Zuneigung.

Salvatore hatte einen Schuhkarton mit Fotos aus Apulien auf den Tisch gestellt. Es waren kleinformatige Bilder, schwarz-weiß und mit gezacktem Rand. Lange betrachteten die Freunde jedes einzelne Bild und hielten es mit den Fingerspitzen wie Kostbarkeiten. „Hier, mein Fiat 600. Im Sommer sechsundfünfzig. Das ist am Meer bei Bari. Der hier, Gennaro, ist kurz darauf bei einem Unfall ums Leben gekommen. Das Mädchen hier, seine Freundin, starb ein Jahr später an Brustkrebs …" Salvatore blickte sinnend auf das Bild mit den jungen Menschen im Badedress auf der Picknickdecke. Man konnte einen Korb erkennen. Ein anderes Mädchen hielt lachend eine Wurst und zwei Weinflaschen in die Kamera.

„Hat mich damals sehr betroffen gemacht. Da dachte ich zum ersten Mal über das Sterben nach. Da habe ich erkannt, dass man beim Tod mit dem Gehirn nicht weiterkommt."

Sie gingen innig und schauten den Kindern zu, die selbstvergessen im Schnee umherstapften, Äste warfen und Raben aufscheuchten, die flügelschlagend in kahlem Geäst hockten.

„Es ist schön hier", sagte Assunta und blickte Antonio kurz von der Seite an. Er nickte und blickte in die graudunstige Landschaft hinein, die sich unter einem Himmel mit Schneewolken hinbreitete, um die rosa Ränder schwebten.

„Es sind wirkliche Freunde", ließ Assunta sich vernehmen.

„Ja, alle. Und Ursula ist eine großartige Frau. Ich liebe sie", sagte Antonio daraufhin.

„Muss ich eifersüchtig sein", fragte Assunta. Es sollte scherzhaft klingen. Aber jedem Scherz eignet auch etwas Ernstes.

„Es ist eine andere Art von Liebe", erwiderte Antonio und drückte leicht ihren Arm. Sie waren eine Weile gegangen, und die Kinder waren langsamer und stiller geworden und des Tollens etwas müde. „Salvatore weiß, dass Ursulas Anblick mich zum ersten Mal schmerzhaft an das Fehlen meiner Mutter erinnert hat."

Sie gingen und hielten sich bei den Händen, und der Schnee knirschte unter ihren Schuhen. Nach einer Weile kamen Assunta die Frauen im Gartenhausener Wohnheim in den Sinn, von denen keine nach Hause gefahren war. Trafen sie sich nicht im Gemeindezentrum von St. Josef, so saßen sie in ihren ungemütlichen Zimmern, wo sie einander von zuhause erzählten.

„Wann schreiben wir den Brief?", fragte sie unvermittelt. Die Kinder waren jetzt dazu übergegangen, still ihre Spuren in den Schnee zu treten und mit versunkenen Gesichtern hinter sich zu blicken.

„Welchen Brief?", fragte Antonio. Er war in Gedanken bei den kleinen ovalen Fotografien der gefallenen Zweidelfinger im Kirchenvorraum des Dorfes gewesen. Unter ihnen hatte er, als er der Liebsten die schlichte evangelische Kirche zeigte, ein Gesicht entdeckt, das eine geradezu verblüffende Ähnlichkeit mit einem weitläufigen Verwandten aufwies, einem Neffen des Ziehvaters, unehelicher Sohn von dessen Schwester. Er hieß Mario und lebte bei Noto in der sizilianischen Provinz Ragusa. Merkwürdig, diese Ähnlichkeit …

„Ich meine den Brief an Don Carmine. Wegen der Hochzeit", ergänzte Assunta.

„Wir können ihn schreiben, wann immer Du willst."

Also schrieb sie am nächsten Abend. Gioia stand neben ihr und trug Formulierungen bei, und der Pater hatte einige Tage später Mühe die übergroße Freude zu zügeln, die ihn erfüllte, als er von den Absichten seiner Schützlinge erfuhr. Ja, das war wahr, dass sie besondere Schützlinge waren. Er ließ seine Antwort mit dem Zusatz enden, die jungen Brautleute sollten sich zwecks Ehevorbereitung in großem Vertrauen an Don Benedetto wenden.

In Süd-Italien ist es üblich, dass bei einer Heirat die Eltern des Paares die Einrichtung der Wohnung übernehmen. Dafür nimmt man oftmals große Schulden auf sich, deren Abbezahlen Jahre in Anspruch nimmt. In dem Brief an die Eltern Lamesa würde allerdings stehen, dass die Brautleute diese Hilfe nicht benötigten. Denn sie hätten Arbeit und verdienten gut. Man durfte sicher sein, dass der stolze Vater, der Bahnarbeiter Ignazio Lamesa, diesen Brief überall herumzeigen würde.

Räder im Schnee

Am Horizont verblasste eine brennende Morgenröte. Kleine Atemwolken zappelten vor ihren Mündern, als sie aus dem Wohnheim der Textilfabrik traten und die Fahrräder aus dem Hof hinter dem Gebäude auf die Straße schoben. Es würde, eingepackt in Jacken, Schals, Pudelmützen und Fäustlinge, nach dem Kreisstädtchen Windau gehen, keine zwanzig Kilometer südlich der großen Stadt am Fluss gelegen. Dort standen drei Dutzend italienische Bauernmädchen in der Konservenfabrik am Band, aus Kalabrien und Apulien wie ihre Schwestern, die Näherinnen aus Gartenhausen. Alle empfanden sie es an den Tagen zwischen Weihnachten und Silvester als besonders schmerzhaft, so sehr weit von den Ihren entfernt zu sein. An eine Heimfahrt war nicht zu denken gewesen. Windau war nah.

Diese jungen Frauen konnten es nicht erwarten, einander zu sehen, obwohl sie einander gar nicht kannten. Ihre tiefgehenden Empfindungen, das Herbeisehnen, waren die Früchte des Anstoßes der beiden Liebenden. Sie trugen an dem bedrückenden und freudlosen Dasein der aus dem Süden Eingekauften.

Gewiss, man hatte auch die Eisenbahn in Betracht gezogen. Aber der Gedanke daran war bei der Planung – diese Planung bestand aus ganzen zwei Telefonanrufen, einem nachfragenden und einem schließlich bestätigenden – rasch verworfen worden. Der Sinn stand den Mädchen, sechzehn an der Zahl, nach anderem. Sie waren erlebnishungrig. Etliche von ihnen besaßen zwischenzeitlich gebrauchte Fahrräder. Anderen waren sie von welchen überlassen worden, die sich nicht hatten entschließen können mitzufahren, und einige wenige waren in Begleitung Carlettas, die schon ein anständiges Deutsch sprach, zu Nachbarn des Wohnheimes fragen gegangen, von denen sie wussten, dass diese Leute Fahrräder besaßen. Sie hatten sie den Italienerinnen – durchaus auch zu deren Überraschung – anstandslos ausgeliehen, die ihnen später Pralinen und Wein schenkten.

Die Pneus knirschten auf der gefrorenen Schneedecke der Straße. Als sie Gartenhausen hinter sich gelassen hatten, wurde es still um sie her. Auch die jungen Frauen wurden stiller, und schließlich verstummte das Geplapper ganz. Man hörte nur noch das leicht singende Geräusch der Reifen und das dünne Jaulen der Dynamos. Die Näherinnen überquerten den Fluss, der schwarz und träge gurgelnd unter der Brücke dahinzog, und radelten bretteben eine ganze Weile über Land, an Feldern und Gärten vorüber, ehe ein großer Wald sie aufnahm, hoch und licht, mit jener unbeschreiblichen Stille, die das Gefühl grenzenloser Verlassenheit entstehen lassen kann. Hin und wieder schoss ein Eichhörnchen an einem Stamm empor. Und da erhob sich mitten auf einer tannenumstandenen Lichtung das Haus vor ihnen. Vom Giebel des Holzaufbaues, der den oberen Teil des Hauses bestimmte, fiel wie ein kräftiger Pinselstrich eine lange blutrote Fahne herab, auf ihr unter drei Edelweiß-Blüten zwei ineinandergelegte Hände. Aus dem Schornstein stieg kerzengerade der Rauch empor. In der kalten Luft roch es nach Holzfeuer.

„Sollen wir da mal hin?", rief Renata und stieg ab und näherte sich zögernd dem Haus.

„Was willst Du da? Was sollen wir fremde Leute stören?", entgegnete Silvia, stieg aber ebenfalls ab und blickte an der Fassade mit der Fahne hoch.

„Klopf doch mal", warf Angelina ein, die mit roten Backen heran kam. Die Frauen schoben ihre Räder näher an das Haus heran, und sie waren noch nicht dazu gekommen, an die Tür mit Holzstößen zu beiden Seiten zu klopfen, als eine ältere Frau heraustrat, klein und schmal und mit einem Knoten im grauen Haar. „Was seid Ihr denn für Durchgefrorene?", fragte sie mit einem warmen Klang in der Stimme.

„Wir sind Näherinnen aus Gartenhausen … Italienerinnen", antwortete brav Carletta, die mit dem ordentlichen Deutsch. Und, nach Lauten des Durchgefrorenseins: „Es ist uns ein wenig kalt."

„Kommt doch herein", sagte die Frau ohne Zögern. In erfreuter Regung schoben die Arbeiterinnen ihre Räder neben den Holzstößen aufeinander und betraten einen großen hohen Raum, der von einem sehr langen Tisch beherrscht war. Schriften lagen auf der geräumigen Platte umher, ein aufgeschlagener Stenoblock, loses Papier und Stifte. Eine Treppe mit kunstvoll gedrechseltem Geländer führte nach oben. Auf dem langen Tisch zeugten leere Weingläser, Aschenbecher und Kaffeegeschirr von Vorangegangenem. In sorgloser Reihe standen Stühle um den Tisch herum verteilt. Im Kaminfeuer knisterten Buchenscheite. In der Ecke stand ein schwarzes Klavier mit Kerzenhaltern, in denen Stümpfe aus erstarrtem Wachs steckten, obenauf ein Stoß mit zerfledderten Noten. An den Wänden sah man über und über mit Büchern gefüllte Regale, zwischen ihnen politische Plakate und eine kunstvoll bestickte Fahne.

Sie waren in einem Naturfreundehaus.

Die Frau kam mit einer Teekanne aus der Küche zurück. Dankbar hatten die Radlerinnen sich um das lodernde Feuer geschart und mit wohligen Lauten ihre Hände gegen die Flammen gehalten. Ein Mann mittleren Alters mit breitem Kopf und gedrungenen Zügen saß an einem Tischchen am Fenster und las in der Zeitung, eine altmodische Hornbrille auf der Nase. Er hatte beim Eintreten der Ausflüglerinnen aufgeblickt und sie mit einer gewissen Amüsiertheit gemustert.

„Und? Wohin?", fragte er knapp, nachdem er zunächst Schweigen bewahrt hatte. „Mit dem Fahrrad im Schnee?"

„Ja ... Nach Windau zur Konservenfabrik...Dort schaffen Landsleute", beschied wiederum Carletta. „Die wollen wir besuchen."

„Tapfer, tapfer", fuhr der Mann fort. „Aber Ihr habt Euch verfahren."
Ein kleiner Laut der Bestürzung entrang sich Carlettas. Sie zog die Bleistiftskizze aus ihrer Jackentasche und hielt sie dem Mann hin. Der Mann betrachtete die Zeichnung. Er fuhr mit dem Finger den Strich entlang, der die Straße nach Adamstadt kennzeichnete.

„Ihr habt Euch wahrscheinlich an der Weggabelung nach der Fichtenschonung verfranzt. Ihr seid nicht geradeaus gefahren, sondern einen weiten Bogen."
Der Mann zeichnete die Skizze des Weges nach Windau, wie er sich vom Naturfreundehaus aus erstreckt, mit einem Bleistiftstummel auf ein Briefkuvert. Dann erklärte er sie Carletta, die die wertlos gewordene andere Skizze zusammenknüllte und ins Feuer warf. Die Frau mit dem

Haarknoten legte Scheite nach. „Wir werden uns verspäten", sagte Assunta mehr zu sich selbst als zu den anderen, denen sie das Missgeschick übersetzt hatte. „Die Anderen werden sich sorgen." Krachend und funkensprühend fingen die Scheite Feuer.

Nach einer halben Stunde brachen sie auf und – verfuhren sich trotz der bis ins Kleinste beschriebenen Wegführung ein weiteres Mal.

Im tiefen und lautlosen Wald fanden sie sich am Ufer eines kleinen Sees wieder, sahen linkerhand ein Wildschweingehege liegen und dahinter ein Rudel Rehe in hohen leichten Sprüngen durchs Gehölz setzen. Und als habe jemand mit einem Zauberstab ein geheimnisvolles Zeichen in die Luft geschrieben, wurde auf der anderen Seite des Gewässers ein hagerer, kleiner, alter Mann mit einem knotigen Spazierstock sichtbar. Er trug eine Lodenjoppe, einen Gamsbarthut und eine grobe, ausgebeulte Cordhose, die in Filzstiefeln steckte. Die Mädchen riefen ihn an und winkten zu ihm hinüber. Er hob den Stock und umrundete den See mit langsamen, schweren, stapfenden Schritten.

„Meine Damen!", rief er bei seiner Ankunft aus. Dieses Formvollendete wirkte in dem stillen Winterwald ein bisschen drollig. „Meine Damen! Kann ich Ihnen helfen?"

„Ob wir heute noch nach Windau kommen?", richtete Carletta, etwas gereizt und irritiert, die Rede an ihn. „Wir haben uns schon wieder verirrt."

„Kommen Sie, meine Damen", bedeutete ihnen der Alte, „kommen Sie. Folgen Sie mir sozusagen auf dem Fuße", fügte er mit Schmunzeln an. Er führte sie über einen schmalen Weg durch dichtes Gehölz, auf dem sie die Räder im Gänsemarsch schieben mussten.

Nach einigen Biegungen lag, wiederum wie herbeigezaubert, die Straße nach Windau vor ihnen. Graziella reichte dem rüstigen alten Herrn die vorsorglich eingepackte Flasche mit Kognak. Er setzte sie ohne Zögern an den runzeligen und schmalen Mund, fuhr nach einem Schluck mit wohligem Ächzen mit dem Handrücken darüber, dankte, wandte sich um und war – wie vom Erdboden verschluckt. Narrte etwas ihre Sinne? Wie war so etwas möglich? Alles war ein wenig unwirklich, um nicht zu sagen märchenhaft.

Kräftig traten sie in die Pedale und fuhren alsbald am Ortsschild von Windau vorüber. Es begann zu dämmern. Sie waren kaum am hell erleuchteten Frauenwohnheim der Konservenfabrik angelangt, als sich die Tür öffnete und die sie Erwartenden mit Geplapper und Rufen ins Freie strömten und die Durchgefrorenen umringten. Allesamt waren sie einander vom ersten Augenblick an nicht im Geringsten fremd. Ihr Los, das sie teilten, hob alles Fremde auf.

„Wo bleibt Ihr? Wir haben uns gesorgt."

„Verfranzt, zweimal." Eine lange Tafel war gedeckt und mit Strohblumen und Weihnachtssternen geschmückt. Kerzen wurden entzündet. Das Fett in den Pfannen für das Schweinerne trieb Bläschen. Die blauen Gasflammen fauchten. In den Töpfen zischten und dampften Kartoffeln und Gemüse. Und nicht lange danach wurden vor dem Fenster die Lichter eines schweren schwarzen Autos sichtbar.

Mit einem Aufschrei lief man an die Tür, in welcher sich Don Benedetto zeigte, der Missionar in der großen Stadt am Fluss. Lächelnd trat er näher und rieb sich die Hände, ehe er sie grüßend hob. Es sah aus, als segne er die Arbeiterinnen. Die Mädchen drängten sich um den Priester und küssten ihm die Hand. Ihr Bedürfnis danach, dem Vertreter ihrer Erde und ihres Glaubens zu begegnen, seine Hände zu halten und seine Stimme zu hören, war ergreifend anzusehen. Diese entwurzelten Frauen empfanden es als ein Labsal, als ein Geschenk, aus dem sie Kraft und Zuversicht schöpften. „Ich grüße Euch, ich grüße Euch, wie schön Euch zu sehen", sagte der Priester mit weicher Stimme. „Wie geht es Euch? Oh, Ihr habt Besuch? Guten Abend, meine Töchter. . Ich sehe. Ihr seid doch aus Gartenhausen, nicht?" Einigen der Mädchen liefen Tränen über die Wangen. Benedetto kam an jedem ersten Samstag eines Quartals zu Besuch, um mit den Windauer Italienerinnen die Messe in St. Walburga zu feiern und hernach zu Abend zu essen. Annalisa war Lektorin, Giovanna und Lidia waren Messdienerinnen. Sie pflegten sich, so auch diesmal, mit dem Geistlichen zur Vorbereitung der Messe für eine Weile zurückzuziehen, während es aus der Küche neben dem Aufenthaltsraum schon nach dem gebratenen Schweinernen duftete.

Später, nach der Messe und als das Mahl sich bereits seinem Ende zuneigte, läutete es. Antonietta erhob sich, ging nach draußen und kehrte mit strahlendem Gesicht zurück, umringt von einer Schar Italiener aus dem benachbarten Männer-Wohnheim, Südliche auch sie. Der Raum füllte sich noch mehr mit Lachen und freudigen Ausrufen. Die Überraschung für die Näherinnen aus Gartenhausen war gelungen.

Zu späterer Stunde traten einige Radlerinnen vor die Tür, um Luft zu schnappen. Dabei wurden sie gewahr, dass es zu schneien begonnen hatte. Der rundliche Pförtner der Konservenfabrik in seiner grob-gestrickten Jacke kam aus seinem Dienstraum. Er trug dicke Brillen-gläser, hinter denen seine Augen stark vergrößert blickten. „Heute noch zurück? Nicht gut. Schnee. Schneien", radebrechte er und wies mit beiden Händen in den schneeflunkernden Nachthimmel. In der Tat, an alles Mögliche hatte man gedacht, aber nicht daran, dass es würde schneien können.

Drinnen erhob Giovanna, die älteste unter den Windauer Arbeite-rinnen, sich von ihrem Platz und übertönte die Gesellschaft: „Was sind wir bescheuert. Bleibt doch heute Nacht hier. Ihr könnt bei uns schlafen und nehmt morgen den Zug." Fünfundzwanzig der ihren waren in Urlaub, ihre Betten verwaist. Der Ausruf Giovannas entfachte freudige Zustimmung. Doch mit einem Mal fiel ihr Blick mit leisem Erschrecken auf Annalisa. Der Wein hatte Giovanna unbeschwert werden lassen. Wäre es nicht klüger gewesen, sich erst noch mit der Wortführerin zu be-sprechen? Was, fühlte sie sich unter Druck gesetzt? Was, wäre sie ver-stimmt, weil sie sich übergangen fühlte?

„Hört zu, hört zu", versuchte Giovanna sich in dem Gelärme Gehör zu verschaffen. „Entschuldigt, es war etwas voreilig. Mir sind die Gäule durchgegangen. Es geht natürlich nur, wenn Annalisa damit einver-standen ist, dass wir hier übernachten." Alles schaute wie auf Kom-mando zu ihr hin. „Annalisa, Annalisa", riefen einige. Doch Annalisa war mit einem Lächeln bereits die ihre. Sie ging hinaus und meldete die Übernachtenden, wie es ihre Pflicht war, beim Pförtner an. Zurück-gekehrt, ließ man sie hochleben und umarmte und herzte sie. Zwar mussten die Frauen die Einschränkung hinnehmen, dass sie die unbelegten Betten nicht aufschlagen durften und angekleidet auf ihnen liegen und sich mit einer Wolldecke begnügen mussten. Aber was bedeutete das im Vergleich zu der Aussicht auf einen solchen Abend? Und überdies, erwarteten die Nachbarn ihre Fahrräder nicht ohnehin erst für den nächsten Vormittag zurück?

Um Annalisa de Martino übrigens, die einzige Nord-Italienerin in der Konservenfabrik, war eine Besonderheit. Sie stammte aus Canazei, einem bedeutenden Touristenort in den Alpen. In Deutschland, um die Sprache zu erlernen und später damit einen gutdotierten Posten im Tourismus zu erlangen, war sie mit ihrer nördlichen und von daher etwas gedämpften Impulsivität von der Geschäftsleitung als Wortführerin der Frauen ausersehen worden. Zuverlässiger als eine ihrer unbekümmerten, lebhaften und bisweilen etwas kindlichen Schicksalsgenossinnen, schien sie der Direktion angesichts all dessen eine Art gesicherte Normalität zu gewährleisten.

Nunmehr also war man aller Sorgen ledig. Schier unaufhörlich gingen bei den Mädchen und den Männern die Zunge der Heimat in entflammter Freude und höchster Angeregtheit. In solchen Momenten glichen sie Kindern. Don Benedetto war in seinem schweren schwarzen Wagen inzwischen in der Dunkelheit verschwunden, nicht ohne sich von allen mit Handschlag verabschiedet zu haben. Mit seinem gütigen Lächeln hatte er bedauert, als man ihn zum Bleiben einlud. Einige der Männer gingen aus dem nahen Wohnheim Wein und Schallplatten holen. Die Näherinnen lösten ihre Packtaschen und schoben ihre Fahrräder aufs Betriebsgelände. Später brachte Francesca auf Anregung der anderen hin dem dicken Pförtner ein Glas Wein an die Pforte. Alkohol war ihm während des Dienstes zwar untersagt. Dennoch vermochte er sich nicht gegen einen Anflug von Leichtsinn zur Wehr zu setzen, gegen eine kleine und ganz unvermittelt auftretende Verführung, eine Beschwingtheit, zart wie ein Hauch, aber unwiderstehlich, noch dazu dargebracht von Frauenhand. Er spitzte die Lippen, nahm einen Schluck und stellte das Glas wie etwas sehr Kostbares in seinen Spind. Man konnte schließlich nicht wissen.

Als der Abend fortgeschritten war und man jegliches Zeitgefühl verloren zu haben schien, trat Assunta auf den Flur des Wohnheimes hinaus und wählte am Münz-Telefon die Nummer in Gartenhausen. Es läutete lange. Dann endlich nahm jemand ab.

„Hallo, wer ist da?" Assunta hörte es sofort. Es war Ornella mit der vorwitzigen Locke, die sie beim Reden immer aus der Stirn zu blasen pflegte, Ornella aus der Nähe von Lecce.

„Ornella, ich bin es, Assunta."

„Assunta! Ist was passiert? Wo seid Ihr? Wir machen uns Sorgen."

„Es ist alles in Ordnung. Wir bleiben über Nacht. Es sind Betten frei, weil welche in Urlaub sind."

„…seid zu beneiden."

„Mit dem Schnee und allem und mit der Dunkelheit ist es doch nichts. Und wir feiern so schön. Wer weiß, wann wir das wieder können. Stell Dir vor, Don Benedetto war sogar da, und jetzt tanzen wir. Die haben Männer eingeladen. Niemand will gehen."

„Das kann ich mir denken", sagte Ornella.

„Wir kommen morgen mit dem Zug zurück."

„Könnt Ihr die Räder denn mitnehmen?"

„Ja, das kann man. Man zahlt siebzig Pfennig extra. Aber was ist das schon?"

„Also, dann feiert schön. Jetzt wissen wir ja, was los ist."

Assunta war im Begriff einzuhängen, als Ornellas Stimme von fern noch einmal zu ihr drang. Rasch hielt sie den Hörer ans Ohr.

„Du, höre noch eben. Es ist was geschehen. Nicht bei uns, aber zu Hause." Eine fahle Angst kroch in der Anderen hoch.

„Du erinnerst Dich doch an Concetta, die mit Rosa schon nach Tagen wieder heimgefahren ist."

„Ja, natürlich."

„Sie muss in eine psychiatrische Klinik. Sie sitzt nur noch da und schreit, und dann verstummt sie stundenlang. Sie spricht mit Unsichtbaren."

„Um Himmelswillen."

„Aber sie haben kein Geld dafür. Ihre Mutter schreibt und fragt in dem Brief, ob wir nicht für sie sammeln können, damit sie fürs erste in die Klinik gebracht werden kann."

Assunta sah das schmale Gesichtchen Concettas vor sich, in dem diese ungute, durchsichtige Blässe aufgeschienen war, als sie dieses schrecklich ernüchternde Heim mit seiner notdürftig hergerichteten Wohnlichkeit bezogen hatten. Sie hängte den Hörer ein und kehrte zu den anderen zurück. Sie sah sie feiern, lachen, tanzen und trinken und einander ins Wort fallen. Die Stimme Enrico Carusos drang mit sizilianischer Kraft durch das Rauschen der Schallplatte. Assunta setzte ein unbeschwertes Gesicht auf und schwieg über das, was sie wusste.

Über den Schatten

Gioia legte den Hörer auf. Eine abgrundtiefe Stille war in ihm. Bilder zogen an ihm vorüber, wie es bei Menschen geschieht, die im Augenblick des Todes ihr Leben an sich vorüberziehen sehen. Wir wissen doch schon lange, dachte er bei sich, dass wir heiraten werden. Warum aber fühlt es sich erst jetzt endgültig an, da Rossi sein Hotel für unser Fest reserviert hat?

„Liebster, was ist?" Assunta hatte während des Gespräches neben ihm gestanden. Sie blickte ihn von der Seite an.

„Ich war so klein", entgegnete er leise. „ich war wieder so nichtig, so gar nichts." Er fuhr mit den Fingerspitzen über den Fernsprech-Apparat. Dann sagte er:

„Ich hatte Angst davor, dass Rossi mich verlacht und alles ein schlechter Scherz ist. Und erst jetzt kann ich es glauben, da er den großen Saal reserviert hat. Ein Tagelöhner und eine..." Assunta legte ihm die Hand auf den Mund.

Die Gästeliste für den ersten Samstag im Juli des Jahres einundsechzig im Hotel Rialto in Marani mit Blick auf das Meer, dessen wendiger Besitzer besagter Herr Rossi war, stand fest. Sie hatten die Zusammenstellung der Liste mit den Verwandten den Eltern überlassen. Elena und Salvatore würden Trauzeugen, Dr. Tancredi und Francesco Gioia Ehrengäste sein. Voller Freude hatte Don Carmine die kirchliche Trauung seiner beiden auf besondere Weise Anbefohlenen bestätigt. Die Zeit war herangereift, wo er sie dem Schutz der höheren Macht würde anvertrauen können. Ein auch nur annähernd vergleichbares Schicksal war ihm noch nicht untergekommen. Er sah die bösen Schatten aus der Welt eines Don Fabrizio und seiner Sklavenhalterei sich wütend gebärden und machtlos verblassen.

Aber die ekelhaften Gerüchte waren keineswegs verstummt, worunter die Lamesas und ihre Anverwandten in besonderem Maße litten. Ihnen waren diese Gerüchte immer wieder hinterbracht worden. Durch dieses unselige Gerede wurde Ignazio Lamesa daran erinnert, dass er vor noch gar nicht langer Zeit selbst zu solchen Lästermäulern gehört hatte. Jetzt verspürte er das Unsägliche am eigenen Leibe. Im Stillen leistete er seiner mutigen Tochter Abbitte, die sich durch nichts in ihrer Liebe hatte beirren lassen. Es war ein Prozess, schmerzhaft und reinigend zugleich.

In Marani und Umgebung zerriss man sich die Mäuler über den Tagelöhner und die Lehrerin. Begehrlich nahm man Mutmaßungen auf, um sie um weitere Unsäglichkeiten zu erweitern. Man konnte allerdings erkennen, dass es sich bei jenen Bedauernswerten, die sich über Schicksale Anderer hermachten wie Hunde über einen Knochen, um eine Minderheit handelte. Diese Bedauernswerten erzählten mit genüsslichem Erschauern noch immer, dass bei der jungen Frau ein Kind unterwegs sei. Konnte man denn schon nicht mehr Kopfrechnen? Es störte keinen, dass das Kind seit dem Auftreten erster gleichlautender

Gerüchte zur Zeit der Verlobung im zurückliegenden Mai längst auf der Welt hätte sein müssen. Andere sagten, das Kind sei längst da. Aus Angst vor der Schande habe man in Deutschland geheiratet. Wieder andere wollten bei ihrer Ehre erfahren haben, dass Assunta überhaupt gar keine Kinder bekommen könne und ihr Verlobter deshalb enttäuscht bereits nach einer Anderen Ausschau halte. Ja, das sei wahr, es sei eine Strafe des Himmels für den vorehelichen Verkehr, ließen wieder andere sich im Chor der Klatschmäuler vernehmen. Denn der voreheliche Verkehr war ja, wie man wusste, reine Sünde.

Die Anzahl derer, die dem Paar zugetan waren, war weitaus größer. Insbesondere in den Weilern, in denen die Einfachen lebten, war das hässliche Gezerre nicht zu vernehmen. Es fiel ihnen zwar schwer zu begreifen, dass einer von ihnen mit einer Lehrerin befreundet war. Aber sie wünschten ihnen Glück. Was sie an ihnen auf eine unzerstörbare Art und Weise schätzten, das waren ihre Hilfsbereitschaft und die Kraft zur Auswanderung. Es blieb unvergessen, dass Antonio Männern einer großen Zahl von Familien zu Arbeit in der Fremde hatte verhelfen können. Diese Familien sprachen mit Hochachtung von ihm. Denn auch alle Angehörigen waren zum ersten Mal in ihrem erbarmungswürdigen Leben in der Krankenkasse mitversichert.

Ein langer Brief der Mutter traf ein. Er spiegelte wider, wie stark das Bedürfnis Graziella Lamesas danach war, mit der Tochter ins Reine zu kommen und ihr verbunden zu sein. Sie machte darin auch Mitteilung von Assuntas kleiner Schwester, der zehnjährigen Maria, Augenstern des Vaters. Schmerzlich ergriff die große Schwester dieser Einblick in die Qualen der kleinen Welt des Mädchens. Das Kind hatte erst seinen neuen Schulranzen verweigert, den man mit dem Geld der Schwester angeschafft hatte. Maria wünschte sich sehnlich, dass Assunta käme und ihn ihr übergäbe. Sie weinte verzweifelt, weshalb die Mutter das zitternde Kind auf den Schoß genommen hatte.

„Es geht nicht, mein Schatz."

Maria sah mit verweinten Augen hoch und schluchzte.

„Es geht nicht. Assunta ist weit fort. Sie kann nicht kommen, wann sie will und wann Du es willst. Aber irgendwann ist sie wieder da."

Das Kind war verstummt und hatte sich schließlich beruhigt. Und dir große Schwester las den letzten Satz mehrmals. Er lautete: „Wir vermissen Dich alle sehr, sehr, die Kleine aber vermisst Dich ganz besonders."

Es ergab sich, wie eigentlich immer, dadurch, dass einer der Italiener im Aufenthaltsraum der Metallfabrik nach dem Abendessen in der Kantine Kaffee kochte. Ein anderer stieß hinzu.

„Willst Du Kaffee?", fragte derjenige, der mit der silbermetallenen Schraubkanne mit dem Überlaufsystem hantierte. Eine im Grunde überflüssige Frage. Man hätte Kaffee natürlich auch in der Kantine bekommen können. Aber dieser stand nicht im Ruf eines trinkbaren. Der echte Kaffee war derjenige aus dem silbermetallenen eckigen Kännchen, dessen beide Hälften man zusammenschraubte. Dies war besonders dann der Fall, wenn dieses eckige Kännchen die lange Reise eines von den Geschicken Davongetriebenen im Pappkoffer mitgemacht hatte, von der Frau mit leerem Gesicht noch zwischen die Wäsche gesteckt.

„Pack' es ein", hatte sie dem Mann ausdruckslos gesagt.

„Aber dann hast Du...", hatte der Mann entgegnet, ausgebrannt und unfähig zu weinen, obwohl er ein übergroßes Bedürfnis danach verspürte, alle Tränen, die sich jemals in ihm ansammeln mochten, fließen zu lassen, damit dieses furchtbare Ungewisse und Unabwendbare erträglicher würde. Der Zug war kurz vor vier Uhr früh in Trapani abgefahren. Ein Nachbar hatte den Mann auf dem Motorrad dorthin gebracht. In der wenigen Zeit der Nacht, die ihnen geblieben war, hatten der Mann und die Frau noch einmal zueinander gefunden und sich ineinander aufgelöst und waren ein letztes Mal für sehr lange Zeit eins gewesen.

„Das Kännchen ist vom Großvater. Er hatte es in seiner Kammer."

„Schläft er schon?"

„Er liegt unruhig. Er kann nicht schlafen. Es fällt ihm zu schwer. Er kann es nicht mit ansehen, wenn Du fortgehst. Geh' nicht zu ihm. Ich soll es Dir mitgeben. Mit ihm hat Deine Großmutter Kaffee gekocht." Der Mann hatte dagestanden, das Kännchen in der Hand, den Blick gesenkt.

Wie sie nun so saßen und der Qualm der Zigaretten sich über ihren Häuptern kräuselte, kamen zwei weitere hinzu. Und nach und nach kamen noch drei weitere, und am Schluss kam auch Antonio noch. Er suchte einen, der sein Auto verkaufen wollte. Dieser aber war in die Stadt gefahren, sich im Hauptbahnhof-Kino einen Film in italienischer Sprache anzusehen, „La Strada" mit Anthony Quinn und der hinreißenden Giulietta Masina als Gelsomina mit den großen Augen, in denen alles stand, was Menschen erfahren können.

In Gedanken war Antonio bei dem hellgrünen Volkswagen. Blitzblank poliert und mit Weißwandreifen stand er auf dem Parkplatz des Fabrikgeländes. An der Scheibe war ein Blatt befestigt: „Umständehalber zu verkaufen, sehr gut erhalten, 34 000 Kilometer, gute Gelegenheit, Verhandlungsbasis tausend Mark."

Er und Assunta hatten schon einige Male davor gestanden wie Kinder vor dem Schaufenster eines Spielwarenladens. Damit den ganzen Stiefel hinab! Anhalten, wo man es wollte! Die Reise fortsetzen, wann man es wollte! Mit offenem Schiebedach durch Marani rollen! Mit ihm ans Meer zum Baden fahren! Assunta würde sich ein feines Kopftuch umbinden und hinten zusammenknoten. Ihr Mann würde eine Sonnenbrille mit großen und verwegen geformten Gläsern tragen ...

Von weither drangen die Stimmen der anderen zu ihm. Sie waren aus den Weihnachtsfeiertagen zurückgekehrt. Fotos Neugeborener wurden herumgereicht, deren Väter ihre Kinder zum ersten Mal gesehen hatten. Es war die Rede von Schulzeugnissen und Aussichten auf eine Lehrstelle. Jetzt hörte er Ferdinando sagen, der seit fünf Jahren in Deutschland war: „... das hat 25 000 Quadratmeter. Ist ein altes Bauernhaus mit viel Ackerland." – „Und wie steht es damit?" Einer der am Tisch Sitzenden machte mit den Fingern die Bewegung des Geldzählens. „Ich kann die Restschuld zwei Jahre lang abbezahlen." Nicola, der nächste, der erzählte, hatte seinem Sohn von dem Geld eine Spenglerei in der Nähe von Reggio di Calabria gekauft. Und Eduardo, der Sohn, war bereits gut im Geschäft. Nicola war von der uralten väterlichen Vorstellung beseelt gewesen, sein Sohn solle es einmal besser haben als er, der einstige Tagelöhner. Er hatte diese Vorstellung über den Leidensweg der Auswanderung verwirklichen können. Sein Leben hatte dadurch einen Sinn bekommen, den er vorher nirgendwo hatte erkennen können. Die Erzählenden kannten die Leidensgeschichten voneinander, als wären sie Mitglieder ein und derselben Familie.

Nur selten noch klangen diese Leidenswege an. Ihr Gewicht, die Tiefe der Verletzungen und Verstörungen, verringerte sich dadurch nicht, auch wenn die Vorzüge einiges leichter hatten ertragen lassen. Vorzüge waren die Löhne, das Weihnachtsgeld, die Tarife, die starke Währung. Doch als jetzt auch noch Donato die Wohnungseinrichtung für seinen Sohn beisteuerte, dessen Heirat im Mai bevorstand, glaubte Antonio Gioia sich in einer Versammlung Bessergestellter. Was ein jeder doch Gewichtiges vor der Brust hatte! Grundstück, Werkstatt, Einrichtung, Bauernhaus.

Es wäre aber ein Irrtum zu glauben, dass bei alledem blanke Gier im Vordergrund gestanden hätte. Es war vielmehr die Freude darüber, dass es mit Arbeit gelang, das Leben der Familien auf ein sichereres Fundament zu stellen. Es war der Lohn für geopfertes Leben in kalter Ferne. Weit weg vom Blau ihres Himmels.

Verbindung

Das Geräusch des Autos verlor sich in den Hügeln. Francesco hatte für sich und den Techniker noch Kaffee gekocht und war dann mit ihm nach draußen gegangen. Er kehrte aber noch nicht gleich zurück, als der Mann gegangen war, sondern er lief bedächtig mit seinem Stock eine Anhöhe hinauf. Er wollte bis zum Horizont schauen können. Ganz entfernt hörte er noch das Geräusch des davonfahrenden Autos.

Gewiss, der Schmerz lebte weiter. Das würde er wohl auch tun, solange der Alte selbst noch lebte. Aber in seinen Empfindungen war diese grässliche Entfernung zusammengeschmolzen. Sie hatte jetzt ihre Schärfe verloren, die sich schmerzlich immer dann zeigte, wenn der alte Mann sich der Ferne bewusst war, in der sein Antonio lebte. Mein Antonio, dachte er dann, mein Kleiner ... Du bist so tapfer ... Wann sehe ich Dich wieder? ... Sehe ich Dich noch einmal wieder? ... Häufiger als früher stach das Herz und wurde das Atmen schwer. Es war sein Antonio, ja, es war seiner.

Nach einer Weile kehrte er von der Anhöhe in sein Haus zurück. Er räumte das Geschirr und den Aschenbecher beiseite, in dem der Zigarettenstummel des Technikers erkaltet war. Dann ging er nach nebenan und besah es sich. Es stand auf der Kommode des Schlafzimmers, schwarz und glänzend, das erste Telefon von Malumore. Francesco Gioia trat näher, nahm – beinahe könnte man sagen andächtig – den Hörer ab und hielt ihn ans Ohr. Es ertönte das Freizeichen.

Vor Tagen, als der Techniker mit dem Auftragsformular vor der Tür gestanden hatte und einen Zeitpunkt für die Einrichtung besprechen wollte, hatte der alte Gioia alles für einen Irrtum gehalten. Ein Telefonanschluss? Bei sich? Das konnte nicht sein. Das gehörte zu einer anderen Welt, aber nicht in die Welt der Häuser aus Lavastein, nicht, wenn man hinterm Haus zwei Esel im Stall hatte und von Almosen des Delcrocce darbte.

„Ich habe kein Telefon bestellt", hatte Francesco beharrt. Er war vollkommen durcheinander. „Was soll ich mit einem Telefon? Ich habe keins bestellt."

„Aber es ist für Sie", sagte der Fernmelder. „Sehen Sie doch. Hier steht es: Anschluss-Inhaber Gioia Francesco, Malumore, Gemeinde Scafarello."

„Da hat sich einer einen Spaß erlaubt ..."

„Keine Ahnung, Auftraggeber ..."

„Lies es mir vor."

„Auftraggeber ist Gioia Antonio." Er nannte das kalte Land. „Anmelder bei uns ist Don Carmine, aus Scafarello ... Die Anschlussgebühren sind bezahlt."

Jetzt musste er sich doch für einen Augenblick auf seinem Bänkchen niedersetzen, und er seufzte tief. Warum konnten sie ihn denn in seinem Malumore nicht in Ruhe lassen? Hatte er denn hier nicht alles, was er brauchte, bereit, alles zu nehmen, wie es ihm bestimmt gewesen war? In diesem Alter noch in diese schnelle Welt ... Ein Sklave mit Telefon – wo gibt es denn so was?

In gleicher Weise hatte sich die Überraschung bei den Lamesas gestaltet, als das Auto des Fernmelders auch dort vorgefahren war. Längst dankte der Haushaltungsvorstand dem Himmel, dass man – für alle Zeiten eingedenk selbstverständlich des Notars Dr. Tancredi – die Kinder ihren Weg gehen ließ und auf das Gerede der Leute nichts mehr gab und es als das nahm, was es war: Klatschsucht, genährt durch billigen Neid auf ein Leben, für das zwei junge Menschen alles in die Waagschale geworfen hatten.

Francesco nahm den Zettel mit der Telefonnummer Assuntas und wählte umständlich. Seine knorrigen Finger waren darin nicht geübt. Es knackte und knackte. Dann ging der Anruf durch. Aber niemand hob ab. Er ließ es ein Dutzend Mal läuten. Von Läuten zu Läuten wuchs die Beklemmung. Wenn mir das öfter passiert, dass keiner da ist ... Das ist ja so schmerzhaft, wie es die Entfernung ohne Telefon war ... Er legte auf und lief noch einmal um das Haus herum, sah bei den Eseln nach dem Rechten und bei den Bohnen und dem Salat und versuchte es erneut. Hart schlug sein gemartertes Herz gegen die Rippen.

„Lamesa, hallo ... Wer spricht?"

„Assunta! Ich bin es, Francesco. Ich habe ..." Die Stimme versagte ihm.

„Francesco!", rief Assunta in freudiger Erregung. „Warte, Antonio kommt." Assunta legte den Hörer neben den Apparat und rannte zum Fenster und öffnete es. „Schnell, es ist Francesco. Er hat schon sein Telefon." Francescos Stimme war tränkenerstickt. Nur mühsam vermochte er sich zu beruhigen. Assunta hatte sich neben den Hereinkommenden gestellt und eine Hand auf seine Schulter gelegt, als er sich meldete.

„Papa! ..."

„Antonio ... verrückt bist Du ... Jetzt kann ich Dich hören und mit Dir sprechen ... Du weißt, was es bedeutet, denn ich kann ja doch nicht schreiben ..." Antonio hörte den Ziehvater schluchzen. Immer wieder musste er pausieren. Es war erschütternd, diesen alten Mann auf diese Weise zu vernehmen. Er sagte: „Das ist das größte Geschenk."

„Papa ... endlich, wann immer wir wollen ... Rufe an, wenn Dir danach ist. Deine Telefonrechnung bekommt Don Carmine. Er legt sie mir aus."

Dieses Neue, vor Tagen noch nicht einmal in der Phantasie Vorstellbare, jetzt zur Verfügung, überwältigte den alten Mann. Als das Schluchzen in Naseputzen überging, fiel ihm noch etwas ein: „Nachbar Guido hat Arbeit in Novara gefunden ... Ich mache jetzt Schluss."

„Nein, hör noch", rief Antonio in den Hörer. „Wir haben uns ein Auto gekauft. Wir wollen zwei Wochen vor der Hochzeit nach Hause fahren ... Wir schlafen die zwei Nächte der Reise im Auto. Wir sparen das Geld fürs Hotel."

„Ach, diese weite Fahrt."

„Wir werden uns abwechseln."

Nachdem er aufgelegt hatte, durchströmten Gedanken und Empfindungen Antonio Gioia und er erlangte eine große Klarheit über das Wesen dieser Veränderung. Ihn hatte die tiefe Rührung des alten Mannes betroffen gemacht. Assunta Lamesa ließ ihn bei sich, als sie bemerkte, dass in seinen Augen ein Ausdruck aufgetaucht war, den sie nicht hätte beschreiben können. Was sie allenfalls hätte deuten können, war eine Art ruhiger Gewissheit. Sie zeigt sich, wenn man etwas erreicht hat, hinter das man nicht mehr zurückfallen kann. Man kann eine solche Veränderung in den Augen eines Menschen wahrnehmen, wenn man diesem Menschen sehr nahe steht. Es ist vorbei, dachte Antonio ... Erst hatte ich alles von ihm, lange, sehr lange habe ich zu seinen Lasten gelebt und er hatte selber nichts. Jetzt kehrt es sich ...

Die Zeit für den Kognak war gekommen. Reinhold Meier, Personalchef der Gartenhäuser Textilfirma, ging um den schweren Schreibtisch herum, öffnete ihn und holte die Flasche mit dem Hennessy hervor. Die Angestellten, seine Leute, wie er sie nannte, waren bereits vor einer Stunde nach Hause gegangen. Aus einem holzgeschnitzten Schränkchen an der Wand – ein Erinnerungsstück seines Vaters – nahm er einen Schwenker und schenkte ein, wobei er dem leise plätschernden Geräusch nachlauschte, dass lediglich der Boden bedeckt war. Mehr zu nehmen hätte seinen Prinzipien widersprochen. Er nahm den Kognak zu Anregung und Entspannung.

Mit dem Schwenker in der Hand trat er an das große Fenster seines Büros mit den vielen Kakteen und dem goldfarbenen Gießkännchen und sah den Bewegungen einer Gruppe langhalsiger Baukräne zu, deren Fahrer in luftiger Höhe Überstunden machten, damit man mit den vier Wohnblocks einer Baugenossenschaft-Siedlung vorankomme. Meier gab sich seinen Gedanken hin. Kräne, Kräne … In der Innenstadt … Kräne … manche höher als Kirchtürme. Vor kurzem, als er seine Frau zum Einkaufsbummel gefahren hatte, hatte er vor einer dieser großen Stellwände des Bauträgers gestanden, auf denen Darstellungen, Zeichnungen von den im Entstehen begriffenen Versorgungsstrukturen, befestigt waren: Wasser, Gas, Strom, Kanalisation, Abfallentsorgung, Nahverkehr, Autobahn. Daneben wiesen Pläne von Architekten sozialen Wohnungsbau aus, für den riesige Flächen vorgesehen waren. Sozial?

Meier bezeichnete sich als sozial. Viele wussten freilich nicht, dass er das einzig und allein aus Berechnung war. Für ihn handelte es sich um ein rein wirtschaftliches Gebot. Hier war man vollkommen unsentimental. Für seinesgleichen gehörte es zum Grundwissen, dass die wirtschaftliche Triebfeder des Marktes, die Konkurrenz, Sentimentalität ausschloss. Reinhold Meier sah in sozialem Frieden lediglich eine, wenngleich lästige, Voraussetzung für stabile wirtschaftliche Entwicklung. Aber es ging ja nun bereits wieder aufwärts. Man musste schließlich vergessen können … Sehr richtig, wie hatte diese Zeitung geschrieben? … Deutschland ist dabei, sich aus den Folgen des Krieges zu erheben wie Phönix aus der Asche. Sehr schön formuliert …

Überall fehlten Arbeitskräfte. Man suchte händeringend. Meier wusste daher auch nur allzu gut, was er an seinen Italienerinnen hatte. Alle bis auf vier Frauen hatten neue Verträge für ein weiteres Jahr. Die meisten waren aus den Ferien während der Ostertage wieder zurückgekehrt.

Seine Mädchen, als die er sie auch gerne zu bezeichnen pflegte, waren alles in allem eine berechenbare Größe. Und vor allem mussten sie nicht angetrieben werden. Lieber Himmel, wer wollte es ihnen verdenken, dass sie scharf auf die Mark waren, eine der stabilsten Währungen dieser Zeit? Sie fuhren Überstunden, dass die Schwarte krachte. Allerdings waren fast alle diese Täubchen in der Gewerkschaft. Na, wenn schon, das nahm man eben in Kauf. Es lief doch gut. Die von der Gewerkschaft übten auch mal Lohnverzicht, wenn es anders herum ging ... Lassen wir das ... Und wir haben unsere Ruhe ... In ein paar Jahren können sie ja wieder gehen ... An dieser Stelle huschte ein Lächeln über sein Gesicht. Er hatte an seine Sekretärin gedacht, das Mädchen aus Marani. Es würde er behalten, koste es, was es wolle. Dieses Mädchen war ein Goldstück.

Genussvoll öffneten sich Meiers Lippen zu einem schmalen Spalt. Er nahm einen hauchdünnen Schluck, schmeckte ihn ganz langsam hinab, kehrte zu seinem Schreibtisch zurück und blätterte in den Unterlagen für die Anwerbekommission in Neapel. Man hatte weitere Arbeiterinnen angefordert – Meier dachte: bestellt – und alle sollten sie möglichst aus ein und derselben Gegend Siziliens kommen. Das würde sich günstig aufs Arbeitsklima auswirken. Es würde kaum nennenswerte Ausfälle geben, weil die Frauen ausgeglichener wären, wenn sie unter Ihresgleichen lebten, wenn sie einander bereits kannten. Es wäre unklug, dem nicht zu willfahren. Außerdem kostete es keinen Pfennig mehr. Meier lehnte sich zufrieden in seinem Sessel zurück. Nun griff er zur Zigarrenkiste und öffnete den untersten Knopf seiner Anzugweste. Mit dem Nachhausefahren eilte es nicht. Heute war Donnerstag und seine Charlotte saß mit Ehefrauen leitender Beamter und Angestellter beim Fünfuhrtee im Krenzauer. Ganz bestimmt würde der Pianist am weißlackierten Flügel ihre Lieblingsmelodie spielen: „Im Prater blüh'n wieder die Bäume ..."

Das Meer glitzerte in einem Blau, als wollte es den Liebenden damit bedeuten: Es ist das Blau der Liebe, des Ewigen. Es wird noch leuchten, wenn ihr längst nicht mehr auf Erden seid. Aber jetzt gehört es euch, nehmt es euch, das samtene Blau, von Silberfäden des südlichen Lichtes durchwirkt. Sie hatten die Fensterscheiben heruntergekurbelt und das Dach zurückgeschoben. Die Luft war weich. Sie wollten nach einer Kaffeepause auf der Terrasse eines Restaurants im Hafen von Salerno noch bis Reggio di Calabria fahren, dort übernachten und am nächsten

Tag in Villa San Giovanni übersetzen. Sie reisten mit leichten Seelen. Alles was die Hochzeit anbelangte, Höhepunkt nach entbehrungsreicher und schmerzhafter Zeit, war im Fluss. Daniela war in den letzten Verfeinerungen des Hochzeitskleides begriffen, das zu nähen sie sich nicht hatte nehmen lassen. Bei der Anprobe würde sich zeigen, dass es ganz wunderbar um sie lag und der elfenbeinfarbene Stoff die junge Braut in einem mattglänzenden Licht erscheinen ließ. Nur die Ärmel müssten noch eine Spur weiter gemacht werden. Vor Tagen hatte Elena angerufen, sie und Don Carmine, der sich in einer Stimmung ganz ungewöhnlicher Vorfreude befinde, hätten das Programm der Liturgie und die Lieder für die Messe zusammengestellt und drucken lassen. Kurz darauf hatte das Telefon noch einmal geläutet. Diesmal war es der Priester selbst. Er ließ sie noch wissen, sein Mitbruder Don Benedetto habe aus dem kalten Land die Unterlagen für die Trauung geschickt.

Allein die Zusammenstellung des Menüs stand noch aus. Tragendes Element sollte der Fischreichtum der Heimat sein. Antonio seinerseits konnte nicht genug von Austern bekommen. Zur Abrundung würde der Hotelier auch die Musikkapelle empfehlen, eine Combo aus Catania auf hohem Niveau und gar nicht so teuer. Das Fotografieren würde man in die Hände eines Künstlers legen, der zufälligerweise ein Vetter zweiten Grades des Hoteliers war und allerbesten Ruf genoss. Wer auf sich hielt, ließ sich von ihm ablichten.

Aber auch deshalb waren die beiden Reisenden mit leichten Seelen unterwegs, weil der Neubau des Männerwohnheimes in der Metallfabrik vorankam. Die Firmenleitung hatte tatsächlich Wort gehalten. Mochten die Chefs auch dort Motive gehabt haben, die denen des Herrn Meier in Gartenhausen ähnlich waren: sozialer Frieden, förderlich für die Produktion wie nichts anderes, es sich nicht mit den Arbeitern verscherzen, wenn die Geschäfte gingen wie geschmiert. Die Italiener hatten noch gut die Worte des Vertrauensmannes Gioia im Ohr, den Chefs nicht von vornehrein unlautere Absichten zu unterstellen. Man konnte tatsächlich zwischen Einbett- und Zweibettzimmern wählen. Die meisten – auch solche, die Bedenken wegen schnarchender Zimmergenossen hegten – hatten sich für letztere entschieden, weil sie billiger waren.

Sie sparten. Unverändert waren die Südlichen davon beseelt, lediglich für ein paar Jahre in Deutschland die Knochen hinzuhalten und sich mit dem Geld zuhause ein menschenwürdiges Dasein aufzubauen. Viele waren der Meinung, dass man diese paar Jahre, pah, auf der linken Backe absitzen werde. Sie begriffen, dass die Wirtschaft sie brauchte. Man erkannte, dass man den Deutschen sagenhafte Gewinne ermöglichte. Außerdem erwuchs den „Itakern" und „Spaghettifressern", den „Makkaroni", „Fickern" und „Kommunistenschweinen" allmählich das Bewusstsein dafür, dass sie die ersten auf dem unendlich langen Leidensweg der so genannten Gastarbeiter waren. Sie hatten alles ungeschützt abbekommen. Sie hatten für die Nachkommenden den Rücken hingehalten. Ihr Leid würde den Weg derer erleichtern, die nach und nach hinzustießen, der Griechen, der Portugiesen, der Marokkaner, Spanier, Türken.

Als der hellgrüne Wagen in der Via Teatro Greco in Marani auf das Haus der Lamesas zusteuerte, sahen sie schon, wie die kleine Maria auf der Straße mit einem strahlenden Gesicht in die Hände klatschte, sich umdrehte und im Haus verschwand. Gleich darauf kamen die Lamesas nach draußen gelaufen. Sie zogen die Eingetroffenen von ihren Sitzen, kaum dass der Wagen ausgerollt war, während ein ungeheurer Wortschwall auf sie niederging. Abgespannt und müde lächelnd ließen sie es über sich ergehen. Sie waren durch den Wind. Da hörten sie ihre Stimme aus dem Hausflur: „Augen zu!" Sie hörten die Trippelschritte der kleinen Maria, und als sie vor ihnen stand und „Jetzt!" rief, öffneten Antonio und Assunta die Augen. Im gleichen Moment drehte Maria sich um, damit die große Schwester den Schulranzen sähe und bewundere. „Oh, wunderschön."

Antonio hielt sich nur kurz. Es trieb ihn mit Macht nach Malumore. Eine Strecke Weges von dem Ort entfernt sah er den Ziehvater auf einem Felsbrocken sitzen, wo die Gegend sanft zu einer unbekümmert sich hinziehenden Buschreihe ansteigt, die Schirmmütze auf dem Kopf, einen Stock zwischen den hageren Knien. Er war ihm vor Ungeduld entgegengelaufen. In Messina, nachdem sie mit der Fähre übergesetzt hatten, hatte Antonio bei den Lameas und in Malumore angerufen. Als Francesco das Auto herankommen sah, erhob er sich steif, bewegte sich zur Straße hin und winkte dabei mit dem Stock. Antonio winkte aus dem herabgekurbelten Fenster und hielt an. Er stieg aus und die beiden Männer hielten einander lange und stumm umarmt.

„Mein Junge", sagte der Alte immer nur. „Mein Junge … mein Junge … mein Junge, mein Kind."

„Steig ein", sagte Antonio nach einer Weile. Als sie ein Stück gefahren waren, kamen ihnen Nachbarn entgegen und winkten. Und wie ein Blitz zuckte das Bild jenes Abends vor vier Jahren in Malumore in ihm auf, da die Schilderungen seines Taufpaten Giovanni in ihm das Samenkorn gelegt hatten.

Heirat

Und wieder wollten die Mäuler nicht stillstehen. Sie zerplapperten genussvoll die überreiche Nahrung. Diesmal aber erstrahlte über allem die Sonne der Gunst und des Wohlwollens. Längst hatte die Hochzeit den Rang eines Tagesgespräches erreicht, zumindest in Scafarello. Und noch bis nach Marani züngelte es hinein. Jede aufgeschnappte Kleinigkeit wurde gedreht und gewendet und besehen. Die Hochzeit stand mit einem Mal als ein Beispiel dafür, dass es im Grunde eben einzig und allein die Liebe sei, die mühelos gesellschaftliche Schranken überwinde, woran man letztlich doch nicht einen Augenblick gezweifelt habe. Aber man wisse doch, wie die Leute seien, sagten die Leute.

Leichten Sinnes ging man nunmehr darüber hinweg, dass man dieser Eheschließung noch vor kurzem den Segen nicht gegönnt hatte, weil alles verlogen sei und vor dem unerbittlichen Auge des Allerhöchsten nicht werde bestehen können. Es könne nicht gutgehen, so hörte man es zischeln und tratschen und wispern, wenn ein Tagelöhner eine Lehrerin heirate. Es sei verhängnisvoll, sich dagegen zu erheben, dass der Himmel den einen zur Fron bestimme und den andern zum Unterrichten von Kindern. Zudem, wisse man denn überhaupt, ob in diesem fernen Deutschland auch wirklich alles mit rechten Dingen zugegangen sei?

Jetzt aber fiel auf die unmittelbar bevorstehende Vermählung in der Kirche von Marani ein völlig anderes Licht. Es war, als hätten die Menschen das Paar dazu auserkoren, ihre eigenen versteckten Wünsche und Sehnsüchte zum Ausdruck zu bringen. Nicht wenige von ihnen mochten sich in den beiden jungen Menschen wiederfinden, ohne dass sie sich dessen bewusst gewesen wären. Durch sie jedenfalls kehrte das Gefühl ihres eigenen Zwiespaltes zurück, dem sie ihr Leben opferten. Man hatte nicht aufbegehrt. Man hatte vielleicht auch gar nichts Aufbegehrenswertes gefunden, weil es eben immer schon so war wie es war. Auch hatte man, so man etwas vorgefunden hätte, oftmals nicht die Kraft oder den Mut oder auch das Wissen dazu, etwas daran zu verändern. Mit erdrückender Selbstverständlichkeit lastete auf einem, was von Generation zu Generation weitergetragen wurde. Dieses Verleugnete aber, diese Mutlosigkeit, wurde wiederbelebt durch das, was an diesem Juli-Wochenende bevorstand.

Man mochte sich fragen, auf welche Weise all diese Details überhaupt bekannt geworden waren – von der Geschwätzigkeit eines Kochs des Hotels Rialto abgesehen. Der hatte in einer Bar in Scafarello das Menü der Hochzeit bis ins Kleinste geschildert und auch weitergegeben, dass die Musikkapelle „I ragazzi die Swing" aus Siracusa engagiert worden war, ferner, dass zwischen achtzig und einhundert Gäste erwartet würden, für „kleine Leute", wie der Koch sich ausdrückte, „eine sehr große Gesellschaft". Weil er in Fahrt war, ließ er auch gleich noch seine Beziehungen nach Siracusa in das dortige Hotel „Aquarium" anklingen, um als Vergleich die Zahl der Gäste der Hochzeit Elenas und Claudios anzuführen. Dort waren mehrere hundert Feiernde gezählt worden.

Noch am Tage der Hochzeit würde es sich wie ein Lauffeuer verbreiten, dass das frischvermählte Ehepaar am Nachmittag im Wagen Dr. Tancredis und im Beisein desselben mit dem Fotografen zu einem verwilderten Grundstück in der Umgebung Malumores gefahren sei, um dort Bilder machen zu lassen. Mutmaßungen erhielten frische Nahrung. Keines dieser Klatschmäuler ahnte oder wusste, dass dies ein heimlicher Ort der beiden Liebenden gewesen war. Das war ihnen, man kann fast sagen unverständlicherweise, verborgen geblieben.

Die Menschen dieser Gegend wussten aber auch davon, dass Dr. Tancredi die Eltern Elenas mit seinem schweren Wagen zur Kirche fahren würde. Sie wussten ferner, dass Tancredi die Brautleute dazu eingeladen hatte, für die Zeit nach der Hochzeit in seinem Haus zu wohnen, solange es ihnen beliebte, ferner, dass man sich am Abend vor dem Hochzeitstag mit Freunden aus Deutschland im „Rialto" einfinden wolle. Diese seien in der Begleitung ihrer beiden Kinder, eines Mädchens und eines Jungen, von Antonio Gioia am Bahnhof in Siracusa abgeholt worden.

Ein Leichtes war es freilich, von der Abschiedsfeier Antonios mit dessen Freunden aus dem Junggesellenleben zu erfahren. Dieser Abschied hatte mitten in der Nacht mit einer Wasserschlacht im phosphoreszierenden Meer und vielen Umarmungen und geleerten Weinflaschen geendet. Übrigens war diese Ausgelassenheit nicht selbstverständlich gewesen, weil es anfangs zu Verstimmungen bei den Freunden darüber gekommen war, dass keiner von ihnen Trauzeuge war, sondern Salvatore Bognuti. Erst, als er ihnen erklärt hatte, welche Bedeutung Salvatore für alles habe, hatten die Unebenheiten sich geglättet und dem Verständnis Platz gemacht. Nunmehr konnte von einer Verletzung freundschaftlicher Gefühle keine Rede mehr sein.

Ebenso war es kein Kunststück, von der Abschiedsfeier Assuntas aus der Mädchenzeit im katholischen Jugendheim von Scafarello zu hören. Sie hatte sich dort zu vorgerückter Stunde auf den Flur hinausgestohlen. Sie wollte an jener Stelle stehen und alles noch einmal durch sich hindurchziehen lassen, wo ihr künftiger Mann ihr einst den Zettel mit der Verabredung für das Kino zugesteckt hatte. Vor ihrer Seele stand unbegreiflich lebendig das Zusammentreffen mit Don Carmine, dem sie sich in der Kirche einst in ihrer Angst vor dem Vater anvertraut hatte, dort, wo diese verirrte Taube an einem der großen hellen Fenster herumgeflattert war.

Am Abend vor der Trauung sprang in der Kirche von Marani, in der man noch bis spät in die Nacht hinein Licht sah, geschäftig Don Carmine umher, ordnete hier etwas, stand dort sinnend, legte letzte Hand an jenes, unterbrach die letzte Probe des Jugendchores zu einem stimmlichen Rat, nahm mit Elena und einigen ihrer Studienkolleginnen die farbenprächtigen Blumenarrangements in Augenschein, die Hände vor der Brust zusammengelegt und die duftende Pracht der Blumen schauend wie ein Kind. Der Priester nannte diese herrlichen Blüten, in der alle Farben aufleuchteten, die Siziliens Natur bereit hielt, ein Schmuckstück zu Ehren seiner beiden Lieblinge, vor allem aber zu Ehren Gottes, der alles gefügt habe und aus der unbeschreiblichen und gefährlichen Härte der Auswanderung wie ein Juwel hatte herausschimmern lassen.

Selbst enge Freunde nahmen an Don Carmine in diesen Tagen Dinge wahr, die sie an ihm nicht kannten. Gerötet waren seine Wangen. Kaum einen bedächtigen Schritt tat er, sondern er eilte in dem Gotteshaus umher, so als ob für alles nicht mehr genug Zeit wäre. Quirlig, gewiss, das war er immer schon. Das war neben seiner Unerschrockenheit ein weiteres Erkennungsmerkmal. Doch jetzt wirkte der Pater wie von einem belebenden Feuer durchdrungen.

In dem hellgrünen Wagen mit den Weißwandreifen und dem Schiebedach rollten Antonio und der alte Francesco in die Weiler und machten Besuche. Sie luden noch einmal nachdrücklich zur Hochzeit ein. Sie kannten die Ihren. Daher wussten sie auch, dass manche der Eingeladenen es nicht so recht zu glauben vermochten. Und in der Tat dachten einige unter ihnen: Seit wann werden Tagelöhner zur Hochzeit eingeladen? Tief saß die Demütigung bei ihnen, so tief, dass sie es selbst dann nicht für möglich hielten, wenn die Einladung von einem der ihren kam. War Antonio ihnen fremd geworden? Hielten sie ihn am Ende für einen, der vergessen hatte, woher er stammte?

„Dass ihr mir kommt, verstanden? Sonst sind wir böse", ließ Antonio sie wissen, als sie vor den Häusern aufgetaucht und hereingebeten worden waren. „Matteo, glaubst Du, ich habe vergessen, dass Du für mich die Arbeit auf den Feldern gemacht hast, damit ich mit meinen Murmeln spielen konnte?" Und Armando hatte ihm das Spiel des Windes erklärt und gleich dem Ziehvater vor den giftigen Vipern gewarnt. Und Benedetto die Wolken und das Wetter. Und Vincenzo hatte ihn gelehrt, dass die Menschen Teil der Natur sind. Und so ging es fort. Für jeden einzelnen hatte Antonio Worte der Wertschätzung und der Achtung. Sie spürten dann doch, dass hier ein Gleicher mit Gleichen redete. Zur Hochzeit sollten sie also kommen, jene Menschen, auf die man sonst nicht achtete, noch hörte, mitfeiern sollten sie, trinken bis zum Umfallen und essen bis zum Platzen und tanzen.

Die Freunde und Leidensgefährten in Cisterna, in Canaletto und Rissa, in Malumore sowieso und in all den anderen Flecken erlebten einen verjüngt neben seinem Ziehsohn sitzenden Francesco, mit erhobener spitzer Nase und seiner eckigen schwarzen Mütze auf dem knochigen Schädel, Kopfzierde der südlichen Männer. Hin und wieder hob er gar verlegen die Hand und winkte den Bekannten aus dem herabgekurbelten Autofenster heraus zu. Antonio hatte den Arm aus dem Fenster gelegt und rauchte und lächelte. Es seinem innig geliebten Ziehvater zu Gefallen tun, ihm mit dieser Spazierfahrt ein Geschenk machen, ihn erfüllt sehen von seiner Liebe für den Ziehsohn, waren etwas ganz und gar Unvergleichliches.

In der Nacht vor dem Fest tat Francesco Gioia kein Auge zu. Er ging in seinem Haus umher, schaute hierhin und dorthin, bürstete an seinem schwarzen Anzug herum, sah überflüssigerweise nach, ob er genug Geld im Hause hatte, ging um die Mitternacht seine Tiere füttern, sprach mit ihnen über das Bevorstehende, blieb mitten in all seinen Verrichtungen plötzlich stehen, weil er sich einer Flut von Bildern ausgesetzt sah. Es waren unauslöschliche Eindrücke von dem kleinen Antonio, den niemand hatte haben wollen. Er hatte ja, mit seinen großen und zutraulichen Augen, nichts von alledem verstanden. Er hatte ja noch nichts vom Leben gewusst, und eben das war es gewesen, was den Alten bis ins Mark getroffen hatte. Er sah das Gesicht des Kindes, als Francesco ihm hatte eröffnen müssen, dass es für zwei nicht reiche und der kleine Junge sich daraufhin nur wortlos an ihn geschmiegt hatte. Am nächsten Morgen war er mit ihm in die Fron gegangen. Der Abschied tauchte auf, der Fußmarsch durch die Stille, der Bus in Scafarello, die blaue Sporttasche, das Eselchen Grigiolina, dem der Wirt der Bar, wo sie noch einen Espresso getrunken und auf den Bus gewartet hatten, Wasser hingestellt hatte – all das war plötzlich wieder lebendig.

Antonio war gleichfalls hellwach. Er hatte telefoniert, ging nach draußen, saß auf dem Bänkchen, tat einige Schritte in die Dunkelheit, schaute zum Himmel der Julinacht empor, der voller Sterne stand, rauchte, trank Kaffee und kehrte immer wieder zu dem Hochzeitsbild seiner Eltern mit den einander innig zugeneigten Gesichtern auf der Kommode Francescos zurück. Könnten sie jetzt da sein! Im Schlafzimmer hing der dunkle Anzug mit dem Sträußchen am Revers. Über die Hochzeit verloren die Männer kaum noch ein Wort. Es waren im Grunde belanglose Dinge, wie man sie nicht bespricht, sondern nur noch einsilbig andeutet, wenn man vor etwas steht, das alles überspannt.

Der Tag war drückend heiß und von einem leuchtenden Blau. Es fehlte kein Bild in der Abfolge des altvertrauten Bogens einer Hochzeit. Salvatore chauffierte aus Malumore Antonio und den alten Francesco Gioia zur Kirche, wo der Bräutigam fiebernd, nervös und mit pochendem Herzen die Ankunft Assuntas erwartete, auch sie, wie es sich gehörte, mit Verspätung. Endlich rollte die Limousine des Notars vor dem Kirchenportal aus. Die schweren Reifen knirschten auf dem feinen Kies. Man reckte die Hälse, um zu sehen, wie Dr. Tancredi den Lamesas und sodann der Braut aus dem Wagen half. Assunta sah hinreißend schön aus. Sie war mit einem Schimmer wie von Perlmutt umgeben. Am Arm des Vaters schritt sie zwischen den vollbesetzten Bänken zum Altar, vor ihr blumenstreuende weißgekleidete Mädchen, darunter Lucia, während Lucias Bruder Mario unter den Ministranten war.

Vor dem Altar küssten sich die Brautleute unter dem Lächeln Don Carmines im prachtvollen Ornat, die überfüllte Kirche war orgeldurchbraust und geschmückt. Es war ein unerhörter Höhepunkt des

Weges zweier Menschen, erreicht nach langen, staubtrockenen, oftmals trostlosen, schmalen und unwegsamen und gefährlichen Pfaden. Es war erreicht. Sie traten vor Gottes Angesicht. Es war der Lohn.

Wer sie beobachtete, konnte erkennen, dass sie einander immer nur anblickten, sei es vor dem Altar oder später beim Tanzen, wo Freundinnen Assuntas in sizilianischer Tracht um sie waren und Bänkelsänger mit ihren Gitarren auf Tische und Stühle sprangen, sei es beim Beifall nach einem Stückchen aus der Feder Elenas und einiger Studienkolleginnen, sei es nach den Ansprachen Carmines, des Notars und nach den spärlichen Worten des außer sich vor Freude befindlichen Brautvaters, der bei dem Fest, das bis in den Morgen ging, wie ein Jüngling strahlte, und immer betrunkener wurde.

Don Carmine umriss in der angenehmen Kühle des Gotteshauses die Jugendzeit des Paares, ehe er beide als Verlust beschrieb. Er sagte, wäre alles anders gekommen, hätten sie bleiben können, so wären sie jetzt ohne Zweifel eine große Stütze für die Gemeinde. Stattdessen hätten Skrupellosigkeit und Menschenverachtung sie zum Auswandern gezwungen. Jawohl, gezwungen, jawohl, durch Großgrundbesitz und Firmeninhaber. Diese beiden jungen Menschen seien nicht dazu bereit gewesen, schmutzige Dinge mitzutragen, damit ihnen die Auswanderung erspart bliebe. In der Menge der Gläubigen wurde Gemurmel hörbar. Don Carmine hatte mit seinen Worten an etwas gerührt, das im Grunde alle wussten. Jawohl, genauso verhielt es sich. Mit Flüstern reagierte man darauf, dass auch Dr. Tancredi, ein Mann von makellosem Ruf, bei den Ausführungen des Paters mehrfach genickt hatte. Die Brautleute saßen mit zu Boden gesenktem Blick und mit glühenden Wangen. Diese Worte waren Balsam für ihre Seelen. Don Carmine fügte hinzu, sein Mitbruder in der großen deutschen Stadt am Fluss, Don Benedetto, habe sie beide als bereits unverzichtbare Helfer in der dortigen großen italienischen Gemeinde geschildert. Erneut raunte es in den Reihen der Gläubigen. Dann folgten die Fürbitten. Eine von ihnen hatte der Notar verfasst. Sie lautete: „Herr, wir bitten Dich, stehe dem jungen Ehepaar auf seinem Lebensweg bei, den es in einem fremden Land mit großen Schwierigkeiten gehen muss."

Dann wurden Antonio Gioia und Assunta Lamesa Mann und Frau.

Dann folgte dieses Wunderbare. Sie lauschten überrascht und ergriffen. Es war das Hochzeitsgeschenk Elenas. Don Carmine hatte zur Empore geblickt und ein Zeichen gegeben, woraufhin es schlagartig still wurde. Eine Sopranistin des Ensembles der Oper von Siracusa, in dem auch Elena schon mitgewirkt hatte, trat an die Brüstung und sang mit schöner und reiner Stimme Schuberts „Ave Maria".

Dann strebte man unter Orgelklängen dem Ausgang zu. Auf der Treppe ging über das Paar unter Beifall und Glückwünschen ein Reisregen nieder. Assunta blickte über die Ansammlung vor der Kirche, und an deren Rand sah sie ihn stehen.

Meier.

Zunächst glaubte sie, ihre in höchster Anspannung befindlichen Sinne narrten sie. Aber als ihre Blicke einander trafen und der Personalchef ihr auch noch zugewinkt hatte, das Jackett über der Armbeuge, mit kurzärmeligem weißem Hemd und in der Sonne blinkender Krawattenspange, tauschte sie einen kurzen Blick mit ihrem Mann, hielt sich die Hand vor den Mund und eilte durch die Ansammlung zu Reinhold Meier, ihrem Chef, ihn vor aller Welt zu umarmen. Und wahrhaftig, man hatte in dieser Gegend schon mancherlei im Zusammenhang mit Hochzeiten erlebt, aber so etwas noch nicht, dass eine jungvermählte Frau, soeben mit ihrem Mann aus der Kirche getreten, mit wehendem Schleier einem anderen um den Hals fällt. Was mochte nun dies wieder bedeuten? Man kam auf seine Kosten, das walte Gott. Aber war nicht überhaupt alles um diese Hochzeit und diese Liebe herum im höchsten Maße ungewöhnlich und voller Überraschungen gewesen?

Reinhold Meier war eingeladen gewesen, hatte aber absagen müssen. Umso größer war die Überraschung. Er ließ die Frischvermählten am Nachmittag im Hotel Rialto freilich nicht über den eigentlichen Grund seines Hierseins im Unklaren, der auch sein Erscheinen bei der Hochzeit hatte möglich werden lassen. Auf einen unsentimentalen Nenner gebracht waren es – die Geschäfte. In der Kleiderfabrik wartete man noch immer auf Verträge mit weiteren Arbeitskräften. Vierzig Nähmaschinen warteten, während bisher von der Anwerbekommission in Neapel lediglich 17 Verträge vorlagen. Die Firmenleitung fürchtete darum, den Aufträgen, die sich zu häufen begannen, wegen dieses Mangels nicht nachkommen zu können.

Was war hier los? Warum meldeten sich keine Frauen, beziehungsweise warum meldeten sie sich nur tröpfchenweise? Waren die Bedingungen der Kleiderfabrik nicht annehmbar? Fanden sich anderswo bessere? Die Möglichkeit zu ungeahnten Umsätzen schienen plötzlich an einem seidenen Faden zu hängen. Auf Anraten der Handelskammer hatte man den Stier bei den Hörnern gepackt. Meier buchte einen Flug nach Neapel. Er wollte persönlich an der Nahtstelle der Interessen sein und Klarheit darüber erlangen, weshalb es mit allem nur schleppend voran gehe. Ein Wirtschafts-Kommissar des Anwerbebüros, wortgewandt, mit Brillantine im Haar, hatte Zeit für den unangemeldeten Besucher. Unbürokratisch hatte man auch den lebhaften Sekretär der dortigen Provinzverwaltung zu dem Gespräch hinzuholen können. Der wusste noch mehr als der Kommissar. Vor allen Dingen kannte er die wirklichen Gründe für das schleppende Vorankommen mit den Verträgen. Er lud den Deutschen in die Gegend von Ragusa ein. Meier flog nach Catania und reiste nach Ragusa weiter. Von dort stammten die bislang Gemeldeten. Dort würden sich am ehesten weitere Frauen finden. Um sich heraushalten zu können, denn auch er hatte Angst, brachte der Sekretär der Provinzverwaltung Meier mit einem Gewerkschaftssekretär zusammen.

Gewerkschaftssekretär? Meier zögerte. War so einer nicht von der Gegenseite? Aber was sollte man tun, wenn die anderen alle in Deckung gingen? Der Sekretär war nicht verbohrt noch besserwisserisch oder feindselig. Hier, an der Nahtstelle zwischen Not und der Chance ihr zu entkommen, erfuhr der deutsche Personalchef Dinge, die ihn verstummen ließen.

„Glauben Sie es, Herr Meier", sagte der Sekretär, als sie irgendwo einen Espresso tranken, „die Hemmschuhe für die Auswanderung sind auch hier fast immer bestechliche Sekretäre in Gemeindeverwaltungen und bei den Arbeitsämtern."

„Was machen die denn bloß?", wollte der Deutsche wissen. Sie sprachen auf Englisch miteinander.

„Die stecken Gelder von den Großgrundbesitzern ein. Denen sind sie verpflichtet, weil die ihnen die Posten besorgt haben. Sie haben Weisung, Papiere für Neapel zu verzögern oder gar nicht erst auszustellen, damit Bewerber am Ende von selbst aufgeben."

Meier bezahlte. Sie fuhren weiter. In dem Kopf des Deutschen reimten sich die Dinge zusammen.

In solchen Fällen also wartete man vergeblich auf den Pass oder den Strafregisterauszug. Allerdings, wer Geld zum Schmieren der Sekretäre besaß, hatte auch angesichts der Abhängigkeiten der Sekretäre noch Chancen. Aber wer von diesen Armen, die auswandern mussten, hatte Geld zum Schmieren? „Das ist ein Teufelskreis", erkannte Meier. Auch diese Sekretäre hatten Familien durchzubringen. Das Salär war mager. Wenn die Padrones erführen, dass die auch von anderswoher noch Geld erhielten, dann gnade Gott den bestochenen Sekretären. Es war eine Schlangengrube.

Meier fasste den Entschluss, über einen Mittler an ausreisewillige Frauen heranzukommen. Diese Blockaden mussten doch überwindbar sein. Das wäre ja noch schöner. Wozu hatte man dann den Vertrag geschlossen? Der Gewerkschaftssekretär wollte den Deutschen in zwei Tagen mit jemandem Vertrauenswürdigen zusammenbringen. Und nun, Ragusa, wo man sich augenblicklich befand, lag in der Nähe von Marani. Und dort war die Hochzeit. Meier hatte sie im Auge behalten.

„Hört alle her", rief Assunta mit strahlendem Gesicht im Licht des Julitages. „Das ist Herr Meier aus Deutschland. Er ist mein Chef." Meier deutete eine Verbeugung an und rief ein ungeübtes und mit deutschem Akzent versehenes „Buongiorno" aus. Applaus setzte ein, nicht stürmisch zwar, dazu hatte man ja im Grunde genommen keine Veranlassung, aber freundlich.

Meiers Suche

Sie fuhren langsam. Diese schmalen Straßen, bessere Wege, waren nicht für solche banalen Diesseitigkeiten wie den Verkehr angelegt. Eine hügelige Gegend mit Buschwerk, Felsen und verloren stehenden Baumgruppen oder Olivenhainen mit uraltem Holz spannte sich vor ihnen auf. Einmal hielten sie an, damit Meier einen dieser dahinschaukelnden Eselkarren fotografieren konnte, der ihnen entgegenkam. Gläsernes Zirpen der Zikaden lag in der hitzeflirrenden Luft. Die hohen Speichenräder knarrten und mahlten im Sand. Obwohl Assunta lebhafte Worte an ihn richtete, hatte der Bauer die drei Insassen der schweren Limousine mit regungslosem Gesicht angesehen. Zwei, drei Kurven weiter kam ihnen eine Schafherde entgegen. Die Tiere fluteten in kleinen Wellen mit ihrem Getrappel und Geblöke an dem Wagen vorüber. Der Schäfer stieß kurze, scharfe Pfiffe aus. Er zog an dem Auto vorüber, als wäre es gar nicht vorhanden.

Während der Fahrt erblickte Meier plötzlich zu beiden Seiten der staubigen Straße gebeugte Rücken auf riesengroßen Karottenfeldern.

Zwischen ihnen sah er Männer zu Pferde, die zwischen den gebeugten Rücken hin und her ritten und Gerten in der Hand hielten. Er verlangsamte seine Fahrt. Von diesem Bild ging etwas Düsteres aus. Er sah, wie einige der Arbeiter sich aufrichteten und zur Straße herüberschauten. Mit ihren Blicken verfolgten sie den vorüber rollenden Wagen, bis ein Aufseher herangetrabt kam und sie anherrschte.

„Was ist das hier?", wandte Meier sich, unangenehm berührt, an seine Sekretärin.

„Das sind Tagelöhner", antwortete Assunta. Es war beklemmend. Man war unversehens im vorigen Jahrhundert.

„Und die berittenen Männer?"

„Das sind Aufseher." Meier fuhr wieder etwas rascher. Er wollte nicht, dass sein langsames Tempo als so etwas wie eine Besichtigung dieser düsteren Begegnung mit der verbrannten Erde empfunden werde. Währenddessen, als wolle die Natur mit dem hässlichen Bild versöhnen, wehte eine samtweiche Luft zu den heruntergekurbelten Fensterscheiben herein, die erfüllt war von Aromen, von verdorrendem Gras und trockenem Erdreich. Dabei lag bei aller scheinbaren Kargheit ein Liebreiz über dieser Landschaft, eine Zartheit ihrer Formen und Konturen und der darin sich auflösenden Farben. Dieses beaufsichtigte Schuften der Tagelöhner nahm sich darin wie ein böser Traum aus.

Meier saß am Steuer des schweren dunkelblauen Lancia, eines Leihwagens. Hinten saß Herr Grizzuti, ein Bekannter des Hoteliers Rossi. Er war der Mittler. Er kannte in den Weilern Familien, in denen junge Frauen daran dachten zu gehen.

Immer wieder sah Meier mit einem raschen Blick zu seiner Sekretärin hin. Er musste sich eingestehen, dass ihre Geradlinigkeit einen nicht geringen Eindruck auf ihn machte. Unschwer, sich auszumalen, mit welcher Angst sie gekämpft haben musste, in diesen Tagen nach ihrer Hochzeit, der Angst, unter Umständen sogar in Ungnade zu fallen und die Arbeit zu verlieren. Bei dem Deutschen zeigten sich weder Genugtuung noch so etwas wie Triumph. Auch war er weit davon entfernt, seine ungewöhnliche Sekretärin als widerspenstig oder, wollte man diese etwas veraltete Floskel anwenden, ungehorsam zu empfinden. Gleichviel, der Unternehmensvertreter war nicht zu seinem Vergnügen hier, sondern er war im Begriff, auf eigene Faust in diese sizilianische Verlassenheit vorzustoßen und Frauen für Gartenhausen anzuwerben.

Der Chef erinnerte sich im Nachhinein übrigens mit einer gewissen

Erheiterung daran, dass diese sizilianische Lehrerin ihn verärgert hatte. Seine eigene Sekretärin war ihm in die Parade gefahren. Sie war noch vor Tagen nicht bereit gewesen, diesen Bauernmädchen, zu denen sie jetzt unterwegs waren, zu verschweigen, dass sie in Gartenhausen in einem einschnürenden Wohnheim leben. Noch zu deutlich und scharf zeigten sich der jungen Frau die Gesichter von Rosa und Concetta. So lange lag es noch gar nicht zurück, dass die Seelen dieser Mädchen eingegangen waren wie Primeln. Antonios Frau hörte dieses Wimmern und sie sah den leeren Blick von Rosa, wie sie nur noch auf ihrem Stühlchen gesessen und aus dem Fenster gestarrt hatte.

Andererseits, Meier wusste natürlich, dass die Frauen, erführen sie davon, sich dem Anwerben womöglich verweigern würden. Es wäre das denkbar schlechteste Ergebnis seines Aufenthaltes gewesen. Plötzlich hatten er und seine Sekretärin sich in diesem befremdlichen Spannungsfeld gegensätzlicher Haltungen befunden.

Assunta war hineingeraten, als ihr Mann sie nach einem Vormittag am Meer vor dem Hotel Rialto absetzte, um nach Malumore weiterzufahren. Assunta Gioia hatte im Hotel ihren türkisfarbenen Chiffonschal liegenlassen, ein Geschenk der Schwester Daniela. Sie wollte dort, wo man gefeiert hatte, noch einmal nachsehen. Vielleicht hatte man den Schal auch bereits an der Rezeption hinterlegt. Als sie ausgestiegen war und sich umgewandt hatte, erblickte sie auf der Terrasse Salvatore Bognuti, kaffeetrinkend und rauchend ins Gespräch mit ihrem Vater und dem in helles Leinen gekleideten Meier vertieft. Sie winkte den Männern zu, welche ihr mit Gesten zu verstehen gaben, sie möge sich zu ihnen gesellen.

Der Vater umarmte und küsste seine Tochter. Meier hatte sich, Kavalier alter Schule, erhoben, um ihr die Hand zu geben. Desgleichen Salvatore, der sie auf die Wangen küsste und einen Stuhl unter sie schob. Rasch kam der Espresso.

Sie saßen nun also unter diesem im lauen Sommerwind sanft fächelnden Sonnenschirm, als Assunta davon hörte, wie sehr die Gegenwart des Deutschen die Menschen der Umgebung aufrührte. Es war ihnen nicht verborgen geblieben, dass der Industrielle noch hier war. Rätselhafterweise war ihnen auch der tatsächliche Grund seines Hierseins bekannt geworden. Salvatore übersetzte dem stets freundlich und aufmerksam blickenden deutschen Personalchef auch, dass bei Ignazio Lamesa häufig das Telefon klingele.

„Die Leute fragen nach Assunta. Sie wollen wissen, ob Ihre Sekretärin für sie in Ihrer Fabrik Arbeit beschaffen kann."

Meier war unangenehm berührt. An Ignazio gewandt, sagte er, dieser möge entschuldigen. Es überrasche ihn selbst. Wollten denn nicht er und seine Frau zum Ausgleich für erlittene Belästigungen zum Abendessen seine Gäste sein? Lamesa hob beschwichtigend beide Hände, als Salvatore die Worte Meiers übersetzte. Aber aus seinem gedrungenen Gesicht wurde eine strahlende Fläche, als Salvatore die Einladung zum Abendessen hinzufügte.

Kurz vor dem Eintreffen Assuntas hatte Hotelier Rossi seinen Gast Meier davon in Kenntnis gesetzt, dass die Menschen in den entfernter liegenden Weilern nicht die allergeringste Möglichkeit hätten, Arbeit zu finden. Es sei daher denkbar, dass Meier, mache er sich zu ihnen auf den Weg, dort am ehesten auf junge Frauen treffe. Er bot an, Meier mit dem besagten Herrn Grizzuti bekannt zu machen. Er war mit dem Leben in den entfernten Weilern vertraut, wovon Meier Assunta in Kenntnis setzte. Meier war in erwartungsvoller Stimmung, weil seine Pläne eine unerwartete Dynamik erhalten hatten. Sein Blick wanderte zu seiner Sekretärin, die an dem Tässchen mit dem Espresso nippte und trotz des Sonnenschirmes die Augen mit der Hand vor dem Licht der grellen Sonne beschattete. Er zog an seiner Zigarette. Als der Rauch sein Gesicht umfächelte, fragte er sie auf französisch:

„Assunta, wollen Sie denn nicht mit mir und Herrn Grizzuti kommen? Das wäre doch naheliegend. Sie wissen am besten, worum es geht und was diese Frauen wissen möchten." Er zog wieder an seiner Zigarette, schlug die Beine übereinander und blickte Assunta abwartend an. „Sie haben all dies ja doch selber hinter sich gebracht." Zu seiner Über-raschung bemerkte Meier eine Veränderung in dem zuerst strahlenden und ihm mit Aufmerksamkeit zugewandten Gesicht seiner Sekretärin. Sie schien bedrückt und in sich gekehrt und hielt den Blick gesenkt.

Am Nachmittag des Tages, an dem man auf der Terrasse des Rialto gesessen hatte, waren Assunta und ihr Mann ans Meer gegangen. Sie waren geschwommen und dann am Strand gelaufen. Antonio spürte, dass Assunta nicht gelöst war.

„Was hast Du?"

„Es ist immer noch dieses Gespräch mit Meier", antwortete sie. „Wenn ich mit diesen Frauen spreche", sagte sie übergangslos und mit dumpf klingender Stimme, „fragen sie doch danach, wie und wo sie untergebracht werden ... Ich kann ihnen nichts vormachen. Ich kann ihnen nicht verschweigen, dass dort alles eng und bedrückend ist. Ich kann es nicht. Ich sehe ihre Gesichter vor mir, wie sie mir vertrauen. Und dann kommen sie nach Gartenhausen und sehen die Wirklichkeit."

„Weiß Meier davon?"

„Das ist es, was mich quält. Ich habe es ihm gesagt, als er von mir verlangte, dass ich das decke. Ich habe ihm gesagt, dass ich mich nicht dazu hergeben kann."

Über ihnen segelten die Möwen und schrien, leuchtend weiß wie gemalt vor tiefblauem Firmament. Dann erzählte sie, wie Meier sie mit vagen Äußerungen über das Zustandekommen eines neuen Wohnheimes hatte umstimmen wollen. Er hatte gesagt, man sei in der Direktion der Meinung, die Frauen würden in den beengten Verhältnissen schon nicht gleich umkommen und sollten zunächst einmal die Aufträge wegarbeiten. Dann würde man sehen.

Assunta hatte ihre Haltung aber nicht geändert. Schließlich war Meier ärgerlich geworden. So ungehalten hatte sie ihn noch niemals gesehen. Mühsam die Form wahrend, hatte er mit gepresster Stimme hervorgestoßen, dass er nicht bis nach Sizilien gereist sei, um sich die Aussicht auf Arbeiterinnen im letzten Augenblick kaputtmachen zu lassen. Da auch war es geschehen, dass Assunta, als sie die Worte „im letzten Augenblick" vernahm, schlagartig die große Chance erkannte. Diese Klarsicht war wie ein Geschenk. Nicht umfallen, war es ihr in diesem Moment durch den Kopf geschossen. Sie stehen also unter Druck. Sie brauchen die Frauen. Einen Augenblick lang war es ihr gewesen, als stehe sie neben sich und beobachte sich, und sie hatte sich darüber gewundert, solcher Gedanken fähig zu sein.

„Ich war ganz kühl und ruhig".

Assunta tat nach dem Gesagten ein paar barfüßige Schritte in das hellgrüne gischtige Wasser, bis es ihre Waden umspülte. Dann sah sie zu ihrem Mann her, der stehengeblieben war und seine Augen mit der Hand beschattete.

„Wenn die mich feuern, traue ich mir zu, in Deutschland eine andere Arbeit zu finden. Aber ich möchte nicht die Achtung vor mir selbst verlieren", rief sie aus dem Wasser.

Antonio betrachtete seine tapfere Frau. Ihre Blässe wirkte in der Sonne des Julitages erschreckend. Es belastete sie die Erfahrung, mit Meier nicht einig zu sein, ihrem Chef, für den sie alles tun würde, nur eben nicht dies, auf Kosten der ahnungslosen jungen Frauen etwas Unehrliches zu decken.

Stumm liefen sie nebeneinander her. Eine Bedrückung hatte nun alle beide erfasst. Sie hielt selbst noch an, als sie sich am Abend des Tages bei Don Carmine verabschieden wollten. Sogleich hatte der Mann in der Soutane gespürt, dass etwas auf ihnen lastete. Er hatte sie danach gefragt und Assunta hatte ihm alles gesagt. Wortlos hatte Antonio dabeigestanden und seine Frau reden lassen, damit alles sich auch im Angesicht des Priesters Bahn breche, wodurch diese mutige Entscheidung noch einmal in einem anderen Lichte erscheinen würde. Selbst der Pater, an vieles gewöhnt, war zunächst sprachlos gewesen und hin und hergegangen, ehe er sich ihnen zuwandte.

„Ich freue mich über Euch. Bleibt, wie Ihr seid. Ich werde viel für Euch beten. Und ich brauche nicht zu sagen, dass es richtig ist, Assunta, was Du tust. Bleibe stark." Sie umarmten einander beim Abschied. Als der Priester ihnen mit dem Daumen das Kreuz auf die Stirn zeichnete, durchzuckte Antonio die Erinnerung wie ein heller Strahl. War es nicht auch damals fast zu der gleichen Jahreszeit gewesen, als Don Carmine ihm vor Jahren in dem Studierzimmer das Kreuz auf die Stirn gezeichnet und weich zu ihm gesagt hatte: „Geh' jetzt." Hatte damals das Fenster nicht ebenfalls offen gestanden? Waren nicht ebenfalls das Gezwitscher der Vögel zu vernehmen und die Gerüche aus dem verwilderten Garten hereingeströmt? Wie nahezu unverändert das Studierzimmer nach all den Jahren doch war, mit seiner Staubschicht, der Stehlampe mit dem bernsteinfarbenen Schirm, den sich stapelnden Büchern, dem hölzernen Kruzifix über der Tür ohne den Gekreuzigten, dem Weihwasserbecken in Brusthöhe. Für einen Augenblick schien es Antonio schwindelig zu werden. Was war im Orkan der dahingegangenen Zeit nicht alles gewirbelt und in Stücke gegangen, aufgebaut und zerstört, aufgesaugt und ausgespien worden, Tröstliches und Schmerzliches ebenso wie atemberaubend Neues, Ungewohntes? Wie ein Sturzbach breitete es sich in ihm aus, dass in seinem Leben und jenem seiner Frau kein Stein auf dem anderen geblieben war.

Sie verließen das Pfarrhaus befreit und wandten sich noch einmal um. Sie wussten, was sich ihnen zeigen würde. In der Tür stand Don Carmine, die Hände über der Bauchbinde seiner Soutane zusammengelegt, und schaute ihnen nach. Jetzt hob er eine Hand.

Anderntags saßen sie mit Elena und Dr. Tancredi im Hause des Notars beim Frühstück, dessen Gäste sie während ihres Aufenthaltes waren, als in der Bibliothek das Telefon läutete. Assunta fuhr zusammen, als ahne sie, dass es sie betreffe. Am Apparat war Ignazio Lamesa. Er bat darum, seine Tochter sprechen zu dürfen. Der Notar rief sie und hielt die Muschel mit der Hand bedeckt. „Ihr Vater", sagte er.

„Papa? Guten Morgen."

„Assunta, mein Kind! Gut geschlafen? Höre, eben kam ein Anruf von Salvatore aus dem Rialto. Ich soll Dir sagen, Meier hat eine Nachricht für Dich." Assunta hatte das Gefühl, als setze ihr Herz für einen Augenblick aus. „Du sollst nach Möglichkeit gleich zu ihm kommen", hörte sie die Stimme des Vaters.

An den Frühstückstisch zurückgekehrt, berichtete sie in heller Aufregung. „Fahrt los", lächelte der Notar, „fahrt nur los." Ohne Umschweife traten sie aus der gastlichen Villa ins strahlende Licht des Vormittages, gerade dass sie noch ihre Tassen mit dem köstlichen Kaffee geleert hatten. Antonio öffnete das Schiebedach. Sie rollten auf der Serpentinenstraße nach Marani hinab.

Meier saß wieder auf der Terrasse und winkte, als seien sie just zu diesem Zeitpunkt verabredet gewesen. Er erhob sich und ging auf die Gioias zu, als sie die Hotelhalle durchquerten.

„Assunta, Sie, Sie Mädchen, wissen Sie, was Sie sind?"

„Nein, was?", lächelte sie, als sie erleichtert bemerkte, dass Meier bestens gelaunt zu sein schien.

„Sie, Sie sind der Schrecken der Direktion", sagte er, und seine dichten Augenbrauen zuckten. Damit nahm er die Gioias bei den Armen und dirigierte sie an die Hotelbar und bestellte Sekt. Sie waren die einzigen Gäste, und der Ober, den sie herbeigerufen hatten, machte sehr große dunkle Augen.

„Erst anstoßen", rief Meier, der kurze und leuchtend weiße Hosen und ein Hawaiihemd trug, als der Sektkübel vor ihnen stand, abgedeckt, wie es sich gehört, mit einem gestärkten weißen Tuch. „Erst anstoßen." Dann hielt es ihn nicht länger:

„Heute früh habe ich mit Germann telefoniert. Er war noch im Bett", fiel er, einer flügelleichten Beschwingtheit nachgebend, wieder ins Französische, ehe er ins Deutsche zurückkehrte. „Ich habe ihm alles gesagt. Vor allem, dass Sie gesagt haben, Sie wollen nicht schuld daran sein, dass noch weitere Arbeiterinnen unter dem verflixten Wohnheim leiden. Und Sie hätten mir ja die ganze Gegend rebellisch machen können, nicht wahr?" Mit blitzenden Augen führte Meier das Sektglas an den Mund und leerte es bis auf den Grund. „Germann weiß, wie es steht. Er besprach sich mit den anderen Direktoren und rief mich vor kurzem zurück."

Assunta blickte ihrem Chef geradewegs in die Augen. Antonio zündete sich, wiewohl er wusste, dass es sich um eine gute Nachricht handeln werde, vor Nervosität eine Zigarette an.

„Germann hat mir zugesichert, dass die Firma in den nächsten Tagen den Bauantrag für ein Wohnheim einreicht. Er rechnet mit der Fertigstellung in eineinhalb Jahren. Für diese Zeit sollen in dem alten Heim alle möglichen Erleichterungen geschaffen werden. Na, ist das was?"

Die Sizilianerin fühlte eine unendlich weite Stille in sich. Wie rasch alles gehen kann, ging es ihr mit einem Gefühl von Erschöpfung durch den Kopf. Es übertraf ihre kühnsten Hoffnungen. Hatte man am Ende gar schon Pläne in der Schublade liegen gehabt? Zarttönend stießen die feingeschliffenen Sektkelche aneinander. Gleich für den nächsten Tag wollte Meier die erste Fahrt mit Herrn Grizzuti zu den weltabgeschiedenen Weilern machen. Jetzt auch würde sie dolmetschen, jetzt, da sie im Einklang mit sich war. Einer ihrer ersten Gedanken war es, noch von der Hotelbar aus Don Carmine anzurufen. Der hat gebetet, dachte Assunta bei sich. Es ist gar nicht anders möglich. Aber sie beließ es bei dem Gedanken.

Am Abend steuerten sie eine Trattoria in den Hügeln an, beschrieben von Rossi. Sie war überfüllt und es roch nach Küche. Kinder sprangen umher. Man rückte Meier und seine Gäste auf einfachen Stühlen noch an einen Tisch heran. Sie aßen, was alle aßen. Eine Speisekarte gab es nicht.

Meiers Zuversicht, die Arbeitskräfte zu finden, war stärker denn je. Und er fand sie, eine nach der anderen. Er trat in Begleitung Herrn Grizzutis und seiner Sekretärin in Küchen mit gemauerten Herden und schweren gusseisernen Töpfen und Pfannen über dem Feuer. Junge Frauen hörten, was Assunta übersetzte. Einige Gänge zu den Behörden, deren Sekretäre mit ihrer Fassung rangen, als Assunta den deutschen Personalchef Meier mit ihnen bekannt machte, und Meier konnte den Frauen die Verträge vorlegen. So ging das. Es ging sogar ungewöhnlich rasch. Meier stellte die Padrones und ihre Handlager kalt.

In den Dörfern musste dieser Mann von weither Kaffee trinken und einen Gang ums Haus antreten. Er streichelte Kindern über die Haare, die den Fremden mit großen Augen besahen. Das, was er sah, berührte ihn tief. Es erweiterte seinen Horizont, ob er es wollte oder nicht. Er schaute in die Gesichter alter Menschen und hielt ihre zähen, ledernen und verarbeiteten Hände in den seinen.

„Amerikaner?", fragten die Alten und blinzelten.

„Nein, Deutscher", antwortete Assunta.

„Woher?"

Sie nannte den Namen der großen Stadt am Fluss. Die Alten vermuteten sie auf einem fremden Kontinent, den man erst noch entdecken müsse.

Spätnachts traten sie aus der Trattoria ins Freie. Vollkommene Dunkelheit umfing sie. Als ihre Augen sich daran gewöhnt hatten, erblickten sie über sich an einem stahlblauen Firmament ein Meer von Sternen. Das Dorf Granrocco war kaum beleuchtet, sah man von ein paar Bogenlampen ab. Sie trödelten durch nachtschwarze Gässchen, in deren Nähe der Lancia abgestellt war. In einem dieser Gässchen aus einer anderen Welt war Meier auf einmal stehen geblieben, hatte den Kopf in den Nacken gelegt und die Augen geschlossen.

Tage später, als alles gesagt und alles getan war, als alles sich zu runden begann, als Meier mit seinen Arbeitsverträgen in den Lüften schwebte, als ein allerletzter Gang an den Strand und in den verwunschenen Garten mit dem Duft der verblühenden Rosen schmerzte, als die Abschiede noch viel mehr wehtaten und der Notar Dr. Tancredi auf seinem Flügel für sie unerwarteterweise ein Jazzstück gespielt hatte, als sie in Malumore den winkenden alten Francesco vor seinem Haus beim Fortfahren kleiner und kleiner werden sahen, spürten sie, dass sie unumkehrbar auf sich gestellt in ihr Leben gingen.

Und sie fuhren mit ihrem treuen und braven Wagen, der sie noch nicht ein einziges Mal im Stich gelassen hatte, den ganzen langen Stiefel wieder hoch.

Sie ließen sich Zeit.

Sie fuhren, eingequetscht im Linienbus, durch das unendliche Rom und nahmen sich für die Nacht ein Hotel. Sie fühlten ihre Nichtigkeit angesichts dieses gewaltigen Zeugnisses der Geschicke und der Geschichte. Sie fühlten es auch im Angesicht des Mailänder Domes, auf dessen Dachterrasse sie dem Zauber des Panoramas erlagen. Sie füllten ihre Seele mit Eindrücken und Empfindungen, als handele es sich dabei um den Wasservorrat für eine Reise durch die Wüste. Davon würden sie dort, nach wohin sie unterwegs waren, lange zehren können.

Auf der prachtvollen Terrasse kam Assunta unvermittelt eine ihrer lange zurückliegenden Geschichtsvorlesungen im Lehrerseminar in den Sinn. Mein Gott, wer war das damals? Doktor Brunetti? Nein, der gab Mathematik. Nein, nein, es war dieser kleine und wendige, immer etwas nachlässig gekleidete und dabei mit einem brillanten Geist ausgestattete Referendar Ettore Riggio, ein wirklicher Intellektueller. Er hatte sich in eine der Studentinnen verliebt. Allerdings blieb diese Liebe unerwidert. Später kam er bei einem Autounfall auf Malta ums Leben – eine tragische Figur. Dieser Ettore Riggio hatte über Ambrosius gelesen, den die Menschen vor tausenddreihundert Jahren im Mailänder Dom per Zuruf zum Bischof bestimmt hatten. Welch eine Vorstellung, übertrug man sie auf heutige Bedingungen. Immer wieder hatte Riggio die entfremdenden Strukturen der katholischen Kirche aufgeworfen, von vielen als Kämpfer gegen Windmühlenflügel verlacht, von anderen beschimpft, aber geliebt und bewundert.

Sie kamen an die Grenze. Der Wagen war mit Geschenken beladen. Würden die Zöllner Schwierigkeiten machen? Assuntas Herz klopfte, zudem angestrengt von Müdigkeit, bis zum Hals. „Geschenke", rief sie ihnen aus dem Autofenster entgegen, „alles Geschenke." Sie stiegen aus. Wie durch ein Wunder tasteten und drückten die Herren in den Uniformen nur ein wenig hier und ein wenig dort und ließen sich einen Koffer öffnen. Dann salutierten die Grenzer. Sie lächelten sogar.

Sie waren wieder in dem kalten Land.

Sie waren zu überdreht, um irgendetwas anderes zu empfinden, als eine bleierne Müdigkeit. Gioia fuhr die letzte Etappe. Seine Frau war in einen tiefen Schlaf gefallen und von selbst aufgewacht, als der Motor, dessen Geräusch sie allmählich hatte einschlummern lassen, nicht mehr lief.

Gartenhausen.

Es war so fremd und so klamm und so abweisend. Wo war das Meer, wo der Rosengarten, wo die Weiler mit den Eselskarren, wo der einzigartige Klang der Sprache, wo das tief Ausgeprägte der südlichen Gesichter? Hatten sie wirklich ihre Hochzeit gefeiert oder war es ein Traum gewesen? Waren sie wirklich mit Meier unterwegs gewesen, Arbeiterinnen zu finden, wirklich bei Don Carmine gewesen und hatten die Düfte seines verwilderten Gartens gerochen? Quälend vollzog sich die Rückkehr der anderen Gefühle. Das kalte Land griff wieder zu.

Zwei Tage nach der Rückkehr feierte das Frauenwohnheim das junge

Paar. Paola überreichte das Geschenk: eine Nähmaschine, feierlich enthüllt unter Lachen und stürmischem Klatschen. Reinhold Meier lud die Angestellten seines Büros zur Kaffeestunde, wo man Assunta beglückwünschte und der Personalchef bewegt von den Tagen in Marani erzählte. Von dem Eselskarren und den Tagelöhnern und den weltfernen Weilern, aus denen schon bald die vierzig jungen Frauen eintreffen würden. Assunta war müder denn je, stand neben sich und lächelte durchsichtig.

In der Metallfabrik rief man dem Arbeiter Antonio Gioia Glückwünsche zu. Und an einem der Tage, als es auf den Feierabend zuging, kreuzte Ulrich Zenker in der Halle auf, das Betriebsratsmitglied mit den bedachtsamen Äußerungen, auf die alle viel gaben. Hinter ihm erkannte Antonio weitere Betriebsratsmitglieder und Arbeiter. Sie stellten am Rande der großen Halle ein Klapptischchen mit Bier und Brötchen und Wurst und Schnaps auf. Dann verschwand der junge Ehemann Antonio Gioia zwischen den ihn umzingelnden Gratulanten.

Ende des ersten Teils

Wie geht es weiter?

Antonio und Assunta sind glücklich verheiratet. Doch es folgen dramatische Jahre. Es ist das Leben der italienischen Gastarbeiter in Deutschland, insbesondere im Rhein-Main-Gebiet, so wie es wirklich war – und wie es für viele Immigranten leider immer noch ist.

Der Autor Delio Miorandi schildert diese wahre Geschichte in seinem zweiten Band von „Antonio", der in Kürze erscheinen wird.